KB234701

감사인 이야기

역사 속의

감사인 이야기

임병준 지음

전예원

격 려 사

　오늘은 어제의 연장이며, 내일은 오늘의 연속인 것입니다. 어제의 일, 즉 역사를 제대로 알려 하지 않고 이를 오히려 잊으려고 한다면 오늘의 바른 좌표를 세울 수 없고 발전적 미래를 기약할 수 없을 것입니다. 이는 서양의 유명한 철학자 산타야나의 말입니다. 역사의 중요성은 아무리 강조해도 지나침이 없을 것입니다.

　본인은 법관, 헌법재판관으로서 주어진 사건의 실체적 진실을 밝히면서 인권보호와 헌법수호 등을 위해 30년 가까이 활동하다가, 1993년 12월에 감사원장으로 부임하여 지금까지 재직하고 있습니다.

　감사원은 공무원 등의 활동을 감사하여 부정비리를 색출·예방하고 국가의 기강확립, 나아가 국정운영의 생산성 제고 등을 위해 다방면에 걸쳐 필요한 조치를 취하는 기관입니다.

　특히 지난 3년간은 '한국병'이라고 불리는 고비용·저효율과 구조적인 부정부패 및 부실공사를 타파하고 세계화·지방화 등 시대적 추이에 부응하기 위하여 상하가 일치단결하여 불철주야 노력하는 기간이었습니다.

　어려운 일에 부딪힐 때마다 본인은 온고지신(溫故知新)이라는 말을 되새기며 과거 기록을 찾아 선배들의 지혜를 배웠습니다. 특히 급변하는 국내·외의 환경에 적응하면서 선진국을 이루기 위하여는 감사인을 비롯한 공직자의 올바른 정신무장과 문제해결의 지혜가 긴요합니다. 체계적인 연구가 필요하여 외국의 비슷한 연구사례를 찾아보면 우리 전통과 생활문화에 맞지 않아 활용하기 어려운 경우가 많았고, 우리나라 사례는 체계적으로 정리된 것이 적어 아쉬웠습니다.

　그러던 중 작년 9월에 감사원의 뜻있는 직원을 중심으로 '공공감사

연구회(公共監査硏究會)'를 결성하고 각종 과제에 대하여 연구토론을 시작하여 큰 기대를 모았습니다. 그런데 며칠전 그 중 한 회원이며 감사원의 모범 간부이기도 한 분이 우리나라 감사인의 시대적 사명·행적 등을 모아 『역사 속의 감사인 이야기』라는 제목의 원고를 가지고 왔습니다. 감사원의 바쁜 일과 속에서 어떻게 원고를 정리하였는지 놀랍기도 하고 기쁘기 그지없었습니다.

이 책 속에는 대관들이 스스로 청렴한 몸가짐으로 모범을 보이면서 올바른 길이라고 생각하면 목숨을 돌보지 않고 바른 말을 한 사례들이 많아서 인상적이었으며, 감사인의 소명이 무엇인가를 파악할 수 있었습니다.

따라서 각종 부정과 비리 척결을 최우선적인 정책으로 하고 있는 문민정부에 있어 이 책은 개혁의 중추역할을 수행하는 공직자, 특히 감사인에게 많은 참고가 되리라고 생각합니다.

또한 감찰행정분야에 대하여 관심이 있거나 연구하려는 분들에게 이 책은 좋은 지침서가 될 것이고, 일반 독자의 경우에도 삼국 및 고려시대의 시대상과 국정운영의 한 단면을 읽을 수 있어 유익한 교훈을 얻을 수 있을 것입니다.

특히 저자는 한문에 익숙하지 않은 젊은 세대의 독자가 쉽게 이해할 수 있도록 어려운 한자와 고어(古語) 등을 쉽게 풀이하여 주었고, 오늘날 되새겨볼 만한 일들을 '역사의 거울'란에 기술하는 등의 편의와 친절을 베풀어 감사인을 비롯한 공직자와 여러 독자들에게 큰 도움을 줄 것으로 믿습니다.

감사인의 활동을 보면 당시 정치의 잘잘못과 관리들의 속성을 가장 이해하기 쉬운데도 이제야 발굴, 정리되어 출판되었음은 만시지탄(晩時之嘆)의 감이 없지 않으나 한편 다행스런 일이기도 합니다. 이 책의 발간을 계기로 이 분야에 대한 연구가 더욱 활성화되기를 바랍니다. 또한 우리 감사인들도 각자의 일거수일투족이 후세에 의해 기록되고 평가받을 것임을 염두에 두고 공사간의 모든 활동을 공명정대(公明正大)하고 성실하게 수행하여야 할 것입니다.

저자는 이 책에 이어서 머지않아 조선시대 감사인의 행적을 담은 책자도 발간할 예정이라고 하니 더욱 기대하는 바가 큽니다.

그동안 여가를 선용하여 각고의 노력을 기울여온 저자의 노고를 치하함과 아울러 모쪼록 이 책이 모든 공직자와 관심 있는 분들에게 두루 읽혀지기를 바랍니다.

1997년 3월

監査院長 李時潤

序 文

　고대로부터 현대에 이르기까지 국가의 행정과 재정기능을 견제하거나 감시·감독하는 감사기능은 항시 존재하여 왔다. 우리나라의 경우 신라 때 사정부(司正府)가 처음 설치된 후 어사대(御史臺), 사헌대(司憲臺), 사헌부(司憲府) 등으로 그 명칭이 변하기는 하였으나, 통상적으로 헌대(憲臺)라고 불린 이 감사기관은 1,200여 년에 걸쳐 계속 이어졌다.

　그동안 대관(臺官 : 監査人)들은 절대권자인 왕권을 수호하면서도 권력의 남용을 견제하는가 하면 권신(權臣)을 비롯한 모든 관리 등의 행위를 규찰하여 잘못이 발견되면 가차없이 탄핵하는 한편, 스스로 깨끗한 생활을 함으로써 남에게 모범을 보이는 것을 근본으로 삼았다.

　때로 왕이 우매하거나 권신들이 자신의 이익만을 꾀하던 시기에는 대관들의 정당한 탄핵이나 건의가 묵살되는가 하면 심지어 대관이 미움을 받아 사형, 귀양 등의 형벌을 받는 경우도 있었다. 그러나 이에 굴하지 않고 자기 소신을 밝혀 직분을 다하는 것을 목숨보다도 더 소중히 여긴 대관들이 적지 않았다. 또한 후세 사람들은 이런 대관들을 자랑스럽게 여겼고, 항상 기억하고 기리며 전통을 이어왔다.

　그러나 20세기에 접어들어 일본의 식민지배와 광복을 거치면서 조상들의 제도와 기준 등을 깊이 새겨 받아들이기보다는 일본의 제도나 서구(西歐) 문화를 수입하는 데 급급한 경향이 있었다. 그 결과 오늘날에는 과거 왕조시대 우리 조상의 훌륭한 제도나 각종 문화유산(文化遺産) 등이 거의 잊혀지는 것 같아 안타깝다.

　물론 왕조와 공화국은 주권(主權)의 소재와 행사방법 등이 달라서 과거 왕조 시절의 제도 등을 오늘날 직접 적용하기는 어려울 것이다. 더욱이 과거와는 달리 정치, 경제, 사회 등 모든 분야에서 신속하게 변화

하고 있는 오늘날에는 과거 방식을 그대로 답습하여서도 안 될 것이
다.

오늘날에는 한문을 공부한 사람이 적은데, 예산 기록은 모두 한문으
로 되어 있으므로 차라리 영어 등 외국어로 기재된 글이 쉽게 느껴질
수도 있을 것이다. 그러나 다른 나라의 제도 등은 열심히 배우면서도
우리 조상이 이룩한 제도와 활동내용을 외면하고 잊어버려서는 안 될
것이다. 또한 이러한 경향이 어쩌면 우리 자신을 경멸하는 자기비하(自
己卑下)나 패배주의(敗北主義)로 흐를 수도 있음을 경계해야 하겠다.

지금까지 우리 조상들의 감사제도 등에 관하여 연구와 관심을 보인
사람이 없는 것은 아니다. 몇몇 학자들이 고려, 조선시대의 대간(臺諫)
제도와 언론기능에 대하여 많은 관심을 두고 연구하여 학문적인 성취
를 달성하였고, 그것이 책으로 발간된 예도 있다. 그러나 대간이 언론
(言論 : 監査의 부수적 기능)을 주임무로 하였다는 점에 중점을 두어 연구
하는 경향이 강하였고, 규찰(糾察 : 監査의 주기능)을 중심으로 한 연구는
찾아보기 어려운 실정이었다.

필자는 20여 년 간 감사원(監査院)에 몸담아오는 동안에 감사인의
입장에서 이 분야에 대한 연구의 필요성을 절감하고 평소에『고려사
(高麗史)』,『고려사절요(高麗史節要)』,『동사강목(東史綱目)』,『동문선(東文
選)』,『증보문헌비고(增補文獻備考)』등 과거의 기록을 찾아 이를 검토,
정리하였다. 1995년에는「고려시대 감사제도의 특성에 관한 연구」라
는 논문을 쓴 바 있다. 그러나 그 논문만으로는 감사인들의 구체적인
행적을 충분히 알기 어렵고, 제도의 설명에도 미흡하다는 생각이 들어
이 책의 집필에 착수하기에 이르렀다.

이 책「삼국시대·고려편」에는 처음 감사제도가 도입된 후 고려시
대까지 감사인의 주요 행적을 수집하여 시대별, 왕의 재위기간별로 정
리하였다. 감사인은 제도권 안에서 활동하는 직책이므로 당시의 제도
와 감사환경을 알아야 그들의 행동을 이해할 수 있다고 생각한다. 따

라서 각 시대의 정치상황, 관제(官制 : 行政制度), 감사제도와 왕(王) 및 권신(權臣)들의 주요 행태를 소개하여 감사인의 행적에 대한 이해를 도왔다.

필자는 가능한 한 많은 자료를 수집, 분석하려 노력하였으나 미흡한 점이 있지 않을까 걱정하던 중 아래에 기재한 여러분들이 본 원고를 세밀히 검토하고 도움 말씀을 주셨다. 이 지면을 통하여 감사를 드린다. 그러나 제한된 시간과 자료의 부족 등으로 인하여 조금이나마 역사의 진실이 흐려지거나 잘못 전달되지나 않을까 하는 두려움이 앞서는 것이 사실이다. 만일 독자 가운데 잘못 기술된 부분을 발견하거나, 오자 또는 탈자를 발견하신 분은 주저하지 마시고 연락하여 주시기 바란다.

단기 4330년
서기 1997년 3월 10일

지은이 임 병 준

□ 도움 말씀을 주신 분들

姜周勳(동서대학교 회계정보학과장)　　南東熙(매일경제신문사 정치부차장)

南景熙(서울교육대학 부교수)　　　　文泰坤(감사원 공보담당관)

朴廣植(한중문제연구소 소장)　　　　朴萬用(동부교회 목사)

裵洋逸(국세청 자료관리관)　　　　　白承宇(한국통신공사 감사)

宋在聖(보건복지부 한의약심의관)　　申東振(감사원 감사위원)

安載憲(내무부 감사관)　　　　　　　安辰洙(문화체육부 감사관)

李鍾喆(감사원 제4국 감사관)　　　　張海翼(감사교육원 원장)

鄭末姬(감사원 기획관리실 감사관)　　河日植(연세대학교 대학원 사학과)

많은 지도를 하여주셔서 감사합니다.

차례

제1장 감사제도의 이해

제2장 삼국시대의 감사

제3장 고려시대의 감사

감사제도의 이해

제1절 오늘날의 감사제도

감사는 행정, 재정 등의 집행에 관여하지 아니하는 제삼자가 그 집행내용 등을 검토한 후 의견을 표시하는 행위이다. 정부나 단체 등의 모든 이해관계가 조직의 활동 등을 직접 확인하는 것은 번거롭고 비효율적일 뿐만 아니라 사실상 불가능한 일이므로 전문적인 지식을 가진 감사인으로 하여금 대신 검토, 확인한 후 보고케 하는 것이다. 정부의 행정관리 및 행정행위는 일반적으로 계획(計劃 : plan), 집행(執行 : do) 및 평가(評價 : see)의 단계를 거치는데 감사는 그 중 최종 단계인 평가기능을 수행한다.

1. 감사원 감사

우리나라 정부에 대하여 독립적인 감사기능을 수행하는 최고감사기관은 감사원이다. 감사원은 1963년에 심계원(審計院)과 감찰위원회(監察委員會)를 통합하여 헌법에 근거하여 설립되었다. 감사원은 원장을 포함한 7인의 감사위원으로 구성된 감사위원회와 이를 보좌하는 사무처로 구성되어 있다.

감사원의 직무는 결산확인(決算確認), 회계검사(會計檢查)와 직무감찰

(職務監察)로 크게 나눌 수 있다.

결산확인은 정부가 제출하는 세입세출의 결산 등을 검토, 확인하여 국회와 국민에게 이를 보고하는 기능이다.

회계검사는 정부 각 기관과 지방자치단체 등의 재정집행과 회계의 적정을 도모하기 위하여 이를 상시 검사, 감독하는 기능이다.

직무감찰은 행정운영의 개선향상과 적정을 도모하기 위하여 행정기관의 사무와 공무원 등의 직무를 감찰하는 기능이다. 감찰은 감독과 규찰이 합쳐진 용어로 전제군주시대부터 발전하였던 기능이다.

감사원은 감사를 실시한 결과 고의 또는 중대한 과실로 정부에 손실을 끼친 사실이 발견되면 변상책임(辨償責任)의 유무를 판정하고, 위법부당하거나 불합리한 사실 등이 발견되면 징계(懲戒), 문책(問責), 시정(是正), 개선(改善) 등의 처분요구나 권고(勸告)를 하며, 범죄혐의가 있는 경우에는 사직당국에 고발(告發)한다.

감사원은 감사활동, 감사결과 및 그 처리상황 등을 매년 대통령과 국회에 보고하고 필요시에는 수시로 대통령에게 보고한다. 이는 주권자인 국민의 대표기관이 대통령과 국회이기 때문이며, 그 밖에도 주권자인 국민의 알 권리를 보장하기 위하여 감사결과를 언론 등을 통하여 발표한다.

감사원은 부수적인 업무로서 정부의 회계관계법령 제정, 개폐시 의견을 표시하고 회계관계법령의 해석 적용 등에 관한 문의 등에 답변한다. 감사대상기관의 이해관계자 등이 심사청구(審査請求)나 진정서 등을 제출하면 이를 검토하여 행정기관 등으로 하여금 필요한 조치를 취하도록 한다.

한편 감사원 산하 감사교육원에서는 감사원 직원 및 각급 자체감사 요원과 회계직 공무원 등을 교육한다.

2. 내부감사

경제발전과 사회기능의 분화에 따라 정부 및 지방자치단체 등의 업무도 전문화, 다기화되고 복잡하게 변화하고 있다. 따라서 감사원의 감사 등 외부감사만으로는 공직자 등의 활동 전모를 파악하는 데 한계가 있으므로 각 기관 자체의 내부통제 특히 내부감사의 필요성이 증대되었다.

이에 정부는 1962년에 행정감사규정(行政監査規程 : 閣令 제532호, 1962. 3. 10)를 제정, 시행함으로써 내부감사를 실시하게 되었다.

정부와 각 지방자치단체는 자체감사기구를 설치하여 자기 기관 및 산하기관의 기본운영계획의 시행, 법령의 집행, 재정운영, 인사관리 및 민원사무처리 등에 관하여 감사(監査)하고 있다. 또한 정부투자기관과 기타 공적단체(公的團體)도 감사(監事)와 그 보조자를 두어 회계감사 등을 실시하고 있다.

1996년 10월말 현재 정부, 지방자치단체, 정부투자기관 등 감사원의 감사를 받는 기관 및 단체에 설치된 자체감사기구의 수는 1,015개소이고 감사요원은 6,710명에 달한다.

이들 자체감사기구에서는 감사원에서 시달하는 운영지침 등을 존중하며 내부감사를 실시하는 한편 내부감사의 적정여부 등에 대한 감사원의 점검, 평가 및 지도 등을 받는다.

3. 국정감사 및 국정조사

국회는 국민의 대표기관으로서 정부의 국정수행과 재정집행 등을 감시·감독하고 견제하기 위하여 국정감사(國政監査)와 국정조사(國政調査)를 실시한다. 제헌헌법(1948. 7. 17 제정)에서 국정감사제도가 도입되었다가 1972년 유신헌법에서 이 제도가 폐지되었다. 1980년에는 부분적인 국정조사권만 인정되었는데, 현행헌법(1987. 10. 29 전문개정)에서 국정감사와 국정조사제도가 함께 다시 도입되었다.

국정감사는 정부기관, 광역지방자치단체, 정부투자기관 등과 감사원의 감사대상기관 중 국회가 필요하다고 인정한 기관을 대상으로 실시되며, 매년 정기국회 집회일의 다음날부터 20일간 감사를 행한다. 국정조사는 국회 재적의원 3분의 1 이상의 요구가 있는 경우에 위원회로 하여금 특정사안에 관하여 조사를 실시한다.

각급 지방자치단체와 소속 공무원의 자치행정과 관련하여 그 지방의회에서 행정사무감사와 조사권을 갖고 있는데 그 내용은 국회에서의 국정감사 및 국정조사와 유사하다.

한편 정부는 예산집행 내용 등에 대하여 결산서를 작성하고, 감사원의 결산검사 결과와 함께 매년 국회에 제출하며, 국회는 이를 심의, 접수한다.

또한 각급 지방자치단체의 예산집행에 관하여 지방의회에서 검사위원(檢査委員)을 선임하여 검사케 하고 그 의견서를 제출받아 심의, 승인한다.

제2절 감사제도의 기원

1. 국가 성립 초기의 감사

공직자에 대한 감사제도의 기원은 중국의 어사제도에서 찾을 수 있다. 중국 최초의 감찰관은 주(周)나라의 소재(小宰 : 宮中의 형벌과 政令을 관장하였고, 후의 御史中丞과 유사)와 재부(宰夫 : 朝會의 禮法과 백관의 位階를 바르게 하고 禁令을 장악)라고 할 수 있다. 그러나 주나라 이전의 각국의 정치제도는 기능별로 그다지 분화되지는 않았으며, 특히 감찰기능이 분화된 흔적은 찾을 수 없다. 감찰기관이 설치되어 제도화한 것은 통일제국을 건설했던 진(秦 : 221~207 B.C.)이었다. 그 이전에는 뜻있는 신하들이 집권자인 왕이나 백관의 잘못을 지적하고 필요한 조치를 강구했다는 기록이 사마천(司馬遷)의 『사기(史記)』에 남아 있으므로 그 중 특이한 사례를 뽑아서 아래에 소개한다.

1) 은(殷)나라 폭군 주왕(紂王)과 세 충신

은나라 마지막 왕인 주왕(紂王 : 諱는 帝辛)은 즉위한 이래 지나치게 무도한 정치를 자행하였고, 미인인 달기(妲己)를 총애하여 음란하고 방탕한 생활을 계속하였다. 이에 대하여 왕의 이복형인 미자(微子)가 여러 번 충고를 했으나 한 번도 듣지 않았다. 당시 주나라의 서백(西伯 : 文王) 창(昌)은 백성들의 신망을 얻어 기(耆)나라를 멸망시키고 차츰 그 세력을 넓혀가고 있었다. 이것을 본 신하 가운데 이대로 가면 은나라에 위협적인 존재가 될 것이라고 주장하는 사람이 있었으나, 주왕은 "나는 천명을 받고 이 세상에 있는 몸이다. 서백 같은 것이 무엇을 할 수 있겠느냐?"고 하면서, 충간을 귓등으로 흘렸다.

이렇게 되자 미자(微子)는 죽음으로 항의할 것인가, 나라를 떠나야 할 것인가 망설이다가 자신의 갈 길을 궁정의 악관(樂官)에게 물었다. 악관이 말하기를 "주왕은 하늘을 무서워하지 않을 뿐만 아니라 장로들의 말에 귀를 기울이지 않습니다. 이런 것을 바로잡을 수 있다면 비록 목숨을 버린다 하여도 아깝지 않을 것입니다. 그러나 그것을 기대할 수 없다면 나라를 떠날 수밖에 없을 것입니다." 하는 것이었다.

미자는 마침내 악관의 말대로 은나라를 떠나는 길을 택했다. 그는 말하기를 "부자는 골육의 정으로 묶여져 있으므로, 아버지에게 잘못이 있을 경우 아무리 말하여도 듣지 않을 경우에 아들은 눈물을 머금고 아버지를 따라야 한다. 그러나 군신은 의(義)로 묶여 있으므로, 신하가 아무리 진언을 해도 받아들여지지 않는다면 주군을 돌보지 않는 것도 허용된다." 하며 왕의 곁에서 떠나갔다.

주왕의 측근 중에 숙부 기자(箕子)와 비간(比干)이 있었다. 주왕이 상아 젓가락을 주문하니 기자가 한숨을 쉬면서 "상아 젓가락 다음에는 옥배(玉桮 : 옥으로 만든 술잔)를 만들 것이며 다음은 한층 더 진귀한 보물을 탐내게 될 것이다. 나아가서는 타고 다니는 것을 장식하고 궁전을 장식하는 등 그칠 줄을 모를 것이다." 하며 걱정했다. 주왕의 방탕은 기자의 예상대로 날이 갈수록 심해갔다.

주왕은 기자의 충고 같은 것에는 귀기울이려고 하지 않았다. 그래서 기자에게 차라리 나라를 떠나라고 권하는 사람도 있었다. 그러나 기자는 말하기를 "내 의견을 들어주지 않는다고 해서 나라를 떠나버린다면 신하로서 주군(主君)의 부끄러움을 만천하에 알리는 것일 뿐만 아니라 책임을 회피하는 것이 된다. 나로서는 도저히 그럴 수 없다.”고 말했다.

한편 비간은 말하기를, “주군에게 잘못이 있을 때 죽음을 무릅쓰고 진언하는 것이 우리의 할 일이다. 만일 그렇게 못 한다면 어찌 군신의 도리라고 하겠는가?” 하고는 주왕에게 나아가 바른 말로 간곡히 간했다. 그러나 주왕은 이에 귀를 기울이지 않고 화를 내며 “그대는 성인(聖人)인가? 성인의 심장에는 일곱 개의 구멍이 있다고 하는데 사실인지 아닌지 보여달라.” 하면서, 그 자리에서 비간을 죽이고 심장을 도려냈다.

이를 보고 놀란 기자는 머리를 풀어헤치고 광인(狂人)의 옷차림으로 미친 척하는 길을 택했다. 그러고는 은둔생활을 하며 거문고를 타면서 슬픔을 달랬으므로, 후세 사람들은 이 가락을 기자조(箕子操 : 기자 곡조)라고 하였다. 그러나 주왕은 그러한 기자마저도 옥에 가두었다. 이렇게 되자 주왕은 서민 대중은 물론이고 측근들과도 멀어져 고립되는 처지가 되었다.

그 후 얼마 지나지 않아서 은나라는 주(周) 서백의 태자인 발(發 : 후에 武王이 됨)에 의하여 멸망당했다. 주의 무왕은 옥에 갇혀 있던 은나라 충신 기자를 비롯한 군신(群臣 : 여러 신하)들을 석방하고 죽은 비간의 묘를 정중하게 수복시켰다(『史記』, 「列傳」).

> **역사의 거울** 사마천(司馬遷)은 춘추(春秋 : 孔子의 저술)의 영향을 받아 시비와 선악을 분명하게 밝히는 한편 뛰어난 공과 훌륭한 덕을 기록하고 그 업적을 보존하였다. 위 사건에서 보면 섬기는 군주가 무도(無道)할 경우 신하로서 취할 처신을 문제시하였다고 할 수 있다. 이때 목숨을 버리면서까지 간언할 것인가, 미친 척 광인(狂人)과 같은 행동을 하면서 현실을 도피할 것인가, 아예 곁에서 떠나갈 것인가 등등, 사마천의 『사기(史記)』에서는 몇가지 해답을 제시하면서 선택을 요구하였는데, 이러한 일은 오늘날에도 관리들의 고민거리로 나타날 때가 있다.

2) 이리(李離)가 오판의 책임을 지고 자결

이리(李離)는 진(晉)나라 문공(文公 : 635~627 B.C. 재위) 때의 사법장관(司法長官)이었다. 어느 날 그는 부하가 적당히 아무렇게나 취조한 기록을 믿고 죄 없는 사람을 사형에 처하였다. 나중에 그 사실을 알게 된 이리는 오판(誤判)의 책임을 지고 스스로 고랑을 차고 자기를 사형에 처해줄 것을 임금에게 청원했다.

이 말을 들은 문공은 이리를 불러 말하였다.

"그대는 그대의 책임이라고 하나 직분에 따라 책임이 달라지기도 한다. 이번 경우의 잘못은 그대의 부하에게 있으며, 그대의 죄가 아니다."

이리가 대답하였다.

"저는 법관의 우두머리로서 그 권한을 부하에게 넘겨준 일이 없습니다. 또한 많은 봉록(俸祿)을 받았으나 부하에게 나누어준 일도 없습니다. 그런데 어찌 오판의 책임만을 부하에게 돌릴 수가 있겠습니까?"

"그대는 그대에게 죄가 있다고 말하지만, 만일 그렇다면 그대 위에 있는 나에게도 죄가 있는 것이 아닌가?"

이렇게 왕이 만류했으나 이리는 막무가내였다.

"아닙니다. 법관에게는 법관의 법이 있는 법입니다. 잘못해서 형벌을 내렸을 경우 자기도 그만한 형벌을 받아야 하며, 잘못해서 사형에 처했으면 자기도 똑같이 사형을 받아야 마땅합니다. 제왕께서는 제가 어떤 어려운 사건도 올바르게 심리할 수 있을 것이라고 믿었기 때문에 저를 법관의 우두머리로 임명하신 것으로 압니다. 그런데 그 기대에 어긋나 죄 없는 사람을 죽이는 오판을 한 이상 저는 죽어 마땅합니다."

이리는 마침내 왕의 명령에 따르지 않고 칼에 몸을 던져 자결(自決)하고 말았다(『史記』, 「列傳」).

> **역사의 거울** 당시 이리(李離)가 왕의 만류와 명령을 따르지 않고 자기 목숨
> 을 이렇듯 초개(草芥 ; 풀과 쓰레기)와 같이 버렸음은 지나친 감이 있다. 오늘
> 날의 공무원은 복잡다기한 여건 속에서 신속히 많은 의사결정을 내려야 한
> 다. 따라서 잘못 판단하여 의사결정하거나 잘못된 조사를 근거로 심판을 내
> 려 다른 사람의 신분상 또는 금전상 피해를 유발하기 쉽다. 그런 경우 그
> 공무원은 양심의 가책을 받는 것만으로 면책(免責)된다고 볼 수 있는지 스
> 스로 반성할 필요가 있다.

2. 어사제도의 도입과 변천

(1) 중국에서 최초로 군현제를 실시하여 중앙집권적인 통일제국을
건설한 진(秦 : 221~207 B.C.)은 국가의 정치기구를 크게 정무, 군사와
감찰의 세 부분으로 분립시켜 승상(丞相), 태위(太尉), 어사대부(御史大夫)
를 각각의 최고책임자로 삼았다. 이렇게 감찰제도를 특별히 중시하였
으므로 그 내용이 상당히 견실하였을 것으로 짐작되나 사료(史料)가 없
어져 자세히는 알 수 없다.

(2) 한(漢 : 202 B.C.~8 A.D.)은 진의 행정조직을 거의 그대로 답습했다.
한은 감찰관의 관아로 어사부(御史府) 또는 어사대부시(御史大夫寺 또는
憲臺)를 두었다. 그 관아는 후한(後漢)에 와서 어사대(御史臺) 혹은 난대
시(蘭臺寺)로 명칭이 바뀌었다. 여기에는 어사대부(御史大夫), 어사중승
(御史中丞), 시어사(侍御史), 어사(御史), 부자사(部刺史) 등의 관원이 있었
다.

대관의 우두머리인 어사대부는 부승상으로서 승상을 보좌하였고,
조명(詔命 : 詔書)을 기초하여 하달했으며, 법도(法度)를 전정(典正 : 주관하
여 바르게 함)하는 외에 백관의 공적을 고과(考課 : 評定, 考功)하고 인재를
천거하는 등의 임무를 수행했다. 어사대부는 감찰권을 행사함에 있어

서 단독으로는 처리하지 못하였고 속료(屬僚 : 아래에 딸린 官僚)들에게
의뢰하였다.

어사대부 아래 양승(兩丞 : 副責任者 2인)이 있었는데, 한 어사중승은
전중(殿中)에 있으면서 도서(圖書), 전적(典籍)과 비서(秘書)를 관장하고,
다른 어사중승은 내외 백관을, 심지어는 어사대부까지도 감찰하였다.
어사중승은 비록 어사대부의 다음 자리에 위치하고 있었으나, 어사대
부가 부승상으로서의 직무 때문에 감찰임무를 친히 돌보지 못하는 관
계로 어사중승의 역할이 특히 중요하였다.

시어사와 어사는 모두 45인으로서 그 중 15인은 어사중승의 영솔(領
率) 아래 전중에서 급사(給事)하였으므로 시어사라 불렀다. 나머지 30인
은 어사부(御史府)에 남아서 다른 어사중승의 영솔 아래에서 백관을 감
찰하는 직임을 수행했다.

한편 무제(武帝 : 前漢의 7대 황제)는 원봉 5년(106 B.C.)에 부자사를 설
치하고, 진의 감어사(監御史)와 같이 지방을 감찰하는 역할을 담당케 하
였다. 그들은 각 지방(郡國을 의미함)을 순행하면서 정교(政敎 : 정치와 종
교)의 상태를 살피고 원옥(冤獄 : 죄 없이 억울하게 옥에 갇힘)을 다스리는
직무를 보았다(『三峯集』 제10권 「經濟文鑑」 下, 朴龍雲 臺諫制度의 成立).

(3) 위(魏 : 220~265 A.D.), 진(晉 : 265~419), 남북조(南北朝 : 420~589) 시
대 등에는 한의 감찰제도를 답습하였으나 바뀐 것도 많았다. 위의 어
사는 불법에 대한 감찰 및 율령(律令)을 관장하고 관리의 죄상을 다스
려 임금께 아뢰는 일을 주로 담당하는 등 주임무가 약간 변하였다.

(4) 정도전(鄭道傳)은 『삼봉집』에서 후한, 송과 후위의 대관에 관련된
특별한 변화를 다음과 같이 기술하고 있다.

"후한(後漢 : 25~220) : 중승(中丞)이 밖으로 나가 탄핵을 전임(專任)하
게 되고, 궁중에서 장주(章奏 : 천자에게 올리는 상소)하는 일을 주관하지
않았다. 그러나 전결하는 자리에 앉았으니 그 직위가 무거웠다. 전폐
(殿陛 : 전각의 섬돌)에서 법을 잡았으므로 권행(權幸 : 권세 있는 신하와 총애

받는 신하)이 두려워하였으며, 권력을 좌지우지하고 책임이 무거웠다.

송(宋 : 420~479) : 중승(中丞) 한 사람이 매월 25일에 궁궐 담장을 순행(巡行)하였는데, 상서령(尙書令)과 더불어 길을 나누어 가고 비록 승랑(丞郞)이라 하더라도 퇴조(退朝)하다가 마주치게 되면 이를 단죄했다. 그 밖의 내외 관원들은 모두 머물러 서 있게 하였다.

후위(後魏 : 386~534) : 어사중위(御史中尉)를 임명하여 백관을 감독하도록 하고 그가 출입하면 1천 보의 길을 맑게 하였으니, 왕공(王公), 백벽(百辟 : 제후를 말함)들도 모두 다른 길로 피해 갔으며 그 밖의 백관들은 말에서 내려 수레를 끌고 길가에서 기다리게 하였다. 그 후 동위(東魏)가 업(鄴) 땅으로 옮긴 후에는 이 제도가 없어졌다(『三峯集』 제10권 「經濟文鑑」 下)."

(5) 수(隋)나라에 이어 통일 대제국을 건설한 당(唐)도 감찰담당 관부로 어사대를 설치하였다. 어사대는 고종(高宗) 용삭 2년(662)에 헌대(憲臺)로 개칭되었고, 22년 후(684)에 숙정대(肅政臺)로 바꾸었다. 측천무후(則天武后)의 실각(705)과 함께 좌·우어사대(左右御史臺)로 분리되었으며, 그 후 현종(玄宗) 연화 원년(712)에 복구되었다. 어사대에 소속하였던 관직은 어사대부(大司憲이라 칭한 경우도 있음) 1인, 어사중승(司憲大夫로 칭한 경우도 있음) 2인, 시어사 4인, 전중시어사 6인, 감찰어사 10인이었다(『唐書』 卷 44 職官 3 御史臺條).

당의 어사대는 3원으로 구분되어 있었다. 제1원은 대원(臺院)으로 시어사 4인이, 제2원은 전원(殿院)으로 전중시어사 중 4인이, 제3원은 찰원(察院)으로 감찰어사 중 8인이 각각 구성하고 있었다. 어사는 개개인이 독립적인 권한을 가지고 있어서, 직무를 수행하였는데 동료간에 견제를 받지 않았고 심지어는 어사대부의 지휘도 받지 않았다(白相起, 「朝鮮朝 監査制度 硏究」, 1990, p.13).

당의 어사대 조직과 대관의 임무를 요약하면 다음과 같다.

<표 1> 당의 어사대 조직과 대관(臺官)의 임무

관 직	품 계	인 원	직 무
御史大夫	正 3 品	1 인	- 邦國의 刑憲, 典章을 관장하여 朝廷을 肅正함 - 推鞫과 탄핵을 관장함
御史中丞	正 4 品下	2 인	상 동
侍 御 史	從 6 品下	4 인	- 百僚를 糾擧하며 推鞫과 獄訟을 관장함
殿中侍御史	從 7 品下	6 인	- 殿廷에서 供奉 儀式을 관장하며 기타 각종 儀禮상 비위를 규찰함 - 京城의 내외를 순찰함
監 察 御 史	正 8 品下	10 인	- 百僚를 감찰하며 郡縣을 巡按함 - 出納, 囚徒, 祭祀, 儀禮를 감찰함

당나라 초기의 어사대는 관리들을 규찰하고 감독하는 책임만 맡았으나, 태종(太宗 : 627~649년간) 말년에 이건우(李乾祐)가 중승(中丞)에 오르자 어사대에 옥을 설치할 것을 상주하여 형옥(刑獄)을 주관하게 되었다. 그 후 영휘(永徽 : 당고종의 연호, 650~655년간) 때에 최원무(崔元茂)가 대부(大夫)로 임명된 후 소송에 관한 업무도 맡았다. 어사대에서 관리를 탄핵하는 일 외에 이렇듯 옥송(獄訟)을 다스리는 것은 당에서 시작된 것이다.

당나라 초기에는 어사의 권한이 무거웠으니, 전중시어사가 장고(藏庫)의 출납과 궁문 안의 일을 겸하여 처리하고, 좌우 순분(巡分)을 맡으니 경기의 제주(諸州) 여러 위병(衛兵)들이 모두 이에 예속되었다. 감찰어사 10명과 이행(裏行) 5명을 두어 안팎을 규찰하는 일을 관장하고, 아울러 제사와 감제군(監諸軍)의 출사를 감독하였으며, 죄인으로 조정에서 태형(笞刑)해야 할 사람 역시 감찰하였다. 좌·우순(左右巡)으로 나누어서 비위와 실책을 규찰하였는데, 승천가(昇天街)와 주작가(朱雀街)를 경계로 삼았다.

옛적에는 어사란 송사를 받지 않았고, 소송할 바가 임금에게 아뢸 만한 것이면 그의 성명은 생략하고 풍문으로 칭탁하여 아뢰었다. 그 후에 어사의 권한이 너무 무겁다고 재상이 건의·탄주(彈奏 : 탄핵할 것을 주달함)하여, 먼저 중승(中丞), 대부(大夫)에게 아뢰고 중서문하(中書門下)에 글로 통지한 연후에 아뢰도록 하였으니, 이로부터 어사의 책임이 다소 가벼워졌다고 할 것이다(『三峯集』 제10권, 「經濟文鑑」 下).

(6) 송(宋)은 당(唐)의 제도를 따라 어사대(御史臺)를 설치하였고 3원제(三院制)도 계속 시행하였다. 처음에는 어사대에 정원이 없이 겸관(兼官)만을 두었다가 나중에 정원을 두었으나, 대부(大夫)를 제수하지 않고 중승(中丞)으로 그 장(長)을 삼았다. 태종 때부터 일을 말하는 어사[言事御史]를 두어 조정의 잘못을 논하게 함으로써 어사가 탄핵 이외에 간쟁의 업무를 겸하게 하였다. 그 이전에는 어사와 간관의 직분이 엄격히 분립되어 있어서 어사는 간쟁에, 간관은 탄핵에 간여하지 않는 것을 원칙으로 하였었는데, 어사가 탄핵하는 외에 간쟁하는 일을 겸한 것은 이때부터 시작된 것이다. 이는 송나라의 군주권이 너무 비대해짐에 따라 약화된 간관의 지위를 강화하려는 의도에서 시작된 것 같으나, 후세에 대관과 간관의 역할이 비슷하게 되는 근원을 마련하였다는 점에서 큰 의의가 있다.

송의 어사대 조직과 대관의 임무를 요약하면 다음과 같다.

<표 2> 송의 어사대 조직과 대관의 임무

관 직	인원	직 무	비 고
御史大夫	兼官		元豊때 제도 개혁하면서 폐지
御史中丞	1인	臺 長	
侍 御 史	1인	臺政에 대한 次官으로서의 역할	
殿中侍御史	2인	儀法을 관장하여 百官의 과실을 규찰	
監察御史	6인	六曹와 百司의 사무에 대한 分察을 장악하여 그 오류를 규찰함	

3. 감사인의 활동사례

1) 조착(晁錯)의 중앙집권 추진과 몰락

한(漢)나라의 고조(高祖 : 劉邦)가 항우(項羽)를 타도한 후 한신(韓信) 등 7명의 공신(功臣)을 왕으로 봉했다. 새로운 정권이 수립되니 양자(유방과 공신들)의 관계가 동지적 결합에서 군신(君臣)의 주종관계로 변화하지 않을 수 없었다. 이에 여러 왕들이 반역을 기도하다가 연달아 괴멸되니 고조는 그들의 옛 영토에 유씨(劉氏) 일족 9인을 각지의 왕(王)을 봉했다. 이들 왕국은 광대한 영토와 많은 인구를 가지고 부(富)를 축적하게 되었고, 세월이 흐르자 차츰 독립하려는 경향이 나타났다.

한편 중앙정부도 해를 거듭함에 따라 재정, 군사 양면에 걸쳐 실력을 쌓았으며, 새로운 관료군도 형성되었다. 그래서 문제(文帝) 때부터 중앙집권의 강화를 위하여 왕국령(王國領)의 삭감을 점진적으로 추진하였다. 경제(景帝) 시대에 이르러 어사대부(御史大夫)의 요직에 있던 조착(晁錯)이 그의 종래의 주장인 왕국령 삭감을 단호히 추진하였다.

조착은 영천(潁川 : 河南省 陽翟縣) 사람으로 법가(法家 : 天下를 다스리는 데 法律이 중요하다고 주장)의 학설을 배웠고 인품은 강직, 준엄했다. 문제 때에 장고(掌故 : 太常의 부관격임) 조착은 진(秦)나라 박사 복생(伏生 : 당시 나이 90세)에게 가서 상서(尙書 : 書經의 옛말)를 배워왔다. 조착은 또한 말을 잘하였으므로 태자의 은총을 한몸에 받았고, '지혜주머니'라고 불리기도 하였다. 조착은 그 후 중대부(中大夫 : 宮中의 고문관)에 올라 제후의 영지(領地)를 삭감하고 법령을 엄격히 할 것을 역설하였다. 그는 조왕(趙王)의 죄를 논하여 영지 중 하간군(河間郡)을 삭감했고, 교서왕(膠西王) 유앙(劉卬)은 벼슬을 매매한 부정행위가 있다는 이유로 그의 영지 중 6현(縣)을 삭감했다.

문제가 서거하고 태자인 효경(孝景 : 景帝)이 즉위하니, 조착은 내사

(內史 : 首都圈의 長官)를 거쳐 어사대부에 임명되었다. 조착은 이윽고 죄과가 있던 제후의 영지를 삭감하는 것과 속령제군(屬領諸郡)의 몰수를 주청했다. 이는 중대한 문제이므로 경제는 공경(公卿), 열후(列侯)와 종실(宗室)을 한 곳에 모아놓고 회의를 개최하였는데, 이의를 제기하는 사람이 별로 없었다.

조착이 개정한 법률은 30장을 헤아렸다. 경제 3년(154 BC)에는 초왕(楚王)이 참조(參朝 : 천자가 있는 조정에 들어감)하니, 조착이 경제에게 "초왕 유무(劉戊)는 지난해 박태후(薄太侯)의 상중임에도 불구하고 복상(服喪 : 喪服을 입음)한 채 숙소에서 남모르게 간통했습니다. 부디 주벌을 가하시기 바랍니다."라고 진언했다. 이에 경제는 초왕의 죄를 법령의 규정에 의거해서 영지를 감한다고 말하면서 그의 영지 중 동해군(東海郡)을 삭감했다. 이렇게 왕국령(王國領)의 삭감이 계속 추진되니 각 왕국과 제후들의 불평이 고조되었다.

그러나 조착은 이에 그치지 않았다.

"옛날 고제(高帝)가 천하를 평정하셨을 때는 형제분도 적었고, 자녀들이 어렸습니다. 그러므로 일족을 왕으로 봉하셨는데, 도혜왕(悼惠王)을 제(齊)나라 70여 성의 왕으로, 원왕(元王)을 초(楚)나라 40여 성의 왕으로, 조카 유비(劉濞)를 오(吳)나라 50여 성의 왕으로 각각 봉하셔서 천하의 반을 주신 것입니다. 하오나 오왕은 태자와 사이가 벌어진 후부터 꾀병을 핑계삼아 참조하지 않았습니다. 이것은 법에 의하면 죽을 죄에 해당합니다.

그러나 선제(先帝)께서는 벌하시기는커녕 오히려 궤장(几杖 : 안석과 지팡이)을 하사하셨습니다. 이렇듯 두터운 덕을 입고도 오왕은 더욱 교만해졌으며 동산에서 돈을 자기 마음대로 만들고 바닷물로 소금을 만들어 부를 축적하는 한편 천하의 망명자를 규합하고 있습니다. 지금에 와서는 영지에 관계 없이 반란을 일으킬 것이 거의 틀림없는 사실입니다. 오왕의 영지를 삭감해서 그 시기를 단축하면 화는 적게 끝날 것이지만 시기를 늦추면 화가 커질 것입니다.”

이에 따라 대신들이 오나라 영지의 삭감에 관하여 심의하게 되었다. 이를 전해들은 오왕 유비는 자기에 대한 벌이 영지 삭감 정도로 끝나지 않을 것이니, 차라리 내친 김에 천하를 빼앗아버리자는 배짱을 굳혔다. 이에 중대부(中大夫) 응고(應高)를 보내 교서왕(膠西王)을 끌어들이고 초(楚), 제(齊), 조(趙), 교동(膠東), 치천(菑川), 제남(濟南) 등 여러 나라에 사자를 파견하여 동조를 구했다.

제후 사이에서는 조착을 비난하는 소리가 날로 높아갔다. 그 원성이 너무 극렬하였으므로 고향에서 부친이 상경해 왔다. 부친은 아들을 보자마자 물었다.

“지금의 폐하가 즉위한 후 네가 정국 담당자로서 한 일이 대체 무엇이냐? 제후의 영지를 깎음으로써 집안 사람들을 이간시키지 않았느냐? 세상에 들리는 것은 네 욕뿐이니 대체 이것이 어찌 된 일이냐?”

조착은 “아버님의 꾸중은 지당하십니다. 그러나 이렇게 하지 않고는 천자의 존엄이 유지되지 못하고 또 종묘도 태평치 못할 것이기 때문입니다.”라고 답변했다. 부친은 “태평이라고? 유씨(劉氏 : 천자의 성씨)가 태평하라고 조씨(晁氏 : 조착의 가문)는 망해도 좋단 말이냐? 어쩔 수 없다. 나는 너를 버리고 갈 데로 가야 하겠다.” 하였는데, 얼마 후 부친은 약을 먹고 자살했다.

아버지가 죽은 지 열흘쯤 후 드디어 7왕국의 연합군이 반란을 일으켰다. 이 반란에 관하여 조착은 오나라 재상을 역임한 원앙(袁鴦)이 중심이 되어 음모를 꾸민 것으로 짐작하고 취조를 하려 하니, 부관들이 이를 말렸다. 이를 전해들은 원앙은 입궐하여 경제에게 오나라가 반란을 일으키게 된 사정을 설명하면서, 그 책임은 조착의 제후정책(諸侯政策)이 실패한 데 기인한 것이라고 다음과 같이 설명하였다.

“오·초 양국이 교환한 문서를 보면, ‘고제(高帝)는 일족을 왕으로 봉하고 각기 영지를 분여했다. 그런데 적신(賊臣) 조착은 멋대로 제후의 죄를 적발해서 영지 삭감을 거듭하고 있다. 그러니 조착 주살의 기치를 들고 서쪽으로 진격하며, 협력하여 조착을 주살한다. 이 목적이 달성되면 즉시 무기를 거둔다.'라고 되어 있습니다. 따라서 이제 우리가 취할 가장 좋은 길은 오직 조착을 참형에 처하는 것입니다. 그런 다음 오·초 7국의 죄를 용서하고 영지를 도로 돌려주는 것입니다. 그렇게 하면 피를 보지 않고도 싸움은 진압될 것입니다."

이에 경제는 "어떻게 하나? 참으로 천하를 위해서라면 조착 하나쯤은 아까울 것이 없지만……." 하며 머뭇거리니, 원앙이 "어리석은 생각인지 모르나 그 이상의 묘방은 없습니다. 알아서 처리하십시오."라고 경제의 결단을 촉구했다. 경제는 원앙의 건의를 받아들여 그를 태상(太常 : 종묘의 의식을 맡음)에 임명하였다.

열흘쯤 후 경제의 명을 받은 중위(中尉)가 경제의 호출이라고 속여 조착을 수레에 태워서 동시(東市)로 끌고 갔다. 조착은 조의(朝衣 : 公服)를 입은 채 참형을 당했다(『史記』, 「列傳」).

2) 어사대부를 거쳐 승상에 오른 공손홍(公孫弘)

공손홍(公孫弘)은 원래 제(齊)나라 옥리(獄史)였으나 죄를 짓고 면직되어 돼지를 기르며 생계를 유지하였다. 40세가 지나서 춘추(春秋)의 학

(學)을 배우고 한(漢) 무제(武帝) 원년(140 B.C.), 그의 나이 60세에 현량(賢良 : 어질고 착함)의 선비로 천거되어 박사로 임명되었다. 그 후 무제의 사신으로 흉노에 갔으나 협상결과가 무제를 만족시키지 못하여 무능자 취급을 받고 퇴관하였다.

그는 70세(130 B.C.)에 또다시 천거되어 백여 명의 학자와 더불어 시험에 응했다. 그 결과 성적이 1등이었으며, 무제가 공손홍을 만나보니 연령에 비하여 단정한 풍모였으므로 마음에 들어 다시 박사로 임명했다. 그는 그로부터 수직적인 출세를 거듭하여 2년 만에 좌내사(左內史 : 首部의 장관)로 승진했다.

그는 겉보기에 대인의 품격을 지녔으며, "군주(君主)는 도량을 넓게 하려고 힘쓰고, 신하는 검소함을 본분으로 삼아야 한다."는 것이 평소의 지론이었다. 그의 침구는 항상 값싼 베를 사용했고, 식탁에는 고기를 한 접시로 국한하는 등 검약을 생활화하였다. 궁중회의에서는 언제나 문제를 열거하기만 하고 결론은 황제가 내리도록 하는 한편 타인과의 논쟁을 피했다.

어느 날 각료들이 미리 합의한 안건을 조의(朝議)에 부쳤다. 무제가 그것에 불만을 보이자 공손홍은 무제의 의견에 동조해 버렸다. 화가 난 주작도위(主爵都尉 : 賞勳擔當 長官) 급암(汲黯)은 "미리 협의했을 때 귀공은 우리와 똑같은 의견이었지 않았는가? 제나라 인간들은 뱃속이 검어 신용할 수 없다더니 귀공과는 같이 일할 기분이 나지 않는다."고 하였다. "그것이 사실인가?"라고 무제가 묻자, 공손홍은 태연하게 "저를 나무라는 사람들은 저의 충성심을 잘 모르기 때문입니다. 사람을 보는 눈이 있다면 저에게 한 조각의 사심도 없다는 것을 이해할 수 있을 것입니다."라고 말했다. 무제는 끄덕였고, 공손홍에 대한 신임은 더욱 두터워만 갔다.

원삭(元朔) 3년(126 BC)에 공손홍은 어사대부(御史大夫)에 임명되었다. 당시 한조(漢朝)는 서남이(西南夷)와 교통로를 열고, 동쪽은 창해군을 장악하고, 북으로는 삭방군을 장악하는 등 일련의 팽창정책을 추진하고 있었다. 공손홍은 이 정책에서 영토확장이란 말뿐이고, 국력을 소모시키는 것에 불과하다면서 이를 중지하도록 상주했다.

그러나 무제가 주매신(朱買臣) 등에게 명해서 공손홍의 의견을 비판하게 하고 삭방군을 설치하는 이점 열 가지를 열거하게 하자, 공손홍은 한마디의 반론도 없이 자신의 불찰을 사과하면서 "촌놈인 저에게 삭방군 경영에 대한 이익을 가르쳐주시니 황송할 뿐입니다. 하오나 서남이와 창해군의 경영은 폐지하고 삭방군 하나에만 주력하는 것이 지당하다고 생각됩니다." 하니 무제가 이 의견을 기꺼이 받아들였다.

어느 날 급암이 탄핵하기를 "공손홍은 3공(三公)의 지위에 있어 막대한 봉록을 받는 신분임에도 베 침구만 씁니다. 위선(僞善)도 이만하면 가히 볼 만합니다." 하였다. 무제가 이에 대하여 질문하니 공손홍은 머리를 조아리고 대답하였다.

"그 말이 옳습니다. 급암은 저와 친구지간인데도 저를 비난하는 것을 보니 어지간히도 눈에 거슬렸던가 봅니다. 위선이란 말을 들어도 하는 수 없습니다. 옛날의 이름 있는 대신 가운데 관중(管仲 : 춘추시대 齊나라의 명재상)처럼 주군과 어깨를 맞댈 만큼 호사를 하면서 보필의 대임을 완수한 경우도 있었고, 안영(晏嬰 : 춘추시대 齊나라의 大夫)처럼 서민과 동등한 의식(衣食)으로 통치의 업적을 올린 사람도 있습니다. 제가 어사대부로서 하급 관리와 같이 베 침구를 사용하는 것은 급암의 말 그대로입니다. 그 같은 경골한(硬骨漢 : 강직하여 남에게 굽히지 않는 기개 있는 사람)이 아니었다면 그런 잘못도 폐하의 귀에 전해지지 않았을 것이니 오히려 고마운 일이라 하겠습니다."

이러한 그의 겸허함을 높이 평가하여 무제는 마침내 그를 평진후(平津侯)에 봉하고 승상(丞相)에 임명했다. 한나라에서는 제후가 아니면 승상이 될 수가 없었으니, 무제는 공손홍을 승상에 등용하기 위하여 평진후에 봉한 것이다(『史記』, 「列傳」).

3) 황제의 절대화를 추진한 장탕(張湯)의 말로

장탕(張湯)은 두(杜 : 長安의 동남쪽) 사람이다. 어느 날 부친이 어린 장탕에게 집을 보라고 하고 외출하였다가 돌아와 보니 고기가 없어졌다. 부친은 화가 나서 장탕을 회초리로 쳤다. 그러자 장탕은 쥐구멍을 파헤쳐 먹다 남은 고기와 함께 쥐를 끌어내 때리고는 쥐를 놓고 재판을 열었다. 영장을 만들고 공술서를 작성하여 논고하고, 구형한 후 마당 끝에다 쥐와 증거물을 놓고 판결문을 읽어내리고는 책형(磔刑 : 몸뚱이를 찢어 죽이는 刑罰)에 처했다. 이 광경을 목격한 부친이 그 판결문을 읽어보고는 다시 한 번 깜짝 놀랐다.

장탕은 자신의 본심을 겉으로 드러내지 않으면서 사람을 교묘히 움직이는 재능을 갖고 있었다. 하급 관리였을 때에는 투기에 속은 적이 있는데, 그때의 인연으로 장안의 거상(巨商)인 전갑(田甲) 및 어옹숙(魚翁叔) 등과 암암리에 교제를 두터이했다.

그는 고관이 된 후 빈객을 정중히 대접하고 친지와 곤궁에 빠진 사람을 도와주었으므로 평판이 좋은 편이었다. 이런 때 회남왕, 형산왕과 강도왕의 모반 사건이 드러났다. 장탕은 사건 관계자를 철저히 규탄했다. 무제는 사건 관계자로 규명된 엄조(嚴助)와 오피(伍被)를 사면시키려 했으나, 장탕이 반대했다. "오피는 원래 이 반역음모를 계획한 자입니다. 엄조는 폐하의 신뢰가 두텁고 측근에서 폐하를 보좌할 입장임에도 불구하고 제후와 은밀히 내통한 자입니다. 만일 두 사람을 용서한다면 후세에 남길 본보기가 없어지게 됩니다." 이에 무제는 장탕의 이 의견을 들어 그 처분안을 재가했다. 그 후 장탕에 대한 무제의 신임이 두터워지더니 드디어 그를 어사대부(御史大夫)로 승진시켰다.

그는 상주한 판결문에 대하여 무제의 질책을 받을 경우에는 즉각 사죄하고는 자기 부하 중 유능한 인물을 들면서 "방금 꾸중하신 조항에 대하여 아무개가 같은 취지의 초안을 작성했는데 어리석게도 제가 그 의견에 귀를 기울이지 않았으니 오로지 저의 책임입니다.”라고 말하기 일쑤였다. 그 반대로 판결문을 상주해서 칭찬을 듣게 되면 “이것은 저의 판단이 아니옵니다. 부하인 아무개가 작성한 상주안을 그대로 채용한 것입니다.”라면서 부하를 추천하는 등의 방식으로 처세를 했다.

어사대부 장탕은 박사인 저대(褚大), 서언(徐偃) 등을 각지에 파견하여 규모가 큰 씨족이나 고급 관료로서 사리사욕을 채우는 자를 전격적으로 적발했다. 장탕 밑에서 혹리(酷吏)로 알려진 어사중승(御史中丞) 감선(減宣), 두주(杜周)가 활동하였고, 같은 때 어사중승 의종(義縱), 윤제(尹齊), 왕온서(王溫舒) 등도 가혹한 수완을 발휘하여 각료의 지위를 차지했다.

그 무렵 흉노가 화평을 청해 왔다. 그것을 수락할 것인지 여부를 어전회의에서 논의했는데, 박사 적산(狄山)이 입을 열었다.

“예로부터 무기는 불길한 도구라 일컬어지고 있습니다. 화평의 청을 수락하시는 것이 상책인가 하옵니다.”

무제는 장탕에게 의견을 구했다. 장탕이 적산을 반박하기를 “적산은 학문을 겉핥기로 배운 사내이므로 세상사에 대해 아무것도 모릅니다.” 하였다. 이에 무제는 적산을 어떤 요새(要塞)의 수비대장으로 전출해 버렸다. 한 달쯤 지나자 흉노가 요새에 침입하여 적산을 살해했다. 이 사건 이후 여러 신하들은 장탕의 권세에 떨었다.

장탕은 공손홍(公孫弘)이 죽은 후 5년간 실질적인 재상의 지위를 차지하였는데, 그가 참내(參內 : 대궐에 들어감)하여 정무를 상주(上奏 : 임금에게 아룀)할 때 화제가 재정문제로 들어가면 무제는 날이 저물도록 식사하는 것까지 잊어버리고 귀를 기울였다. 그때 마침 흉노토벌 등으로 국고가 텅 비어서 장탕은 무제의 뜻을 받들어 은화(銀貨)를 주조하는 등 통화제도를 개혁하고 소금과 철을 국가의 전매사업으로 하는 등 대대적인 부흥계획을 건의했다. 정부가 부흥계획을 세워 추진하였어도 악덕 관리가 백성을 착취하여 엉망이 되곤 하였다. 그들을 엄벌로 다스렸지만 효과가 없었다.

통화제도를 개정한 5년 후인 원정(元鼎) 원년(116 B.C.)에 화폐를 몰래 만든 죄로 사형이 선고된 관민 수십만 명에게 대사면령을 내렸다. 증거가 애매하여 묵인된 자는 헤아릴 수 없었고, 자수함으로써 사면된 자만도 백여만 명에 이르렀다. 이렇게 법을 어기는 자가 많아서 처벌하려 해도 손이 모자랄 지경이었다. 그 결과 정부 고관으로부터 서민에 이르기까지 부흥계획의 창안자인 장탕을 악덕의 근원이라고 비난하는 소리가 높아졌다. 그러나 장탕이 앓아 누우면 손수 문병 갈 정도로 무제의 신뢰는 절대적이었다.

하동사람 이문(李文)은 장탕과 옥신각신 다툰 일이 있었다. 후에 어사중승(御史中丞)이 되자 그 원한을 풀기 위하여 어사대의 문서 가운데 장탕을 탄핵하는 데 쓸 자료를 찾고 있었다. 그런데 장탕의 부하 중 노알거(魯謁居)가 이를 알고 장탕에게 급한 일이 발생하였다고 그 요지를 고하는 한편, 다른 사람을 시켜 이문(李文)을 고발하게 했다. 장탕은 죄상을 심리하면서 이를 확대시켜 이문에게 사형 판결을 내렸다. 무제가 이 사건이 드러난 경위를 묻자, 장탕은 "이문의 패거리가 원한을 풀려고 한 짓이겠지요."라면서 시치미를 뗐다. 그 후 노알거가 여행 도중 앓아 눕게 되어 시골 여관에 묵게 되었는데, 장탕은 그곳까지 내려가 문병하고 다리까지 주물러 주면서 감사를 표시했다.

얼마 후 문제(文帝)의 능에서 예전(瘞錢 : 死者와 함께 묻은 돈)을 도난당하는 사건이 일어났다. 이에 대하여 승상 청적(靑翟)은 장탕과 함께 참내하여 감독이 불충분하였던 사실에 대해 연대하여 사죄하기로 하였다. 그러나 장탕은 능의 경호책임은 승상의 책임이라고 생각을 고쳐먹고 어전에서 사죄하지 않았다.

무제가 어사대부에게 그 사건을 조사하도록 지시하니, 이 사실을 듣고 성이 난 승상부의 세 장사(長史 : 부관의 일종)는 장탕을 실각시키려고 승상에게 이렇게 진언했다.

"장탕은 무제에게 사죄하기로 약속하고는 승상을 배신하였을 뿐만 아니라 ‘견지(見知)의 법(法)’을 적용하여 승상에게 죄를 씌우려고 벼르고 있습니다. 지금 그를 실각시키지 않으면 돌이킬 수 없을 것입니다. 저희들이 장탕을 실각시킬 만한 증빙 자료를 갖고 있습니다.”

승상은 이에 따라 포리(捕吏)에게 명하여 전신(田信 : 상인 田甲의 一族) 등을 잡아들여 취조했다. 전신 등은 이렇게 증언했다. “장탕이 재정 문제에 대해 상주할 때에는 미리 그 정보를 저희들에게 알려주셨습니다. 저희들은 물건을 매점했다가 값이 뛸 때 팔아서 이윤을 올리고는 이를 장탕과 나누었습니다.” 취조가 계속되는 동안 전신 등의 증언은 남김 없이 무제의 귀에 들어갔다. 무제도 견딜 수 없어서 장탕에게 하문했다. “내 재정정책이 실시되기도 전에 상인들 귀에 들어가 물건을 매점한다 하니 계획을 밖에 누설한 자가 있는 것 같은데 어떻게 생각하는가?” 장탕은 해명할 생각도 하지 않고 놀라는 시늉만 하였다. 감선(減宣 : 前 御史 中丞)이 한술 더 떠서 노알거에 관한 일을 무제에게 소상히 아뢰었다.

무제는 속은 줄 생각하고 검찰관(檢察官) 8명을 차례로 보내 죄상을 추궁했다. 장탕은 그때마다 반론하며 죄를 인정하지 않았다. 무제는 조우(趙禹)에게 취조를 명했다. 조우는 장탕을 나무라기를 “너무도 최후가 더럽지 않소. 귀공이 일가몰살의 판결을 내린 사람이 얼마나 되는지 생각하시고 더 이상 변명치 않는 것이 좋겠소.” 하였다. 이에 장탕은 “저의 죄는 억울하게도 저 3명의 장사(長史)가 날조한 것입니다.” 라고 최후의 상소문을 적은 후 자살하였다.

사후에 그의 유산을 조사해 보니 고작 500금에 지나지 않았고, 그 내역도 모두 봉록이나 하사품이었다. 그의 형제와 자식들이 장사만은 성대히 치르자고 의논하였으나 모친이 “그 아이는 중신(重臣)의 몸으로 불명예스러운 죄목으로 죽은 것이다. 성대한 장례라니 당치도 않은 일이다.” 하며 반대하고는, 곽(槨) 없는 허름한 관에 넣어 우차(牛車 : 소달구지)로 운구하였다.

무제는 이 말을 듣고 감동했다. “그런 어머니가 있기에 장탕이 있었던 것이다." 그러고는 다시금 철저한 조사를 한 끝에 세 사람의 장사(長史)의 죄를 밝혀내 주살했으며, 승상 청적은 이 사건에 대한 책임을 지고 자살했다. 무제는 장탕을 잃은 것을 크게 후회하고 그의 아들 장안세(張安世)를 높은 자리에 앉혔다(『史記』, 「列傳」).

4) 감찰어사 소지충(蕭知忠)의 탄핵

당(唐)나라 어사대의 말단 관리(계급은 정8품下)인 감찰어사 소지충(蕭知忠)이 3품에 해당하는 높은 관리인 봉각시랑(鳳閣侍郞) 소미도(蘇味道)를 장오죄(贓汚罪 : 관리가 나쁜 짓으로 재물을 모은 죄)로 탄핵하여 폄관(貶官 : 관직에서 면직함)시켰다. 이에 어사대부(御史大夫)가 여러 어사들을 불러 꾸짖기를 "요사이는 어사대에서 탄핵하는 일을 기관장인 어사대부에게 자문(諮問)하지 않으니, 이것이 예(禮)에 합당한가?" 하였다.

다른 사람들은 감히 아무런 대답도 못 하는데, 소지충이 나아가 아뢰기를 "고사(故事)에는 대중(臺中)에 장관이 없으며, 어사는 임금의 이목이라, 어깨를 나란히 하여 임금을 섬기면서 각자 일을 탄핵하되 서로 말하는 것을 관여하지 않았습니다. 만약 먼저 대부에게 아뢰어 탄핵하는 일을 허락받아 행한다면, 대부를 탄핵하는 일은 누구에게 아뢰어야 할지 모르겠습니다." 하였다. 이에 어사대부 이승가(李承嘉)는 묵연히 그의 강직하고 바른 것을 꺼렸다.(『三峯集』 제10권, 「經濟文鑑」 下).

역사의 거울 감사인이 감찰활동을 함에 있어 상급자, 동료 및 외부의 간섭이나 압력을 받지 않고 독립성을 유지하도록 하는 것이 꼭 필요하므로 소지충의 행동을 용기 있는 일로 평가할 수도 있을 것이다. 그러나 감사인 각 개인의 노력만으로는 어떤 사건의 실체와 원인의 파악 및 대안 마련이 어려운 경우가 많아 감사조직을 설치한 것이므로, 서로 상의하고 협조하였어야 할 것임에도 조직을 전적으로 무시한 것은 너무 지나쳤다고 하겠다. 한편 오늘날에는 자기와 관련된 사건은 관여하거나 심리하지 않도록 하고 있다.

제3절 우리나라의 대관(臺官)과 간관(諫官)

삼국시대에는 신라의 사정부(司正府) 등 감사기관이 있었으나 구체적인 활동내용 등의 기록이 남아 있지 않다. 고려시대에는 대간(臺諫)의 활동이 활발하였다.

그 중 대관은 헌대(憲臺 : 御史臺, 司憲府 등으로 명칭이 여러 번 변경)의 관원을 총칭하는 것으로 당시 정치를 논하고 풍속을 교정하며 백관을 규찰하고 탄핵하는 것을 주임무로 하였다. 간관은 사간원(司諫院 : 고려시대에는 별도 조직 없이 門下府의 郎舍로 구성)의 관원들로 성랑(省郎)이라 불렸고, 주권자인 동시에 국정의 최고 책임자인 군주(君主 : 왕)에 대한 간쟁(諫諍)과 봉박(封駁)을 주임무로 하였다.

대관이 탄핵 등을 함에 있어 임명권자인 왕에 대한 간쟁과 봉박이 불가피한 경우가 많았고 간쟁과 봉박을 대관과 간관이 합동으로 또는 협동하여 번갈아 행하여 목적을 관철하곤 하였다. 또한 대관과 간관은 문무백관 임명시에 이를 승인하고 서명하는 서경권(署經權)을 함께 가지고 있었다. 이렇게 두 관원의 역할에 비슷한 점이 많아서 대관과 간관을 총칭하여 대간(臺諫)이라 하였다. 그러나 양자는 주임무가 서로 다르며 직무수행방법, 조직행태 및 책임 등에서도 많은 차이가 있다.

대관(臺官)은 관리들의 공사(公私) 생활을 규찰하고 잘못이 발견되면 탄핵하는 임무의 성격 때문에 스스로 높은 청렴도를 유지하며 타에 모범을 보여야 했고 내부 기강도 매우 엄격하였는데, 이 전통은 오늘날의 감사원에서 이어받고 있다고 할 수 있다.

한편 간관(諫官)의 임무는 주로 왕에 대한 간쟁이 그 임무였으므로 간쟁할 때에는 추상 같은 면모를 보이면서도 일상생활에 있어서는 상하의 구별이 거의 없고 근무기강도 그다지 엄격하지 않았는데, 그 전통은 오늘날 언론기관에서 일부나마 발견된다.

고려시대의 대관과 간관의 구체적인 모습을 담은 기록은 없으나, 그 제도를 조선시대에 그대로 이어받았으며, 조선시대의 대관과 간관의 비슷한 점과 차이점에 관하여 설명한 기록이 있으므로 아래에 이를 소개한다.

1) 정도전(鄭道傳)의 설명

정도전은 그의 저서인『삼봉집(三峰集)』에서 다음과 같이 간관과 대관의 직분에 대하여 자세히 기록하여 그 차이점과 특수성을 알기 쉽게 설명하였다.

(1) 간관(諫官)과 어사(御史 : 臺官)의 그 직분이 다음과 같이 다르다.

·간관은 헌체(獻替 : 취하고 버림, 즉 임금을 돕는 일)를 관장하여 임금을 바르게 하고, 어사는 규찰을 관장하여 백관을 다스린다.

그러므로 임금에게 허물이 있으면 간관이 주독(奏牘 : 직접 아뢰거나 상소함)하고 신하가 법을 어기는 일이 있으면 어사가 봉장(封章 : 上疏)한다. 이를 위하여 신중하고 방정하며 임기응변하되 대체(大體)를 도탑게 할 수 있는 자를 가려 간의대부(諫議大夫 : 간관의 우두머리)로 삼으며, 엄하고 위엄이 있으며 강직하고 고사(故事)에 견식이 있으되, 국체(國體)를 알아 살피는 자를 선택하여 어사중승(御史中丞 : 대관의 실무책임자)으로 삼는다.

• 조정의 법령이 오롯(모자람이 없이 원만함)하지 못하거나, 교화가 갖춰지지 못하고, 예악(禮樂)이 닦여지지 못하거나 호령이 밝혀지지 못하며, 의론이 결단되지 못하거나 경장(更張)하는 일이 합당하지 못하고, 음양에 재앙이 일어나거나 변괴가 생기며, 임금이 기뻐해서 주는 것이 지나치거나 노하여 빼앗는 것이 지나치면, 마땅히 간관이 책임을 지고 왕에게 그 잘못을 지적해야 할 것이다.

반면 사대부 가운데 간사하고 바르지 못함이 있거나, 교만하고 사치하여 제 뜻대로 행하고, 아첨으로 윗사람의 비위를 맞추거나 참특(讒慝 : 간악하고 간특함)하여 성청(聖聽 : 임금이 들음)을 어지럽히는 일이 있으며, 호강한 자가 법을 우롱하거나, 총신이 권세를 훔치는 일이 있고, 탐오하여 염치를 닦지 않음이 있거나, 사기(詐欺)가 있어 충신(忠信)을 갖추지 못하며, 대신으로서 중립을 지키고 고망(顧望 : 눈치만을 살피고 일을 결정하지 않음)하거나, 소신이 없고 해이하고 태만하여 직분을 무너뜨리면, 마땅히 어사가 책임을 지고 왕에게 이를 진술하거나 그 죄를 탄핵해야 할 것이다.

(2) 대관(臺官)과 간관(諫官)은 그 임무가 모두 중하므로 다음과 같은 공통점이 있다.

• 마땅히 천하의 제일류를 써야 할 것이다.

오늘날에는 이른바 강대(剛大)한 기개를 지녔다는 자들이란 것이 우선 한마디로 단언하여 4~5류에 불과한 사람들이라, 이

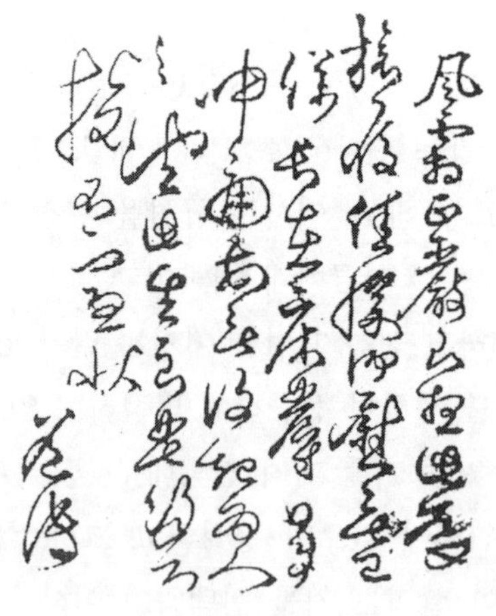

[사진 설명] 정도전의 글씨. 『근묵』에서 뽑은 것임.

들이 기세등등하게 대간으로 늘어서 있으니 어떻게 일이 잘 이루어질 수 있겠는가? 그렇다면 그들의 성명이 드러나지도 않게 되고, 나라 안팎에서는 이미 그들이 천하의 제일류가 아닌 것을 알게 되는 법이다.

· 시비를 감히 말하지 않으려고 한다.

대저 사리(事理)에는 어떤 시비가 있게 마련인데, 오늘날 조정에서는 이 시비를 감히 판별해 내려 하지 않아서 재상(宰相) 같은 사람은 굳이 임금의 뜻을 거슬리려 하지 않고 대간 역시 재상의 뜻을 건드리려 하지 않으니, 이제 천하에서 시비를 감히 논하려 하지 않는 자들만 조정에 모여 있고, 또한 감히 심하게 말하려 하지 않는 자들만을 가려서 대간을 삼는 것이 이미 풍습을 이루고 말았으니, 되는 일이 무엇이겠는가?

· 대간은 굳세고 바른 사람이어야 한다.

한(漢)·당(唐) 때에는 어사가 탄핵하되 사람들의 항의가 많으면 전상(殿上)에서 곧바로 그 죄를 헤아리며, 누구를 탄핵하고자 하면 먼저 문 아래 방(榜)을 세워 곧바로 그 이름을 지적하여 그가 입조(入朝)하는 것을 허락하지 않았다. 대간이라면 모름지기 일을 이렇게 해야 할 것인데, 오늘날에는 일을 한 가지 말하거나 한 사람을 내치고자 한다면 천만 가지 곡절 끝에 여러 모로 계책을 세운 뒤에야 이루어지니, 감히 말하고자 해도 말로 다할 수 없다.

· 대간은 중히 여겨진다.

옛사람이 관직을 설치하는 데 반드시 대간의 권한을 중히 여긴 것이지 대간 개인을 중히 여긴 것이 아니었다. 이는 대간을 중히 여기면 조정을 중히 여기는 것이기 때문이다.

한(漢) 광무제 때에는 대간을 백관(百官)과는 자리를 갈라 앉게 하였으므로 당시에 '독좌자(獨坐者)'라 일컬었다. 당(唐) 헌종(憲宗) 때에는 백관들로 하여금 길을 피하여 다니게 하는 일이 있어 당시에 '총가자(寵街者)'라고 일컬었다.

이렇게 들어가면 백관들로 하여금 자리를 갈라놓게 하고, 나오면 백
관들로 하여금 길을 피해 가게 하였으니 이것이 과연 무슨 뜻인가? 어
찌 그 권한을 무겁게 하여 사람들로 하여금 그들을 두렵게 여기도록
함이 아니겠는가?

· 대간의 권한이 가벼우면 사람들이 두려워하지 않는다.

오늘날 믿을 바는 천하 간웅들의 마음을 꺾을 자가 또한 있어야 하
는데, 대관의 권한을 가볍게 함으로써 사람들이 두려워하는 마음이 없
게 해서는 안 될 것이다. 사람들이 두려워하는 것이 없어진다면 그들
의 활동에 한계가 없어지므로 어떠한 지경인들 이르지 않겠는가?

대저 조정이 스스로 편하고자 하여 대간을 장원(長員 : 긴하지 않은 관
원)으로 만들어놓으면 관원들이 거리끼는 바가 없게 되고, 대간을 문구
(文具 : 겉치레로 형식만 갖추어 둠)로 만들어버리면 어떻게 대간이 할 일을
다할 수 있겠는가?

· 대개 옛적에는 비평하고 꾸짖는 권한이 대간에게 있었으나, 후세
에는 대간을 진퇴시키는 권한을 권문 귀족이 갖게 되었다.

대저 사람이 이끌어올림을 바라서 벼슬에 오르려고 하는 자는 실로
분주 다사하여 겨를이 없는 터이라, 오로지 말하고자 하는 바가 있으면
대간의 중직을 빌려 말하고, 오로지 물러가게 하고자 하는 바가 있으면
대간의 권한을 빌려 물러가게 할 것이다. 또한 일이 권문 귀족에게 관
계된 것이 있으면 대간은 달게 장마(仗馬 : 儀仗용 말) 노릇을 하게 될 따
름이다.

심지어는 오늘 표장(表章 : 上疏의 일종) 한 번 올리고 내일 소(疏) 한 차
례 올리는 것이 자질구레하고 쓸데없는 허문(虛文)에 지나지 아니할 것
이며, 반면 천하의 선비를 책하되 각박하게 탄핵할 것이다.

그 결과 천하의 관리들이 규문(閨門 : 부녀자가 거처하는 방)의 자잘한
사고나 향당(鄕黨 : 시골 마을)의 미미한 누(累 : 거치적거리는 弊) 따위의 번
잡스럽고 세쇄(細瑣 : 매우 가늘고 작음)한 일로 한갖 사람의 귀를 시끄럽

게 할까 두렵다. 대개 이리하여, 말하는 것이 권문 귀족들을 지목하거나 물러가게 하는 자는 모두 권문귀족이 꺼리게 될 것이다.

옛날[先朝]에 어느 대간(臺諫)이 있었는데 왕께서 그에게 이르기를, "짐은 대간이 재상의 뜻을 그대로 봉행(奉行 : 시키는 대로 좇아서 행함)하지 않았으면 좋겠다." 하였더니, 대답하기를 "신은 재상의 뜻을 그대로 봉행하지 않을 뿐 아니라, 또한 폐하의 뜻도 그대로 봉행하지 않으려 합니다." 하였다.

장하다. 그 말이여! 대간들이 모두 이 사람과 같다면, 대간의 기강이 떨쳐지지 않을 리가 없을 것이다(『三峰集』제10권 「經濟文鑑」下).

역사의 거울 정도전(鄭道傳 : ?~1398)은 봉화(奉化) 사람으로 호는 삼봉(三峯)이고 이색(李穡)의 문인이었다. 그는 충주사록(忠州司錄), 전교주부(典校注簿), 성균박사(成均博士) 등을 거쳐 지문하부사(知門下府事) 겸 대사헌(大司憲), 삼사부사(三司副使)를 역임하였다. 조선 개국1등 공신으로 문하시랑찬성사(門下侍郎贊成事)에 올라『고려사(高麗史)』를 찬진(撰進)했고,『조선경국전(朝鮮經國典)』,『경제문감(經濟文鑑)』등을 저술하였다.

2) 성현(成俔)의 설명

성현(成俔)은 그의 수필집『용재총화(慵齋叢話)』에서 대관과 간관의 활동방법과 행태 등에 대하여 자세히 기록하여 그 차이점을 알기 쉽게 하였으므로 이를 발췌해 본다.

대관(臺官)과 간관(諫官)은 비록 한몸과 같은 것이라고 하나 사실은 같지 않다. 대관(臺官)은 풍교(風敎 : 정치와 교육으로 백성에게 미치는 교화)를 규찰(糾察 : 규탄하여 살핌)하는 것이고 간관(諫官)은 임금의 과실을 바로잡는 것이다.

(1) 대관은 위계에 따라 상관(上官)과 하관(下官)의 구별이 더욱 엄격

하다.

상관을 맞이할 때 지평(持平)은 섬돌 아래 내려가서 장령(掌令)을 맞이하고, 장령은 섬돌 아래 내려가서 집의(執義)를 맞이하며, 집의 이하는 전원이 섬돌 아래 내려가서 대사헌(大司憲)을 맞이하는 것이 관례다. 평상시에는 다시청(茶時廳 : 사헌부 관원이 출근하여 매일 한 번씩 會坐하는 廳舍)에 앉고, 제좌일(齊坐日 : 한 官司의 官員 전원이 일제히 한자리에 모여 공사를 처리하는 날)에는 제좌청(齊坐廳)에 앉는다.

제좌청에 좌기(坐起)하는 날에

[사진설명] 성현의 글씨. 『한국역대 명인 필적』에서.

는 먼저 4대장(四臺長 : 사헌부의 장령과 지평 4인을 총칭하여 일컫는 말)이 먼저 그들의 청에 들어가고, 그 상관인 집의는 따로 그의 청에 들어간다. 만약 하관이 아직 오지 않았으면 비록 상관이 먼저 왔더라도 의막(依幕 : 대기소)에 들러 기다리다가 하관이 온 뒤에 들어간다.

대사헌이 들어오면 4대장이 중문 밖에 나가 공손히 맞이하고 그들의 청으로 돌아온다. 대사헌이 대청(大廳 : 큰 마루)에 앉으면 도리(都吏)가 대장청에 가서 '제좌(齊坐)'라고 네 번 큰 소리로 외친다. 집의가 대청 북문으로부터 주렴을 걷고 들어와 재배(再拜)의 예를 행하고, 이를 마치고 나면 4대장이 뜰 아래의 북문으로부터 들어와 섬돌 위에 벌려 섰다가 청 위에 올라와 재배의 예를 행한다.

여러 감찰(監察)들이 뜰에 들어와 청알(請謁 : 만나보기를 청함)한다. 분대서리(分臺書吏)가 달려와서 보고한다. 감찰이 차례로 청에 올라와 절하고 물러간다. 서리와 나장(羅將)들이 각각 차례로 들어와 두 번 절한다.

이에 각기 좌석에 가서 앉는다. 대사헌은 의자에 앉고 그 나머지 사람들은 승상(繩床 : 노끈으로 얽어매어 만든 걸상)에 앉는다.

아전 여섯 사람이 각각 탕약(湯藥) 그릇을 들고 와서 여러 사람 앞에 꿇어앉는다. 아전 한 사람이 '봉약(奉藥)'이라고 외치면 약그릇을 잡고, '정음(正飮)'이라고 외치면 마시고, '방약(放藥)'이라고 외치면 약그릇을 물린다. 또 한 사람의 아전이 '정좌정공사(正坐正公事)'라고 외치면 여러 관원들이 일어나 읍하고 도로 앉는다.

비로소 회의용(會議用) 둥근 자리를 마루 위에 펴고 모두 거기에 내려와 앉는다. 만일 새로 벼슬에 임명된 자가 있으면 서경(署經)하고 탄핵할 일이 있으면 논박한다.

이 날의 제좌청의 의사(議事)가 끝나면 집의 이하는 돌아가 자기의 청으로 간다. 조례(皂隷 : 서울 각 官衙의 下人)가 문 안에 있다가 '신시(申時 : 오후 5시에서 7시까지의 시각으로 퇴근시간을 뜻함)'라고 세 번 외친다. 또 아전 한 사람이 문 안에서 '공청봉궤 대장가출(公聽封匱臺長可出)'이라고 외친다. 이에 각기 차례로 지송(紙送)한다. 그리고 길을 가는 때에도 또한 각기 차례대로 간다.

이상이 대관들의 관례다.

(2) 간관들 사이에는 존비(尊卑)의 예(禮)가 없다.

상관이나 하관이 서로 기다리는 일이 없이 들어간다. 만약 상관이 먼저 오고 하관이 뒤에 오면 비록 상관이라도 또한 북쪽을 향해 선다. 서서 하관을 기다려 서로 읍하고 자리에 가서 앉는다. 제좌하는 날에 탕약을 마시고 공무를 집행하는 것은 모두 대부(臺府 : 司憲府)와 같으며 의석(議席)을 펴고 나면 술자리를 마련하여 아란배(鵝卵盃)라는 술잔으로 서로 주고받으면서 충분히 취한 뒤에 그친다.

또 후원(後苑)의 모정(茅亭 : 짚이나 띠로 지붕을 덮은 정자)에 나가서 옷을 벗고 눕기도 한다. 사간원 안이 싸늘한데 깔고 앉을 물건이 없으면

혹은 선생안(先生案 : 관원의 관직명, 성명, 본적, 출생연대 등을 적은 명부)을 깔기도 하고 혹은 표피(豹皮)나 녹비(鹿皮)를 사용하기도 한다.

어떤 때에는 후 안의 배나 대추를 따서 각 관사(官司)에 돌려 판다. 만약 돈이나 물품을 대가로 받으면 반드시 술과 음식의 비용에 충당한다.

평상의 수용비(需用費)는 전적으로 사헌부에서 타다가 쓴다. 간관에 임명된 자는 반드시 관례에 따라 연회를 열어 여러 동료들과 마신다. 여러 곳의 연회에도 가서 참석하는 등 대관과는 다르게 자유분방하다(『慵齋叢話』).

> **역사의 거울** 성현(成俔 또는 成俔 : 1439~1504)은 창녕(昌寧) 사람으로 호는 용재(慵齋)이고 세조 때 문과에 급제하였다. 박사(博士)로 등용된 후 홍문관 정자(弘文館正字), 대교(待敎), 사록(司錄) 등을 거친 후 대사간(大司諫), 대사성(大司成), 우승지(右承旨), 대사헌(大司憲), 예조판서(禮曹判書), 대제학(大提學) 등을 역임하였다. 사후에 청백리(淸白吏)에 녹선(錄選)되었다.

3) 정약용(丁若鏞)의 의견

조선시대 말기에 정약용이 그의 저서 『경세유표(經世遺表)』에서 주장한 개혁론(改革論)을 보면 대관과 간관은 근본적으로 다른 성격의 관리임을 이해할 수 있다. 그는 주례(周禮)의 6관(六官)을 본떠서 조정을 천관(天官), 지관(地官), 춘관(春官), 하관(夏官), 추관(秋官), 동관(冬官) 등 6관으로 구분하였다.

· 사헌부와 감찰원은 형조(刑曹), 의금부(義禁府) 등과 함께 추관으로 구분하였다. 실제로는 사헌부에서 간쟁하는 책임도 담당하지만 그보다는 형금(刑禁)을 맡음과 아울러, 무릇 법을 굽히거나 뇌물을 받거나 유약하여 일을 감당하지 못할 자 등을 탄핵하는 것을 주임무로 하기 때문이다. 또한 암행어사는 항상 있는 관직은 아니나 사헌부에 붙여야

[사진설명] 전남 강진군 도암면 만덕리에 있는 다산초당.

마땅하다고 그는 주장하고 있다.

 ·한편 사간원은 예조(禮曹), 홍문관(弘文館), 시강원(侍講院) 등과 함께 춘관(春官)으로 구분하였다. 이는 주례(周禮)의 지관(地官)에 있던 사간 (司諫)을 본뜬 것인데, 간쟁을 제외할 때 만민의 덕을 따져서 그 덕행과 도예(道藝)를 살피는 자리여야 한다는 것이다.

> **역사의 거울** 정약용(丁若鏞 : 1762~1836)의 호는 다산(茶山)이고 본관은 나주 (羅州)이다. 정조 때 문과에 급제하여 검열(檢閱)에 임명되었다가 천주교인이 라 하여 해미(海美)에 유배되었다. 풀려나와 지평(持平), 수찬(修撰)을 거쳐 암 행어사(暗行御史)로 활동하였다. 그리고 병조참지(兵曹參知), 형조참의(刑曹參 議) 등을 역임한 후 다시 유배되어 많은 저술활동을 하였다. 저서로 『목민 심서(牧民心書)』, 『경세유표(經世遺表)』 등이 있다.

이상 여러 가지를 검토한 결과 사간원의 관원, 즉 간관은 비록 대관 과 협조하며 일을 한 경우가 많이 있었다 하더라도 감사인(監査人)으로 보기는 어렵다. 한편 지방에 파견되어 관리를 규찰한 경차관(敬差官)과 암행어사 등은 비록 사헌부의 소속 관원, 즉 대관은 아니었다고 하더라도 지방관부를 감시, 감독, 감찰하는 직무를 수행했으므로 감사인에 포함시켜야 할 것이다.

따라서 이 책에서는, 국가형태를 형성한 초기에는 규찰·탄핵 및 간쟁활동 등을 모두 감사와 관련된 것으로 보고 이를 찾아내어 기술하였으나, 기능이 분화된 후에는 규찰의 임무을 가졌던 대관(臺官 : 諫官 제외) 및 어사(御史 : 지방에 파견된 使臣 포함)를 감사인으로 보고 그들의 주요 행적을 모아 이를 소개하였다.

제2장

삼국시대의 감사

제1절 우리나라 최초의 감사

· 고대에는 정치체제나 행정제도가 분화되어 있지 아니하여 오늘날과 같은 감사기관이나 감사기능을 찾아볼 수 없다. 고조선(古朝鮮)에서는 8조목의 법률이 통용되었다고 하지만 그 구체적인 내용과 집행방법 등은 알려지지 않고 있다.

· 위씨조선(衛氏朝鮮)의 경우 마지막 왕인 우거왕(右渠王)에게 역계경(歷谿卿)이 간한 기록이 있는데, 이것이 우리나라 최초의 간언기록이다.

당시 조선이 한(漢)에 대하여 강경히 대립함에 따라 기원전 109년에 한의 무제(武帝)는 수륙 양면으로 대군을 보내 조선을 침략하였다. 조선은 1년간 버티다가 결국 주화파(主和派)의 항복과 우거왕의 피살로 멸망하였다.

그런데 이에 앞서 조선상(朝鮮相 : 무슨 역할을 담당한 직위인지 미상임) 역계경이 우거왕에게 간언하다가 받아들여지지 않자 주민 2,000여 호를 데리고 진국(辰國 : 三韓의 중심국가)으로 갔다는 기록이 있다. 다만 그가 무슨 간언을 하였는지 그 내용은 전해지지 않고 있다.

· 부여(夫餘)에서는 다음 4조목의 법률이 있었다고 하는데, 그 위반 여부를 규찰하는 직임이 있었는지 여부는 알 수가 없다.

① 사람을 죽인 자는 사형에 처하고 그 가족은 데려다 노비로 삼는다.

② 절도를 한 자는 12배의 배상으로 갚는다.

③ 간음을 한 자는 사형에 처한다.

④ 부인의 질투를 특히 미워하여 이를 사형에 처하되, 시체를 남쪽 산 위에 버려서 썩게 한다. 만일 여자 집에서 시체를 가져가려고 하면 소와 말을 바쳐야 한다.

· 초기 국가에서는 사신 등을 보내기보다 왕이 직접 지방을 다니면서 백성과 접촉하고 그들의 억울함을 풀어주곤 하였다.

백제의 경우 다루왕(多婁王) 11년(38 A.D.) 10월에 흉년으로 백성들이 굶주리므로 왕이 동서 양부(兩部)를 순무(巡撫 : 순회하며 위무함)하여 가난해서 자활할 수 없는 사람들에게 1인당 곡식 2석씩을 주었다. 이는 우리나라 역사상 왕이 직접 순무하면서 백성의 질고(疾苦)를 살핀 최초의 기록이다.

한편 고구려에서는 민중왕(閔中王) 2년(45 A.D.) 5월에 나라 동부지방에 홍수가 일어나 민간에 기근이 있어서 창고를 열어 곡식을 나누어주었다는 기록이 있는데, 누가 그 지방에 갔었는지 여부 등 구체적인 내용이 분명치 않다.

· 문헌에 나타나 있는 우리나라 최초의 감사활동은 신라 제5대 왕인 파사왕(婆娑王 : 婆娑尼師今) 11년(90 A.D.) 7월에 있었다. 이때 왕이 사신 10인을 각 주·군(州郡)에 파견하여 공사(公事)에 부지런하지 않아 전야(田野)를 많이 황무하게 한 자(者 : 官吏를 의미함)를 염찰(廉察 : 監察 또는 觀察)하여 그들을 폄출(貶黜 : 貶은 官職을 낮추는 것이고 黜은 내쫓는 것임)케 함으로써 천재(天災)를 조심하게 하고 백성의 고통을 구제하도록 하였다. 이는 우리 신라에서 사신을 최초로 각 지방에 파견한 기록이기도 하다.

제2절 신라의 감사

신라의 관직과 기구 등은 여러 번 변천하였으며, 중국과 동방(東方 : 우리 고유의 전통)의 것이 서로 섞여 있었다. 그 후 왕건이 고려를 건국한 초기에는 관직과 계급 등을 특별하게 정하지 않고 신라와 태봉(泰封 : 후고구려)의 제도를 그대로 따랐는데, 주로 신라의 제도를 따랐다.

1. 정부기구의 확립

신라가 대내·외로 발전을 거듭한 후 중앙집권적인 귀족국가로서의 체제를 갖춘 것은 지증왕(智證王 : 500~514 재위)의 다음 왕인 법흥왕(法興王 : 514~540 재위) 때이다. 지증왕 때에는 신라의 산업이 크게 발전하였다. 우경(牛耕)이 시작되고 수리사업(水利事業)이 활발히 진행되어 생산력이 획기적으로 발달하였으며, 국호를 신라로, 왕의 칭호를 마립간(麻立干) 대신 중국식으로 왕(王)이라 칭하는 등 정치적으로도 큰 개혁이 있었다.

법흥왕은 중앙집권적인 통치체제를 완성하였는데, 3년(516)에 병부(兵部)를 설치하였고, 7년(520)에 율령(律令)을 반포하였으며, 23년(536)에 '건원(建元)'이라는 독자적인 연호를 사용하였다. 그 후 진흥왕은 병부에 영(令) 1인을 늘리고, 품주(稟主 : 신라 최고의 정무기관으로 후에 執事省으로 변경)를 설치하였고, 진평왕 때에도 각급 기관과 관직을 설정하여 나갔다. 그 후 태종무열왕 및 문무왕이 삼국통일의 성업을 이룸에 따라 국토가 넓어지고 백성의 수가 늘어났으므로 정부기구를 점차 확충하여 나갔다.

통일신라시대에 정무(政務)를 담당한 주요한 중앙관서 명칭, 설치시기 및 분장사무 등은 다음과 같다.

<표 3> 통일신라의 주요 중앙관서 현황

관 서 명	설 치 연 대	분 장 사 무	책 임 자
兵部	法興王 3년(516)	軍事	令 3인
位和府	眞平王 3년(581)	官吏 人事	令 2인
調部	眞平王 6년(584)	貢物, 賦役	令 2인
乘部	眞平王 6년(584)	宮中의 乘輿와 儀衛	令 2인
禮部	眞平王 8년(586)	敎育, 外交 및 儀禮	令 2인
領客府	眞平王 43년(621)	外賓接待	令 2인
執事省	眞德王 5년(651)	國家機密事務(종전의 稟主)	中侍(侍中) 1인
倉部	眞德王 5년(651)	財政	令 2인
左·右理方府	眞德王 5년(651)	律令, 格式 制定	令 4인
司正府	太宗武烈王 6년(659)	刑律과 彈劾	令 1인
船府	文武王 18년(678)	船舶	令 1인
例作府	神文王 6년(686)	土木 營繕	令 1인

2. 감찰기관의 설치

1) 최초의 감찰기관 설치

법흥왕 3년(516)에 병부(兵部)를 처음 설치한 데 이어 진흥왕은 그 5년(544)에 병부(兵部)에 영(令) 1인을 증원하는 한편, 관리들에 대한 감찰을 담당케 하고자 사정(司正)을 전담하는 경(卿 : 17官等 중 제6관등 阿湌 내지 제9관등 級伐湌 중에서 임명) 2인을 임명하였다. 진흥왕은 국토를 크게 넓히는 한편 관제를 정비하고 관리를 늘렸으며 귀족에 대한 국가적인 통제의 필요성도 있었으므로 그들을 효과적으로 감시, 규찰하기 위하여 사정담당자를 두었던 것이다.

그 후 여러 관부가 설치되고 관리들이 증가하여 경 2인만으로는 사정업무를 모두 담당치 못하게 되어 태종무열왕 6년(659)에는 사정부(司正府)를 설치했는데, 이는 문헌에 나타나 있는 우리나라 최초의 감찰기관이라 할 것이다.

> **역사의 거울** 태종무열왕(太宗武烈王 : 654~661재위, 이름은 金春秋)은 불세출의 뛰어난 자질로 큰 경륜의 뜻을 갖고 훌륭한 사람들로 보좌케 하고 일을 맡겨 그들이 말하면 따르고 계책을 내면 좇았다. 그는 당(唐)나라와 연합군을 조직하여 백제를 멸한 후 넓어진 영토를 효율적으로 감시, 감독하기 위하여 사정부를 설치한 것이다. 이와 같이 사정부의 설치는 태종무열왕 때 사정의 범위가 확대되고 그 기능의 중요성이 더욱 커짐에 따라 하나의 기구로 발전한 것임을 뜻한다.

사정부는 고려시대의 사헌부와 같은 임무를 수행했으며, 『삼국사기(三國史記)』 「직관지」에는 사정부가 '형률(刑律)과 탄핵을 맡은 관사'라고 기재되어 있다.

태종무열왕은 사정부에 책임자로서 영(令) 1인과 보조자로서 경(卿) 2인(진흥왕 때 이미 임명함), 승(丞) 2인, 대사(大舍) 2인과 사(史) 10인 등 17인을 두었다. 신라시대에는 관등(官等)을 17개로 나누고, 계급을 중시하는 철저한 계급사회를 유지했는바, 사정부령은 제1관등[이벌찬]에서 제5관등[대아찬]까지로 하는 등 관원들의 관등은 다음의 표와 같았다.

<표 4> 사정부 관원의 관등

官職＼官等	계 인원 수	1 伊伐湌	2 伊湌	3 迊湌	4 波珍湌	5 大阿湌	6 阿湌	7 一吉湌	8 沙湌	9 級伐湌	10 大奈麻	11 奈麻	12 大舍	13 舍知	14 吉士	15 大烏	16 小烏	17 造位
令	1	—	—	—	—	—												
卿	2						—	—	—	—								
丞	2										—	—						
大舍	2											—	—	—				
史	10												—	—	—	—	—	—

한편 관리가 아닌 속관이나 노예 등 소속 인원이 얼마였는지는 기록이 없다. 또한 사정부의 영(令) 이하 관리들로 누가 임명되었는지, 겸직이었는지 등에 대한 기록도 찾을 수 없다.

2) 감찰기관 등의 확충 및 변천

· 문무왕(文武王 : 661~681 재위, 이름은 金法敏)은 부친[태종무열왕]의 위

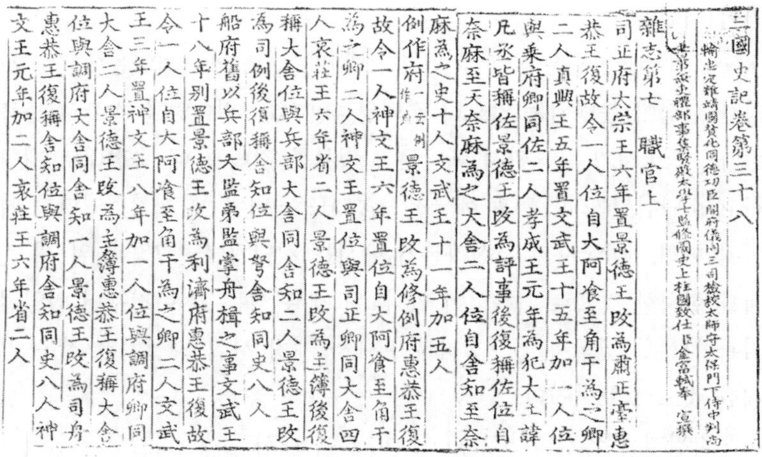
三國史記卷第三十八
輸忠定難靖國贊化同德功臣開府儀同三司檢校太師守太保門下侍中判尚
書吏禮部事集賢殿太學士監修國史上柱國致仕臣金富軾奉 宣撰
雜志第七 職官上
司正府太宗王六年置景德王改爲肅正臺惠
恭王復故令一人位自大阿飡至角干爲之卿
二人眞興王五年置文武王十五年加一人位
與乘府卿同佐二人孝成王元年爲犯大王諱
凡丞皆稱佐景德王改爲評事後復稱佐位自
奈麻至大奈麻爲之大舍二人位自舍知至奈
麻爲之史十人文武王十一年加五人
例作府一云例作典景德王改爲修例府惠恭王復
故令一人神文王六年置位自大阿飡至角干
爲之卿二人神文王置位與司正卿同大舍四
人哀莊王六年省二人景德王改爲主簿後復
稱大舍位與兵部大舍同舍知二人景德王改
爲司例後復稱舍知位與弩舍知同史八人
船府舊以兵部大監弟監掌舟楫之事文武王
十八年別置景德王改爲利濟府惠恭王復故
令一人位自大阿飡至角干爲之卿二人文武
王三年置神文王八年加一人位與調府卿同
大舍二人景德王改爲主簿惠恭王復稱大舍
位與調府大舍同舍知一人景德王改爲司舟
惠恭王復稱舍知位與調府舍知同史八人神
文王元年加二人哀莊王六年省二人

[사진설명] 『삼국사기』 「직관지」의 사정부 관련 기록.

업을 이어받아 당나라와 연합하여 고구려를 침공하여 문무왕 8년(668)에 이를 멸망시키고 삼국을 통일하였다. 그 결과 영토가 크게 팽창함에 따라 백제계 인물을 등용하여 지방을 관리하고 정부기구도 크게 늘렸다. 백제와 고구려가 멸망한 후 당나라가 우리 국토를 삼키려는 마각을 드러냈는데, 문무왕은 이를 단호히 거부하였고, 당병이 말갈 및 거란과 함께 내침하였을 때에도 군사를 일으켜 북으로 몰아냄으로써 통일후유증을 치유하고 삼국통일의 위업을 완전히 이루었다. 엄청난 영토의 확장, 백제계 인물의 등용 및 대외전쟁의 와중에서 중앙집권적인 정책을 추구했고, 감찰기능 강화의 필요성이 대두되어 내외 감찰조직을 대폭 확대하였다.

문무왕 11년(671)에는 사정부(司正府)에 사(史) 5인을 추가하고 15년(675)에는 경(卿) 1인을 더 두어 사정부 인원을 총 23인으로 늘렸다. 또한 각 지방조직의 활동 등에 대한 사정을 위하여 문무왕 13년(673) 9월에 지방 감찰관인 외사정(外司正) 133인을 두었다. 외사정은 주(州) 9개에 2인씩 계 18명을, 군(郡) 115개에는 1인씩 계 115명을 두었다. 이로써 사정담당 인원은 중앙에 23인, 지방에 외사정 133인으로 모두 156인이 되었다.

· 경덕왕(景德王)은 사정부를 숙정대(肅正臺)로 개칭하였는데, 그 개칭한 시점이 분명치는 않으나 경덕왕 4년(745) 7월이었을 것으로 추측된다. 『삼국사기』「직관지」에서는 사정부를 경덕왕 때 숙정대로 개칭하고 소년감전(少年監典)과 예궁전(穢宮典)도 경덕왕 때 개칭하였다고 기록된 반면, 『삼국사기』「신라본기」에서는 경덕왕 4년 7월에 위 세 관서를 설치한 것으로 기록되어 있다. 위 세 관서는 그 이전부터 있었던 기관이므로 『삼국사기』「신라본기」에서 개칭 사실을 설치로 잘못 기재한 것으로 보여진다.

· 감찰기관은 경덕왕(景德王) 5년(746)에 내사정전(內司正殿)을 설치함으로써 한 번 더 강화되었다. 2년 후(748) 8월에는 정찰(貞察) 1인을 두

어 백관을 규찰하게 하였다. 경덕왕 18년(759)에는 내사정전의 명칭을 건평성(建平省)이라고 변경했다가 후에 다시 내사정전으로 환원하였다. 이때 내사정전의 관원은 의결(議決) 1인, 정찰(貞察) 2인, 사(史) 4인으로 모두 7인이었다.

· 신문왕 5년(685)에는 삼국통일 이후 당시까지 정비하지 못하던 주군(州郡)을 정비하여 처음으로 9주(州)와 5경(京)을 두었으며 경덕왕 16년(757) 12월에는 주·군·현의 이름이 속되고 방언이 섞여 있다 하여 이들을 아름다운 이름으로 고쳤다. 2년 후 18년(759) 정월에는 대부분의 관명을 고쳤는데, 사정부의 관원 중 대사(大舍)는 주부(主簿)로, 좌(佐 : 당초에는 丞이었는데 효성왕 원년에 佐로 개칭되었음)는 평사(評事)로 각각 바꾸었다. 그 후 혜공왕(惠恭王)이 숙정대를 사정대로 다시 환원하고, 기타의 관직도 종전대로 환원하였다.

3. 사정부 등의 활동

법흥왕(처음으로 佛法을 행하고 官服을 제정했으며 年號를 사용) 7년(520) 1월에 율령(律令)을 반포하여 이를 시행했다. 그 후 태종무열왕 원년(654) 5월에 이방부령(理方府令) 양수(良首) 등에게 명하여 재래의 율령(律令)을 심사하게 하여 이방부격(理方府格 : 당시 理方府에서 法律의 撰修를 맡음) 60여 조를 고쳐 정하였고, 성덕왕(聖德王) 10년(711) 11월에는 왕이 백관잠(百官箴 : 百官을 경계하는 글)을 지어 여러 신하들에게 보였다. 또한 애장왕(哀莊王) 6년(805) 8월에는 공식(公式 : 法規의 옛 칭호) 20여 조를 반포하였다. 이들 기록을 볼 때 신라에는 상당한 조문의 법률이 있었고 특히 관리들이 지켜야 할 바를 명확히 하는 한편 그들을 감찰하였음을 알 수 있다.

1) 사정부 관원 임명 및 주요 감찰활동

사정부에 영(令), 경(卿) 등 각급 관원을 임명하였을 것이 분명하지만 『삼국사기』 등 사료(史料)에 그 기록이 남아 있지 않아 알 수 없다. 다만 당나라에서 신라 사람에게 어사직을 제수한 사실 등이 다음과 같이 기록되어 있다.

·최치원(崔致遠)은 경문왕 14년(874 : 乾符 원년)에 당나라의 예부시랑(禮部侍郞) 배찬(裵瓚)이 주관한 고시(考試)에서 단번에 급제하여 선주(宣州) 율수현위(溧水縣尉 : 지금의 江蘇省 溧陽縣인데, 현위는 典獄 및 捕盜官임)에 임명되었고, 후에 치적고사(治績考査)로 승무랑 시어사 내공봉(承務郞 侍御史內供奉 : 侍御史는 御史臺의 官員 명칭임)이 되었으며 자금어대(紫金魚帶)를 받았다(『三國史記』 제46 열전6 「崔致遠傳」).

·경애왕(景哀王) 4년(927) 2월에 신라에서는 병부시랑(兵部侍郞) 장분(張芬) 등을 후당에 보내 조공(朝貢)하였는데, 후당이 장분[正使]에게 검교공부상서(檢校工部尙書)를, 부사(副使) 병부랑중(兵部郞中) 박술홍(朴術洪)에게 겸어사중승(兼御史中丞)을, 창부원외랑(倉部員外郞) 이충식(李忠式)에게 겸시어사(兼侍御史)를 각각 주었다. 이때의 어사중승과 시어사는 당나라 어사대 관원의 명칭임에 유의하여야 하겠다(『삼국사기』 제11 「신라본기」, 11).

·견훤(甄萱 : 892~935 後百濟王 재위)은 무진주(武珍州 : 州治는 현재의 光州市)를 습격하여 스스로 왕이 되었지만 감히 공공연히 왕(王)으로 일컫지 아니하고 신라서면도통지휘병마제치지절도독전무공등주군사행전주자사겸어사중승상주국한남군개국공(新羅西面都統指揮兵馬制置持節都督全武公等州軍事行全州刺史兼御史中丞上柱國漢南郡開國公 : 어사중승은 어사대 관원의 명칭임)이라고 자칭하였다(『삼국사기』 제50 열전10 「견훤전」).

위 사례에서 볼 때 최치원은 당나라에 유학하여 과거에 급제함으로써 관직에 등용되었다가 시어사로 제수된 것이고, 박술홍과 이충식은 사절로 당에 갔다가 그곳에서 어사중승 등을 제수받은 것이다. 따라서 그들은 우리나라 사정이나 감찰직과 아무런 관련이 없는 사람들이다. 다만 견훤의 경우는 신라의 비장(裨將)으로 있다가 자립하여 왕을 칭하면서 스스로 붙인 이름이지만 명예직에 불과하였고, 실질적으로 감찰 활동을 하려던 것도 아니고 하지도 않았다.

이렇듯 사정부와 내사정전(內司正典) 등에 임명된 관리의 이름이나 족적 등의 기록은 없으나, 그들이 조정 관리들을 감찰하고 법률의 위반자를 적발하여 필요한 조치를 취한 사실이 있음은 분명하다. 구체적인 감찰활동을 엿보게 하는 주요 사례를 모으면 다음과 같다.

· 신문왕(神文王) 원년(681) 8월에 파진찬(波珍湌 : 제4官等) 흥원(興元) 등이 모반하다가 복주(伏誅 : 판결에 의하여 죽음을 당함)되었고, 효소왕(孝昭王) 9년(700)에 이찬(伊湌 : 제2관등) 경영(慶永)이 반역을 꾀하다가 복주되고 중시(中侍 : 執事部의 책임자) 순원(順元)이 그 모반과 연좌하여 그 직에서 파면당했다.

· 효소왕(孝昭王) 10년(701) 5월에 영암군 태수(靈嚴郡太守) 일길찬(一吉湌 : 제1관등) 제일(諸逸)이 공익을 위배하고 사리를 탐하였으므로 장형(杖刑 : 곤장으로 볼기를 치는 刑, 60도에서 100도까지 있음) 100도에 처하고 해도(海島)로 귀양 보냈다.

· 원성왕(元聖王) 4년(788) 봄에 처음으로 독서삼품과(讀書三品科)를 정하여 관리 임용의 방법으로 삼았다. 그 이전에는 궁술로 인물을 선택하였는데, 이때부터 『춘추좌씨전(春秋左氏傳)』, 『예기(禮記)』, 『문선(文選)』 등을 읽은 자를 뽑는 것으로 개혁한 것이다.

이듬해(789) 9월에 자옥(子玉)으로 양근현(楊根縣 : 지금의 楊平)의 소수(少守 : 혹은 制守라고도 함)를 삼으니, 집사사(執事史 : 官等은 제17 造位에서 제12 大舍까지) 모초(毛肖)가 반박하였다. "자옥(子玉)은 문예(文藝)로 출신(出身 : 문예를 닦음을 의미함)치 아니하였으니 분우(分憂 : 근심을 나눈다는 말로 地方行政을 의미함)의 직을 맡길 수 없습니다."

이에 대하여 시중(侍中 : 執事省의 長官)이 말하기를, "그가 비록 문예로 출신치는 않았으나 일찍이 당나라에 가서 학생이 된 일이 있으니 어찌 쓰지 못하겠는가?" 하였다. 왕은 시중의 말을 좇았다.

역사의 거울 이것은 당시 집사성(執事省)에서 가장 낮은 계급이었던 집사사(執事史)였으나, 지위가 매우 높은 시중(侍中)의 지방관리 임명 결정이 학문을 닦은 사람만을 선택하기로 하였던 개혁에 위배되었음을 지적한 것이고, 또 그의 주장이 매우 적절하였음에 유의하여야 하겠다. 당시 왕은 시중의 의견을 채택하였으나 『삼국사기(三國史記)』에서는 모초(毛肖)의 일언(一言)을 만세(萬歲)의 모범이 될 것이라고 기술하고 있다(『삼국사기』 제10 「신라본기」 10).

2) 음악에 심취하는 것을 경계

· 우륵(于勒)은 대가야국(大伽倻國) 가실왕(嘉實王)의 총애를 받았는데, 가실왕의 뜻을 받들어 당나라 악기를 보고 12현금(絃琴 : 伽倻琴)을 만들고 12곡(曲)을 지었다. 그 후 나라가 어지러워지자 우륵이 악기를 가지고 신라 진흥왕(眞興王 : 540~576 재위)에게로 귀화하고 하림궁(河臨宮)에서 연주하니 왕이 감동하여 국원(國原 : 현재 忠州市)에 거처하게 하였다.

그리고 대내마(大奈馬) 법지(法知) · 계고(階古) · 만덕(萬德) 등 세 사람으로 하여금 그 음악을 전수(傳受)하도록 하였다.

그들 세 사람이 5곡(曲)을 만드니 우륵이 감탄하기를 "즐겁고도 방탕하지 않으며 애절하면서도 슬프지 않으니 '바르다[正]'라고 할 만하다." 하면서 왕 앞에서 연주하게 하였다. 왕이 그 연주를 듣고 크게 즐거워하였으며, 이를 궁중음악(宮中音樂)으로 채택하려고 하였다. 이에 신하들이 의론한 후에 왕에게 나아가 간하였다.

"가야국(伽倻國)을 망친 음악이니 족히 취할 것이 못 됩니다."

"가야국이 음란하여 스스로 멸망한 것인데 음악이 무슨 죄가 있겠는가? 대개 성인(聖人)이 음악을 제정하는 것은 인정(人情)으로 연유하여 조절하게 한 것이니, 나라가 다스려지고 어지러워짐은 음악곡조에 말미암은 것이라 할 수 없다.”

왕이 이렇게 말하고는, 이를 행하게 하였다.

그 후 진흥왕이 궁중음악으로 계속 행하게 하니 가야금곡에 두 음조(音調)가 생겼는데, 하림조(河臨調)와 눈죽조(嫩竹調)가 그것이며, 모두 180곡이었다.

· 경덕왕(景德王 : 742~765 재위) 때 대내마(大奈麻) 이순(李純)은 왕의 총신(寵臣 : 총애하는 신하)이었는데, 홀연 세간(世間)을 피하여 심산(深山)으로 들어가 머리를 깎고 중이 되었다. 그는 후에 왕이 음악(音樂)을 좋아한다는 말을 전해듣고는 곧 궁문(宮門)으로 나아가 간하였다.

“신(臣)이 들으니, 옛적에 하왕(夏王) 걸(桀)과 은왕(殷王) 주(紂)가 주색(酒色)에 빠져 황음일락(荒淫逸樂)을 그치지 아니한 결과 정치가 문란하여지고 국가가 멸망하였다고 하니, 앞에 엎어진 바퀴를 보고 뒤의 차를 마땅히 경계하여야 합니다. 바라건대 대왕께서는 허물을 고치시고 스스로 새롭게 하심으로써 나라의 수명을 영구히 하소서.”

왕이 감탄하여 음악을 정지하고 그를 불러 치세(治世)의 방법 등에 관한 가르침을 받았다.

3) 죽은 후에도 간한 김후직(金后稷)

김후직은 지증왕(智證王)의 증손인데 성품이 충직하였다. 당시 왕이 사냥하기를 너무 좋아하였으므로 진평왕 2년(580)에 병부령(兵部令) 김후직이 간하였다.

“옛날의 왕은 하루에도 만 가지 일을 보살피되, 심사원려(深思遠慮)하고 바른 선비들의 직간(直諫)을 받아들이면서 방심하지 않은 까닭에 덕정(德政)이 순미(純美)하여 국가를 보전할 수 있었습니다. 지금 전하게

서는 얼빠진 사냥꾼들과 함께 꿩이나 토끼를 뒤쫓아 산야(山野)를 달리시고, 이를 자제치 못하십니다. 서경(書經 : 五子之家篇)에는 '안으로 여색에 빠지고 밖으로 사냥에 빠지면 그 중 하나가 있어도 망하지 않을 수 없다.' 하였으니, 자제하지 않으시면 마음이 방탕하게 되어 나라를 보전하지 못할 것이니, 유념하소서."

왕이 듣지 않으니 김후직이 재삼 간절히 간하였는데, 왕은 끝내 듣지 않았다.

그 뒤에 김후직이 병들어 죽으면서 세 아들에게 유언하였다.

"내가 신하로서 임금의 잘못을 바로잡지 못했으니 나라가 망하는데 이를까 걱정된다. 비록 죽더라도 임금을 깨우쳐주려고 생각하니, 내 유해를 왕께서 유람하고 사냥 다니시는 길목에 묻어주어라."

김후직의 아들들이 유언대로 행하였다.

어느 날 진평왕(眞平王)이 수렵을 나갔는데 중도에서 이상한 소리가 들렸다. 마치 "왕은 가지 마소서." 하는 것 같았다. 이에 왕이 돌아보며 소리가 어디서 나는지 물으니 시종이 대답하였다. "저것이 김후직의 무덤입니다." 하면서 김후직의 유언을 고했다.

이에 왕은 눈물을 흘리면서 말하였다.

"그대가 살아서 충성으로 간하고 죽어서도 잊지 않으니, 나를 사랑함이 이토록 깊도다. 내가 잘못을 고치지 않는다면 무슨 얼굴로 지하에 가서 그대를 보겠는가?"

왕은 그 후 다시는 사냥하지 않았다.

역사의 거울 성인군자라 하더라도 고쳐야 할 허물은 있는 법이다. 따라서 성인은 허물 있는 것을 꾸짖지 아니하고 허물을 고치는 것을 더욱 귀하게 여겼다. 따라서 죽어서까지 간하려 했던 김후직도 훌륭하지만 그보다도 그의 충간을 받아들여 다시는 수렵을 하지 않았다는 진평왕의 행적이 더욱 돋보인다고 하겠다.

4) 설총(薛聰)이 화왕(花王)을 비유하여 인사문제를 진언

신문왕이 어느 해 5월 높고 통창한 궁에 거처하였을 때 설총(薛聰)을 돌아보며 말하였다.

"오던 비가 오늘 처음으로 개고 훈훈하면서도 서늘한 바람이 부니 맛있는 음식이나 애절한 음곡이 있더라도 고담과 재미있는 이야기로 울적한 마음을 푸는 것보다는 못할 것이다. 그대는 반드시 이상한 이야기도 들었을 것이니 말해 보아라."

이에 설총이 다음과 같이 말했다.

"신(臣)이 들으니 옛적에 화왕(花王 : 牧丹을 의미)이 처음으로 오자, 이를 동산에 심고 푸른 장막으로 둘러 보호하였는데, 봄철이 되니 어여쁘게 피어서 백화를 능가하여 가장 뛰어났습니다.

이에 가까운 곳, 먼 곳에서 꽃들이 분주히 와서 화왕을 뵈려고 하던 차에 한 가인이 붉은 얼굴과 옥같이 하얀 이에 곱게 화장하고 맵시 있는 옷을 입고 갸우뚱거리며 와서 얌전히 앞으로 나와 말하기를 '첩은

[사진설명] 신라의 삼현(三賢)인 설총, 김유신, 최치원의 영정이 모셔져 있는 서악서원 (西岳書院)의 전경. 경주시 서악동 소재.

눈같이 흰 모래밭을 밟으며, 거울처럼 맑은 바닷물을 대하고, 봄비로 목욕하여 때를 씻으며, 바람을 시원하다 하면서 아무 속박 없이 지내는데, 이름은 장미(薔薇)라 하옵니다. 왕의 착하신 덕망을 듣고 향기로운 장막 속에서 하룻밤을 모시고자 하오니 허락하여 주시기 바랍니다.’ 했습니다.

또 한 장부가 있어 베옷에 가죽띠를 띠고 흰 머리에 지팡이를 집고 뒤룩뒤룩[龍鍾]하는 걸음으로 허리를 구부리고 나와 말하기를 ‘나는 경성(京城 : 慶州市) 밖 큰길가에 살고 있는데, 아래로는 푸르고 넓은 들 경치를 내려다보고, 위로는 높디높은 산색(山色)을 의지하고 있사오며, 이름은 백두옹(白頭翁 : 할미꽃)이라고 합니다. 생각건대 좌우의 봉공(奉供)이 넉넉하여 고량진미로 충복(充腹 : 배를 채움)하며, 차와 술로 기분을 좋게 할지라도 상자[巾衍] 속에는 기운을 보할 양약(良藥)과 독을 없앨 악석(惡石 : 劇藥)을 가지고 있어야 할 것입니다. 그러므로 옛말에 ‘생사(生絲)와 삼베가 있더라도 왕골이나 띠풀도 버리지 않는다 하고, 모든 군자가 결핍에 대비하지 않을 수 없다(雖有絲麻 無棄菅蒯, 凡百君子 無不代匱 : 이는 左前傳 成公 9年條에 보임)’라고 하오니 왕께서도 여기에 뜻을 두심이 어떠하십니까?’ 하였습니다.

어떤 이가 말하기를 ‘이렇게 두 사람이 왔는데 어느 것을 취하고 어느 것을 버리시겠습니까?’ 하니, 화왕이 ‘장부의 말에도 또한 도리가 있지만 미인은 한 번 얻기가 어려우니 어찌하면 좋을지 모르겠다.’ 하였습니다.

장부가 나와 말하기를 ‘나는 왕이 총명하여 사리를 아시는 줄로 알고 왔더니 지금 보니 매우 다릅니다. 무릇 임금이 된 사람으로서 간사하고 아첨하는 자를 가까이하고 정직한 이를 멀리하지 않는 사람이 드뭅니다. 그러므로 맹자(孟子)는 불우하게 일생을 마쳤으며, 마당(馮唐 : 漢나라 때 進言을 많이 했으나 승진되지 않다가, 아들이 郎官에 임명됨)은 낭서(郎署 : 宿衛官)에 잠기어 흰 머리가 되었습니다. 예로부터 그러하였으니 우리라고 다를 수가 있겠습니까.’ 하니 화왕이 이르기를 ‘내가 잘못했다. 내가 잘못했다.’ 하였다고 합니다.”

신문왕이 이 말을 듣고 안색을 바르게 하여 이르기를 “그대의 우화에 정말 깊은 뜻이 있도다. 글로 써서 왕자(王者)의 계감(戒鑑)을 삼게 하라.” 하고는, 설총을 높은 관직(현직과 새 관직이 무엇이었는지 기록이 없음)에 임명하였다.

역사의 거울 설총(薛聰)은 원효(元曉)의 아들로 천성이 영민하고 슬기로웠으며 경서와 역사에 널리 통달하였다. 그는 우리말 즉 이두(吏讀 ; 漢子의 音, 訓을 빌려 本文에 吐를 달음)로 9경(九經 ; 易經, 書經, 詩經, 禮記, 春秋, 孝經, 論語, 孟子, 爾雅 등을 말함)을 해독하여 후생(後生)을 훈도(訓導)하였는데, 그 내용은 전해오지 않는다.

---

5) 녹진(祿眞)이 공정한 인사제도 채택을 건의

녹진(祿眞)은 일길찬(一吉湌) 수봉(秀奉)의 아들로 23세에 벼슬하기 시작하여 여러 관직을 거쳐 헌덕왕 10년(818)에는 집사시랑(執事侍郎 : 侍中의 보좌관)에 임명되었다.

한편 헌덕왕 14년(822) 정월에 이찬(伊湌) 김충공(金忠恭)이 상대등(上大等)에 임명되어 정사당(政事堂)에 앉아 내외 관리의 인사 전형을 할 때에 청탁이 무더기로 들어오니 김충공이 어떻게 처리할지를 몰라 병이 들었다.

관의(官醫)를 불러 진맥하니, 의원이 “병이 심장에 있으니 용치탕(龍齒湯)을 복용하셔야 합니다.” 하였다. 김충공은 21일간의 휴가를 얻어 문을 닫고 손님을 사절했다.

집사시랑 녹진이 면회를 청하기를 세 번이나 한 후에 간신히 면회하게 되었다. 녹진이 말하였다.

"듣자온즉 상공의 귀체가 미령(靡寧 : 몸에 병이 있어서 편치 못함)하시다 하니 이는 아침 일찍 출사하여 밤 늦게 퇴근하느라 이슬과 안개를 맞아 영위(榮衛 : 血氣)가 고르지 못하며 지체가 편안치 못한 것이 아닙니까?"

김충공이 대답하였다.

"거기까지 간 것은 아니오. 다만 혼혼묵묵(昏昏嘿嘿 : 어릿어릿함을 의미)하여 정신이 불쾌한 것뿐이오."

"그렇다면 상공의 병은 약석(藥石)으로 치료할 것이 아닙니다. 저의 한 말씀으로 치료할 수 있을 것입니다."

"말해 보시오."

이때 녹진이 말하였다.

"재인(梓人 : 木手)이 집을 지을 때 재목이 큰 것은 대들보나 기둥을 만들고 작은 것은 서까래를 만들며, 굽은 것이나 곧은 것도 각기 쓸 곳에 쓴 뒤에야 큰집이 이루어집니다. 재상이 정사를 하는 것도 마찬가지입니다. 재주가 많은 사람은 높은 자리에 앉히고 재주가 적은 사람에게 낮은 벼슬을 준다면, 안에는 육관(六官), 백집사(百執事)로부터, 밖으로 방백(方伯), 수령(守令)에 이르기까지 모두 적당한 사람을 얻을 것이며, 그러면 자연히 왕정(王政)이 이루어지게 됩니다.

그런데 지금은 사사로운 정리에 따라 공정을 잊고 사람을 보아 벼슬을 주며 사랑하는 사람은 아무런 재주가 없어도 등용하고 미운 사람은 비록 능력이 있더라도 배척합니다. 그 결과 취하고 버리는 데 마음이 번거롭게 되고, 옳고 그름의 판단이 뜻을 어지럽히게 되니, 이는 나라 일에 해로울 뿐만 아니라 그 일을 하는 사람도 병들게 마련입니다.

따라서 정권을 잡은 분이 청백(淸白)하여 일을 처리하는 데에 공정하고 뇌물의 문을 막고 청탁의 길을 끊으며 진급과 강등을 잘잘못에 의거 처리하여야 할 것이고, 주고 빼앗는 것을 사랑과 미움으로 하지 말아야 합니다. 이렇게 하면 형정(刑政)이 올바르게 되고 국가가 화평할 것이며, 공손홍(公孫弘 : 漢武帝 때의 名臣)처럼 문을 열어놓고, 조참(曹參 : 漢初의 賢臣)과 같이 술을 내면서 친구들과 담소하며 즐거워하여도 좋을 것입니다."

김충공이 이 말을 듣고 기뻐서 즉시 의원을 물리치고 자리에서 일어서서 왕궁으로 입궐하여 왕에게 말하기를 "신(臣)이 녹진의 말을 들으니 약석과 같았습니다." 하며 일일이 보고하였다. 왕은 태자에게도 이 말을 들려주지 않을 수 없다고 말하였으므로, 김충공이 태자에게 이를 보고하고는 집무를 계속하였다.

역사의 거울 이때는 삼국을 통일한 후 약 150년이 지난 때이고, 전국에 배치한 관리들이 많았음에도 관리 임명 및 승진 등 인사가 정실에 치우쳤다. 그런데 녹진이 이렇게 훌륭한 건의를 한 것으로 보아 매우 유능한 인사였음을 엿볼 수 있는데도 그를 중용했다는 기록이 없다. 국가의 흥망은 주요 관직에 있는 인사들의 능력과 노력에 좌우됨을 당시 집권자들이 모르지는 않았을 것이므로, 이는 이해하기 어려운 일이다.

같은 해에 웅천주도독(熊川州都督) 헌창(憲昌)이 모반하였으므로 왕이 군사를 출동하여 토벌했는데, 녹진이 이때에도 종전(從戰)하여 큰공(功)을 세웠다. 그래서 왕은 녹진을 대아찬(大阿湌 ; 17官等 중 5번째 지위)으로 승진시키려고 하였으나, 녹진이 이를 받지 않았다는 기록을 볼 때 유능한 인재를 홀대한 결과라고 생각한다. 또한 신라는 골품제도(骨品制度)를 실시했으므로 6두품은 신분적 제약으로 정치적 실권을 장악할 기회가 주어지지 않았고, 따라서 그들은 정치적 승진보다 학문적 식견에 의한 정치참여의 길을 밟는 경향이 있었음을 눈여겨보아야 하겠다.

6) 왕비 간택을 간하여 저지함

문성왕(文聖王 : 839~857 재위)은 즉위 후에 죄수를 대사면하는 한편 교서를 내리기를 "청해진대사(清海鎭大使) 장보고(弓福 : 張保皋)는 일찍이 성고(聖考 : 神武王)를 도와 선조(先朝 : 僖康王)의 거적(巨賊 : 閔哀王 金明 등을 의미함)을 멸하였으니, 그 공로를 잊을 수가 없도다." 하였다. 아울러 장보고를 진해장군(鎭海將軍)으로 임명하고 장복(章服 : 타인과 구별하기 쉽게 특별한 무늬나 기호를 붙인 의복)을 하사하였다.

같은 시기에 왕은 처 박씨를 왕비로 삼았고, 얼마 후 이찬(伊湌) 위흔(魏昕)의 딸을 비(妃)로 삼았다.

문성왕 7년(845) 3월에 왕이 청해진대사 장보고의 딸을 취하여 차비(次妃)로 삼겠다는 의사를 표하였다. 이에 조신(朝臣 : 직위와 성명 미상)들이 간하기를 "부부의 도(道)는 인간사에 있어서 크나큰 윤리입니다. 과거 하(夏 : 禹)는 도산씨(塗山氏 : 禹의 부인)로 인하여 일어났고, 은(殷 : 湯)은 신씨(藝氏 : 湯妃 有莘氏)로 인하여 창성하였으며, 주(周)는 포사(褒姒 : 幽王 寵妃)로 망하고 진(晉)은 여희(驪姬 : 獻公의 妃)로 인하여 문란했습니다. 나라의 존망이 이와 같이 부부에 달렸으니 어찌 삼갈 일이 아니겠습니까? 지금 장보고는 해도(海島)의 사람이니 어찌 그 딸로 왕실의 배우자를 삼을 수 있겠습니까?" 하였다. 왕은 그 말을 청종(聽從 : 듣고 따름)하여 차비를 간택하지 않았다.

이듬해(846) 봄에 청해진대사 장보고가 자기 딸을 왕이 비(妃)로 들이지 아니한 것을 원망하여 반기를 들었다. 조정에서는 그를 치자니 혹 불의의 환란이 있을지 모르고, 내버려두자니 그 죄는 용서할 수 없으므로 어찌할 바를 모르고 있었다. 이때 무주(武州 : 지금의 光州) 사람 염장(閻長)이 장보고에게 가서 나라를 배반한 것으로 거짓 고하고 청해진에 투항한 후 장보고가 술에 취한 틈을 타서 목을 벰으로써 이 사건은 종결되었다.

7) 지방에 사신 등을 보내 감찰

파사왕(婆娑王)이 사신(使臣)에게 감찰의 임무를 주어 각지에 파견한 사실이 있음은 앞에서도 설명하였다. 그 후에도 필요에 따라 사신을 각 지방에 파견한 사례가 다음과 같이 많이 있다. 그 중에는 감찰활동을 병행한 사람이 있는가 하면 단순히 구휼 등을 행하고 돌아온 사람이 있었는데, 그 업무범위가 분명히 기록되지 않은 경우가 많다. 진휼(賑恤)이 사신들의 주요 임무인 경우에도 지방 관리들의 불법행위가 발견되면 그는 필요한 조치를 취하거나 왕에게 보고하였을 것으로 보여진다.

파사왕(婆娑王 : 婆娑尼師今) 11년(90) 7월에 왕이 사신 10인을 각 주·군(州郡)에 파견하여 공사(公事)에 부지런하지 않아 전야(田野)가 많이 황무하게 한 자(者 : 官吏를 의미함)를 염찰(廉察 : 監察 또는 觀察)하여 그들을 폄출(貶黜 : 貶은 官職을 낮추는 것, 黜은 내쫓는 것)케 함으로써 천재(天災)를 조심하게 하고 백성의 고통을 구제하도록 하였다.

·그로부터 18년 후인 파사왕 29년(108) 5월에 큰 비가 내려 민간에 기근이 일어났으므로 왕이 10도(道)에 사신을 보내어 백성을 진휼하였다. 다만 그들 사신의 임무로 지방관리의 행적 등을 염찰하는 임무가 부여되었는지의 여부는 알 수 없다.

역사의 거울 파사왕(婆娑王)은 유리왕의 차남으로 탈해왕의 뒤를 이어 신라 제5대 왕(80~112 A.D. 재위)이 되었는바 이때에는 왕을 이사금(尼師今)이라고 불렀다. 파사왕은 위엄이 있고 총명하였으며, 절약 검소하고 백성을 사랑하며 농상(農桑)을 장려하고 노인을 위문하였다.

왕이 즉위하면서 주·군(州郡)을 순무하고 창고를 열어 곡물을 나누어주며 옥수(獄囚)를 염려하여 2죄(二罪 ; 斬刑과 絞刑에 해당하는 死刑罪)가 아니면 모두 용서하는 등 너그러운 정치를 시행하였다. 그 결과 정치는 간결하고, 교령이 시행되며 아름다운 상서가 이르러 해마다 풍년이 들었다고 한다.

파사왕은 재위 33년 만에 죽고 태자 지마(祇摩)가 뒤를 이었는데, 파사왕은 나라를 풍성하고 넉넉하게 만들었으며, 창업의 뒤를 이어 국가의 기초를 굳게 다진 수성(守成)한 어진 임금이라 하겠다.

· 내해왕(奈解王) 3년(198) 5월에 나라 서부지방에 큰 홍수가 났다. 왕은 수재를 만난 주현(州縣)에 1년간 지세(地稅)와 호세(戶稅)를 면제하여 주는 한편, 그 해 7월에 사신을 보내 재민(災民)을 무문(撫問 : 慰問)하였다.

· 미추왕(味鄒王 : 新羅 제13대 왕, 味鄒尼師今) 7년(268)에 왕이 남당(南堂 : 政廳을 뜻함)에는 봄과 여름에 걸쳐 비가 오지 않았으므로 여러 신하를 모아놓고 친히 정치와 형벌의 득실에 대한 의견을 청취하였다. 또한 사자 5인을 각지에 파견하여 한해(旱害)로 인한 백성의 고환(苦患)을 순문(巡問)하게 하였다.

· 내물왕(奈勿王) 2년(357) 봄에 왕이 사신을 보내어 환(鰥 : 홀아비), 과(寡 : 홀어미 즉 과부), 고(孤 : 어버이 없는 어린이), 독(獨 : 아들 없는 늙은이)을 무문(撫問)하고 각각 곡식 3곡(斛 : 10斗를 1斛이라 함)씩을 주었고, 효제(孝悌)로 남다른 행실이 있는 자에게는 관직 1급을 더 주었다.

· 선덕왕(善德王) 원년(632) 10월에도 왕이 사람을 파견하여 국내의 환과고독(鰥寡孤獨)으로 자립할 수 없는 자를 무문하여 구제케 하였다.

· 선덕왕(善德王) 4년(635) 10월에 이찬(伊湌) 김수품(金水品)과 김용수(金龍樹 : 金春秋의 父)를 파견하여 주군(州郡)을 순무(巡撫)케 하였다.

· 성덕왕(聖德王) 4년(705) 여름에 매우 가물었다. 특히 나라 동부지방 주군(州郡)에 기근이 심하여 백성이 많이 유이(流移 : 떠돌아 다니거나 이사감)하므로 그 해 10월에 왕이 사람을 보내어 진휼(賑恤)케 하였다.

· 성덕왕(聖德王) 34년(735) 1월에 김의충(金義忠)을 당(唐)에 보내어 신년하례를 하게 하였는데, 그가 돌아오는 길에 당 황제가 패강(浿江) 이남의 지경을 신라 땅으로 공인한다는 글을 보내왔다.

성덕왕은 이듬해(736) 11월에 이찬(伊湌) 윤충(允忠), 사인(思仁), 영술(英述)을 보내어 평양주(平壤州)와 우두주(牛頭州 : 지금의 春川)의 지세를 검찰하게 하였다.

· 경덕왕(景德王) 5년(746) 가을에 가물고 겨울에도 눈이 오지 아니하여 민간에 기근이 있고 또 역질(疫疾 : 流行病)이 돌았으므로 왕이 사람을 10도(道)에 보내서 안무(按撫)케 하였다.

· 경덕왕 13년(754) 8월에 가뭄과 누리가 있었으므로, 이듬해 봄에는 곡식이 귀하게 되어 기근이 심하였다. 웅천주(熊川州 : 지금의 公州)에 사는 향덕(向德)은 집이 가난하여 부모를 봉양할 수 없게 되니 자기 다리의 살을 베어 그 아비를 먹였다.

왕이 이 사실을 보고받고는 조곡 300곡(斛)을 하사하는 동시에 문려(門閭 : 집의 문과 마을 입구의 문)에 정표(旌表 : 이름을 문려에 게시하고 선행을 기리는 것)하였다.

· 흥덕왕(興德王) 7년(832) 봄에는 가뭄이 극심하다가 7월에야 비가 내렸는데, 그 결과 흉년(凶年)이 되어 기근이 극심하여지고 도적이 각지에서 일어났다. 그 해 10월에 왕이 사자(使者)를 보내 백성을 안무(按撫)케 하였다.

· 그 이후의 신라 말기에는 특히 황재(蝗災 : 황충, 즉 누리피해), 수재(水災), 한해(旱害) 등으로 기근이 심하여 헌안왕(憲安王) 3년(859) 봄에, 경문왕(景文王) 7년(867) 10월과 13년(873) 봄 등 여러 번에 걸쳐 사신을 각지에 보냈다.

제3절 고구려의 감사

1. 고구려의 감찰기관

고구려의 사료(史料)는 대부분이 인멸되었으므로 관리 등을 감찰하
는 기관이나 관직이 있었는지 여부를 확인할 수 없다. 다만 관직 중
내평(內評)과 외평(外評)에 관하여 김부식(金富軾)은 『삼국사기(三國史記)』
에서 단지 "내외사를 분장하였다."고만 기록한다. 반면 안정복(安鼎福)
은 『동사강목(東史綱目)』에서 "고구려의 내평, 외평 등 관직은 대개 헌
직(憲職)이었다."고 견해를 밝히고 있다. 따라서 내평과 외평이 감찰관
의 역할을 하는 헌직일 것으로 추측되지만, 후세의 대관(臺官 : 사헌부
관리)과 똑같은 역할을 하였다고 보기는 어렵다.

고구려의 관직에 관하여 『책부원구(冊府元龜)』에 다음과 같이 기록되
어 있다.

고구려는 후한(後漢) 때 관직을 설치했는데, 그 내용은 상가(相加),
대로(對盧), 고추대가(古鄒大加), 주부(主簿), 우태(優台 : 혹은 于台로도
되어 있음), 사자(使者), 조의(皂衣), 선인(先人 : 仙人)이다. 일설에는 큰
벼슬에 대대로(大對盧)가 있고, 그 다음이 태대형(太大兄), 대형(大兄),
소형(小兄), 경후사(竟候奢), 오졸(烏拙), 태대사자(太大使者), 대사자(大

使者), 소사자(小使者), 욕사(褥奢), 예속(翳屬), 선인(仙人)이니, 욕살
(褥薩)까지 아울러 모두 13등급이다. 다시 내평(內評), 외평(外評)이 있
어 내외의 일을 나누어 관장하였다(『三國史記』 권제40 志 제9 職官 下).

『당서(唐書)』「고구려전(高句麗傳)」에는 다음과 같이 기록되어 있다.

고구려는 본래 부여(扶餘)의 별종(別種)이다. 지역은 동으로 바다를
넘어 신라에 이르고, 남으로 바다를 건너 백제에 이르며, 서북으로 요
수(遼水)를 건너 영주(營州)와 접하고, 북쪽은 말갈(靺鞨)이다. 임금은
평양성에 거하는데 이 성을 또한 장안성(長安城)이라고도 하며 한(漢)
의 낙랑군(樂浪郡)이었다. 경사(京師)로부터 5천 리 떨어져 있고, 산의
굴곡을 따라 성을 쌓았으며 남은 패수(浿水)에 연해 있는데 왕은 그 좌
측에 궁궐을 수축하였다(중략).

관직은 12등급으로 본서(本書) 신대왕 2년에 자세히 보인다. 주현
(州縣)은 60성(城)이며, 큰 성에는 욕살(褥薩) 1인을 두었는데 도독(都
督)에 비견되며, 나머지 성에는 처려근지(處閭近之)를 두었는데 도사(道
使)라 부르기도 하며 자사(刺史)에 비견된다. 참좌분간(參佐分幹)과 대
모달(大摸達)이 있는데 위장군(衛將軍)에 해당하며, 말객(末客)은 중랑
장(中郎將)에 비견된다. 5부(部)로 나누었는데, 내부(內部)는 한계루부
(漢桂婁部)로 황부(黃部)라고도 하며, 북부(北部)는 절노부(絶奴部)로 후
부(後部)라고도 하고, 동부(東部)는 순노부(順奴部)로 좌부(左部)라고도
하며, 남부(南部)는 관노부(灌奴部)로 전부(前部)라고도 부르고, 서부
(西部)는 곧 소노부(消奴部)이다(중략).

엄한 법으로 백성을 다스리기 때문에 조금이라도 반역을 범한 자는
불로 지진 다음 목을 베고 그 집을 적몰(籍沒 : 중죄인의 재산을 몰수)한
다. 항복하거나 패한 자, 살인자 및 표겁자(剽劫者 : 협박 공갈함)는 베
고, 도둑질한 자는 10배의 배상을 물리게 하며, 소나 말을 죽인 자는

노비로 삼는다. 그런 까닭에 사람들은 길에 떨어진 물건도 줍지 않는
다. 혼인에 예물을 사용하지 않으며 받는 것을 부끄럽게 여긴다. 부모
의 복(服)은 삼년상(三年喪)을 입으며 형제의 복은 달[月]을 넘겨 벗는
다. 풍속에 음사(淫祀 : 邪神에게 제사지내는 것)가 많으니 영성(靈星), 태
양, 기자(箕子) 및 가한(可汗 : 몽고어로 왕의 칭호) 등의 신이 있다(생
략)(『東史綱目』 제3下).

2. 왕과 관리에 대한 감찰활동

내평, 외평의 임명 기록이나 활동내용에 대한 구체적인 기록이 남아
있지 아니하나, 불법행위를 자행하는 관리를 처벌하거나, 왕의 잘못을
지적하며 간한 사례는 약간 있으므로 이를 뽑아서 이하에 기술하였다.
한편 민중왕(閔中王) 2년(45 A.D.) 5월에 나라 동부지방에 홍수가 일어
나 민간에 기근이 있어서 창고를 열어 곡식을 나누어주는 등 기근이
발생하거나 기타 특별한 사건이 있을 때 왕이 직접 가서 해결하거나
사자를 보내 살피고 구제케 한 사례가 많다. 그러나 그와 병행하여 지
방관리들을 감찰하였는지 여부는 기록이 없어 알 수 없다.

1) 탐오한 대신을 처벌

대무신왕(大武神王) 15년(32 A.D.) 3월에 대신(大臣) 구도(仇都)·일구(逸
苟)·분구(焚求) 3인을 내쫓아 서인을 만들었다. 전에 이 3인을 비류부(沸
流部)의 장(長)으로 삼았었으나, 그들은 성품이 탐비(貪鄙 : 탐욕이 있고 비루
한 것)하여 남의 처첩이나 우마, 재화 등을 빼앗아 자기가 하고 싶은 대로
하는가 하면, 만일 주지 않는 사람이 있으면 매질하여 많은 사람에게 분
원(忿怨 : 몹시 분하여 일어나는 원망)을 품게 하였다. 이를 왕에게 보고하는

사람이 있으므로, 왕이 3인을 죽이려 하다가 동명왕(東明王 : 朱蒙)의 구신(舊臣)인 까닭에 차마 극형을 가하지 못하고 퇴출(退黜)만 시켰던 것이다.

왕은 남부(南部 : 5部의 하나인 灌奴部의 一名으로 前部라고도 함) 사자(使者) 추발소(鄒敦素)로 하여금 구도 등의 후임으로 비류부(沸流部)의 장(長)을 삼았다. 추발소는 따로 대실(大室)을 짓고 거기에 거처하며 구도 등 죄인을 당상(堂上)에 올리지 않았다.

구도 등이 추발소 앞에 나와 고하였다.

"소인들이 짐짓 왕법을 범하여 부끄러움과 후회를 금할 수 없습니다. 원컨대 공께서 저희들의 허물을 용서하여 자신(自新)토록 한다면 죽어도 한이 없겠습니다."

이에 추발소가 그들을 당상으로 이끌어올려 좌석에 마주 앉게 하고는 말하기를 "사람으로서 허물이 없을 수 없지만 허물을 능히 고치면 됩니다." 하면서 벗을 삼으매, 구도 등은 감괴(感愧 : 감격하고 부끄러움)하여 다시는 악한 짓을 하지 않았다.

왕이 이 소문을 듣고 말하기를 "추발소가 위엄을 부리지 않고 지혜로써 악인(惡人)을 징계하였으니 참으로 능란하다." 하고는 추발소에게 대실(大室)씨 성(姓)을 내렸다.

2) 모본왕(慕本王)이 포학 끝에 피살

고구려 제5대 모본왕(慕本王 : 48~53 재위)의 휘(諱 : 이름)는 해우(解憂)로, 대무신왕(大武神王)의 아들이다. 그는 민중왕(閔中王)이 죽은 후 즉위하였다. 위인이 사납고 어질지 않았을 뿐만 아니라 국사를 잘 살피지 못하니 백성들이 원망하였다.

모본왕 2년(49) 3월에 폭풍이 불어 나무들이 뽑혔다. 다음달에는 우박이 내리고 서리가 왔다. 그 결과 흉년이 들었으므로 그 해 8월에 사자를 각지에 보내 기민(飢民)을 구제하였는바 이것이 문헌상 우리나라에서 지방에 사자를 파견한 최초의 기록이다.

그러나 왕은 포학이 날로 더하여, 앉거나 누울 때 반드시 사람을 베고 깔았고, 만일 움직이든지 하면 곧 죽이고 용서치 않았다. 또한 이를 간하는 신하가 있으면 활로 쏘아 죽이니 조야(朝野)가 근심하고 민심이 이반하기 시작하였다.

모본 사람 두노(杜魯)는 왕을 좌우에서 모시었는데, 하루는 자신이 화를 입을까 염려하며 통곡하니 어떤 사람이 말하였다.

"장부가 왜 우느냐? 나를 어루만져주면 임금이지만 나를 학대하면 원수에 불과한 것이다. 왕이 포악한 짓으로 사람을 마구 죽이니 백성의 원수일 뿐이다. 그대가 도모하라."

이 말을 듣고 결심한 두노가 칼을 품고 들어가 왕을 시해하였으며, 시체는 모본원(慕本原)에 장사 지냈다. 그리고 태자 익(翊)은 불초하여 사직을 맡길 수 없다면서 폐하고 유리왕의 손자 궁을 왕으로 삼으니, 이 분이 곧 태조왕(太祖王)이다.

3) 봉상왕(烽上王)의 학정과 창조리(倉助利)의 반역

봉상왕(烽上王 : 292~300 재위)은 서천왕(西川王)의 아들로 어릴 때부터 교만하고 의심이 많았다. 그는 즉위후 안국군(安國君) 달가(達賈)를 죽였다. 달가는 왕의 숙부로서 여러 가지 공업을 세워 백성의 추앙을 받았는데, 왕이 그를 의심하여 별다른 이유도 없이 모살한 것이다.

봉상왕 2년(293) 8월과 5년(296) 8월에 전연(前燕)의 모용외(慕容廆)가 침범하였고, 7년(298) 9월에는 서리와 우박이 와서 곡식을 해하니 민간에 기근이 심하게 되었다. 그해 10월에 궁실을 사치스럽게 증축하여 백성이 더욱 곤란을 당하였으므로 많은 신하들이 자주 간하였으나 왕이 듣지 않았다. 그 후 지진이 여러 번 일어나고 흉년이 계속되어 사람들은 서로 잡아먹을 지경이 되었다.

　　그런데도 봉상왕 9년(300) 8월에 왕이 국내의 남녀 15세 이상을 징발하여 궁실을 수리하니, 백성들은 식량이 궁핍하고 노역에 피곤하여 유망(流亡 : 일정한 住居 없이 방랑함)하게 되었다.

　　이에 창조리(倉助利)가 간하였다.

　　"천재가 거듭되고 흉년이 들어 백성이 살 곳을 잃고 장정들은 사방으로 유리(流離)하며 노유(老幼)는 구렁텅이에 빠졌으니, 이때야말로 하늘을 두려워하고 백성을 걱정하며 반성할 때입니다. 대왕께서는 이를 생각하지 않으시고 주린 사람들을 모아 토목일을 부리시니 백성의 부모된 뜻에 크게 어긋납니다. 더구나 이웃에 강한 적이 있으니 만일 피폐한 틈을 타서 쳐들어온다면 사직과 백성들이 어떻게 되겠습니까? 대왕께서는 깊이 헤아리소서."

　　그러나 왕이 노하여 꾸짖었다. "궁실이 화려하고 웅장하지 않으면 백성에게 위엄과 무게를 보일 수 없다. 지금 국상(國相)이 과인을 나무라는 것은 백성들의 칭송을 받고자 함이 아닌가?"

　　"임금이 백성을 구휼(救恤)하지 않으면 인(仁)이 아니요, 신하가 임금께 간하지 않으면 충(忠)이 아닙니다. 신이 국상의 자리에 있으니 감히 말씀드리지 않을 수 없습니다. 어찌 감히 칭송을 받으려 하겠습니까?" 창조리가 대답하니 왕이 웃으며 "국상은 백성을 위하여 죽으려 하는가? 다시는 그런 말을 하지 마라." 하였다.

　　창조리는 왕이 뉘우치지 못할 것임을 알고 여러 신하들과 모의하여 왕을 폐위시키고 왕의 4촌인 을불(乙弗)을 왕(王 : 美川王)으로 옹립하였다. 이에 봉상왕과 두 아들은 화를 면할 수 없음을 알고 자살하였다.

제4절 백제의 감사

1. 백제의 감찰기관

고이왕(古尒王) 27년(260) 정월에 관제를 정비하고 관에 16품을 두었다. 백제가 처음에는 좌·우보(左右輔)와 좌장(左將) 등의 관직을 두어 국정을 총괄하고 병마를 관장하였을 뿐 나머지는 관직이 없었는데, 이때에 이르러 6좌평(六佐平)을 설치하였다.

6좌평은 모두 1품이고, 달솔(達率) 30인을 두니 2품이며, 은솔(恩率)은 3품, 덕솔(德率)은 4품, 한솔(扞率)은 5품, 내솔(奈率)은 6품, 장덕(將德)은 7품인데, 모두 16품을 두었다. 은솔 이하 관원은 정원이 없었으나 각기 부사(部司)가 있어 사무를 분장케 하였다.

백제에 대한 사료(史料)는 대부분 인멸되어 대관(臺官)이 존재하였는지 여부도 확인할 수 없다. 그러나 신라에 앞서 관제를 갖추었던 점과 먼저 대륙과 교섭을 하였던 점 등을 볼 때, 백제에 대관이 있었을 것으로 사료된다.

『당서(唐書)』「백제전(百濟傳)」에 다음과 같이 기록되어 있다.

백제는 부여의 별종으로 경사(京師)에서 6천 리 떨어진 바닷가에 있다. 서쪽은 월주(越州), 남쪽은 왜(倭)요, 북쪽은 고구려이니 다 바다를 건너 이르게 되며, 그 동쪽은 신라이고, 왕은 동서 두 성에 거하였다. 관직에 내신좌평(內臣佐平)은 왕의 명령 출납을 맡고, 내두좌평(內頭佐平)은 재물을 맡으며, 내법좌평(內法佐平)은 의례를 맡고, 위사좌평(衛士佐平)은 위병(衛兵)을 맡으며, 조정좌평(朝廷佐平)은 형옥(刑獄)을 맡고, 병관좌평(兵官佐平)은 외방(外方)과 병마(兵馬)를 맡으니 병마는 6만이며, 지방은 10군(郡)으로 통할하였다.

대성(大姓)이 8개 있으니, 사씨(沙氏)·연씨(燕氏)·협씨(劦氏)·해씨(解氏)·진씨(眞氏)·국씨(國氏)·목씨(木氏)·백씨(苩氏)이다.   형법은 반역자는 베고 그 집은 적몰하며, 사람을 죽인 자는 노비 셋을 내서 속죄하고, 관리가 뇌물을 받거나 도둑질하면 3배를 배상하고 종신토록 금고에 처한 풍속은 고구려와 같았다. 서남 바닷가에 세 섬[三島]이 있어 황칠(黃漆)이 나는데 6월에 나무껍질을 벗겨 진을 취하여 쓰니 빛깔이 황금과 같았다(이하 생략)(『東史綱目』 제3下).

2. 왕과 관리에 대한 감찰활동

고이왕(古尒王) 29년(262) 정월에 영(令) 내리기를 "무릇 관인(官人)으로 재물(財物 : 賂物)을 받은 자와 도적질한 자는 장물(臟物 : 범죄행위로 얻은 재물)의 3배를 징수하고 종신토록 구금케 하라." 하였다. 이와 같은 법령을 어기는 관리 등을 규찰하여 처벌한 사례가 있을 것이지만, 구체적인 사례가 사료에 나타나지 않는다.

따라서 백제 초기 이래 규찰활동 및 간쟁 등과 관련 있는 사례를 뽑아서 이하에 기술하였다.

1) 지방에 사자를 파견

· 다루왕(多婁王) 11년(38 A.D.) 10월에 흉년으로 백성들이 굶주리므로 왕이 동서 양부(兩部)를 순무하여 가난해서 자활할 수 없는 사람들에게 일인당 곡식 2석씩을 주었다. 이는 우리나라 역사상 왕이 직접 순무하면서 백성의 질고(疾苦)를 살핀 최초의 기록이다.

· 비류왕(比流王) 9년(312) 2월에 사자를 각 지방으로 나누어 보내서 백성의 질고를 묻고 궁핍한 백성을 진휼하였는데, 이때 홀아비, 과부, 고아나 독신자로서 자활할 수 없는 궁핍한 사람마다 3석씩의 곡식을 나누어주었다. 이것이 백제에서 처음으로 지방에 사자를 파견한 기록이다.

· 그 후에도 비유왕(毗有王) 2년(428) 2월에 왕이 4부(部)를 순무(巡撫)하고 가난한 자에게 곡식을 주었으며, 무녕왕(武寧王) 6년(506) 봄에는 역질(疫疾)이 크게 일었고 5월까지 비가 오지 않았으므로 창름(倉廩)을 열어 백성을 구제하는 등 왕이 직접 순무하거나 각 지방에 구휼하였다는 기록이 여러 번 나타난다. 그러나 이상의 여러 활동 중 감찰활동이 포함되어 있었는지 여부는 기록이 없어 알 수 없다.

2) 동성왕이 간신(諫臣)을 물리치다 피살

동성왕(東城王 : 諱는 牟大, 담력이 크고 활을 잘 쏘아 백발백중이었다고 함) 22년(500) 봄에 왕궁 동쪽에 임류각(臨流閣)을 세웠는데 높이가 5장(50척)에 달하였다. 또 연못을 팠고 진기한 새들을 길렀다. 신하들이 부당한 일이라고 항의하는 상소를 하였으나, 왕이 이를 듣지 않고 회답하지도 않았다. 왕은 또다시 간하는 사람이 있을까 우려하여 아예 궁문을 닫아버렸다.

왕은 좌우(左右 : 近臣을 뜻함)와 함께 임류각에서 연회를 베풀고 환락

하는 횟수가 많았고, 사비(泗沘 : 지금의 夫餘)의 동원(東原) 등지에서 사
냥을 자주 즐겼다. 한편 위사좌평(衛士佐平) 백가(苩加)로 하여금 가림성
(加林城)에 진수(鎭戍 : 邊境을 지킴)케 하였는데, 백가는 가지 않으려고 병
을 이유로 사퇴하려 했으나, 왕이 허락하지 않은 사실이 있었다.

동성왕 23년(501) 12월에 왕이 웅천(熊川)의 북원(北原)에서 사냥하다
가 큰눈에 막혀 마포촌(馬浦村 : 지금의 錦山郡)에 머물게 되었는데, 백가
(苩加)가 이때를 이용하여 사람을 시켜 동성왕을 시해하였다.

역사의 거울 양약(良藥)이 입에는 쓰나 몸에는 이로우며, 충언(忠言)이 귀에
는 거슬리나 신상에는 이로운 것이다. 동성왕이 스스로 귀를 막고 자기 말
을 잘 듣는 사람으로 좌우에 있게 한 후 그들과 열락(悅樂)에 탐닉하였으니,
스스로 묘혈을 판 것이 아니고 무엇인가? 물론 백가(苩加)는 신하로서 왕을
시해하였으므로 다음 왕인 무녕왕(武寧王) 때 베임을 당하여 그 죄값을 받았
으나, 동성왕도 자기 죄값을 받았다고 할 것이다.

3) 간신(諫臣) 성충 등의 간언을 듣지 않다가 멸망

의자왕(義慈王)이 날마다 궁인들과 함께 음탕함을 즐기며 술을 마시
기를 그치지 않았다. 의자왕 16년(656)에 좌평(佐平) 성충이 간곡히 오앙
을 만류하였다. 왕이 노하여 그를 옥에 가두니, 이에 대하여 감히 간하
는 자가 없었다. 성충은 옥중에서 음식을 끊고 죽음에 임하여 다음과
같이 상서였다.

"충신은 죽어도 임금을 잊지 않는 것이니 원컨대 한 말씀 드리고 죽
고자 합니다. 신(臣)이 시세의 변이를 보건대 반드시 병란이 있을 것인
즉 무릇 용병(用兵)에는 반드시 그 지세를 살펴서 상류에 처하여 적을
맞아야 보전할 수 있습니다. 적병이 만약 쳐들어오면 육로로는 침현(沈
峴 : 일명 炭峴인데 부여 동쪽 14리에 있음)을 넘지 못하게 하고 수로로는 기
벌포(伎伐浦 : 일명 백마강인데 지금의 長項임)에 들어오지 못하게 하소서.

그 험하고 좁은 곳에 의거하여 적을 방어해야 합니다.”

그러나 왕은 성충의 상서에 귀기울이지 않았고, 성충은 마침내 옥중에서 죽었다.

의자왕 20년(660)에 신라와 당의 연합군이 쳐들어오니 속전(速戰)과 지공(遲攻) 등에 관하여 의논이 분분하였다. 왕이 주저하다가 죄를 얻어 고마미지현(古馬彌知縣 : 지금의 전남 長興)에 유배중이던 좌평(佐平) 흥수(興首)에게 사람을 보내어 물었다. 흥수가 대답하였다.

“당병(唐兵)은 수가 많고 군률이 엄정하며 신라와 연합하였으니 평원광야(平原廣野)에서 대진하면 승리하기 어려울 것입니다. 백강(白江 : 기벌포)과 탄현(炭峴 : 일명 침현)은 우리나라의 요충으로서 일부 단창(一夫單槍)을 만 명이 당하기 어려울 것이니, 용사를 가려서 거기를 지키게 하소서.”

그러나 대신들이 말하기를 “흥수는 오랫동안 유배중이므로 임금을 원망하고 나라를 사랑하지 않을 것이니 그 말을 들을 수 없습니다.” 하였다. 왕도 대신들과 같은 생각이었다.

그러던 중 나 · 당연합군은 탄현과 백강을 건너 황산(黃山)으로 진군하여 쳐들어오니, 왕이 “성충의 말을 듣지 않은 것이 한스럽다.” 하며 탄식하였으나 이미 때가 늦었다. 결국 왕과 왕자가 신민(臣民)을 모두 바치고 나 · 당연합군에 항복함으로써 백제는 멸망하였다.

역사의 거울 명군(明君)은 자기 마음을 비우고 남에게 정사(政事)를 물었으며 얼굴을 부드럽게 하여 귀에 거슬리는 간언(諫言)을 받아들였고, 오히려 남이 말하지 않을까 두려워하였다. 의자왕은 간언을 뿌리쳤고 심지어는 간신(諫臣 : 간하는 신하)을 죽이기까지 함으로써 국가를 멸망으로 이끌었으니, 이런 사실을 교훈으로 삼아야 하겠다.

제5절 발해의 감사

고구려의 유민 대조영(大祚榮)은 서기 670년경에 영주(營州 : 지금의 朝陽)에 이주하여 한인(漢人), 거란인들과 섞여 살았다. 당(唐)의 영주도독 조훼(趙翽)가 탐욕스럽고 포악한 정치를 하여 거란인들이 난을 일으킨 틈을 타서, 대조영은 고구려 유민과 말갈족을 규합하여 698년에 요하 동쪽으로 가서 진국(震國)을 세웠다.

진국은 그 후 국호를 발해로 바꾸고 세력을 확장해 나갔다. 개원(開元) 7년(719)에 대조영이 죽으니 그 아들 대무예(大武藝)가 왕(2대 武王)에 올랐다. 무왕은 주변의 여러 소수 민족을 귀속시켜 강역(彊域)을 확대하였고, 3대 문왕(文王 : 大欽茂) 때에는 정치구조를 전면적으로 확립하였다.

발해의 중앙정치기구는 3성(省), 1대(臺), 7시(寺), 1원(院), 1감(監), 1국(局), 10위(衛)였는데, 그 설치시기에 대하여 명확한 기록이 없으나 문왕 때에 완성된 것으로 보여진다.

3성(省)은 선조성(宣詔省 : 주로 국가의 政令을 심의), 중대성(中臺省 : 주로 왕의 지시, 명령의 초안을 작성), 정당성(政堂省 : 행정과 사법을 관리하는 최고 기관)이다. 정당성의 장관은 대내상인데 그는 제일 높은 자리의 대신으로서 모든 국가기관들과 관료들을 지휘, 통제하였다. 대내상의 다음가는 대신으로는 좌사정과 우사정이 있었고, 그 아래 있는 좌윤과 우윤이 6사(司)를 나누어 관리하였다. 좌6사(左六司)로는 충부(忠部 : 당의 吏部와 같음), 인부(仁部 : 당의 戶部), 의부(義部 : 당의 禮部)가 있었고, 우6사(右六司)로는 지부(智部 : 당의 兵部), 예부(禮部 : 당의 刑部), 신부(信部 : 당의 工部)가 있었다.

지방제도도 정비하여 5경(京), 15부(府), 62주(州)를 두었다.

중앙정치기구 중 1대(臺)라 함은 중정대(中正臺)를 말하며, 이는 당의 어사대(御史臺)와 같은 것으로 백관을 감찰하는 직무를 맡았다. 그 장관은 대중정(大中正)이라고 하는데 당의 어사대부와 같고, 차관은 소정(少正)이었는데 당의 어사중승(御史中丞)과 같다.

『신당서(新唐書)』「발해전」에 기록된 발해의 정치제도에 관한 기록을 발췌하면 다음과 같다.

관제는 선조성(宣詔省)에 좌상(左相), 좌평장사(左平章事), 시중(侍中), 좌상시(左常侍), 간의(諫議)가 있고, 중대성(中臺省)에 우상(右相), 우평장사(右平章事), 내사(內史), 조고사인(詔誥舍人)이 있으며, 정당성(政堂省)에는 대내상(大內相) 1인이 있는데 좌우상(左右相)의 위요, 좌우사정(左右司政) 각 1인은 좌우평장사(左右平章事)의 아래로 복사(僕射)에 해당하고 좌우윤(左右允)은 이승(二丞)에 해당한다(중략.) 중정대(中正臺)에는 대중정(大中正) 1인이 있는데, 어사대부(御史大夫)에 해당하며 사정(司政)의 아래에 위치하고, 소정(少正) 1인이 있다(『東史綱目』 제5上).

관리들의 직위를 본다면 대내상이 가장 높고 그 아래에 좌우상, 좌우평장사, 좌우사정, 시중의 순이라고 할 수 있다. 대중정(大中正)의 지위는 좌우사정의 아래에 위치하였다. 대중정을 책임자로 한 중정대(中正臺)에서 감찰을 주관하였으나, 그들이 실시한 감찰활동에 관한 구체적인 기록은 찾을 수 없다.

고려시대의 감사

제1절 고려초기의 감사

고려 태조(太祖 : 이름은 王建, 918~943 재위)는 전국을 주·부·군·현(州府郡縣)으로 나누어 명칭을 정하고, 중앙의 관제를 제정하는 한편 각 관사에 결원이 없도록 충원하여 사무를 분담케 하였다. 특히 고려 건국초에 사헌대를 두었다는 기록이 『고려사(高麗史)』에 있으나 당시는 왕권이 미약하였고, 지방별 호족의 세력이 막강하여 왕권을 위협하고 있었으며, 개경(開京)에서도 왕위를 엿보는 무리들이 자주 나타나던 실정이었으므로, 이 관사가 일찍 설치되었다 하더라도 초기에는 그 활동이 미미하였다고 할 수 있다.

혜종(惠宗 : 943~945 재위)과 정종(靖宗 : 945~949 재위) 때에는 왕권이 아직 미약하였으며, 제4대 광종(光宗 : 949~975 재위) 때에 이르러 정치제도를 일신하고자 힘썼다. 광종 9년(958)에 쌍기(雙冀)의 건의에 따라 과거제도를 처음 실시함으로써 유학의 학풍이 점차 일어났으며, 11년(960) 3월에 백관의 관복을 제정하는 등 제도수립에 착수하였다. 그리고 경종(景宗 : 975~981 재위)을 거쳐 성종(成宗 : 981~997 재위)이 왕위에 오른 후 본격적으로 관제확립에 힘을 기울여 정치기구가 완전히 정비되었다. 이때 헌대의 관제를 확립하고 그 임무를 부여하였으며, 서경(西京)에 분대(分臺)를 두어 상평창(常平倉)까지 관할하도록 하였다.

1. 정부기구의 설치 및 법령 제정

1) 중앙정부의 조직

고려 태조 왕건(王建)은 건국 초기에 신라와 태봉(泰封)의 제도를 습용하여 관직을 베풀고 직분을 나누었는데 그 관직의 명칭에 간혹 방언을 섞어 쓴 것도 있었다. 개국 초에는 미처 주(州)와 현(縣)을 두지 않았으며 중앙정부만 설치하였다.

· 서기 918년 6월 왕건이 왕에 오른 후 중앙정부의 관제를 설정하고, 시중(侍中) 1명, 영(令) 9명, 시랑(侍郎) 또는 경(卿) 15명 등 총 32명을 임명하였다. 그리고 "그 나머지 여러 사(司)와 성(省)들에 대하여도 각각 낭(郎)과 사(史)로 정원을 채워 하나도 결원이 없도록 하였다."라고 『고려사(高麗史)』에 기록되어 있으나, 앞의 32명만이 관직명과 임명된 사람의 이름까지 『고려사』에 기록되어 있을 뿐이고 나머지 관직은 그 명칭과 인원 등이 기록되어 있지 않다.

· 태조 2년(919) 정월에 송악(松嶽) 남쪽에 수도를 정하여 궁궐을 건축하고, 3성(省) 6상서관(尙書官) 9시(寺) 6위(衛)를 설치하였으며, 이 관제가 당제(唐制)를 모방한 것이라고 기록되어 있다. 그러나 이때 관직의 명칭은 당나라의 명칭과 동일하지는 않았다. 3성(省)의 명칭을 보면 당나라는 중서성(中書省), 문하성(門下省), 상서성(尙書省)이었으나 고려초에는 광평성(廣評省), 내봉성(內奉省)과 내의성(內議省)으로서 서로 달랐음에 주목하여야 하겠다(邊太燮, 『高麗政治制度史研究』, 1989, pp.3~5).

· 성종 원년(982) 3월에 백관의 관제를 개정하였는데, 내의성(內議省)을 내사문하성(內史門下省)으로, 광평성(廣評省)을 어사도성(御史都省)으로 바꾸었다. 한편 태조 때 설치된 내봉성(內奉省 : 內奉令도 임명함)은 그 후 폐지되었는데 언제, 어떻게 없어졌는지는 알 수 없다.

· 성종 10년(991)에 송(宋)의 추밀원(樞密院)을 모방하여 중추원(中樞院)

을 설치하고 왕명의 출납, 궁중의 숙위와 군기(軍機) 등을 담당케 했는데, 그 명칭이 중대성(中臺省)으로, 다시 중추원(中樞院)으로 바뀌었다.

현종 원년(1010)에 중추원(中樞院)을 추밀원(樞密院)으로 개칭하였다. 이는 추부(樞部)라고도 하였으며, 소속 관원은 판원사(判院事) 등 종2품 5명과 정3품 9명 등으로 구성되었는데, 정3품 직학사(直學士) 이상은 추신(樞臣)으로, 지주사(知奏事) 이하는 승선직(承宣職)으로 각각 구별하였다.

· 성종 14년(995) 5월에는 당제(唐制)를 완전히 모방하여 중앙 관제를 다시 개정함으로써 정치기구를 완전히 정비하였는데, 이때 어사도성(御史都省)을 상서도성(尙書都省)으로 고쳤다. 한편 전국을 10도(道)로 분할하고 군(郡)과 현(縣)을 정하여 수령(守令)을 두었다.

· 문종 15년(1061)에 내사문하성(內史門下省)을 중서문하성(中書門下省)으로 고쳤는데, 이때의 3성(省)은 당(唐)의 병립제(並立制)와는 달리 당의 중서성(中書省)과 문하성(門下省)이 합쳐져 중서문하성(中書門下省)이 되어 최고정무기관(最高政務機關)이 되었고 상서성(尙書省)은 그 지시에 의하여 정무를 집행하는 등 일원적 조직을 이루었다.

중서문하성(中書門下省)은 2품 이상의 재신(宰臣) 9명과 3품 이하 7품까지의 낭사(郎舍) 16명 등 25명의 품관(品官)과 271명의 이속(吏屬)으로 구성되었다. 상서성(尙書省)에는 중앙최고기구인 상서도성(尙書都省 : 令, 左右僕射 등 品官 12명과 吏屬 39명으로 구성)과 실무를 담당한 6부(部) 및 6부의 속사(屬司)로 구성되었다.

6부의 장관인 상서(尙書)는 정3품으로 재신(宰臣)에 속하지 못하여 정책결정에는 참여치 못했고, 상서 위에 종1품인 판사(判事)를 두어 집무케 하기도 하였다.

그 밖에 국가의 전곡 출납과 회계를 맡아보는 기관으로 삼사(三司 : 宰臣이 겸하는 判事 1명과 정3품 2명, 종3품 3명, 판관 4명으로 구성됨)가 있었는데, 이는 태조 때 태봉의 조위부(調位府)를 고쳐서 삼사라 부른 것이다.

또한 시정(時政)을 논하고 관리를 규찰·탄핵하는 어사대(御史臺 : 당초 명칭은 司憲臺)가 있었다.

고려 초기 행정조직의 주요 변천 및 확립내용은 다음 표와 같다.

<표 5> 고려 초기 행정조직 확립 경위

태조 즉위초	태조 2년 (919)	성종 원년 (982)	성종 14년 (995)
	內議省	內史門下省	內史門下省
廣評侍中	廣評省	御史都省	尚書都省
內奉令	內奉省		
徇軍部令	選官尚書	選官 － 司績	尚書吏部 － 尚書考功
兵部令	兵官尚書	兵官 － 庫曹	尚書兵部 － 尚書庫部
倉部令	民官尚書	民官 ┌ 司度	尚書戶部 ┌ 尚書度支
義刑臺令		├ 金曹	├ 尚書金部
都航司令		└ 倉曹	└ 尚書倉部
物藏省令	刑官尚書	刑官 － (都官)	尚書刑部 － (尚書都官)
內泉部令	禮官尚書	禮官 － 祠曹	尚書禮部 － 尚書禮部
珍閣省令	工官尚書	工官 ┌ 虞曹	尚書工部 ┌ 尚書虞部
		└ 水曹	└ 尚書水部

2) 지방조직

고려 초기에는 호족들이 지방에 독자적인 세력을 가지고 있었으나, 중앙집권화가 진행되면서 중앙에서 지방관이 파견되어 전국이 일원적으로 지배되었다.

· 태조 23년(940)에는 전국에 설치된 주부군현의 명칭을 전반적으로 고쳤는데, 지방관을 파견하지는 못하였다.

· 성종 원년(982) 6월에 행선관어사(行選官御事) 최승로(崔承老)가 다음과 같이 상소하였다.

"태조(太祖)가 삼국통일 후 지방관을 두려고 하였으나 초창기였으므로 이를 실행할 겨를이 없었습니다. 제가 보건대 지방의 세력 있는 자들이 공무(公務)의 명목을 내세워 백성을 착취하고 있기 때문에 백성들이 견딜 수 없습니다. 바라건대 지방관을 배치하되 비록 일시에 다 파견할 수는 없다 하더라도 먼저 십여 주·현씩을 아울러 한 관청을 설치하소서.”

왕이 이 건의를 받아들여 다음해(성종 2년, 983) 2월에 12목(牧)을 설치하면서 조서를 내렸는데, 그 내용은 다음과 같다.

“지방 수령들의 노고와 공로에 힘입어서 백성들의 희망에 부응하도록 하기 위하여 우서(虞書)의 12목(牧) 제도를 본받아 지방관들을 설치하노니, 주(周)의 국운이 800년간 계속된 것처럼 우리나라 국운도 장구할 것이다…….”

그 후(일자 미상) 국방상 요충지인 양계(兩界 : 지금의 평안도 및 함경도 지방)에는 병마사(兵馬使)와 주·진사(州鎭使)를 설치하였다.

·성종 5년(986) 5월에 왕이 다음과 같은 교서를 내렸는데, 후에 사자를 보내 조사하였는지 여부에 관하여는 기록이 없어 알 수 없다.

“나라는 백성을 근본으로 삼고 백성은 먹는 것을 하늘로 삼는다. 만약 모든 백성의 마음을 기쁘게 하려면 적어도 삼농(三農 : 평지, 산 및 못을 이용한 농사)의 일할 시기를 빼앗지 말아야 한다. 너희들 12목(牧)과 모든 주(州) 및 진(鎭)의 책임자들은 지금부터 가을까지 잡무를 정리하고 오로지 농사를 장려하는 데 힘쓰기 바란다. 앞으로 사자를 보내서 전야의 황폐함과 개간된 것과 기관장들의 부지런하고 태만한 것을 조사하여 포상하거나 쫓아낼 것이니 그리 알라.”

·성종 14년(995) 7월에 개주(開州)를 개성부(開城府 : 고려의 首都)로 개칭하고 적현(赤縣) 6과 기현(畿縣) 7을 관할하게 하였다. 또한 당제(唐制)를 그대로 사용하여 지방을 전국 10도로 나누어 정하였다. 관내도(關內道)는 29주·82현을 관할하고, 중원도(中原道)는 13주·42현을, 하남도(河南道)는 11주·34현을, 강남도(江南道)는 9주·43현을, 영남도(嶺南道)

는 12주·48현을, 영동도(嶺東道)는 9주·35현을, 산남도(山南道)는 10주·37현을, 해양도(海陽道)는 14주·62현을, 삭방도(朔方道)는 7주·62현을, 패서도(浿西道)는 14주·4현·7진을 각각 관할하게 하였다. 12주에 절도사(節度使)를 두고, 5도호부사(都護府使), 7도단련사(都團練使), 11단련사(團練使), 21방어사(防禦使), 15자사(刺史) 등을 각각 설치하였다. 이때 10개 도(道) 관하의 주군(州郡) 총수는 580여 개였다.

·목종 8년(1005) 3월에 12절도사, 4도호부사, 서북계(西北界)의 방어진사(防禦鎭使), 현령 및 진장만 남겨두고, 나머지 관찰사(觀察使), 도단련사(都團練使), 단련사(團練使) 및 자사(刺史)는 폐지하였다.

절도사(節度使) 체제는 그 후 몇 차례의 변혁을 거쳐, 현종 9년(1018)에 3경(京), 4도호(都護), 8목(牧)으로 변경되었다가 예종 원년(1106) 이전에 3경, 3도호, 8목으로 정비되었다. 3경(京)은 처음에는 개경(開京 : 開城), 서경(西京 : 平壤), 동경(東京 : 慶州)을 가리켰으나, 후에 동경 대신 남경(南京 : 서울)을 포함시켰다.

10도는 고려 중기에 이르러 5도 양계로 행정구획이 개편되었다. 5도는 양광도(楊廣道), 경상도(慶尙道), 전라도(全羅道), 교주도(交州道), 서해도(西海道)로서 그 장관은 안찰사(按察使 : 후에 按廉使로 변경)였고, 양계는 북쪽의 변경지방에 설치된 것으로 북계(北界)와 동계(東界)로 나뉘어졌으며 그 장관은 병마사(兵馬使)였다.

·현종 3년(1012) 1월에 동경유수를 폐지하고 경주방어사(慶州防禦使)를 두는 한편 12주의 절도사(節度使)를 폐지하고 전국에 5개 도호와 75개 도안무사를 두었다. 얼마 후 안무사를 없애고 4개 도호와 8개 목을 두었다.

그 후 전국을 5개 도[楊廣道, 慶尙道, 全羅道, 交州道, 西海道]와 양계(兩界 : 東界와 北界)로 나누고, 경 4개, 목 8개, 부 15개, 군 129개, 현 335개, 진 29개를 두었다.

3) 법령의 제정

고려시대의 형법(刑法)은 당의 제도를 도입한 것이 많았는데, 전문 501조로 된 당률(唐律 : 당의 법률)을 고려 자체의 현실에 맞도록 참작하여 적용하였다. 그에는 옥관령(獄官令) 2조, 명례(名例) 12조, 위금(衛禁) 4조, 직제(職制) 14조, 호혼(戶婚) 4조, 구고(廐庫) 3조, 천흥(擅興) 3조, 도적(盜賊) 6조, 투송(鬪訟) 7조, 사위(詐僞) 2조, 잡률(雜律) 2조, 포망(捕亡) 8조, 단옥(斷獄) 4조 등 총 71조였는데, 이 형법의 제정 연대는 알 수 없다. 한편 수시로 금령(禁令)을 발령하였다.

헌대에서는 이들 형법과 금령 등을 기준으로 삼아 관리들을 규찰·탄핵하였다. 그 형법 및 금령 중 주요한 내용은 다음과 같다.

(1) 명례

명례(名例)는 형벌의 명칭과 집행방법 등을 규정한 것이다. 태형(笞刑 : 10대에서 50대까지 5종), 장형(杖刑 : 60대에서 100대까지 5종), 도형(徒刑 : 1년에서 3년까지 5종), 유형(流刑 : 2천리에서 3천리까지 3종), 사형(死刑 : 絞刑과 斬刑 2종) 등 형벌 종류를 규정하는 외에 형장식(刑杖式 : 脊杖, 臀杖, 笞杖 등 3종), 고한(辜限 : 유죄기간) 및 금형(禁刑 : 刑罰의 집행을 금지하는 날) 등에 관하여도 규정하였다.

(2) 공식

공식(公式), 즉 국가 규정에는 상피(相避 : 친척간에는 같은 부서에서 벼슬하기를 피하는 것), 관리급가(官吏給暇 : 관리의 휴가), 피마식(避馬式 : 말을 탔을 때 길을 피하는 것), 공첩상통식(公牒相通式 : 공문서 왕복양식), 직제(職制 : 관리들에 대한 처벌규정), 간비(奸非 : 姦通罪), 호혼(戶婚 : 호적과 혼인문제의 규례 위반죄), 대악(大惡 : 친척을 살상한 죄), 살상(殺傷 : 사람을 죽였거나 부상시킨 죄), 금령(禁令 : 금하는 법령), 도적(盜賊 ; 도적을 잡을 때에 관한 조항 포함), 군률(軍律 : 軍法), 휼형(恤刑 : 죄인을 생각해 줌), 소송(訴訟)과 노비(奴婢) 등이 있었다.

(3) 직제

관리 등이 법을 어긴 경우 이를 처벌하는 규정인 직제(職制)를 공포하였는데, 그 주요 내용은 다음과 같다.

· 감시·감독하는 관리가 금품을 훔치거나 재물을 받고 법을 어긴 경우에는 그의 직전(職田 : 관리에게 頒給한 토지)을 회수하고 시골로 돌려보내고, 중으로 미곡을 훔친 자는 시골로 돌려보내 보통 호구에 편입하고, 관가의 물품을 매매한 자는 시골로 보내는 외에 법에 의해 벌을 줄 것이다.

· 감시·감독하는 자가 베를 숨긴 경우에는 한 자를 숨겼을 때 매 40대, 1필에서 6필까지는 50대 내지 100대를 치고, 그 이상은 도형 내지 귀양을 보내 벌을 준다.

· 감시·감독하는 관리가 부서에서 물품을 요구하여 가졌으면 형을 한 등급씩 올릴 것이고, 만일 위력을 부려 강제로 얻어가졌다면 법을 어겨 뇌물을 받은 죄로 논한다. 법을 어겨 뇌물을 받은 자는 피륙 한 자에 곤장 100대를 치고, 1필에서 5필까지는 도형 1년 내지 3년에 처하며, 6필 이상인 때에는 귀양을 보낸다.

· 그 밖에도 벼슬 품계를 가진 자가 법을 범한 경우, 법을 어기지 않고 뇌물을 받은 경우, 백성에게서 이유 없이 물건을 받은 경우, 관직에 있으면서 남의 토지를 빼앗은 경우, 관청을 등대고 백성의 재물을 강요한 경우 등에 관하여 자세히 규정하였다.

(4) 금령

형법에 규정하기 어려운 세세한 금지규정이나 시한부 금지 등에 관하여는 금령(禁令)을 발령하였다. 주요한 금령으로는 부모나 남편의 상사(喪事) 소식을 듣고도 잡된 놀이를 하는 것, 상기전에 상복(喪服)을 벗는 것, 초상난 것을 숨기고 초상을 치르지 않는 것, 상사가 났다고 거짓 고하고 휴가를 얻는 것, 부모가 옥에 갇혔는데 결혼하는 것, 잘못 판결한 것이라고 우기면서 농간을 부리는 것, 사사로이 저울과 말(斗)을 만들어서 농간을 부리는 것, 공전(公田)이나 사전을 자기 소유로 만들거나 몰래 경작하는 것, 거리와 밭둑을 침해하는 것, 장물인 줄 알면서도 사는 것 등이 있었다. 이들 금령을 위반한 사람에게는 곤장, 도형, 유형 등의 형벌을 가하였다.

그 밖에 발령된 주요 금령으로는 의서(醫書)에 맞지도 않는 말로 속여 환자를 보아주고 재물을 받는 것, 조세를 부당히 받아서 사복을 채우는 것, 대부해 주고 관가의 승인 없이 본전 이상으로 강탈하는 것, 고의로 가축을 놓아 남의 곡식을 먹이는 것, 왕의 지시문과 공문서를 버리거나 찢는 것, 공문서를 위조·변조하는 것, 화재를 내는 것, 도박을 하는 것, 향(鄉)·부곡(部曲)·진(津)·역(驛) 및 양계(兩界)에 편입된 사람으로 중이 되는 것, 중이 민가에 와서 묵는 것, 소를 도살하는 것, 현(縣)의 성(城)을 넘거나 하수구로 출입하는 것 등을 금한 것이다.

이들 금령은 중서문하성(中書門下省)의 건의에 의하여 왕이 발령하는 것이 원칙이었는데, 때로는 사헌부에서 건의하여 왕이 발령하거나 사헌부에서 직접 발령하기도 하였다.

2. 성종조(成宗朝)의 헌대(憲臺)

성종(成宗 : 이름은 王治, 981~997 재위)은 태조(太祖)의 일곱째아들인 왕욱(王旭)의 차남으로 엄정하고 너그러운 기품이 있었다. 그는 힘써 노력하고 조심하여 종사(宗社)를 세우고 적전(籍田)을 갈며, 학교를 세우고 학비를 넉넉히 주어 선비를 양성하며 인재를 선발하였다. 수령들에게 백성을 잘 돌보게 하고 효자와 절부를 표창하여 풍속을 아름답게 하였고 정부기구 등을 확충하였으니, 이 시기가 국가의 기초를 굳게 다진 때라고 하겠다.

1) 헌대의 설치

『고려사』에는 국초(國初)에 헌대가 있어 신라 때의 사정부와 같은 역할, 즉 당시 정치의 잘잘못을 논하여 임금에게 건의하고, 풍속을 바로 잡으며, 관리들의 활동을 감찰하고, 죄가 발견되면 따져 탄핵하는 일을 담당하였던 것으로 기록되어 있다.

掌論執時政 矯正風俗 糾察彈劾之任　　　　　　『高麗史』「百官志」

(1) 사헌대가 국초에 있었다고 하였지만, 과연 언제 설치되었는지는 분명한 기록을 찾을 수 없다. 사헌대가 태조 때 설치되었다는 주장과 성종 원년(982)에 전반적인 정부제도를 확립하는 과정에서 처음 설치되었다는 주장이 있다. 성종 초에는 사헌부가 있었음이 분명하게 기록되어 있지만 고려 개국 후 70년간은 이런 관부가 없었다고 보기도 어렵다. 한편 태조 때에 건립된 비문(碑文) 속에서 찬자(撰著 : 작자)인 이환상(李奐相), 최언휘(崔彦撝) 등의 직함이 어사대부(御史大夫)라고 기재되어 있는데, '사헌(司憲)'이라는 문구가 없고 당시까지는 설치되지도 않았던 '어사(御史)'라는 문구를 사용한 사실로 볼 때, 사헌대의 관원이라 할 수 없고 따라서 당시 사헌대라는 명칭의 관부가 설치되었다고 볼 수도 없다(『朝鮮金石總覽』上 p.125, p.130, p.140).

그 후 광종 23년(972) 8월에 송나라에 토산물을 선사하였는데, 사신 중 최업(崔業)에게 송나라 황제가 검교사농경(檢校司農卿) 겸 어사대부(御史大夫)를 내렸다고 기록되어 있다. 이상의 어사대부는 신라의 최치원(崔致遠), 박술홍(朴術洪), 이충식(李忠式)의 경우와 같이 당나라 또는 송나라 황제가 내린 명예직이었다고 봄이 타당할 것이다.

성종 9년(990)에 효도가 지극한 별장(別將) 조영(趙英)에게 검교시어사헌(檢校侍御司憲)을 제수하였고, 한편 서경에 분사사헌(分司司憲)을 설치한 기록을 볼 때, 이때에는 사헌부가 이미 설치되었고, 여러 관직에도 관리를 임명하였을 것으로 보여지지만 전체를 알 수는 없다.

(2) 성종 14년(995)에 사헌대는 어사대(御史臺)로 고쳐지고 대부(大夫), 중승(中丞), 시어사(侍御史), 전중시어사(殿中侍御史), 감찰어사(監察御史)를 두어 그 제도가 확립되었다고 기록되어 있다.

그 후 현종 때 어사대 명칭이 금오대(金吾臺)로 바뀌었다가 사헌대(司憲臺)로 다시 바뀌었으며, 문종 때 어사대로 환원되었다. 또한 정종 11년(1045)에는 권지감찰어사(權知監察御史)의 반열상 차례를 높여 합문지후(閤門祗侯)보다 위에 있게 하였다.

고려 초기 어사대(御史臺)의 성립 경위를 요약하면 다음 표와 같다.

<표 6> 어사대 성립 및 변천 경위

구 분		국 초	성종 14년 (995)	현종 5년 (1014)	현종 6년 (1015)	문종 (1046~1083)
官 署 名		司憲臺	御史臺	金吾臺	司憲臺	御史臺
구 분	정3품	大夫	大夫	使	大夫	判事 大夫
	종4품		中丞	副使	中丞	知事 中丞
	종5품	檢校侍御司憲	侍御史		雜端 侍御司憲	雜端 侍御史 2인
	정6품		殿中侍御史		殿中侍御司憲	殿中侍御史 2인
	종6품	監察司憲	監察御史	錄事 無常員	監察御史	監察御史 10인

(3) 대관(臺官)의 주요 직무는 앞에 말한 바와 같이 "시정(時政)을 논

집(論執)하고, 풍속을 바로잡으며 규찰·탄핵하는 것"이다.

· 대관은 고위 관리들이 입안한 정책내용과 국왕이 결정한 정책, 인사 및 상벌 등이 잘못되었다고 생각되면 이를 지적하여 시정 또는 개선하도록 요청하였다. 그들은 직급이 비교적 낮은 사람으로서 권신이나 다른 관리의 잘못을 지적하는 것이므로 매우 조심스럽게 행동해야 할 일이다. 따라서 대관은 식견이 넓고 청렴, 강직한 사람만이 임명될 수 있었고, 그들은 위험을 무릅쓰고 권귀(權貴)나 왕의 잘못도 지적하여야 했으며, 그 때문에 피해를 입은 대관도 많았다.

· 관리의 인사에 잘못이 없도록 견제하는 제도로서 서경(署經)이 있었는데, 이는 새로 임명되는 관료들의 신원과 경력 등을 조사하는 일이다. 인사관청인 이조(吏曹)나 병조(兵曹)에서 후보자를 인선하여 왕의 재가를 받았다 해도 대관과 간관들의 서경을 받지 못하면 임명될 수 없었다. 이는 인사면에 있어서 왕권보다도 더 우위에 서게 되는 매우 중요한 일이다. 또한 고려시대에는 1품에서 9품에 이르기까지 모든 관리들의 임명시에 서경을 받도록 되어 있었다. 서경제도는 조선시대에 들어와 5품 이하의 관료에 한하도록 그 범위가 좁아졌다.

· 대관은 백관의 근태와 각종 행위 등을 규찰하였다. 그들은 감찰로 하여금 조정의 각종 행사, 회의, 경비집행, 창고의 물자수불 등을 감시, 검토케 하여 관리들 가운데 근무가 불량한 자나 비위, 불법행위 등을 저지른 것이 적발되면 탄핵하였다. 이는 감사인의 가장 중요한 기능이며, 오늘날까지 감사기구의 주요 임무로 남아 있다.

· 헌대(憲臺)에서는 관리뿐만 아니라 사찰(寺刹)과 민간의 풍속까지 규찰하여 풍속사범(風俗事犯)을 적발, 처벌하고 때로는 금령(禁令)을 발령함으로써 아름답지 못한 풍속이나 관행이 발생하지 않도록 예방하였다.

2) 김심언(金審言)의 건의로 지방에 분사(分司)를 설치

김심언은 정주 영광현(靜州靈光縣) 사람으로, 성종 때 과거에 급제한 후 누차 승진하여 우보궐(右補闕) 겸 기거주(起居注)에 이르렀다. 성종 9년(990) 7월에 봉사(封事 : 밀봉한 상소문)를 올렸더니 임금이 교서를 내리고 칭찬하였는바, 봉사에서 진술한 주요 내용은 다음과 같다.

"첫째 6정, 6사와 자사6조정(剌史六條政)을 2경(二京 : 松京과 西京), 6관(六官 : 吏戶禮兵刑工) 및 소속 서(署), 국(局) 등과 12도의 주현(州縣)의 관청 벽에 써붙여 출입시에 보고 귀감을 삼도록 하시기 바랍니다.

설원(說苑)에 있는 글에 이르기를 신하로서의 품행에 6정과 6사가 있으니 6정을 실행하면 영예를 얻고 6사를 범하면 치욕을 당한다고 하였습니다.

6정(六正)이란 조짐이 나타나기 전에 화란을 예방하여 임금이 영광스러운 처지에 서게 하는 사람[이런 신하는 聖臣임], 공평무사한 마음으로 진언하여 미행을 조장하고 악행을 시정하는 사람[良臣], 근면하고 어진 자를 추천하며 임금을 격려하는 사람[忠臣], 성패를 명찰하여 미연에 방지하고 화를 복으로 전환하는 사람[智臣], 국법을 준수하고 직무에 책임을 다하며 검약하는 사람[貞臣]과 국정이 혼란한 때 아첨이 없고 기탄 없이 임금의 과실을 지적하는 사람[直臣]를 말합니다.

6사(六邪)란 벼슬자리에 편안히 앉아 녹만 탐내고 머릿수만 채우는 사람[이런 신하는 具臣임], 눈앞의 임금 비위만 맞추면서 오락을 일삼고 후래할 해독을 생각하지 않는 사람[諛臣], 근실한 듯 보이고 듣기 좋은 말과 보기 좋은 안색을 하고 있으나, 속마음은 음험하여 착한 사람과 현명한 사람을 미워하고 상벌을 부당하게 시행하는 사람[姦臣], 지혜와 언변이 있어 잘못을 분식하고 골육을 이간시켜 조정에 혼란을 일으키는 사람[讒臣], 권세 다툼을 하고 치부하며 자신의 부귀 현달만을 도모하는 사람[賊臣]과 아부과 간사를 일삼아 임금의 죄악이 유포되어 이웃 나라에까지 전파되게 하는 사람[亡國之臣]을 말합니다.

또한 『한서(漢書)』에 의하면 자사6조정이 있습니다.

(1) 백성들의 질병, 고통과 실직의 유무를 살필 것

(2) 녹봉 65백 석 이상의 수령으로서 정사를 잘못하는 자가 있는지
   살필 것

(3) 인민에게 해를 끼치는 좀도적과 간활한 자가 있는지 살필 것

(4) 농토에 대한 법을 범했거나 금령을 범하는 일이 있는지 살필 것

(5) 민간인 중에 효행, 공경, 청렴, 결백으로 행동이 방정하거나 특이
   한 재주를 가진 자가 있는지 살필 것

(6) 아전이 국고에 수입되는 돈과 곡식을 문부에 기록치 않거나 고
   의로 흐트러뜨리는 사례가 있는지 살필 것 등입니다.

둘째 직제(職制)를 설정하고 직무를 분장케 하는 것은 고금의 통칙입
니다.

서경은 바다와 국경에 연접해 있으므로 여러 관청을 창설하고 만호
(萬戶)를 두었으며 분사(分司)의 문무관원이 매우 많습니다. 그러나 잘
못을 규탄하는 자가 없으니 청탁이 혼동되고 시비가 분별되지 못하고
있습니다. 당나라에서 동도(東都 : 낙양)에 지대어사(知臺御使)를 둔 전례
에 따라, 사헌(司憲) 1인을 배치하여 그로 하여금 규찰케 하기 바랍니
다. 그러면 하부 실정이 상부에 전달되어 상벌이 명확하고 나라가 태
평하여질 것입니다."

왕은 교서를 내려 김심언을 칭찬하는 한편, 그의 건의를 모두 받아
들여 서울과 지방의 관청에 정(正)과 사(邪)의 이치 등을 기록하도록 주
달하는 한편 서경에 분사사헌대(分司司憲臺)를 설치하고 분사사헌(分司
司憲) 1인을 두었는데, 이것이 지방행정기관에 설치된 최초의 감사기구
였다.

3년 후인 성종 12년(993) 12월에 서경의 상평창미(常平倉米)를 분사사
헌대가 관할하도록 하였고, 문종 원년(1047) 7월에는 서경의 감군(監軍)

과 분사어사로 하여금 맹·해군(猛海軍)을 합하여 10령(領)을 선발하도록 교서를 내리는 등 분사에 추가로 임무를 부여한 바 있다.

그 후 양계(兩界 : 평안도 및 함경도 지방으로 북계 및 동계를 설치)에 분대(分臺 : 또는 分司)를 두었다는 기록이 있으나 그 추가설치 연대는 알 수 없다.

> **역사의 거울** 김심언은 그 후 목종 때 지방 수령으로 나가서 농업을 장려하고 백성을 무휼하여 칭찬이 높았으며, 현종 때는 우산기상시(右散騎常侍), 예부상서(禮部尙書), 내사시랑평장사를 거쳐 서경유수(西京留守)를 역임하였다. 시호는 문안(文安)이다.
>
> 한편 각 관청에 6정(六正), 6사(六邪)와 자사6조정(刺史六條政)을 붙였고 이는 그 후 오랫동안 철거치 않았다. 덕종(1031~1034 재위) 때 동지중추원사(同知中樞院事) 최충(崔冲)이 건의하기를 "6정, 6사 등을 써붙인 후 너무 오랜 세월이 지났으니 모두 다시 써서 붙이소서." 하니, 왕이 그 의견대로 시행하였다.

3) 봉사(封事)를 올린 정우현(鄭又玄)을 감찰어사로 임명

성종 때(연대 미상, 994~996경으로 추정됨) 공빈령(供賓令) 정우현(鄭又玄)이 봉사를 올려 당시 정치에 관하여 일곱 가지에 달하는 문제점을 힐난에 가깝게 지적하며 논집하였다. 왕이 이를 매우 불쾌하게 생각하고는 공빈령의 직위를 벗어난 행위라고 죄를 주는 것이 어떠냐고 재상들에게 물었다.

서희(徐熙)가 왕에게 아뢰었다.

"옛날에는 어느 관원이나 간언을 하였습니다. 직위를 벗어나서 간언을 한 사실이 무슨 죄가 되겠습니까? 신(臣)은 높은 자리만 차지하고 녹만 받아먹고 있어서 관품(官品)이 낮은 사람으로 하여금 정교(政敎)의 득실을 논하게 하였으니, 이는 오히려 신의 죄라고 생각합니다. 더욱이 정우현이 논한 일이 매우 절실한 것이니 오히려 포장(襃奬)해 주어야 마땅할 것입니다."

이에 왕이 마음 깊이 느껴 깨닫고 정우현을 발탁하여 감찰어사를 제수하는 한편, 서희에게도 안장을 얹은 말 한 필과 음식을 내렸다.

역사의 거울 정우현이 훌륭한 건의를 한 것도 의미 있는 일이지만 필자의 생각으로는 서희가 재상으로 있으면서 남의 건의사항 등을 높게 평가하였을 뿐만 아니라 자신의 잘못을 왕 앞에 드러내면서 간한 것은 참으로 용기 있는 일이었다고 생각한다. 또한 이를 받아들여 오히려 물품까지 하사한 왕은 성군(聖君)이었음이 분명하다.

4) 전시에 왕의 특사로 활동

성종 12년(993) 10월에 거란의 소손녕(蕭遜寧)이 군사를 거느리고 쳐들어왔다는 보고를 받고, 조정에서는 시중 박양유(朴良柔)를 상군사로, 내사시랑 서희(徐熙)를 중군사로 삼아 군대를 거느리고 거란을 방어하게 하였다. 윤시월에 우리 군대가 안북부(安北府 : 安州)에 머물렀을 때 봉산군(蓬山郡 : 평북 龜城)이 격파되고, 우리 선봉군사(先鋒軍使)인 급사중(給事中) 윤서안(尹庶顔) 등이 잡혀갔다는 소식이 전해져 왔다. 고려 군대는 전진을 하지 않고 서희로 하여금 거란군의 동향을 탐문케 하였는데, 거란 장수 소손녕이 전쟁만을 고집하는 것이 아니고 특사(特使)를 보내면 화친할 것 같다는 보고가 있었다.

이에 왕이 감찰사헌(監察司憲) 이몽전(李夢戩)을 임시로 벼슬을 예빈소경(禮賓少卿)으로 높이고 왕의 특사로 삼아 거란 진영에 보내 화친하기를 청하였다. 소손녕은 답하기를 "너희 나라에서 백성을 돌보지 않으면 천벌을 받을 것이니, 화의를 구하려면 빨리 와서 항복하라." 하는 것이었다. 이몽전이 돌아온 후에 조정에서 의논을 정하지 못하고 오랫동안 회보를 하지 아니하니 소손녕이 드디어 안융진(安戎鎭)을 공격하는 것이었다.

왕이 좌우를 돌아보고 "누가 거란 영문(營門)에 가서 언변으로 적을 물리치고 만대의 공훈을 세울 사람이 없는가?" 하고 물었는데, 서희가 자원하였다. 서희가 거란 진영에 이르러 회견하고자 하니, 소손녕은 뜰에서 절할 것을 요구하는 것이었다. 서희가 "두 나라 대신이 만나면서 어찌 신하가 임금을 대하듯 할 수가 있는가?" 하여 거절하므로 통역관들이 두 번 왕복하였으나 소손녕이 허락하지 않았다. 서희가 노하여 객사에 돌아와 누워 일어나지 않으니, 소손녕이 그제야 당(堂)에 올라와 서로 인사할 것을 허락하였다. 또한 소손녕은 서희의 변론이 엄정한 것을 보고 감탄하여 강화할 것을 허락하였고, 그 결과 소손녕은 침공을 중지하고 돌아갔다.

역사의 거울 대관(臺官)은 당시 왕을 시종(侍從)하는 임무도 갖고 있었으므로, 왕이 긴급한 기밀사항을 특명으로 수행케 하였다. 다만 대관의 지위가 너무 낮아서 국가의 중요한 정책을 결정하는 데에는 영향력이 적었다.

3. 목종조(穆宗朝)의 어사대

목종(穆宗 : 이름은 王誦, 997~1009 재위)은 경종(景宗)의 맏아들로 성품이 침착하고 굳세었다. 처음에는 학문을 장려하는 등 치적이 많았으나 아들이 없었고 활쏘기와 말타기와 술을 즐기고 정사에 마음을 두지 않게 되었다. 폐행(嬖倖 : 아첨하여 편애를 받는 신하)을 믿다가 마침내는 환란을 불러들여 쫓겨나 충주로 가던 도중 살해되었다.

1) 양민을 노비로 선물한 사람을 처벌

목종 10년(1007) 7월에 어사대에서 아뢰기를 "경주(慶州) 사람 융대(融

大)가 거짓으로 원성왕의 원손(遠孫)이라 일컬으면서 양민 5백여 명을 저의 노비라 하여 궁인 김씨(金氏), 평장사(平章事) 한인경(韓藺卿) 및 이부시랑(吏部侍郎) 김낙(金諾)에게 선물로 보내어 후원(後援 : 뒤에서 도와주는 사람)을 삼았는데, 심문하여 본 결과 사실이 밝혀졌사오니 모두 죄주기를 청합니다." 하였다.

이에 왕이 노하여 융대를 죽이고, 한인경을 양주(楊州)로 귀양 보내었으며, 김낙은 섬으로 귀양 보내는 한편 김씨는 동(銅) 100근을 벌금으로 내게 하였다. 이 사실을 듣는 사람마다 어사대에서 어려운 일을 처리하였다면서 모두 경하하였다.

2) 왕위 이양 등에 역할

목종 6년(1003)에 태후 황보씨(黃甫氏)가 김치양(金致陽)과 간통하여 아들을 낳으니 그를 왕의 계승자로 삼을 계책으로 대량원군(大良院君) 왕순(王詢)을 위협하여 승려가 되게 하고 삼각산(三角山) 신혈사(神穴寺)에 거처하게 하였다.

목종 12년(1009) 정월에 왕이 편치 않아서 여러 날 궁내에만 있고 문병하려는 신하들도 만나기를 싫어했다. 이때 김치양이 왕위를 엿보는 기미가 보이자 왕은 감찰어사 고영기(高英起)를 보내 채충순(蔡忠順)과 최원(崔沆)을 부르게 하고 그들에게 봉서(封書)를 내주며, 이르기를 "간악한 무리들이 틈을 엿보고 있어 사직이 장차 다른 성으로 옮겨질까 걱정된다. 병환이 만약 위독해지면 태조의 손자(孫子 : 大良院君)를 후사로 삼아달라." 하였다.

이리하여 그들은 서로 밀의한 후 황보유의(皇甫兪義)를 신혈사에 보내 대량원군을 맞아오게 하였다.

한편 왕을 호위하게 하고자 서북면도순검사(西北面都巡檢使) 강조(康兆)를 서울로 불렀다. 강조가 명령을 듣고 동주(洞州)의 용천역(龍泉驛)에 이르렀을 때 귀양온 내사주서(內史主書) 위종정(魏從正) 등이 말하였다.

"임금이 위독하여 목숨이 경각에 있는데, 태후와 김치양 등이 사직을 빼앗으려고 모의하고 있습니다. 그들이 왕명을 위조하여 장군을 불러들이는 것이 분명하니 장군은 의병을 일으켜 사직과 자신을 보존하소서."

그 후 어떤 사람이 왕이 이미 죽었다는 소문을 전하였다. 이에 강조는 이 말을 믿고 갑졸 5천 명을 거느리고 서울을 향하여 출발하였다. 황해도 평산(平山)에 왔을 때, 왕이 아직 죽지 않았음을 알게 되었으나, 중지할 수 없다고 생각하였다. 그래서 강조는 분사(分司) 감찰어사(監察御史) 김응인(金應仁)을 대량원군에게 보내서 맞이하게 하고는 새 임금을 세울 계획을 세웠다.

왕이 보낸 황보유의 일행보다 강조가 보낸 김응인 등이 먼저 대량원군을 맞아 개성의 귀법사(歸法寺)로 모시는 한편, 강조의 군대는 개경으로 쳐들어와서 김치양 일파를 몰아냈다. 그들은 거기에서 그치지 않고 목종을 폐위시키고 대량원군[후의 현종]으로 하여금 왕위를 이어받게 하였다.

4. 현종조(顯宗朝)의 헌대

현종(顯宗 : 이름은 王詢, 1009~1031 재위)은 천추태후(千秋太后)의 음란한 행동으로 국운이 위기를 맞고 있을 때 왕위에 오른 후 거란의 침입과 무신의 반역 등 험난을 고루 맛보았다. 그 후 국사를 바로잡고는 거란과 화친을 맺어 군사를 쉬게 하고 나랏일을 생각하여 무(武)를 누르고 문(文)을 숭상하였다. 훌륭한 장수를 임명하고, 부세와 요역을 경감하며 정사를 공평하게 하였다. 백성을 편안하게 하여 안팎이 무사하였으며 해마다 농사도 잘되었으니 가히 중흥을 이룬 시절이라 할 만하다고 사가(史家)들이 평했다.

1) 신사(神祠)에 감사제사 지낼 것을 건의

현종 원년(1010) 12월에 거란군이 대역무도한 강조를 처단한다는 명분을 내세우고 쳐들어왔다. 그들은 강조를 사로잡은 후에도 남하를 계속하였으므로 왕은 왕비 등과 함께 전라도 지방으로까지 피난하는 한편 군사들은 여러 곳에서 거란군을 괴롭혔다. 마침내 거란군이 물러간다는 소식을 듣고 왕이 귀경길에 올랐다.

현종 2년(1011) 2월에 왕이 청주 부근에 왔을 때 감찰어사 안홍점(安鴻漸)이 아뢰었다.

"거란군사가 장단(長湍)에 이르니 눈바람이 갑자기 일어나면서 감악(紺岳)의 신사(神祠)에 깃발과 군마가 있는 듯하게 보이므로 거란군사가 두려워하여 감히 앞으로 나아가지 못했습니다. 옛날에 진(秦)나라 부견(苻堅)이 진(晉)나라를 칠 때 팔공산(八公山)의 풀과 나무가 진(晉)나라 군사로 변한 것을 바라보고 두려워하여 물러간 일이 있습니다. 신명이 돕는 것은 예나 이제나 다르지 않을 것입니다. 청컨대 담당관청으로 하여금 보답하는 제사를 지내도록 하소서."

이에 왕이 그 말을 따랐다.

2) 논소(論訴)가 지나친 어사를 면직

이인택(李仁澤)은 현종 2년(1011) 8월에 감찰어사로 임명되었다. 이듬해(1012) 5월에 동여진(東女眞)이 청하(淸河), 영일(迎日) 등지를 침범하자 이인택은 강민첨(姜民瞻) 등과 함께 도부서(都部署)로서 적을 물리치는 등 공을 세웠다. 승전하고 돌아온 이인택은 동북면 행영병마사(東北面 行營兵馬使) 강감찬(姜邯贊)과 사이가 좋지 아니하여 강감찬에게 벌을 주도록 탄핵하였다.

왕은 강감찬의 청렴, 검소한 인품을 알고 있었으므로 탄핵을 받아들이지 않았는데, 이인택의 논소(論訴 : 여기에서는 고자질하기를 뜻함)가 끊이지 아니하였다. 이에 왕이 같은 해(1012) 6월에 이인택의 관직을 파면케 하였다.

이인택은 7년 후인 현종 10년(1019)에 고공원외랑(考功員外郞)에 임명되었고, 사신이 되어 거란을 다녀왔으며, 현종 15년(1024) 12월에는 시어사로 임명되어 대관으로 복귀하였다.

3) 헌대의 변천

어사대는 현종 5년(1014)에 잠시 금오대(金吾臺)로 바뀌었다가 이듬해 사헌대로 개칭되었으며, 현종 14년(1023)에 어사대로 다시 환원되었는데 그 경위는 다음과 같다.

· 거란은 강조가 왕(王 : 穆宗)을 살해한 것은 대역무도한 것이니 그 죄상을 추궁하겠다는 명분을 내세우고, 현종 원년(1010) 12월에 보병과 기병 40만을 몰고 압록강을 건너 쳐들어왔다. 이 전쟁에서 왕은 남쪽으로 나주(羅州)까지 피난하였다가 돌아왔으며, 강조와 하공진(河拱辰)이 잡혀가는 등 혼란이 계속되었다.

· 현종 5년(1014)에 거란군이 다시 고려를 침공하니 고려에서는 이를 막기 위하여 많은 군대를 동원하였고, 그 결과 백관에게 녹봉(祿俸)을 줄 재원이 부족하게 되었다. 그래서 황보유의 등의 건의에 따라 경군(京軍)의 영업전(永業田)을 빼앗아 녹봉에 충당하게 되었고 그 결과 군인들이 크게 불평을 품게 되었다. 한편 상장군(上將軍) 최질(崔質)은 변공(邊功 : 국경 전투에서 세운 공적)으로 무관에는 여러 번 임명되었으나 문관이 되지 못하여 불만이었다. 그는 경군의 불만이 고조되었음을 알고는 땅을 빼앗긴 상장군(上將軍) 김훈(金訓) 등을 선동하였다.

· 같은 해(1014) 11월에 상장군 김훈, 최질 등이 모든 위(衛)의 군대를 거느리고 반란을 일으켜 궁중으로 밀고 들어왔다. 그들은 중추사(中

樞使) 장연우(張延祐)와 일직(日直) 황보유의를 결박한 후 매를 때려 거의 죽게 하고는 왕을 뵙고 호소하기를 "장연우 등이 우리들의 전지(田地)를 점탈하였으니, 이들을 제거하여 여러 사람의 마음을 쾌하게 하소서." 하였다. 왕은 여러 사람의 뜻을 어기기 어려워 장연우 등을 제명하고 먼 지방에 유배하였다.

· 김훈 등은 이 기세를 이용하여 왕에게 청하기를 "무관 상참관(常參官) 이상은 모두 문관(文官)을 겸하게 하며, 어사대를 폐지하고 금오대를 설치하는 한편 삼사(三司)를 폐하여 도정서(都正署)로 개칭하도록 하소서." 하니, 왕이 하는 수 없이 그 말을 따랐다. 금오대에는 상임인원을 배치하지 않고 모든 관리를 겸직시켰으므로 그 활동이 미미하였다. 또한 이때 무신들이 권세를 부려 사납고 흉한 무리들이 대각(臺閣)에 포치(布置)되고 정사가 여러 곳에서 나와서 조정 기강이 문란하였다.

· 전 화주방어사(和州防禦使) 이자림(李子琳 : 후에 李可道로 개명)이 이것을 보고는 비밀리에 일직 김맹(金猛)에게 말하기를 "왕은 어찌 한(漢) 고조(高祖)의 운몽행행(雲夢行幸 : 운몽에 거동한 사이에 韓信을 죽인 사실)을 본받지 않는가?" 하였다. 김맹이 그 뜻을 알아차리고 비밀리에 왕께 아뢰매, 왕이 이를 받아들이고 이자림을 임시로 서경유수판관(西京留守判官)에 임명하여 준비케 하였다.

· 이듬해(1015) 3월에 왕이 서경에 가서, 여러 신하들을 모아 장락궁(長樂宮)에서 연회를 베풀었다. 김훈 등이 취한 틈을 타서 왕이 갑자기 명령하여 김훈 등 무관 19명을 붙잡아 목베었다. 그리고 같은 해(1015) 7월에는 금오대를 파하고 사헌대를 설치하는 등 무관들의 요청에 의하여 제정하였던 관호(官號)를 폐지하여 종전의 제도로 환원하였다.

· 그 후 현종 14년(1023)에 사헌대가 어사대로 명칭이 환원되는 한편 속관(屬官)의 명칭이 일부 개칭되었다. 즉 종전의 대부(大夫)와 중승(中丞)은 그대로 두고 시어사(侍御史)는 잡단(雜端)과 시어사헌(侍御司憲)으로, 전중시어사(殿中侍御史)는 전중시어사헌(殿中侍御司憲)으로, 감찰어사

(監察御史)는 감찰사헌(監察司憲)으로 고쳤다.

4) 사헌부에 관리를 충원

현종 6년(1015) 7월에 금오대에서 사헌대로 명칭을 복귀하였으나, 처음에는 관원들을 임명치 않고 공석으로 두었던 것 같다. 이듬해(1016) 4월에 이응보(異膺甫)를 사헌대부 대리로, 서눌(徐訥)을 중승으로, 류조(柳韶)를 잡단으로, 조자기(曹子奇)를 시어사헌으로, 김우보(金佑甫)와 이성공(李成功)을 전중사헌으로, 안재균(安宰均), 이원수(李元秀), 유현좌(劉玄佐), 이회(李懷), 곽신(郭紳), 이주좌(李周佐) 등을 감찰사헌으로 각각 임명하였다.

이렇게 대관을 많이 임명한 사실에 대하여 『고려사』에는 "사헌대 뜰에 있는 잣나무가 말라 죽은 지 여러 해였는데 이때에 와서 다시 살아났다."고 기록하고 있다. 이는 종전에는 사헌대에 관원이 충분히 충원되지 않아서 규찰·탄핵 등이 활발하지 않았는데, 이때 대관의 임명으로 왕의 대관에 대한 기대가 커졌고, 대관들도 사기가 올라가 그 활동이 활발하였음을 의미한다고 하겠다.

5) 금령의 발령 및 예부의 반박

현종 11년(1020) 9월에 왕이 현화사(玄化寺)에 가서 새로 만든 종을 치는 한편, 여러 신하로 하여금 종을 치고 각기 의류 등을 증정하게 하였다. 이렇게 절과 승려를 높임에 따라 승려들이 부유한 생활을 하게되고 심지어는 술을 마시고 즐기는 경향이 일어났다.

이에 이듬해(1021) 6월에 사헌부에서 건의하기를 "모든 절의 중들이 술마시고 풍악 올리는 것을 금하소서." 하니 왕이 이를 받아들여 금령(禁令)을 발령하였다. 또한 다음달(7월)에는 사원(寺院)에서 술을 빚는 것도 금하였다.

현종 14년(1023) 5월에 어사대에서 왕에게 건의하기를 "백관이 조회에서 무릎을 꿇고 사사로이 속삭이는가 하면, 한 번만 절하고 반열에 들어가기도 하는 등 조정의 의식이 예의를 잃었으니 엄금하기를 청합니다." 하고는 예의와 관련한 여러 문제점 등을 보고하였다. 왕은 이를 채택하여 금령을 내렸다.

현종 16년(1025) 4월에 예부에서 왕에게 아뢰었다.

"어사대에서 발령한 새 격식에 의하면 문무양반의 원리(員吏 : 관원과 이속)가 조문(朝門), 거리 등 공적인 장소에서 사례인(私禮人)으로서 절하고 엎드리는 것을 금하고, 만일 이를 어기는 자는 처벌한다고 규정되어 있습니다. 삼가 『예기(禮記)』를 상고하건대 군자는 예를 행함에 풍속을 고치기를 요구하지 않는다고 하였는데, 만약 어사대의 격식과 같이한다면 어찌 상하와 장유의 서차를 분별할 수 있겠습니까? 조정(朝廷), 묘사(廟祠)의 예회(禮會) 반열(班列) 이외의 경우는 사례(私禮)로서 적당하게 하도록 함이 마땅합니다."

왕이 예부의 건의를 채택하였다.

역사의 거울 고려시대에 금령(禁令)은 왕이나 중서문하성에서 발령하는 것이 보통이었으나, 헌대(憲臺)에서도 관리들의 기강확립 및 풍속교정 등을 위하여 시의에 맞게 금령(禁令)을 직접 발령하거나 제안하였다. 따라서 현종 14년(1023) 5월에도 사헌부에서 백관이 조회 때 사담하는 것을 금지하도록 금령을 발령하고 이를 위반하는 자를 규찰하였다. 그러나 현종 16년(1025) 4월에 어사대에서 발령한 이번 금령은 예조의 건의에 의하여 왕이 이를 폐지케 한 것이다.

그 후 이 문제는 오랫동안 재론됨이 없이 내려오다가, 원종 원년(1260) 8월에 중서성(中書省)에서 "조정 선비들이 3품 관원을 보면 말 앞에서 절하는 등 아첨하는 것이 풍속을 이루었으니 이를 금하소서."라는 건의가 올라왔다. 그 후 충렬왕 9년(1283) 2월 감찰사에서 "양반관원이 일가 어른 아닌 권세가나 귀족에게 길에서 엎드려 절하는 것을 금한다."라고 방을 붙임으로써 다시 금령의 효력을 발하게 되었다.

6) 탄핵하다가 파면당함

현종 21년(1030) 11월에 어사잡단 최연수(崔延壽)가 탄핵하여 아뢰기를 "참지정사 이작인(李作仁)이 태조공신의 후손이라고 거짓 일컫고 그 아들에게 음직(蔭職)을 내리게 했으니 관을 파면하소서." 했는데, 오히려 어사잡단 최연수가 파면당했다. 이작인은 목종 때 우승선(右承宣)를 지냈고, 현종 때 동지중추원사(同知中樞院事)와 사헌대부를 역임한 후 참지정사로 승진한 사람이다.

> **역사의 거울** 참지정사(參知政事)는 종2품에 해당하는 벼슬로서, 당시에는 정1품이 없었으므로 매우 높은 직위에 해당하며 자손에게 음직을 부여하는 대상에 해당하였을 것이다. 다만 당시까지는 음직에 대한 법령규정이 명확하지 않은 상태였으므로 어사잡단 최연수가 잘못 알고 탄핵하였던 것으로 보여진다.

7) 외침을 막고자 개경에 나성(羅城)을 축조

고려 수도 개경은 성(城)이 없어서 외침에 거의 무방비 상태였으므로, 평장사 강감찬이 성곽을 쌓을 것을 건의하였다. 그 후 현종 20년(1029) 8월에 왕이 참지정사 이가도(李可道 : 후에 王씨로 姓을 변경), 좌복야(左僕射) 이응보(異膺甫) 및 어사대부 황보유의 등에게 명하여 정부(丁夫 : 남자 장정) 24만 명과 공장(工匠) 8천 명을 징발하여 개성(開城)에 나성(羅城 : 外廓의 성)을 쌓게 하였다.

참지정사 이가도가 사람을 시켜 일산(日傘)을 받치게 하고 성 주위에 둘러서게 한 다음 높은 곳에 올라서서 드나들면서 지휘하여 좁고 넓은 곳을 고르게 하는 등으로 성터를 설정한 후 이를 축조하게 하였으니, 주위가 10,660보이고 높이는 27척이었다. 한편 어사대부 황보유의는 참지정사 등이 추진한 축조공사를 측면에서 지원하였다.

현종 때 임명되거나 활동한 기록이 있는 대관의 명단은 다음과 같다.

<표 7> 현종조의 대관

判事	大夫	中丞	雜端	侍御史, 侍御司憲	殿中侍御 史(司憲)	監察御史, 監察司憲	分　臺 御　史
張延祐	異膺甫 李作仁 李端 黃甫兪義	盧頲 卓思政 梁積 金作賓 盧戩 徐訥 李端 柳韶 黃周亮 李周佐	柳韶 安鴻漸 崔延壽	黃甫兪義 崔昌 柳韶 尹徵古 黃周亮 曹子奇 李周佐 李仁澤 韓逡良 許元 柳雲	黃甫兪義 柳韶 朴昇 曹子奇 李擇成 金佑甫 李成功 李玄載 黃甫潁 崔象興 金忠贊 柳伯仁 李惟亮	安鴻漸, 尹徵古 金宗鉉, 朴宗儉 李仁澤, 安宰均 李元秀, 劉玄佐 李懷, 郭紳 李周佐, 金錫之 韓延祚, 崔延嘏 金令器, 李膺年	盧顗 楊景 李成佐 曹子奇

5. 덕종조(德宗朝)의 어사대

덕종(德宗 : 이름은 王欽, 1031~1034 재위)은 현종(顯宗)의 맏아들로 부모상을 당해서는 자식으로서 효성을 다했고 정치를 함에 있어 아버지가 하던 일을 고치지 않았으며, 원로 대신을 신임하여 조정에는 서로 기만하는 일이 없었다. 또한 백성들은 각각 편안한 생활을 누렸으나, 재위기간이 4년에 불과해 아쉬움이 남는다.

1) 부정한 재물을 모은 서경 분사들을 탄핵

덕종 원년(1032) 정월에 어사대에서 탄핵하기를 "대부경(大府卿) 왕희걸(王希傑), 우사낭중(右司郎中) 류백인(柳伯仁), 예부낭중(禮部郎中) 최복규(崔復珪)와 원외랑(員外郎) 이응년(李膺年) 등이 서경의 분사(分司 : 각 관서의 지방 파견원)로 있으면서 토지를 겸병하여 재물을 모았으니, 그들을 파면하소서." 하니, 왕은 이 제의를 받아들여 그들을 파면하였다.

2) 고위관리를 탄핵하고 재임명도 거부

이공(李龔)은 현종 때 한림학사(翰林學士), 좌상시(左常侍), 형부상서(刑部尚書), 서경유수(西京留守), 문하시랑(門下侍郎) 등을 거쳐 사공(司空), 좌복야(左僕射), 판동경유수사(判東京留守事)가 되었는데, 노략질이 심하고 여러 가지 부정한 일을 자행하였다.

덕종 즉위년(1031) 10월에 사헌대에서 아뢰기를 "상서좌복야 판동경유수사 이공은 재물을 횡취하였을 뿐만 아니라 자기집 종으로 하여금 역마까지 빌려 타게 했으니 법에 의하여 그를 논죄하시기 바랍니다." 하니 왕이 이 제의를 좇아 그를 파면하였다.

다음 왕인 정종 원년(1035) 7월에 이부(吏部)에서 아뢰기를 "전 상서좌복야 이공은 오욕죄(汚辱罪)를 범했으나, 그 후 여러 차례 사면(赦免 : 죄를 사면함)이 있었으니 벼슬도 복직시켜 주소서." 하니 왕이 이 제의를 좇아 복직시켰다. 그러나 어사대에서 이공이 조카딸과 간통한 사실을 밝혀내고 그 죄를 논핵하면서 복직이 부당하다고 주장하니, 얼마 되지 않아서 왕이 그를 다시 파면하였다.

그러나 선왕 시절의 대신(大臣)을 또다시 파면시킨 사실은 왕의 심기를 매우 불편하게 한 듯하다. 이듬해(1036) 4월에 왕이 명령하기를 "전 상서좌복야 이공은 비록 두 번이나 탄핵을 받았으나 그가 선대 임금

때의 재상으로서 문한(文翰)을 맡는 지위에 오래 있었으니 그의 관직을 회복시킨 후 곧 퇴직케 하라." 하였다. 그래서 그를 당초의 관직에 회복함과 동시에 치사(致仕 : 退職)하도록 하였다.

덕종 때 임명되거나 활동한 기록이 있는 대관의 명단은 다음과 같다.

<표 8> 덕종조의 대관

判 事	大 夫	知 事	中 丞	雜 端	侍(御)史	殿中侍御史	監察御史
黃周亮	李作忠	黃甫潁	黃甫潁 秦玄錫 林維幹	黃甫潁 秦玄錫 林維幹 李子淵	鄭流源 金令器 門思明 文在先 元台瑨	門思明 文在先 李　紳 盧　祐	朴毅夫, 李慶膺 盧　祐, 朴皷命 李維道, 林思行 金元鼎, 金敬和 朴丁固, 李子淵

6. 정종조(靖宗朝)의 어사대

정종(靖宗 : 이름은 王亨, 1034~1046 재위)은 덕종의 동복 아우로서 성격이 너그럽고 인자하며, 부모에 효성스럽고 형제간에 우애가 있었다. 식견과 도량이 크고 넓으며 영특하고 과단성이 있어 사소한 절차에 구애되지 않았다. 탐욕스럽고 사나웠던 거란과의 우호관계를 회복하여 국내·외 정치를 안정시키고 선대 임금의 유업을 계승하였으며, 백성들의 생활도 안정을 이루었다.

1) 지방에 사신을 파견하도록 건의

정종 2년(1036) 정월에 어사대에서 아뢰기를 "여러 도에 나가 있는 외관(外官 : 地方 官員)들이 백성을 부역시킴에 있어 시기를 맞추지 못함으로써 농사에 지장을 주는 일이 있으니 사신을 보내 자세히 살펴보고 내쫓을 자는 내쫓고 올려줄 자는 올려주게 하소서.” 하였다.

왕이 명하여 심찰사(審察使)를 각도에 보내어, 외관(外官)이 백성을 적당한 철이 아닌 때에 사역하여 농사에 방해가 되게 하는 일이 있는지 살펴서 출척(黜陟 : 내쫓고 올려 씀)하도록 하였다. 그러나 이때 출척한 인원수나 내용에 관하여는 기록이 없어 알 수 없다.

역사의 거울 성종 10년(991) 2월에는 여러 도에 안위사(安慰使)를 보내서 백성의 고통을 위문케 한 사실이 있는데, 고려시대에 관리들의 잘못을 바로잡기 위하여 지방에 사신을 파견한 것은 이것이 최초의 기록이다.

2) 화재로 어사대 청사가 연소

정종 6년(1040) 2월에 승평문(昇平門) 행랑채 수백 칸에 화재가 나서 어사대의 청사까지 불타 버렸다. 그러나 화재원인과 어사대에서 취한 조치 등에 관하여는 기록이 없어 알 수 없다.

3) 형벌의 엄격한 적용을 건의

정종 9년(1043) 9월에 유사(有司 : 담당관서)가 아뢰기를 “중광사(重光寺) 성조도감사(成造都監使) 정장흥(鄭莊興)이 서리(胥吏) 승적(承迪)과 함께 자기들이 관리하던 물자를 절취하였으니 법에 준하여 장형을 가한 다음 귀양을 보내시기 바랍니다.” 하니, 왕이 명령하기를 보다 경한 형벌을 적용하라고 하였다. 이에 대하여 어사대에서 봉박하기를 “경한 형벌을 적용하는 것은 불가하오니, 법 조문대로 엄격히 적용하여 그들을 처단하시기 바랍니다.” 하였다. 이에 왕이 당초의 명령을 철회하고는 어사대의 주장을 따랐다.

4) 방어 부실한 장교의 처벌을 건의

정종 11년(1045) 4월에 서북로 병마 판관(西北路兵馬判官) 감찰어사 이춘(李春)이 아뢰기를 "번적 백여 명이 영원진(寧遠鎭 : 평남 영원) 장평수(長平戍 : 함남 永興)에 침입하여 군사 30여 명을 사로잡아 갔으니, 그 곳 장교(將校)로서 방어하지 못한 죄를 다스리소서." 하니, 왕이 이를 따랐다.

정종 때 임명되거나 활동한 기록이 있는 대관 명단은 다음과 같다.

<표 9> 정종조의 대관 명단

判 事	大 夫	中 丞	侍御史	殿中侍御史	監察御史
李周佐	黃甫潁 郭 紳	金令器 門思明	韓延祚 朴敭命	金廷俊, 李惟道 林宗翰	酆順之, 李公顯, 殷 伯 林宗翰, 金 瓊, 李 春

제2절 고려중흥기의 감사

문종(文宗 : 이름은 王緒, 1046~1083 재위)은 정치를 잘하여 문물제도가 더 빛나게 되고 태평을 누렸다. 이때 국가는 부유하고 집집마다 곡식이 넉넉하였으며, 백성은 안정되고 물자는 풍부하였다. 송나라와 왜인 및 북쪽의 맥(貊)들도 금은보화를 바치며 내조하였으니, 사관(史官)들은 문종을 위대한 성군이라고 평하였다.

문종이 세운 이런 전통은 그 후 인종(仁宗)초까지 이어졌다. 반란을 획책하거나 뇌물을 거두는 관리들은 헌대의 탄핵에 의거 가혹하게 처벌되었고, 숙종은 근검절약을 생활화하여 스스로 음식수를 줄이면서 관리들의 음식수를 규찰케 하고, 송사와 재판에 관하여도 헌대에서 규찰토록 하였다.

그러나 인종이 혼미해지자 이자겸(李資謙) 일족이 권력을 잡고 왕위를 엿보는 사건이 발생하였다. 다음 왕인 의종(毅宗)은 놀기를 좋아하고 주색에 빠져 환관 등을 중용하고 매사를 맡겼다. 이에 대관들이 합문밖에서 여러 날을 엎드려 간하는가 하면 출근을 거부하면서 건의하기도 하였으나, 의종은 말을 듣지 않고 열락에 탐닉한 결과 호종하던 무신(武臣)들의 난(亂)을 촉발하고야 말았다.

1. 문종조(文宗朝)의 어사대

문종은 현종의 셋째아들로 어려서부터 총명하고 현철하였으며, 자라서는 학문을 좋아하고 활을 잘 쏘았다. 뜻과 도량이 넓고 원대하였으며 관대하고 인자하였다. 어질고 능력 있는 자를 임명하되 벼슬을 함부로 주지 않았으며, 백성을 사랑하고 형벌을 내리되 신중히 신상필벌하였다. 또한 재신(宰臣) 외에도 대관을 불러 정사를 의논하였고, 헌대의 탄핵과 봉박 등에 귀기울여 선정을 베풀었다.

1) 어사대 직제의 완성

문종 때 각 관서의 관원수, 직제를 정하는 등 정치제도를 완성했는데, 이때 어사대의 인원을 정3품을 비롯한 품관(品官) 19인과 이속(吏屬) 83인으로 정했다.

품관(品官) 19인은 정3품(判事 및 大夫) 2인을 비롯하여 종4품 2인, 종5품 3인, 정6품 2인, 종6품 10인이었다. 그리고 대관은 여러 분야의 관사 및 관리들을 규찰·탄핵하는 직임을 맡았으므로 그 업무수행의 효율성을 제고하고자 총 83인의 문리(文吏)를 두어 그들을 보좌하게 하였는데, 그 중 50인은 감찰방(監察房)에 배속하여 감찰어사 1인마다 5인씩을 배속시켰다.

헌대에 배속된 이들 83인은 여러 분야의 기능을 갖춘 사람들이었다. 그 내용은 녹사(錄事) 3인, 영사(令史) 4인, 서령사(書令史) 6인, 계사(計史) 1인, 지반(知班) 2인, 기관(記官) 6인, 산사(算士) 1인, 기사(記事) 10인 및 소유(所由) 50인으로 모두 83인이다.

한편 각 품관(品官)에게는 구사(丘史 : 驅從으로 하사한 官奴婢)를 나누어 주었는데, 처음에는 그 수가 일정하지 않았다. 명종 20년(1190)에 이들 구사의 수가 일관성이나 공평성이 없다 하여 전면 재조정하였다. 그 재조정된 구사의 수를 보면, 어사대의 판대사(判臺事)에게 12명, 대부(大夫)에게 10명, 지대사(知臺事)에게 8명, 중승(中丞)에게 각 7명, 잡단(雜端), 시어사(侍御史) 및 전중시어사(殿中侍御史)에게 각 6명, 감찰어사에게 각 5명씩이었으므로 어사대 전체 품관에게 합계 117명을 주었다고 할 수 있다.

이상 어사대의 인원수를 모두 합하면 품관(品官) 19인, 이속(吏屬) 83인, 구사(丘史) 117명으로 모두 219명에 달한다.

2) 전왕의 유명을 따르지 말도록 건의

문종 즉위년(1046) 5월에 정종의 유명(遺命 : 遺言으로 명한 것)에 따라 왕이 궁인(宮人) 노씨(盧氏)에게 연창궁(延昌宮)을 주기로 결정하였다. 처음에 정종이 노씨의 자색이 뛰어나다는 소문을 듣고 불러들여 총애하였으며, 죽을 때 이러한 유언을 내렸기 때문이다.

어사대에서 이에 대하여 박주(駁奏 : 옳지 않다고 아룀)하기를 "노씨는 선왕께서도 예(禮)로서 데려오지 않았는데 정신 없는 상황[왕이 사경을 헤맬 때의 상황을 의미]에서 내린 명령이니 그대로 해서는 안 됩니다." 하였다. 그러나 왕은 어사대의 박주를 받아들이지 않고 당초 결정대로 시행케 하였다.

3) 무능한 일관을 탄핵

문종 원년(1047) 3월 을해일에 일식(日食)이 있었는데 이에 관한 사전 보고가 없었다.

어사대에서 아뢰기를 "전례에 일식이나 월식이 있으면 태사국(太史局 : 지금의 氣象廳과 같은 관서)에서 미리 위에 아뢰어 중외(中外)에 알도록 하게 하고, 동사(洞社 : 土地神에게 제사하던 곳)에서 북을 울리며, 왕은 흰 옷을 입고 정전(正殿)을 피하며, 백관은 흰 옷을 입고 각각 본국(本局)을 지키며 해를 향하여 두 손을 잡고 서서 해가 다시 밝아지기를 기다렸습니다. 지금 춘관정(春官正 : 종5품) 류팽(柳彭)과 태사승(太史丞) 류득조(柳得詔) 등이 천상(天象 : 하늘의 운행하는 모습)에 어두워 미리 아뢰지 못했으니 파직시키소서." 하였다.

이에 대하여 왕이 "용서하라." 하였으나, 어사대에서 재차 논박하였다.

"일·월식(日月食)은 음양(陰陽)의 상도(常度)로서 역산(曆算)이 틀림없으므로 알 수 있는 것임에도 그들은 그 관직에 적당한 사람이 아니어서 직책을 다하지 못한 것이오니 어찌 용서할 수 있겠습니까?"

왕이 이 논박을 받아들여 류팽 등을 파직하였다.

역사의 거울 그 후 숙종 6년(1101) 4월에 일식 시각을 잘못 예측한 일관(日官)을 의법조치(依法措置)하는 등 일기예보가 부정확한 경우 일관 등을 파직시킨 사례가 고려시대에는 여러 번 있는바, 오늘날에는 이런 책임을 물은 사례가 거의 없음은 음미할 만한 일이다.

4) 부적격자와 정원 초과 임명을 반박

문종 원년(1047) 8월에 어사대에서 아뢰기를 "얼마 전에에 이희로(李希老)와 홍덕위(洪德威)에게 감찰어사를 제수하였사온바, 이희로는 성품이 조급하여 중외(中外 : 안과 밖)의 벼슬을 지냈는데도 이렇다 할 만한 업적도 없었고, 홍덕위는 정종의 상복(喪服 : 國服)을 채 벗기도 전인 금년 등석(燈夕 : 관등절날의 저녁)에 위위주부(衛尉注簿) 서경의(徐馨宜)와 더불어 술자리를 베풀고 풍악을 울려 제 마음껏 즐김으로써 신하의 도리를 전혀 생각치 않았습니다. 따라서 그들은 풍헌(風憲)의 관직인 감찰어사에 마땅치 않으니, 청컨대 그 직에서 파직하소서." 하였다.

처음에는 왕이 이를 승인하지 않았는데, 어사대에서 바른 말로 재차

박절하게 아뢰니 왕이 이 제의를 좇아 그들을 파직하였다.

문종 11년(1057) 12월에 왕이 김현(金顯)을 상서좌복야 참지정사로, 한공서(韓功敍)를 상서우복야로 각각 임명하였다. 어사대에서 아뢰기를 "관제(官制)에 좌·우복야가 각각 한 명씩으로 되어 있고, 임종일(任宗一)이 이미 우복야로 임명되어 있음에도 한공서에게도 그 벼슬을 주는 것은 우복야 한 명을 증원하는 결과가 되어 옛 규정에 맞지 않사오니 한공서의 벼슬을 회수하시기 바랍니다." 하였다. 그러나 왕이 이 제의를 듣지 않았다.

> **역사의 거울** 그 후 문종 14년(1060) 4월에 김현을 수사공으로 임명하고, 이듬해(1061) 2월에 임종일을 상서좌복야 중추사(中樞使)로 삼았으므로 좌·우복야가 각 1명씩으로 되어 이 문제는 일단락되었다. 그러나 이 사건은 정원을 초과하여 임명하는 전례를 만들었다고 할 것이다.

5) 당시 정사에 대하여 논의 및 건의

· 문종은 원년(1047) 4월에 선정전(宣正殿)에 나가 재신(宰臣)과 어사대를 불러 그때 정사의 잘잘못을 의논하는 등 시사(時事)에 관하여 어사대의 의견을 많이 들었다.

· 문종 2년(1048) 2월에 왕이 교서를 내리기를 "지금 파종이 시작되었는데 비가 제때에 내리지 않으니 매우 걱정된다. 병술년에 대사령을 내리고 가난한 백성을 구제하라고 한 조항 중에서 응당 집행해야 할 것을 집행하지 못한 것이 있으면 빨리 해당 부서로 하여금 이를 집행하도록 하라." 하였다.

다음달(3월)에 어사대에서 아뢰기를 "전달하신 명령대로 집행하고 있사오나, 대운(大雲 : 전북 김제군 소재 大雲寺)과 대안(大安 : 경기 개풍군 소재 大安寺) 두 절간의 건축공사가 한창 벌어져서 청·장년과 목수들이 폐농을 할 지경입니다. 한 사람의 농부가 농사를 짓지 않아도 굶주리는 사람이 반드시 생기는 법인데 어찌 세 철(봄, 여름, 가을)의 농사시기를 놓치게 할 수 있겠습니까? 더욱이 대사령을 내리실 때에 '일체 토목공사는 3년간 정지하라.' 하셨으므로 백성들이 그 말씀을 감사히 여기고 기뻐하였는데, 결국은 그것이 실행되지 않게 되었습니다. 믿음은 나라의 큰 보배이며, 식언한다는 비방이 이로 인하여 일어날 염려가 있사오니, 두 절의 공사를 농한기로 미루게 하소서." 하니 왕이 이 제의를 좇았다.

· 다음달(4월)에 교서를 내리기를 "모든 관청에서 사시초(9시)에 출근하고 유시초(5시)에 퇴근하는 것이 이미 정해 놓은 법규이나, 사철의 해가 길고 짧은 것이 같지 않으니, 지금부터는 해가 길 때에는 진시초(7시)에 출근하고, 해가 짧을 때에는 사시초(9시)에 출근하라." 하였다.

· 문종 6년(1052) 11월에도 왕이 선정전(宣政殿)에 나아가니, 어사대에서 당면 정책의 옳고 그른 데 대해 의견을 개진하였다.

· 문종 7년(1053) 8월 하천 범람으로 나성(羅城 : 開京의 外城) 동남쪽이 허물어졌다. 왕이 상서공부(尚書工部)에 명령하기를 "나성 동남쪽 강안(江岸)을 높인 것은 개경 지세의 허술한 곳을 막기 위해서인데 제방이 허물어졌으므로 3~4천 명의 인부를 동원하여 이를 수축하라." 하였다.

며칠 후 어사대에서 아뢰기를 "저희들이 조사한 바에 의하면 강변 일대가 모두 전답이므로 농작물에 손해를 끼칠 우려가 있사오니 추수가 끝나는 것을 기다리게 하여 주시기 바랍니다."고 하니, 왕이 이 제의를 좇았다.

· 다음달(9월)에 어사대에서 아뢰기를 "궁성 밖에 있는 모든 기관의 시신(侍臣 : 왕을 시종하는 신하)들이 밤낮 들어와서 시종하고 있는 형편인데, 유숙할 곳이 없습니다. 중국 제도를 보건대 문필을 맡은 신하들은 사인원(舍人院)에 함께 모여 있게 되어 있사오니, 우리나라에서도 이제부터 교지(教旨)를 쓰는 관원들을 한림원(翰林院)에 유숙토록 하시기 바랍니다." 하니 왕이 이 제의를 옳게 여겼다.

6) 특명으로 변경의 적을 토벌

문종 10년(1056) 7월에 동번적이 자주 변방을 침범한다 하여 동로 병마이사(東路兵馬貳師) 시어사(侍御史) 김단(金旦)을 파견하여 이를 토벌하게 하였다. 김단이 군사들 앞에서 큰 소리로 외치기를 "적과의 싸움에서 일신을 돌보지 않고 나라를 위하여 목숨을 바치는 것은 응당한 일이다. 따라서 우리들이 살고 죽는 것은 바로 오늘에 달렸다." 하였다.

이에 삼군이 감격하고 흥분하여 용기백배한 기세로 적들의 집결처 20여 개 소에 돌진하니 적이 크게 무너졌다. 이 싸움에서 노획한 병기, 양과 마필 등이 이루 헤아릴 수 없는 등 큰 전과를 올렸다.

7) 변방 수비장수를 처벌

문종 18년(1064) 5월에 동여진의 괴수 마질개(麻叱盖) 등 백여 명이 바다를 건너 평해군(平海郡) 남포(南浦) 지방에 침입하여 민가를 태우고 남녀 9명을 납치하여 갔다.

이에 도병마사가 왕에게 아뢰기를 "적장 마질개 등이 평해군에 침입했을 때 변방을 수비하던 장수가 이를 추적·체포하지 못했사오니, 헌대의 관리들로 하여금 그를 단죄토록 하시기 바랍니다." 하였다. 왕이 그 제의를 좇았다.

역사의 거울 도병마사가 자기 수하에 있는 장수를 직접 처벌치 아니하고 대관(臺官)으로 하여금 조사·처벌케 한 점이 이채롭다. 과연 당시 도병마사는 처벌할 권한이 없었고, 헌대(憲臺)만이 처벌 권한이 있었던 것일까? 양쪽에서 모두 처벌이 가능하였을 것이나 도병마사가 왕의 재가를 받고자 헌대에 처벌을 의뢰하였을 것이라고 필자는 생각된다.

8) 탐오한 관리를 탄핵

문종 25년(1071) 4월에 헌사(憲司)에서 아뢰기를 "송나라 사람으로서 우리나라에 와서 예빈성(禮賓省) 주부(注簿)로 있는 주항(周沆)은 원래 글 재주로 등용되었던 자인데, 이제 탐장죄(貪贓罪)를 범했사오니, 그의 관직과 전지(田地)를 회수하고 자기 본국으로 돌려보내시기 바랍니다." 하니 왕이 이 제의를 좇았다.

역사의 거울 광종 때 쌍기를 기용한 이래로 조정에서는 중국의 학자들을 많이 기용하였는데, 만일 그들이 큰 잘못을 범한 경우에는 파직하고 재산을 몰수한 후 추방하였다.

9) 대관 등이 죄수들을 재심사

문종 14년(1060) 8월에 왕이 명령하기를 "여름부터 가을에 걸쳐서 장마가 그치지 않으니 아마도 억울한 죄수들이 있어서 기후가 순조롭지 못하게 된 듯하다. 어사중승 박충(朴忠), 좌부승선 강원광(姜源廣), 좌습유 최석신(崔錫神), 호위대장군 조옥(曹玉) 등으로 하여금 죄수들을 재심사하게 하라." 하였다. 명을 받은 어사중승 등은 다음달(9월)에 죄수들을 재심사하였다.

재심사 결과에 대하여는 기록이 없으나, 다음해(1061) 2월에 왕이 내린 교서를 보면 이를 짐작할 수 있다. 그 교서의 내용은 다음과 같다.

"형벌을 적당하게 처리하는 것은 정치의 가장 중요한 문제이다. 그것이 준엄하면 백성이 견디지 못하고 지나치게 너그러우면 백성이 태만해진다. 포악한 신하와 가혹한 아전은 어느 시대에나 있는 법이다. 나는 옛 교훈을 준수하고 형벌을 신중히 하고자 하나 혹시 포학한 신하나 가혹한 아전이 있어 형벌이 공정하지 못할까 염려스럽다. 지금부터 형조의 관원과 이속들을 엄격히 선택, 임용함으로써 억울한 죄수가 없도록 하라."

10) 씨족등록 없는 자와 천계(賤系)의 벼슬 진출을 허용

· 문종 5년(1051)에 식목도감사(式目都監使) 최충(崔冲) 등이 왕에게 진 언하기를 "과거에 급제한 이신석(李申錫)은 씨족(氏族)을 등록하는 절차 를 밟지 않았으니 관리로 등용할 수 없습니다." 하였는데, 문하시랑(門 下侍郎) 김원충(金元冲)과 판어사대사(判御史臺事) 김정준(金廷俊)이 반대 하기를 "그의 씨족등록이 안 된 것은 조부나 부의 과실이지 본인의 죄 는 아니며, 그는 다년간 노력한 공으로 급제의 영예를 지녔으니 자신 에게 허물이 없는 한 관직을 주는 것이 합당합니다." 하였다.

왕이 교시하기를 "최충 등의 의견이 사리에 부합하는 원칙이다. 그 러나 어진 사람을 등용하기 위하여는 전례에만 구애될 일이 아니다. 따라서 시중과 판어사대사의 의견대로 처리하라." 하였고, 이에 따라 이신석은 관리로 등용케 되었다.

· 문종 12년(1058) 5월에 왕이 교서를 내리기를 "공부상서(工部尙書) 유규(庾逵)의 아들 유중경(庾仲卿)의 벼슬을 강등시키되 음직(蔭職 : 보통 낮은 직위에서 출발)에 제수하라." 하니, 문하시중(門下侍中) 이자연(李子淵) 이 논박하기를 "유중경의 어미는 평장사(平章事) 이공(李龔)이 조카[兄의 딸]와 간통하여 낳은 소생이니 유중경을 조정의 반열(班列)에 둠은 마 땅치 않습니다." 하였다. 조정에서 이를 의논케 하였는바, 평장사(平章 事 : 전 어사대부) 김원정(金元鼎) 등이 말하기를 "이것은 이공의 허물일 뿐이고 유중경의 부자(父子)가 범한 것은 아니며, 또 유중경은 공신(功 臣) 유금필(庾黔弼)의 후손이니 벼슬길을 막음은 옳지 못합니다. 앞서 내린 명령대로 강등시켜 음직에 제수하기를 청합니다." 하였다. 왕은 김원정의 주장을 좇아 유중경에게 음직을 제수하였다.

11) 지방에 사신을 파견

문종 10년(1056) 9월에 왕이 명령을 내리기를 "모든 주목(州牧)에 사절을 파견하여 자사(刺史), 통판(通判), 현령(縣令), 위(尉) 및 장리(長史)들의 정치 성적, 부지런함과 태만함, 청백 여부와 백성의 빈부고락 등 실정을 샅샅이 조사하라." 하였다. 이에 대하여 담당 관아[어디였는지는 미상]에서는 사절을 파견할 경우 연로의 백성과 아전들이 그들을 맞고 전송하기에 수고가 많게 된다는 구실로 이를 중지하자는 의견을 제기하였다.

왕이 말하기를 "선대 임금들은 자주 사신을 파견하여 백성들의 괴로워하는 바를 조사하였기 때문에 모든 지방 관리들이 청렴한 정치에 노력하여 백성을 편안케 하였던 것이다. 그러나 근래에는 국가의 제도와 질서가 문란하고 기강이 해이해졌을 뿐만 아니라 이를 징계하거나 혁신할 대책이 없어서 관리들이 사리사욕에 몰두하여 권세 있는 토호들과 결탁하는 경향이 있다. 밭과 언덕에 뽕과 삼을 심으라고 권하는 일이 드물며, 혹 고기[魚], 소금, 좋은 재목이 나거나 축산이나 재물이 있으면 모두 빼앗기게 되고, 만일 주지 않으려 하면 다른 일로 트집을 잡아 매질하여 목숨을 잃게 되니, 억울하고 원통하여도 하소연할 곳이 없다(이하 생략)." 하였다.

그러고는 겸시어사(兼侍御史) 형부원외랑 이유적(李攸績)을 충주, 경주, 상주 등 3개 주(州)의 무문사(撫問使)로, 겸어사잡단(兼御史雜端) 병부랑중 김약진(金若珍)과 예부랑중 최상(崔尙)을 진주, 나주, 전주, 청주, 광주, 공주, 홍주 등 7개 주(州)의 무문사(撫問使)로, 겸감찰어사(兼監察御史) 시전중내급사(試殿中內給事) 안민보(安民甫)를 관서, 관북, 관내 등 세 지방의 무문사(撫問使)로, 감찰어사 민창수(閔昌壽)를 관내의 동부지방 무문사(撫問使)로 각각 임명하여 길을 나누어 지체없이 떠나게 하였다.

이들 무문사들이 많은 활약을 하였을 것으로 추측되나, 그 활동내용과 결과 등이 『고려사』 등에 기록되어 있지 않아서 알 수 없다.

문종 때 임명되었거나 활동한 대관의 명단은 다음과 같다.

<표 10> 문종조의 대관

判事	大夫	知事	中丞	雜端	侍御史	殿中侍御史	監察御史
金廷俊 王懋崇	金元鼎 王懋崇 金良贄 姜源廣	楊國楨 金良鑑 崔奭 林槩 宋德延	朴忠 文晃	金若珍 崔惟善 吳英覇 李日禎 崔思玄	金日 李攸績 蔣英 盧旦 楊稚春 愼脩 盧師象 金爲鉉 李資仁 高景	崔成節, 金義珍 尹祚明, 韓億 李德昇, 康安庶 許忠, 黃師覇 洪奭, 楊信麟	李希老 洪德威 安民甫 閔昌壽 趙倫簡 沈周贊 梁侯紹

2. 선종조(宣宗朝)의 어사대

문종의 세 아들은 모두 효성이 지극하였을 뿐만 아니라 생활이 검박하였다. 선종(宣宗 : 이름은 王燕, 1083~1094 재위)은 문종의 둘째아들인데, 순종(順宗 : 문종의 첫째아들)이 문종(文宗)의 상사(喪事)를 과도하게 슬퍼한 나머지 병이 되어 즉위 후 4개월 만에 죽으니, 그 뒤를 이어 왕위에 올랐다. 그는 어렸을 때부터 총명하고 슬기로웠고 효성이 있고 어른들을 공경했다. 성질이 공손하고 검박했으며 지식이 깊고 도량이 넓었다. 송나라에서 서적을 구해 오는 등 교역을 하였고, 국내ㆍ외가 두루 평안하게 정치를 하였다고 할 수 있다.

1) 왕의 총희가 지은 호화주택을 허물도록 건의

위계정(魏繼廷 : ?~1107)은 문종 때 과거에 급제한 후 벼슬이 여러 번 올라 좌보궐 지제고(左補闕知制誥)로 되었으며 선종 때 어사중승에 임명되었다. 그는 청백하고 검소하며 원만하고 정직했으며 특히 문장으로 유명하였다.

선종의 총희(寵姬 : 사랑하는 첩) 만춘(萬春)이 집을 웅장하고 화려하게 지었는데, 아무도 감히 말하는 사람이 없었다. 이때 어사중승 위계정이 왕에게 나아가 아뢰기를 "만춘은 주상을 기만하고 유혹하고 백성들에게 괴로운 부역을 부과하여 자기 집을 대규모로 신축하였으니, 그것을 허물어버리기 바랍니다." 하였는데 왕이 이를 듣지 않았다.

그러나 왕은 위계정의 인품과 강직함을 사랑하여 얼마 후 추밀승선(樞密承宣)에 임명하였다. 연등(燃燈) 행사 하던 날 밤에 왕이 연회를 베풀었는데, 자리가 한창 무르익자 왕이 위계정에게 춤을 추라고 권했다. 이때 그는 "광대[伶人]가 있는데 어찌하여 저에게 춤을 추하고 하십니까?" 하면서 이를 사양하니, 왕도 강요하지 못하였다고 한다.

그는 숙종 때 여러 관직을 거쳐 문하시랑평장사(門下侍郎平章事) 겸 태자소사로 승진되었는데, 양부(兩府)에 오르고도 결백한 지조는 변치 않았다. 예종 원년(1106)에 문하시중(門下侍中)으로 임명되자 나이도 많고 신병도 있다는 이유 등으로 퇴직을 간청하였다. 왕은 이를 허락치 않고 친필로 쓴 조서를 그에게 보내니, 그는 출근하여 일을 보았다.

그 해 12월에 어사대에서 왕에게 아뢰기를 "위계정은 병으로 누운 지 여러 해라 일을 볼 수 없어 자주 휴가를 청했는데, 주상께서는 이를 더욱 후하게 대우하여 200일의 휴가를 주었으나 휴가기일이 다한 후에도 수십 일을 천연하였으며, 그런 뒤에 성(省)에 들어옴은 대신(大臣)의 체통으로서 있을 수 없는 일이니 청컨대 그를 파직하시기 바랍니다." 하였는데, 왕이 이를 윤허하지 않았다.

위계정은 신병을 이유로 그 후 다시 3차에 걸쳐 사직 청원서를 제출하였는데, 왕이 그의 뜻을 어기기가 어려워 이를 윤허하는 한편, 며칠 후 차와 약을 은합에다 넣어 보내 위문하였다.

그는 퇴직한 후 이듬해(1107) 4월에 퇴직후의 녹(祿)에 대하여 2차에 걸쳐 표문을 올려 이를 사양하였다. 이때에 왕이 조서를 내리기를 “공(公)은 박학(博學)하며 문장(文章)은 종장(宗匠 : 經學에 밝고 글을 잘하는 사람)이 되고 제몸을 돌보지 않는 절개로 명신(名臣)이 되었는데 병으로 벼슬을 그만두는 것도 애석하거늘, 녹을 사양함은 짐이 어진이를 우대하고 늙은이를 공경하는 뜻에 맞지 않으니 삼사(三司)로 하여금 녹의 2분의 1을 지급토록 한다.” 하면서 이를 받도록 하였다.

역사의 거울 위계정이 왕에게 퇴직을 청원했을 때 왕이 예종 원년(1106)에 내린 조서는 다음과 같다.

위계정의 퇴직을 예종이 윤허치 않음(睿宗不允魏繼廷乞退詔)

운운. 그대는 탐오하고 간사한 무리들이   云云卿 貪邪所忌忠亮不回
  꺼리는 바로서 충직한 절조를 변한 때가 전혀 없다.
선왕께서 어진 이를 높여 일찍이 정승의   先考尙賢 早授洪鈞之任
  책임을 맡기셨고,
내가 왕위에 올라서도 덕이 있는 대신으로   寡人受命 以爲同德之臣
  여기고 있다.
봄부터 신병을 이유로 퇴직하기를 청하였다.   自春以來 稱疾求免
그칠 것으로 믿고 그 뜻을 아름답게 여기지만   雖嘉止足之義
의지하고 믿는 내 마음에는 부합하지 않는다.   未符倚注之心
나의 지극한 성심을 알아서 사양하거나   知予至誠 無或遜避
  회피하지 마라.
전에 간곡히 일렀으니 다시 무슨 말을 하겠나?   前已曲諭 夫復何言
(『東文選』 제23권 詔勅)

그가 죽으니 시호를 충렬(忠烈)이라고 하였고, 청렴하고 정직하게 시종 한결같이 지냈음을 높이 평가하여 예종의 묘에 배향(配享)하였다.

2) 탐오한 관리 등을 탄핵

선종 7년(1090) 6월에 어사대에서 아뢰기를 "영원 병마록사(寧遠兵馬錄事) 우여유(禹汝維)는 국경지대 백성을 괴롭게 하여 그들로부터 재물을 약취하고 뇌물을 받았으니 정위(廷尉 : 法官)에게 내려서 죄를 논하게 하여 처단하소서." 하니 왕이 이 제의를 따랐다.

3) 왕의 건강을 돌보도록 건의

선종이 정무에 시달리다 보니 건강이 악화되고 있었는데, 선종 11년(1094) 2월에 군사를 사열하려고 하였다. 이에 어사대에서 아뢰기를 "병(兵)은 오행(五行)에서 금(金)에 해당하며, 금은 목(木)을 이긴다는 것입니다. 지금은 바야흐로 봄날이라 목(木)이 성한 때이온데 이때 열병(閱兵)하는 것은 생기를 거스르는 것입니다." 하면서 열병을 만류하였다. 그러나 왕은 이 말을 듣지 않고 군사를 사열하였다. 그 후에 왕의 병환이 더욱 위중하여졌으며, 그 해(1094) 5월에 왕이 드디어 연영전(延英殿) 내침에서 서거하였다.

선종 때 임명되었거나 활동한 대관의 명단은 다음과 같다.

<표 11> 선종조의 대관

大 夫	知 事	中 丞	雜 端	侍御史	殿 中 侍御史	監 察 御 史
林檗 崔思諏	魏繼廷	高 景		李資仁 崔思說 王台紹		郭 尙 林 衍

3. 숙종조(肅宗朝)의 어사대

숙종(肅宗 : 이름은 王熙, 1095~1105 재위)은 문종의 셋째아들로서, 어려서 총명하더니 자라나서 부모에게 효도하고 어른을 공경하며 부지런하고 검소하였다. 또한 도량이 크고 기질이 굳세며 과단성이 있었고 『오경자사(五經子史)』 등 많은 서적을 읽었다. 선종의 뒤를 이어 왕위에 오른 조카 헌종(憲宗 : 1094~1095 재위)이 나이 어리고 신병이 있어 양위하였으므로 왕위에 올랐다. 숙종은 여진의 침입을 받고, 한재가 겹친 가운데 어려움이 많았으나 재위중 큰 실정(失政)은 없다고 할 것이다.

1) 왕이 식생활의 규찰을 지시

숙종 원년(1096) 정월에 임금이 교서를 내려 식생활의 규찰을 지시하였다.

"짐이 선왕의 검소하심을 본받고자 음식의 수를 줄이고 부당한 기욕을 억제하여 왔다. 듣건대 요즈음 서울과 지방의 풍속이 사치한 생활을 좋아함이 한도가 없어서 음식을 먹는 데도 가짓수가 너무 많다고 하니 미풍양속을 문란케 하는 이런 현상은 한심하기 그지없다. 이제부터 등급을 정하여 시행케 하고, 어사대에서는 이를 규찰하라."

2) 무능한 관리를 탄핵

· 숙종 6년(1101) 4월에 어사대에서 아뢰기를 "요나라의 고애사(告哀使)가 와서 자기 나라의 부고(訃告 ; ;道宗의 죽음을 알림)를 전한 뒤에, 조삼(皂衫)과 오모(烏帽) 등을 착용하고 연회에 참석하였습니다. 이것은 예(禮)를 벗어난 일이오니, 영접한 관리에게 죄를 주시기 바랍니다." 하였다.

왕이 말하기를 "그것은 요나라 사신의 잘못이고, 영접한 관리의 잘못이 아니다." 하면서 이 제의를 듣지 않았다.

 • 같은 달(4월)에 날씨가 매우 가물었는데, 사천대에서 일식시간을 사전에 알리지 않은 사건이 있었다. 이에 어사대에서 탄핵하기를 "사천복정(司天卜正) 류녹춘(柳綠春)이 일식 발생시간을 잘못 예측하여 아뢰었으니 법대로 논죄하시기 바랍니다." 하였다. 왕이 이 건의를 그대로 받아들여 재가하였다.

3) 과거 응시자격에 관하여 논란

숙종 7년(1102) 3월에 어사대에서 아뢰기를 "사문진사(四門進士) 이제로(李濟老)는 맹인(盲人 : 소경) 승려인 법종(法宗)의 아들이니 과거에 응시시킬 수 없습니다." 하였다. 왕이 이르기를 "공자(孔子)께서 중궁(仲弓)을 두고 말하기를 '검정소 새끼로서 털빛이 붉고 뿔모양도 좋을 경우, 비록 제물로 쓸 수 없다고 해서 산천의 신이 그 소를 버릴 것인가?' 하였다. 과거라는 것은 장차 어진 사람을 구하려는 것이니 이제로가 진실로 재주와 학식이 있다면 그 아버지 때문에 과거를 보지 못하게 할 수가 있겠느냐? 그를 과거에 응시하게 하라." 하였다.

4) 포적(捕敵)의 폐지를 건의

숙종 6년(1101) 9월에 어사대에서 아뢰기를 "경기(京畿)의 포적(捕敵 : 적을 체포하기 위하여 설치된 것이나 구체적인 내용은 미상) 군졸들이 민가를

함부로 노략질하여 그 설치에 따른 득보다 폐해가 심하오니, 청컨대
이를 혁파(革罷 : 廢止)하소서." 하였다. 왕이 옳다고 하면서 해산시켰다.

5) 반란자의 처벌 및 재산 몰수

• 이자의(李資義)는 중서령(中書令) 이자연(李子淵)의 손자로 선종 때
중추원사(中樞院使)가 되었다. 그는 왕위에 오른 헌종이 유약하다고 왕
을 몰아내고 원신궁주(元信宮主)가 낳은 한산후(漢山侯) 균(盷)을 세워 왕
으로 삼으려고 모의하다가 헌종 원년(1095) 7월에 발각되어 장사 고의
화(高義和) 등에게 피살되었다.

숙종 원년(1096) 3월에 어사대에서 아뢰기를 "간신 이자의 등이 사사
로이 미곡을 축적한 수량이 수만 석에 달하는데, 이것은 모두 백성을
착취하여 모은 것이니 관에서 몰수하기를 청합니다." 하였다. 왕이 이
를 좇았다.

• 숙종 8년(1103) 8월에 대장군 고문개(高文盖), 장홍점(張洪占), 이궁제
(李弓濟)와 장군 김자진(金子珍) 등이 몰래 반역을 음모하다가 발각되었
다. 왕이 어사대에 명하여 그들을 잡아다 남쪽 변방으로 귀양 보냈다.

6) 어사대가 재판에 관여

• 숙종 원년(1096) 4월에 중서성(中書省)에서 아뢰기를 "지금은 만물
을 가꾸어야 할 시기가 되었음에도 3월 이후로 기후가 잘못되어 물이
얼고 서리가 내리며 밤에 우박이 내렸습니다. 이는 옥에 갇힌 사람 중
에 반드시 죄 없는 사람이 있을 것이며 그 원한이 천지에 가득 차서
화기가 재앙으로 변한 듯합니다. 성상께서는 어사대와 상서형부(尙書刑
部)에게 명령하여 모든 옥사로서 미결상태에 있는 것을 신속하고 정당
하게 처결하여 억울함이 없게 하고, 고발한 것이 사실과 틀릴 때에는

무고한 자는 모두 반좌(反坐 : 誣告한 자에게 그가 빠뜨리려던 죄목으로 처결하는 것)하도록 하시어 하늘의 경계에 보답하소서. 그리하면 백성들이 서로 기뻐할 것이고 재앙이 복으로 변할 것입니다." 하였다. 왕이 이 건의를 채택하고 승인하였다.

· 숙종 8년(1103) 8월에 헌관(憲官 : 臺官)이 형서(刑書)를 평정(評定)하였다고 보고하였다. 이는 대관이 형사사건 판결의 잘잘못을 재검토하고 그 결과를 보고한 것을 의미한다.

7) 풍속사범의 처리

숙종 6년(1101) 정월에 주부(注簿) 이경택(李景澤)의 처 김씨가 남편의 계모를 죽이려고 음식에 독약을 넣어 여종으로 하여금 들어가게 하였다. 계모가 그것을 알고 어사대에 고발하였는데, 어사대에서 신문하여도 김씨가 자기 죄를 실토하지 아니하니, 왕에게 신문을 계속하기를 청하였다. 그러나 김씨가 선대 왕의 외척임을 알고 있던 왕이 이르기를 "범죄의 진상이 이미 밝혀졌으니 그냥 판결하겠다." 하면서, 사형에서 감면하여 안산현(安産縣)으로 귀양 보냈다. 한편 그녀의 남편 이경택은 신문 도중에 옥중에서 죽었다.

8) 비천한 가문 출신으로 어사대부에 오른 강증(康拯)

강증(康拯)은 서해 영강현(永康縣) 사람으로 가문이 비천했으나, 조부 강인우(康仁祐)가 국사(國事)에 목숨을 바쳤으므로 강증은 양온사(良醞史)에 임명되었다. 그는 별다른 기능이 없었으나 항상 조심하고 근면하였다. 10년간 양온사로 근무하다가 군기주부동정(軍器注簿同正)을 거쳐 영인진 판관(寧仁鎭判官)이 되었다. 이때 명도(溟都)를 진수하면서 부서부사(部署副使 : 부사서리)로서 여진과의 전투에서 여러 번 공을 세웠다.

강증은 숙종 초기에 감찰어사로 임명되고, 후에 동북면 병마판관(東北面兵馬判官)이 되어 다시금 여진과 우릉도(于菱島)에서 교전하여 적 48명을 죽이고 그 머리를 바쳐 비단 10필을 상금으로 받았고 전중시어사로 승진되었다. 그는 헌대에서도 성실히 복무하여 숙종 6년(1101) 12월에 고공랑중 겸 어사잡단으로 승진하였다. 예종이 즉위한 후 강증은 지어사대사로 승진·임명되었으며, 윤관이 여진을 정벌할 때 좌군 지병마사(知兵馬事)로 종군하여 공을 세웠다. 그 결과 그는 좌산기상시를 거쳐 어사대부에 임명되었다.

강증은 그 후에도 정성껏 정사에 임하여 형부(刑部) 및 호부(戶部)의 상서(尙書), 좌복야(左僕射) 등을 거쳐 벼슬이 참지정사에 이르렀다. 그는 예종 12년(1117)에 중서시랑평장사(中書侍郎平章事)로 치사(致仕 : 나이가 많아서 벼슬을 물러감)한 후 예종 15년(1120)에 향년 72세로 죽었고, 시호는 경양(景襄)이다.

9) 외교 및 기타 활동

·선종 즉위년(1083) 11월에 시어사 이자인(李資仁)을 요나라에 파견하여 순종(順宗)이 그해 7월에 즉위했다가 4개월 만에 서거한 사실을 통고하였다.

· 숙종 6년(1101) 9월에 남경을 개창하기 위하여 남경개창도감(南京開創都監)을 설치하고 왕이 문하시랑평장사 최사추(崔思諏), 어사대부 임의(任懿)와 지주사(知奏事) 윤관(尹瓘) 등에게 명하여 남경 기지(南京基地)를 돌아보게 하였다.

· 숙종 9년(1104) 8월에는 날씨가 계속 가물었으므로 시어사 최위(崔謂)를 시켜 차와 향 등을 가지고 삼각산 승가굴(僧伽窟)에 가서 왕을 대신하여 비[雨]를 내려주십사고 빌게 하였다. 며칠 후에는 왕이 남경에 도착하여 직접 기지를 돌아본 후 승가굴에 가서 재물을 올리고 의복을 시주하였다.

숙종 때 임명되었거나 활동한 대관의 명단은 다음과 같다.

<표 12> 숙종조의 대관

判事	大夫	知事	中丞	雜端	侍御史	殿中 侍御史	監察 御史
任懿	任懿 尹瓘 李瑋	金景庸 文冠	金景庸 高令臣	康拯	李瓈 盧忠謹 崔謂	康拯 王字之	邵台幹 康拯 金克儉

4. 예종조(睿宗朝)의 어사대

예종(睿宗 : 이름은 王俣, 1105~1123 재위)은 숙종의 맏아들로서, 왕위에 올라 밤낮으로 염려하고 힘썼으며 유학(儒學)을 숭상하고 치도(治道)를 강구하였으며, 학교를 일으켜 인재를 양성하고 노인을 공양하여 고아를 긍휼히 여겼다. 다만 국토를 확장하려는 데 뜻을 많이 두었으므로 오랑캐와 사이가 나빠져 변방에 일이 많이 발생하였다. 왕은 특히 문학을 좋아했으며, 놀기를 즐기는 데 있어서는 절도가 없어 임금으로서의 체통이 손상되었다고 사관(史官)들이 평하였다(『東史綱目』圖上).

1) 어사대의 임무를 추가 또는 조정

· 예종 원년(1106) 6월에 교서를 내리기를 "이달부터 큰 가뭄이 더욱 심함은 나의 덕 없는 소치로서, 정교(政敎)가 많이 어그러짐은 하늘이 혹 나를 꾸짖고 훈계함이니 양부 근신(近臣)과 대성(臺省), 간관(諫官), 제사(諸司), 지제고(知諸誥)로 하여금 각각 봉사(封事 : 상소문을 봉하여 제출)를 올려 시폐(時弊)를 직언하게 하라." 하였다.

· 같은 해(1106) 7월에 왕이 교서를 내리기를 "양부(兩府), 대간(臺諫) 등이 제출한 글을 보았다. 천수사(天壽寺) 건축의 옳고 그른 것을 나도 알고 있다. 그러나 선대 임금이 이 역사를 시작할 때에는 한 사람도 말하지 않다가 선대 임금이 돌아가신 후에 온갖 의논이 벌떼처럼 일어나고 저마다 그만두자고 제의한다. 이는 선대 임금의 유지를 그대로 준수하는 것이 옳지 않겠는가? 다만 올봄에 역사를 시킨 것은 나의 잘못이니 3년 뒤에 이 역사를 시킬 것이다……중략…… 문무관료로서 하는 일 없이 녹만 먹는 사람이 있어 가뭄과 충해가 자주 생긴다고 한 데 대하여는 어진이를 등용하고 어질지 못한 자를 물리치는 것이 정치상 중요한 일이다. 그러나 허다한 관직이 너무 복잡하여 내가 다 알 수 없으니 만일 어질고 좋은 인재로 낮은 지위에 있는 자가 있거든 재상이 이를 천거할 것이며, 간악하고 탐욕스러우면서 직위를 차지하고 있는 자가 있거든 대간(臺諫)으로 하여금 이를 내쫓게 하라." 하였다.

· 예종 16년(1121) 8월에 감옥일(監獄日)의 행동의식에 관하여 규정하여 시행케 하였다. 감옥일은 중한 죄수를 판결할 때 일정한 날짜에 왕이 임석한 자리에서 토의하는 날을 말하는데, 이 날에는 대성(臺省)의

직원과 내시(內侍)들은 동시에 자리를 잡고 앉되 일률적으로 관등에 따라 섞어 앉도록 규정하였다.

2) 왕에게 필요한 조치를 건의

· 예종 즉위년(1105) 11월에는 어사대에서 상주하기를 "형벌을 폐지하여 쓰지 않아도 되는 것은 제왕의 훌륭한 덕을 나타내는 것입니다. 지금 옥들이 모두 비었으니 '옥공(獄空 : 옥이 비었음)' 두 글자를 써서 법사(法司 : 刑曹를 의미)의 남쪽 거리에 걸어 조정에서 융성한 시대에 형벌을 폐지하는 미덕을 발휘하였다는 사실을 널리 알리시기 바랍니다." 하였다. 또한 재상들도 표문을 올려서 이 문제를 하례하였다.

역사의 거울 이때 옥이 비게 된 것은 대사(大赦 ; 大赦免)를 실시하여 죄수를 모두 석방한 후 얼마 되지 않았기 때문이었다. 그럼에도 어사대에서는 이를 널리 알리자고 건의하였고, 대신들도 이를 하례하였으니 식자(識者)들 가운데에는 지나쳤다고 비웃는 사람들도 있었다.

· 예종 원년(1106) 정월에 동여진의 공아(公牙) 등 10명이 내조하였다. 왕이 정전(正殿)에서 예를 갖추어 대접하려고 하였다. 잡단(雜端) 최위(崔緯) 등이 아뢰기를 "예로부터 야인(野人 : 오랑캐 나라의 사람)들이 왔을 때 정전에서 인견치 않았으니 청컨대 전례대로 편전(便殿)에서 대접하소서." 하니, 이를 따랐다.

· 예종 10년(1115) 11월에 팔관회(八關會)를 열었다. 이날 왕이 구정(毬庭)에서 돌아오다가 편전 앞에서 신하들과 시가(詩歌)를 서로 화답하였고, 광대를 시켜 노래하고 춤추게 하여 거의 삼경(三更 : 밤 12시경)에 이르렀다. 이때 왕에게 이를 간하는 신하가 없었는데, 어사대부 최지(崔贄)와 잡단 허재(許載) 등이 나아가서 간하는 말씀을 드리니 왕이 가상히 여기고 따랐다.

· 예종 12년(1117) 4월에 대간이 상소하여 계절과 농민들의 생업 등을 위하여 안화사(安和寺 : 경기 개성 소재) 건축공사를 중지하도록 청하니 왕이 그 제의를 좇았다. 그러나 가을이 지나 그 해 12월에는 안화사 공사를 재개하는 한편 왕이 직접 가서 그 역사에 종사하는 공인들에게 물품을 차등 있게 하사하면서 격려하였다. 그 결과 안화사는 다음해(1118) 5월에 중수(重修)가 완공되었으므로 왕이 친히 재(齋)를 5일간 지내고 낙성하였다. 또 편액을 송나라 황제에게 청하니, 불전의 편액은 어필로 '능인지전(能仁之殿)'이라고 쓰고, 문의 액자는 채경(蔡京)이 '정국안화지사(靖國安和之寺)'라 쓴 것을 각각 보내왔다.

3) 패전하였다고 윤관 등을 탄핵

동여진의 추장 오아속(烏雅束)이 숙종 9년(1104) 정월에 군대를 정주성(定州城) 앞으로 진출시키자, 고려는 문하시랑평장사 임간(林幹)을 판동북면병마사로 임명하여 쳐부수게 하였는데 패전하였다. 이에 추밀

[사진설명] 윤관의 영정.

원사 윤관(尹瓘 : 전 어사대부)을 동북면행영병마도통으로 임명하니, 윤관은 오연총(吳延寵), 임언(林彦) 등과 더불어 동여진을 쳐부수고 동북 변경에 9성(城)을 쌓아 여진족을 몰아냈다. 그러나 동여진은 그 후 수년간 계속 공격하면서 고려의 변경을 괴롭히는 한편, 요불(裵弗)과 사현(史顯)을 사절로 보내와 "만일 9개 성(城)을 돌려주어

백성의 생활을 안착시킨다면 자자손손에 이르기까지 정성을 바칠 것이고 감히 기와 한 조각도 변경에 던지지 않겠습니다." 하였다.

예종 4년(1109) 7월에 왕이 재상들과 대성 등에 9성(城)의 반환에 대한 가부의견을 물으니, 모두가 "가하다"고 아뢰었다. 이에 왕이 요불 등을 접견하고 9성(城)을 돌려주겠다고 하니 요불 등이 눈물을 흘리면서 사례하였다.

그 해(1109) 11월에 왕이 건덕전(乾德殿)에서 조회를 받았는데, 어사대부 최계방(崔繼芳)과 간의대부 이재(李載)·김연(金緣) 등이 반열에서 나와 윤관, 오연총, 임언 등의 패전한 죄를 다스리자고 하였는데, 왕이 허락하지 않았다. 며칠 후 재상 최홍사(崔弘嗣) 등이 대간과 함께 윤관 등에게 죄를 주자고 다시 청했으나 왕이 듣지 않았다. 이듬해(1110) 5월에는 조회시에 재상 최홍사와 김경용(金景庸)이 대간들과 함께 윤관 등의 패전한 죄를 다시 규탄했으나, 왕이 듣지 않고 대궐로 들어갔다. 그래서 해질 무렵까지 청했으나 왕이 듣지 않으니 재상과 대간들이 모두 집으로 돌아가 나오지 않았다. 온 성(省)이 비어 있기를 수십 일이 되니 왕이 최홍사 등에게 근신을 보내서 단단히 타일러 일을 보게 하였다.

> **역사의 거울** 윤관(尹瓘 : ?~1111) 등이 동여진을 몰아내고 두만강 부근에 9성(九城)을 쌓아 국경을 넓힌 것은 역사상 매우 중요한 쾌거였다. 다만 삶의 터전을 잃은 여진인들이 계속 쳐들어와 전쟁을 일으키면서 한편으로는 사정사정하였으므로 이를 되돌려준 것이 어찌 윤관 등의 허물이라 하겠는가? 대관(臺官 : 監査人)은 현실을 직시하고 냉정하게 잘잘못을 판단하여야 한다.

4) 금령(禁令) 위반을 지적하던 대관을 좌천

예종 때 어사대에서 건의하기를 "근래에 풍속이 날마다 사치로 흘러 공사의 연회에 쓰는 기명(器皿 : 器物)이 너무 화려하여 상하의 차등이 없어지고 있습니다. 앞으로는 종래의 제도에 의거하여 분에 넘치는 사치를 금하도록 하고, 만일 어기는 자가 있으면 높은 사람은 상부에 품의한 후에 처결하고 하부 관리가 규율을 범하면 먼저 구금하고 후에 보고하도록 제도화하소서." 하니 왕이 이를 비준하였다.

그런데 며칠 후 팔관회(八關會)에서 시행할 절차를 연습하였는데, 추밀원에서 배설한 연석 차림이 지나치게 사치스러웠다. 이에 대관이 그 일을 담당한 집사(執事)와 별가(別駕)를 붙잡아 가두었다. 이에 예부상서 동지추밀원사(禮部尙書同知樞密院事) 한안인(韓安仁)이 추밀원사(樞密院使) 왕자지(王字之)와 더불어 술 취한 김에 욕설을 하면서 그들을 석방하라고 요구하였고, 대관들은 이 말을 듣지 않았다.

그래서 한안인 등이 왕에게 고하기를 "저희들이 불초한 탓으로 하급 관리들에게 모욕을 당하였으니 저희들을 파면시켜 주소서." 하였다. 임금이 대신의 의견을 꺾기가 어려워 시어사(侍御史) 진숙(陳淑)과 노원숭(盧元崇)을 도관원외랑(都官員外郎)으로 좌천시키고, 한안인 등에게 근신(近臣)을 보내 좋게 타이르니 그들은 그제야 나와서 일을 보았다.

역사의 거울 한안인(韓安仁)은 단주(端州) 사람으로 호부시랑(戶部侍郎) 한규(韓圭)의 아들이다. 그는 과거에 급제한 후 예종이 태자로 있을 때 시학(侍學)으로 있었고, 예종이 즉위한 후에는 그에게 정사를 위임했고 은총이 두터웠다. 그래서 사대부 가운데 권세와 이익을 좇는 사람들은 그에게 붙으려 하였다. 그는 당시 권신인 이자겸(李資謙)을 비난하여 서로 사이가 좋지 않았는데, 그가 친지들과 자주 만나 늦게 헤어지는 것을 이유로 이자겸이 "붕당을 맺고 음모를 꾸민다."는 죄목을 붙여 한안인을 귀양 보내 죽였다.

5) 어사대부 등이 천재에 책임을 지고 사의 표명

예종 9년(1114) 3월 13일에 오연총(吳延寵)을 판리부사(判吏部事)로 임명하는 등 여러 사람을 승진·임명하였다. 이때 우산기상시(右散騎常侍)

임유문(林有文 : 1056~1125)을 어사대부(御史大夫)로, 김고(金沽)를 어사중
승(御史中丞)으로 각각 승진·임명하였다. 임유문(林有文)은 옥구(沃溝)
사람으로 평장사 임개(林槩)의 아들이다. 그는 책임감이 강하고 자신을
철저히 관리한 것으로 특히 유명하며, 과거에 급제한 후 여러 관직을
거쳐 이때에 어사대부에 임명된 것이다.

그 후 30여 일이 지난 4월 20일에 우박이 크게 내리고 문덕전(文德
殿) 동쪽 행랑채 기둥에 벼락이 쳤으며, 그 다음날에도 우박이 내렸다.
이에 어사대부 임유문 등은 이 재변을 자기들의 책임인 것 같다고 하
면서 왕에게 관직을 사퇴하겠다고 청원하였다. 이에 대하여 왕은 천변
(天變)을 어찌 그대들의 잘못으로 돌릴 수 있느냐 하면서 명령을 내려
계속 일을 보게 하였다.

> **역사의 거울** 고려시대에는 천재지변(天災地變)이 발생하면 왕뿐만 아니라 높
> 은 지위에 있는 관리들이 스스로 책임을 지려고 했음에 주목하여야 하겠다.
> "내 책임이오." 하였던 그들의 정신을 오늘날의 정치가와 관리(官吏)들이 본
> 받고 기릴 필요가 있다고 하겠다.
> 위 사례의 어사대부 임유문은 후에 벼슬이 문하시랑평장사(門下侍郞平章事)
> 에 이르렀고, 과거시험의 지공거(知貢擧)로서 30인을 뽑기도 하였다.

6) 어사대 아전 서염(徐琰) 등이 격분

예종 13년(1118) 3월에 내시급사(內侍給事)가 어사대의 아전을 구타하
였으나 어사대 관원이 조사하지 않은 사건이 있었다.

그 후 태자부(太子府)의 내시(內侍)가 국법을 위반하고 백릉(白綾)으로
만든 버선, 바지와 검은 비단으로 만든 나삼(羅衫)을 입고 검은 서대(犀帶)
를 띠었으므로 어사대의 아전이 그것을 벗기려다가 오히려 잡혀서 갇힌
사건이 발생하였다.

어사대의 서리 서염(徐琰) 등이 어사대 관원들에게 항의하기를 "우

리 지위는 낮으나 모두 법을 맡은 기관의 아전인데 궁정 하인들에게
모욕을 당했으니 어사대의 규율이 어떻게 되겠습니까? 이들을 엄격히
논죄하여 국법을 바로잡기 바랍니다." 했으나, 관원들이 어물어물하였
다. 이에 서염 등 아전 15명이 격분하여 물러나갔으나, 한 사람도 그들
을 만류할 수 있는 사람이 없었다. 그 결과 어사대 관원들이 3일간 사
무를 보지 않게 되었다.

7) 지방에 안무사(按撫使)를 파견

예종 2년(1107) 2월에 각 지방에 안무사(按撫使)를 파견하였다. 기거랑
(起居郞) 이여림(李汝霖)은 양광(楊廣), 충청주도(忠淸州道)에, 대부소경(大
府少卿) 최위(崔渭)는 전라주도(全羅州道)에, 시어사(侍御史) 지녹연(智祿延)
은 경상·진주도(慶尙晉州道)에 각각 나가서 백성의 질병과 고통을 위
문하고 수령들의 성적 우열을 조사하게 하였다. 그러나 이들이 조사·
보고한 내용에 대하여는 기록이 없어서 알 수 없다.

8) 외교활동 및 토산물 전달

예종 이래로 사신으로 또는 토산물 호송을 위해 대관을 중국에 파
견한 사례가 많았다.

　·예종 2년(1107) 6월에 고공낭중(考功郞中) 박경백(朴景伯)을 요나라에
보내어 천흥절(天興節)을, 형부원외랑(刑部員外郞) 박경중(朴敬中)은 신년
을 각각 축하하고, 이조영(李詔永)은 왕의 생일을 축하한 데 대하여 사
례케 하는 한편, 시어사 하언석(河彦碩)에게 토산물(土産物 : 방물)을 올리
게 하였다.

　예종 10년(1115) 10월에 왕이 시어사 윤언순(尹彦純)을 요나라에 보내
어 천흥절을 축하하였다.

· 인종 2년(1124) 7월 추밀원부사 이자덕(李資德)과 어사중승 김부철(金富轍)을 송나라에 보내 후의를 사례하고 토산품을 선사하였다.

인종 13년(1135) 윤2월에 금나라에서 검교우산기상시 왕정(王政)을 보내와 황제가 사망한 사실을 알려왔으므로, 소경 김단(金端)과 시어사 이시민(李時敏)을 금나라에 보내어 조상(弔喪)하였다.

예종 때 임명되었거나 활동한 대관의 명단은 다음과 같다

<표 13> 예종조의 대관

大　夫	知　事	中　丞	雜　端	侍御史	殿　中 侍御史	監　察 御　史
吳延寵, 崔繼芳 金商祐, 李資謙 康　拯, 李　載 林有文, 崔　贊 崔弘宰, 金　沽	康　拯 趙仲璋 安子恭 拓俊京 李　永	李資謙 李　壽 金　沽 洪　灌 金富轍	崔　緯 洪　灌 李舜諧 許　載	智祿延, 河彦碩 崔　濡, 李資誠 閔世倫, 尹彦純 崔弘略, 陳　淑 盧元崇, 尹鱗瞻	閔世倫 金淑平	申　顯 金富轍 李資諒 崔奇遇 許　載

5. 인종조의 어사대

인종(仁宗 : 이름은 王構楷, 1122~1146 재위)은 예종의 맏아들로서 어려서부터 재능이 있고 음률(音律)에 정통하였으며 서화(書畵)를 잘하고 글 읽기를 좋아하였다. 침석과 잠옷을 비단으로 꾸미지 않는 등 성격이 검박하였다. 하루 두 차례씩 정무를 처리했는데, 어떤 문제에 대한 보고가 지연되면 사람을 보내 재촉하였다. 은덕과 혜택으로 백성을 안착시키고 전쟁을 일으키거나 사단을 만들려고 하지 않았다. 그러나 불행히도 이자겸 등이 방자하여 궁중에 변을 일으키고, 묘청(妙淸)이 서경에서 반란을 일으키는 등 큰 재난을 겪었다.

1) 매부와 연좌되어 귀양중 목숨을 끊은 이영(李永)

이영은 안성군 사람으로 호장(戶長) 이중선(李仲宣)의 아들이다. 그는 숙종 때 과거 을과로 급제하여 직사관(直史官)으로 임명되었다. 후에 경산부(京山府)의 원으로 임명되었는데, 백성에게 청백했고 직무에 근면하였다. 이것이 알려져 벼슬이 여러 번 올라가 예부시랑(禮部侍郎) 우간의대부(右諫議大夫)로 되었다가 예종 17년(1122) 3월에 지어사대사(知御史臺事) 보문각학사(寶文閣學士)로 임명되었다.

같은 해(1122) 4월 인종이 즉위한 후 한안인(韓安仁) 등이 붕당(朋黨)을 맺고 음모를 꾸미고 있다고 권신인 이자겸에게 고하는 자가 있어 그 해 12월에 이자겸이 한안인 등을 잡아 귀양을 보내거나 사형에 처하였다. 이때 지어사대사(知御史臺事) 이영(李永)은 사형당한 한안인의 매부였으므로 이에 연좌되어 진도(珍島)로 귀양 갔고, 이영의 아들 이원장(李元長) 등 3인도 이에 연루되어 귀양 갔다.

이듬해(1123) 정월에 귀양지에서 어떤 사람이 이영에게 말하기를 "당신의 어머니와 아들이 적몰되어 관청의 노비가 되었다는 말을 들었습니다." 하였더니, 이영이 말하기를 "내 스스로 반성하여 보아도 아무런 잘못도 없으므로 죽음을 참으며 때를 기다리고 있었는데, 늙은 어머니가 나 때문에 천한 종으로 되었다면 내가 구차히 살아서 무엇하겠느냐?" 하면서, 술을 한 말이나 마시고 분이 복받쳐 죽으니, 사람들이 애석히 여겼다.

이자겸이 술사(術士)를 보내서 이영의 시신을 길가에 묻었는데, 마소도 밟지 않는가 하면 학질에 걸린 사람이 그 무덤에 기도를 드리면 병이 낫곤 하였다고 한다. 또한 이자겸이 죽은 뒤 이영의 아들이 이장하고자 무덤을 팠더니 시체가 조금도 상하지 않았다고 한다.

이영은 천성이 방직하여 권세층에 흔들림이 없었다는 평을 받았으며, 후에 왕이 그에게 첨서추밀원사(簽書樞密院使 : 정3품)를 추증하고 죄안(罪案 : 오늘날의 범죄기록부)에서 삭제했다.

2) 이자겸 등의 죄상을 기록유지

　인종 4년(1126) 2월에 내시 김찬(金粲) 등이 이자겸 일당을 제거하려다가 실패한 후 이자겸은 척준경과 더불어 전권을 휘두르며 악행을 많이 저질렀다. 그 해 5월에 이자겸과 척준경의 사이가 소원해진 틈을 타서 왕이 척준경에게 명하니 이자겸은 척준경에 의하여 잡혀 귀양갔다가, 12월에 적소(謫所 : 귀양간 곳)에서 죽었다. 이듬해(1127) 5월에는 왕이 명하여 척준경을 잡아 귀양 보냈다.

　같은 해(1127) 10월에는 왕이 해당 관리에게 명령하여 일찍이 이자겸과 척준경 등이 수탈하였던 토지와 노비를 조사하여 전부 주인에게 돌려주도록 하였다. 그 후 인종 8년(1130) 12월에는 왕이 3품 이상과 대성(臺省), 시신(侍臣)을 도성(都省)에 모아놓고 이자겸과 척준경의 당과 그 자손의 죄를 기록하여 간직하라고 지시하였다.

역사의 거울 이자겸(李資謙)은 중서령(中書令) 이자연(李子淵)의 손자로서 경원백(慶源伯) 이호(李顥)의 아들로 음관(蔭官 : 父祖의 공으로 벼슬에 나아감)으로 합문 지후(閤門祇候 : 합문의 정6품 벼슬)가 되었다. 예종 원년(1106) 3월에 이자겸은 시어사중승(試御史中丞)으로 임명되었고, 예종이 그의 둘쨋딸을 비(妃)로 삼은 후에 벼슬이 급속히 올라갔다. 이자겸은 예종 6년(1111) 3월에 어사대부(御史大夫)로, 같은 해(1111) 8월에 수사공병부상서 판삼사사로 임명되었다가 그 후 벼슬이 계속 올라 수태위(守太尉)로 승진되었 다. 예종이 죽었을 때 여러 아우가 왕위를 엿보는 가운데 이자겸이 태자(太子)를 받들어 즉위케 했는바, 그가 인종이다. 그 후 이자겸은 계속 벼슬이 올라 조선국공(朝鮮國公)으로 봉해졌다. 이렇게 이자겸의 권세가 날로 성해지니 자기에게 아부치 않는 사람은 백방으로 중상하였고 결국은 척준경에 의하여 죽음을 당했던 것이다.

3) 시국의 폐단을 논함

인종 때에 이자겸과 묘청 등 권신이 정권을 농락하는 경우가 많았으므로 그 기간중에는 대관들이 여러 번 상소하거나 직간을 서슴지 않았다.

·인종 8년(1130) 4월에 어사대의 지어사대사 이주연(李周衍), 중승 임원준(任元濬), 잡단 황보양(黃甫讓), 시어사 고당유(高唐愈: 高兆基) 및 전중시어사 문공원(文公元) 등이 상소하여 당시 시국의 폐단과 대책 등을 여러 가지 진술하였는데, 왕이 그 중에서 좋은 것은 두서너 사항뿐이었다.

이때에 진술한 폐단 등의 내용에 관하여는 기록이 없다. 다만 그 해(1130) 7월에 국자감의 학생들이 상소하기를 "국학에서 교육시키는 학생이 너무 많으니 우수한 학생을 몇 명만 추려서 재학시키고 나머지는 내보내라고 어사대에서 건의하였다는 말이 들리는데 이는 참으로 애석한 일입니다. 대개 학문을 숭상하고 인재를 양성하는 것은 나라를 다스리는 근본 정책이 되어야 합니다. 따라서 어사대의 건의를 물리치시기 바랍니다." 하였고 왕이 조서를 내려 이를 옳다고 하였으니, 이것이 포함되었던 것 같다(『고려사』 지제28).

또한 이때 건의한 내용 중 극히 일부만 받아들여졌으므로 다음해 인종 9년(1131) 정월에 어사잡단 정점(鄭漸) 등이 글월을 올려 시정(時政 : 당면 정책)의 옳고 그른 점에 대하여 다시 논술하였다. 다음달(2월)에 왕은 맏아들 이름을 창(昌)으로 명명하는 한편 정사당(政事堂) 동쪽 장전(帳殿)에 나가서 명명식을 본 후 그 자리에서 재추(宰樞)와 대간(臺諫)들을 위하여 연회를 베풀었다. 그러나 대간의 건의를 왕이 들어주지 않았으므로 같은 해(1131) 3월에 지어사대사 이주이, 우산기상시 정준후(鄭俊侯) 등과 함께 상소하여 당면정책 문제에 대하여 다시 논술하였다.

·인종 11년(1133) 11월에 시어사 문공유(文公裕) 등이 상소하기를 "묘청과 백수한(白壽翰)은 요망스런 사람임에도 근신(近臣) 김안(金安) 등

은 그의 심복이 되어 그를 가르켜 성인(聖人)이라 부르고, 주상께서도 의심치 않습니다. 그러나 정직한 사람들은 그들을 원수같이 미워하오니, 원컨대 그들을 배척하소서." 하였다. 그러나 왕으로부터 답이 없으니, 문공유 등은 일을 보지 않고 물러가 대죄(待罪)하였다. 왕은 다음달 대간을 모두 불러 복직케 하였으며, 얼마 후 문공유를 충주목 부사(忠州牧副使)로 좌천시켰다.

역사의 거울 대관들이 인종 9년 이전에 제기한 논술의 구체적인 내용과 그 중 왕이 끝까지 듣지 않은 문제가 무엇이었는지 기록된 바 없다. 그러나 왕은 묘청(妙淸)의 주장을 받아들여 서경(西京)에 궁전을 신축하고 있었고, 한발(旱魃)과 벼락 등 천변이 계속 이어졌으므로 인종 11년 문공유가 건의한 바와 같이 묘청일파의 축출이 포함되었을 것으로 보여진다. 그 후 왕의 마음은 묘청에게서 멀어졌고, 묘청은 인종 13년(1135) 정월에 드디어 서경에서 반란을 일으키기에 이르렀다.

4) 권신에 아부하는 것을 싫어한 고조기(高兆基)

고조기(高兆基 : 初名은 唐愈, ?~1157)는 탐라(耽羅 : 지금의 제주도) 사람으로 우복야(右僕射) 고유(高維)의 아들이다. 그는 성품이 강개하고 고금의 경서와 역사를 많이 읽었으며 특별히 오언시(五言詩)를 잘 지었다. 예종 초기에 과거에 급제하여 남주(南州)의 원으로 임명되었는데, 청백하게 복무하였음이 알려져 인종

[사진설명] 문경공(文敬公) 고조기(高兆基) 묘비.

때에 시어사(侍御史)에 임명되었다.

권신 이자겸이 홍경원(弘慶院)을 수리할 때 승정(僧正) 자부(資富)와 지수주사(知水州事) 봉우(奉佑)에게 그 일을 주관하게 하였는데, 그들은 여러 고을의 장정을 무단히 징발하여 폐해가 극심하였다. 그 후 이자겸이 죽은 후 자부는 섬으로 귀양갔으나, 봉우는 평소에 환관들과 결탁하여 지냈으므로 요행히 복직되었다. 이에 대하여 고조기가 부당하다고 상소하고 재삼 논박하였다.

그러나 왕이 고조기의 논박을 받아들이지 않는 한편 그를 공부원외랑(工部員外郎)으로 좌천시켰다가 후에 다시 대관으로 임명하였다.

한편 이자겸이 반란을 일으켰을 때에 조정의 관리들 가운데 위협에 굴복하여 그를 따름으로써 절조를 잃었고 연줄을 찾아 겨우 화를 면한 사람이 많았는데, 그들 중에는 후에 재상까지 오른 자도 있었다. 그래서 고조기가 그런 자들을 몰아내고자 상소하기를 "성상께서는 관대하셔서 그들의 잘못을 덮어주시려 해도 그들이야 무슨 면목으로 조정에 서서 성상을 우러러 보겠나이까?" 하였고 재삼 극력 간쟁하였다. 왕도 고조기의 건의가 옳다고 인정하였으나 차마 대신들을 모조리 내보내지는 못하였다.

얼마 안 가서 고조기를 예부 낭중(禮部郎中)으로 등용하였는데, 표면은 등용이나 사실은 대관의 자리를 뺏은 것이었다.

5) 출제 잘못과 수뢰 등을 지적

·인종 10년(1132) 4월에 평장사(平章事) 최자성(崔滋盛)을 지공거(知貢擧 : 과거시험의 考試官)로, 이부시랑(吏部侍郎) 임존(林存)을 동지공거(同知貢擧 : 副考試官)로 하여 과거시험을 치렀으며, 그 결과 최광원(崔光遠) 등 25명이 급제하였다. 이때의 시험문제는 "성인내이천하위가(成人耐以天下爲家 : 성인은 능히 천하로 집을 삼는다)"였는데, 다음달(5월)에 어사대부 임원준(任元濬) 등이 공원(貢院 : 과거시험을 맡은 기관)의 시험제목 중 '내(耐)'는 '능(能)'이었어야 한다고 글을 올려 금년 급제자의 명패를 회수하고 시험을 다시 치르게 하자고 청하였다.

그러나 왕이 대답하지 아니하였으므로, 어사대부 임원준 등은 이를 강력히 청하는 수단으로 집무를 보지 않고 집으로 물러가서 자기들의 죄(罪 : 왕이 듣지 않을 건의를 한 것)에 대한 처분을 기다렸으므로 7일간이나 어사대가 비었다.

한편 국학생(國學生) 정언백(井彦伯) 등 50여 명이 글을 올려 재시험 실시를 주장하였다. 이에 왕은 국자사업(國子司業) 이지저(李之氐)를 시켜 국학생들을 타이르는 한편, 어사대의 지탄 대상이 된 고시관과 부고시관인 최자성 및 임존을 파직하였다.

·인종 16년(1138) 7월에 어사대의 지어사대사 최관(崔灌), 잡단 박정유(朴挺蕤), 시어사 인의(印毅)·최술중(崔述中)·안숙(安淑) 등이 3일 동안 합문 밖에 엎드려 추밀사(樞密使 : 前 侍御史) 진숙(陳淑)을 탄핵하기를 "일찍이 서경을 토벌할 때에 남의 노비와 보대(寶帶)를 뇌물로 받은 바 있습니다." 하였다.

이에 대하여 왕이 답하지 않으므로 대관들은 모두 집으로 물러가

두문불출했다. 왕이 최관 등을 불러 일을 보도록 타일렀는데, 박정유
와 최술중은 끝까지 주장을 굽히지 않으며 나오지 않았고, 안숙은 결
국 면직되었다.

· 인종 19년(1141) 봄에 어사중승 최유청(崔惟淸) 등이 상소하여 당면
정치에 관하여 논술하였는데, 이에 대하여 왕이 답변도 하지 않았다.
다만 그 상소의 구체적인 내용은 기록이 없어 알 수 없다.

6) 몰인정할 정도로 청백하였던 양원준(梁元俊)

양원준(梁元俊 : ? ~1158)은 충주(忠州)의 아전 출신으로 성품이 청백
검소하였고, 한결같이 절조를 지켰다. 자기 집의 살림살이를 돌보지
않았으며, 공사간에 뇌물이나 사정이 통하지 않아 문전이 쓸쓸하였다.
그의 처가 시어머니를 잘 섬기지 못하였다 하여 내쫓으니 처와 아들이
울면서 애걸하였다.

그러나 그는 끝내 듣지 않고 아내를 친정으로 쫓아보냈는데, 사람들
은 인자하지 못한 몰인정한 행위라고 비난하였다.

그러나 이렇게 예의와 효도를 중히 여기고 인과응보를 철저히 신봉
했으므로 그는 인종 때 여러 번 벼슬이 올라 전중시어사로 임명되었
다. 그때 임금이 환관 정함(鄭諴)을 관직에 임명하려고 하니, 이는 불가
하다고 간관과 함께 논쟁하였는데, 왕이 여러 번 시도하였으되 끝까지
자기의 정당한 주장을 바꾸지 않았으므로 당시의 여론이 그를 소중히
여겼다.

그는 그 후 상주 부사(尙州副使)로 나갔는데 정사를 청렴하고 근실하
게 처리하여 백성들의 칭송을 받았다. 그는 의종 초년에 어사대부에
임명되었으며, 후에 벼슬이 문하시랑평장사(門下侍郞平章事)에까지 이르
렀다.

한편 그의 아들 양문영(梁文榮)도 자기 아버지를 닮아 청렴 정직하였

고, 벼슬은 어사중승에 이르렀다.

7) 지방에 사신을 파견

각 지방의 관리들의 잘잘못을 파악하기 위하여 각 지방에 사신을 파견하였는데, 주요한 기록은 다음과 같다.

다만 사신들의 활동내용 및 결과 등에 관한 구체적인 기록은 찾을 수 없다.

· 인종 5년(1127)에 왕이 사자를 여러 고을에 보내어 민생을 염찰하게 하였는데, 자사(刺史), 현령(縣令) 등의 어질고 어질지 못한 것도 살펴서 포폄(褒貶 : 상을 주거나 내쫓음)하게 하였다.

· 인종 21년(1143) 11월 8도에 사신을 파견하여 각 주현(州縣) 관리의 성적 우열을 감찰케 하였다.

8) 결함 없는 자만 대관에 임명

배경성(裴景誠)이 승선(承宣 : 왕명 출납을 담당)으로 있을 때 창녀를 아내로 삼자, 간관(諫官)이 왕께 고했다.

"배경성의 집안 행실이 이와 같으니 왕명출납의 직임을 계속 맡기는 것은 불가합니다."

그리하여 인종 21년(1143) 9월에 왕이 그를 지어사대사로 고쳐 임명하니, 간관들이 말하기를 "풍헌(風憲)의 직책을 맡기는 것은 더욱 부당합니다." 하였다. 왕은 그를 지리부사(知吏部事)로 임명하였다.

> **역사의 거울** 고려시대에는 이와 같이 가정에서의 사생활마저 곧지 않은 사실이 있을 경우에는 남을 규찰하는 대관(臺官)으로 임명될 수 없었다.

인종 때 임명되었거나 활동한 대관의 명단은 다음과 같다

<표 14> 인종조의 대관

判事	大夫	知事	中丞	雜端	侍御史	殿中 侍御史	監察 御史	分臺 御史
李仲	金富軾 任元濬 康侯顯 李之氐 崔梓 金繢 崔濡 李仁實	李永 李周衍 崔灌 裴景誠 李資元	金富轍 鄭應文 任元濬 崔惟清	任元皷 崔濡 李之彦 黃甫讓 鄭漸 朴挺蕤 任元厚 李仁實	林存 李仲 高兆基 文公裕 李時敏 金阜 李軾 印毅 崔述中 安淑 崔惟清 朴挺蕤	文公元 金阜 朴挺蕤 梁元俊	崔子英 林景軾 林景和 安至宗	林景軾

6. 의종조(毅宗朝)의 어사대

의종(毅宗 : 이름은 王徹, 1146~1170 재위)은 인종의 맏아들로서 불교를
숭봉하고 귀신을 만들어 재(齋)를 올리고 기도를 하는 데 막대한 비용
을 허비하는 한편, 간악하고 아첨하는 신하와 간사한 내시들을 사랑하
였다. 또한 놀러다니기를 좋아하여, 의종 19년(1165) 3월에는 호위하는
군졸 중 9명이 얼어죽기도 하였다. 그는 절도가 없었고 아첨에 귀를
기울이다가 무신난(武臣亂)으로 축출되었다.

1) 격구를 금할 것을 건의

· 의종은 격구(擊毬 : 毬場에서 말을 달리며 杖으로 공을 치는 운동, 일종의 武術)를 잘했는데, 수창궁(壽昌宮)의 북문을 열고 군소배들을 불러들여 멋대로 놀고 즐겼다. 이에 의종 원년(1147) 5월에 대간이 상소를 올려 격구를 금하도록 간하였다. 그러나 왕은 이에 대하여 답변을 하지 않으니, 대간들이 항의의 표시로 직무를 보지 않고 각자의 집으로 돌아갔다. 왕이 그제서야 구장(毬杖 : 격구에 사용하는 막대기) 각 6개와 말안장 2벌을 어사대에 주면서 이를 사용치 않을 뜻을 전하는 한편, 수창궁 북문을 막도록 지시하였다. 이에 어사대에서 그 문을 봉쇄하고 군소(群小 : 임금의 측근에 있는 미관들)의 출입을 금지하였다.

왕이 북원을 노닐며 측근들에게 말하기를 "내가 격구는 다시 해볼 수 없게 되었구나." 하고는 이윽고 공을 가져다 쳤는데 따를 자가 없었다고 한다.

· 얼마 후 정중부 등이 그 금령을 어기고 북문을 출입한 사실이 있었다. 같은 해(1147) 12월에 어사대에서 아뢰기를 "전일 지시를 받들어 수창궁 북문을 봉쇄했음에도 산원(散員) 사직재(史直哉)와 교위(校尉) 정중부(鄭仲夫) 등이 제마음대로 열고 출입하고 있으니 죄를 추궁케 하소서." 하였는데, 왕이 이 제의를 듣지 않고 어사대 관리들에게 이해하도록 타일렀다.

· 왕은 그 후 의종 5년(1151) 7월에 기사를 뜰로 불러 북을 치며 격구를 하였고, 대간들이 이를 극력 간쟁한 사실이 있는 등 여러 차례에 걸쳐 대간의 간쟁에도 불구하고 왕이 격구를 즐기곤 하였다.

가 없었다. 만일 의종이 어사대의 건의대로 정중부 등에게 벌을 주었다면 정중부가 후에 반란을 일으킬 수 없었을 것이다. 권세를 잡은 사람은 스스로뿐만 아니라 측근자들도 법을 어기지 않고 남의 모범을 보이도록 기강을 세워야 한다.

2) 국사 등을 논하며 간쟁

· 의종 원년(1147) 12월에 어사대의 지어사대사 문공유(文公裕)가 간관인 좌정언(左正言) 정지원(鄭知源) 등과 함께 3일 동안 합문에 엎드려 당면 정책에 대한 의견을 진술하며 간했다. 이듬해(1148) 윤8월에도 어사대 관원들이 합문 밖에서 3일 동안이나 정책에 관한 의견을 진술하며 간하였다. 그러나 이상의 간한 내용과 그 후의 처리에 관한 자세한 기록이 남아 있지 않다.

· 의종 3년(1149) 3월에 어사대의 잡단 신숙(申淑)이 시어사 송청(宋淸)과 함께 임금에게 어떤 사건[왕의 방탕한 사생활 문제]에 관하여 진언하였으나 듣지 아니하므로 두 사람은 3일 동안 침전 문앞에 엎드려 간하며 기다렸다. 그래도 왕으로부터 아무런 대답이 없으니 그들은 병을 칭탁하고 집으로 돌아갔다. 그 후 왕은 신숙을 간의대부에 임명하였는데, 이때에도 그는 간쟁을 서슴지 않았다.

역사의 거울 신숙(申淑 : ?~1160)은 고령군(高靈郡) 사람으로 여러 가지 서적을 널리 읽었으며, 인종 때 명경과에 급제했다. 그는 청렴하고 검박하며 충직하기로 이름이 났는데, 지문하성사(知門下省事)를 거쳐 수사공(守司空)에 임명된 후 벼슬을 버리고 고향에 돌아갔다. 그때 다음과 같은 시를 지었다.

밭을 갈면서 나날을 보내고	耕田消白日
약을 캐면서 청춘을 보냈으니	採藥過青春
산 있고 물 있는 이곳에는	有水有山處
영예도 없고 굴욕도 없는 몸일세	無榮無辱身

(『高麗史』 世家 毅宗條)

· 의종 때 대녕후(大寧侯 : 왕의 아우) 왕경(王暻)은 도량이 있어서 많은 사람의 신망을 얻었다. 내관 정함(鄭諴)이 대간을 모함하고자 비밀리에 산원(散員) 정수개(鄭壽開)를 유인하여 "대관과 간관 및 대리(臺吏) 이빈(李份) 등이 왕을 원망하면서 대녕후를 왕으로 삼으려고 꾀하고 있다."고 무고하도록 하였다.

왕이 그 말에 현혹되어 그들을 내쫓으려 하니 간관들이 관계자들을 심문케 할 것을 청하였는데, 과연 증거가 없는 말임이 밝혀졌다. 정수개는 얼굴에 자자(刺字 : 문신)하고 흑산도로 귀양 보내는 한편 이빈은 운제현(雲梯縣 : 전북 고산)으로 귀양 보냈다.

· 의종 5년(1151) 5월에 내시랑중(內侍郎中) 정서(鄭叙 : 공예대후 여동생의 남편)가 대녕후와 은밀히 사귀면서 밤에 모여서 잔치를 베풀고 놀았는데, 정함 등이 유언비어를 꾸며서 왕에게 아뢰었다. 왕이 의심하고 있는 중 어사대에서 대체(大體)에 관계된 일이라 하여 정서를 탄핵하는 한편 그와 비서정자(秘書正字 : 비서성의 종9품 벼슬) 양벽(梁碧)과 대녕부(大寧府) 전첨(典籤) 류우(柳遇) 등 5인을 가두었다. 그러나 왕이 정서 등 5인을 모두 풀어주는 한편 대녕부를 폐지하였다.

이에 대간이 합문에 엎드려서 그들 5인에게 벌을 주도록 다시 청하였고, 지어사대사 최윤의(崔允儀)는 직접 왕의 처소로 들어가 역설하였다. 왕은 이를 듣고 이에 연루된 대리(臺吏) 이빈은 소환하고, 정서 등은 곤장을 때려 동래로 귀양 보내고, 양벽 등은 회진, 청주 등지에 귀양 보냈다.

평장사(平章事) 최유청(崔惟淸 : 鄭諴의 매부)이 정서가 대녕후를 초대할 때 그릇을 빌려준 사실이 있는데, 이는 대신으로서 체면을 잃은 일이라고 대관들이 탄핵하였으므로 최유청을 남경유수사(南京留守使)로 강직하였다.

또한 잡단 이작승(李綽升)은 헌대에서 정서를 탄핵할 때 참여치 않았다는 사유로 남해현령(南海縣令)으로 좌천하였는데, 이작승도 정서의

매부였다. 얼마 후 지어사대사 최윤의를 어사대부 동지추밀원사로 승
진시켰다.

· 의종 5년(1151) 8월에 시어사 김양(金暘)이 간관과 함께 합문에 엎
드려 3일간 시사를 논하며 간하였으나 답하지 않았다. 이에 대간들은
이를 들어주도록 요청하는 한편 성재(省宰)들도 잘못 간한 것으로 왕이
생각하신다면 자신들에게 벌을 내려달라고 청하면서 정무를 보지 않
았다.

왕이 문공원(文公元), 유필(庾弼), 김영석(金永錫), 최자영(崔子英)과 간관
김자의(金子儀), 왕식(王軾), 박소(朴翛), 이원응(李元膺), 이양신(李陽伸), 윤
인첨(尹鱗瞻) 등과 대관 최윤의, 김양, 민각(閔慤), 한정(韓靖)을 불러 다
시 나와서 일을 보도록 타일렀으나, 모두가 왕의 지시에 순종치 않고
밤이 늦어서야 물러나왔다. 그 후 왕이 성재 관원들을 불러서 말하기
를 "대간들이 제기한 의견을 그대로 시행하였고 정함도 내쫓았다." 하
면서 달랬다.

· 의종 6년(1152) 4월에 왕이 조서를 내리기를 "한발이 극심하니 근
심스럽다. 앞으로 충직한 말을 광범하게 들어 잘 되도록 전력을 기울
이겠다." 하였다. 그제야 대간들이 제각기 글을 올려 당면정책의 잘잘
못에 대하여 진술하였는데, 그 건의내용은 기록이 남아 있지 않다.

· 대간들은 그 후에도 국사(國事)와 왕의 사생활 등에 관하여 여러
번 간했는데, 의종 7년(1153) 10월에 대관들이 합문 밖에서 의견을 논술
하였고, 23년(1169) 6월에는 왕이 벽금정(碧金亭)으로 가려 하니 어사대

관원들이 합문 밖에 와서 왕의 별궁(別宮) 행차가 너무 빈번하다는 것
과 찰방(察訪) 등이 법을 어기는 사실에 관하여 논술하였으나, 왕이 이
를 듣지 않았다.

3) 지휘 잘못 또는 불법행위 등을 탄핵

· 의종 즉위년(1146) 11월에 어사대에서 아뢰기를 "압강도부서(鴨江
都部署) 부사(副使) 윤수언(尹粹彦)이 병선 11척에 타고 있던 군졸 200명
과 함께 익사하였는데, 그것은 병마사(兵馬使)가 능숙하게 지휘하지 못
한 데 기인된 것이오니, 그를 처벌하시기 바랍니다." 하니, 왕이 이 제
의를 좇았다. 이때 처벌받은 병마사가 누구였는지는 기록이 없다.

· 의종 16년(1162) 3월에 어사대에서 탄핵하기를 "내시 김헌황(金獻
璜)이 환관 백선연(白善淵 : 본래 남경의 관노였는데 왕이 양자로 삼았음)에게
아첨하여 섬깁니다." 하여, 장적(帳籍 : 戶籍)에서 삭제하였다.

· 의종 23년(1169) 6월에 어사대에서 안찰(按察 : 후의 觀察使임)과 찰방
(察訪 : 찰방사)이 법을 어기는 사실을 보고했으나(보고내용은 미상임), 왕
이 이를 한 가지도 받아들이지 않았다.

4) 환관을 관리로 임명한 것을 봉박

이공승(李公升 : 1099~1183)은 청주(淸州) 사람으로 개국공신인 이희능
(李希能)의 자손이다. 어려서부터 총명하고 영리하여 글을 잘하였고, 인
종 때 과거에 급제하여 벼슬이 올라 의종 초년에 전중시어사에 임명되
었다. 그는 인종 2년(1148) 11월에 사신으로 금나라에 갔는데, 당시 금
나라에 가는 사람은 부하 군인들로부터 1인당 은 1근씩 받는 것이 상
례로 되어 있었음에도 그는 이를 한푼도 받지 않으니 사람들이 그의
청백함에 감복하였다.

왕이 하루는 달밤에 청녕재(淸寧齋)에서 놀다가 이공승을 지목하여

말하기를 "가을 달이 맑고 깨끗하여 한 점 티끌도 없는 것이 마치 이 공승의 가슴속과 같다."고 하였다.

의종 5년(1151) 윤4월에 환관 정함(왕의 乳母의 남편)이 권지합문지후(權知閤門祗候)로 임명되어 서각대(犀角帶)를 띠고 왕의 연회에 참석하였다. 어사잡단 이작승이 이에 분개하여 대리(臺吏 : 어사대의 서리) 이빈을 시켜 그 각대를 빼앗게 하였다. 정함이 왕의 하사품이라고 하면서 주지 않으려 하니, 이빈이 강제로 빼앗았다.

정함이 이를 왕에게 호소하자 왕이 대노하여 내시(內侍) 이성윤(李成允)에게 명하여 이빈을 잡아들이게 하였다. 이빈은 대문(臺門 : 어사대의 문)으로 뛰어들어갔으므로 다른 아전 민효정(閔孝旌)을 잡아 구타한 후 결박하여 궁성소(宮城所)에 가두었다. 이 사건을 계기로 대관들은 정함에 대한 임명을 거둘 것을 청하였고, 왕이 듣지 않으니 집무를 거부하면서 간쟁하였으며, 드디어는 왕이 정함의 합문지후 임명을 거두었다.

의종 11년(1157) 4월에 환관 정함을 권지합문지후에 복직시키고 고신(告身 : 任命狀)에 서명하도록 대간에게 지시하였다. 이 고신에 평장사(平章事) 최윤의, 우간의(右諫議) 최응청(崔應淸), 이원응(李元膺), 이공승은 부득이 서명하였으나, 급사중(給事中) 이지심(李知深), 사간(司諫) 최우보(崔祐甫), 최경의(崔景義)는 서명하지 않고 복합(伏閤 : 대궐문 앞에 엎디어)하여 간쟁하였으므로 세 사람을 왕이 좌천시켰다.

정함은 이때부터 조정의 반열에 참가할 수 있게 되어 권세와 세도가 날로 대단하여져서 의기양양하여 참소를 꾸며 조정의 신하들을 능멸하고 여염을 침범하여 이득을 취했다. 그리고 그가 거처하는 저택을 100여 칸으로 지었는데, 누각이 높이 치솟고 금벽단청(金碧丹靑)을 황홀하게 하여 궁궐에 견줄 지경이었다. 그 해(1157) 10월에 왕은 정함의 저택을 빼앗아 경명궁(慶明宮)으로 삼았는데, 그 지형이 개가 머리를 들고 주인에게 짖는 형국인지라 임금이 머무르기에 마땅치 않다고 태사(太史)가 간하였으나 왕이 따르지 않고 임어하였다. 왕은 의종 12년(1158)

7월에 정함의 관직을 파면하였다.

이공승은 그 후 지어사대사에 임명되었는데 같은 해(1158) 9월에 정함을 다시 권지합문지후로 임명하려는 것을 서명치 않으니, 왕이 이공승과 중승 송청윤(宋淸允), 시어사 오중정(吳中正) 등을 불러서 말하기를 "정함은 과인이 강보 속에 있을 때부터 과인을 위해 고생하고 보호하며 길러서 오늘에 이르렀다. 만약 서명하지 않는다면 신하로서 임금을 사랑하지 않는 것이니 다 죽여서 젓을 담가버리겠다." 하였다.

이에 송청윤 등은 부복하여 땀을 흘렸으나, 유독 이공승만은 뜻을 받들지 않았다. 왕이 꾸짖기를 "네가 전번 간관으로 있을 때에는 서명하고도 이번에는 거부하는 이유가 무엇이냐?" 하니, 이공승이 대답하기를 "제가 지난날의 잘못을 깨달은 까닭에 복종치 못하겠습니다." 하였다.

왕이 노하여 칙명으로 이공승을 견책하고, 집에 가 있게 하였다. 간의대부 김양 등이 상소하며 이를 간했으므로 잠시 후에 왕이 이공승에게 다시 나와서 일을 보도록 명령하는 한편 지주사(知奏事)로 승진시켰다.

역사의 거울 이에 대하여 안정복(安鼎福)이 평하기를 "신하된 자로서 일을 잘못하여 의롭지 못한 곳에 빠졌다가 돌이켜 깨닫고 길을 바꿀 수 있는 것은 군자가 아니고는 할 수 없는 일이다. 이공승이 처음에는 잘못하였다가 나중에는 뉘우쳤으니, 이는 매우 늠름하여 임금을 섬기는 법칙으로 삼을 만하다." 하였다(『동사강목』 제9 상).

한편 이공승은 그 후 벼슬이 올라 참지정사 판공부사(參知政事 判工部事)에 이르렀고 시호는 문정(文貞)이다.

5) 취임한 지 하루 만에 죽은 어사중승

앞에 소개한 바와 같이 시어사 오중정은 의종이 강권하니 이에 굴복하여 정함의 고신에 서명하였다. 그는 그 후 의종 16년(1162) 8월에 어사중승으로 임명되었다. 그는 서리(胥史) 출신으로 여러 차례 외직에 보임되었는데, 외롭고 궁한 자를 돌보지 않았으며 왕의 인척이나 근신(近臣)과 결탁하여 멋대로 상벌을 주곤 하였는데, 그는 언변과 용모가 좋아서 요직을 역임하였다.

당시 좌산기상시 최유칭(崔褎偁)이 성질이 괴팍하고 강하여 자기에게 붙지 않는 사람을 미워하였다. 오중정은 그에게도 아첨하여 은혜와 원수를 갚아주곤 하니 사람들이 그를 비루하게 여겼다. 그런데 이때 최유칭이 천거하여 그가 어사중승에 임명되었던 것이다. 그러나 오중정은 어사중승에 취임한 지 하루 만에 죽었으므로, 사람들이 기이하게 여겼다.

6) 대관 등이 잘못하였다고 처벌

· 의종 원년(1147) 11월에 형부(刑部)에서 아뢰기를 "감찰어사 이현부(李玄夫)가 운흥창(雲興倉)의 쌀 17석을 그의 의자(義子 : 삼은 아들)와 부상(富商 : 부유한 상인)에게 주었으니 국문하여 쌀을 창고에 반환케 하고, 그 직에서 파면하여 옥에 가두기 바랍니다." 하니, 왕이 그렇게 하라고 하였다.

· 의종 10년(1156) 9월에 내관이 금복(禁服 : 금해진 옷)을 입은 것을 발견하고 어사대에 소속된 아전이 이를 벗겼다. 그런데 왕은 비록 금령을 위반한 것이라 하더라도 왕이 사랑하는 측근을 괴롭힌 것이라는 생각에서 성이 나서 그 아전을 옥에 가두었다.

의종 때 임명되었거나 활동한 대관의 명단은 다음과 같다

<표 15> 의종조의 대관

判事	大夫	知事	中丞	雜端	侍御史	殿中 侍御史	監察 御史	分臺 御史
崔允儀	梁元俊 崔惟淸 文公元 崔允儀 王軾	文公裕 崔允儀 李之茂 曹晋若 李聘 李公升 李復基 崔允偓	高瑩夫 宋淸允 吳中正 林景和	崔襃佺 申淑 李綽升 李陽伸 金錫 金起莘 李應璋	宋淸 柳公材 金錫 閔愍 韓靖 崔均深 吳中正 高子思 金起莘 李應璋 尹鱗瞻 朴允恭	李公升 金敎中 朴允恭 林景和 王珪	李玄夫 崔東軾	林景軾

제3절 무신집권기의 감사

정중부(鄭仲夫) 등은 의종 24년(1170)에 난을 일으킨 후 대관을 포함한 문신들을 많이 죽였다. 이때부터 90년간은 무신들이 집권하면서 왕을 폐립하기를 마치 바둑판 바꾸어놓듯 마음대로 하였으며, 그 사이 강한 외적들이 쳐들어와 백성을 죽이기를 미물과 같이 하였던 시기라고 할 수 있다.

무신들은 중방(重房)을 만들어 정권을 농락했고, 무신을 대관으로 많이 임명했으며 헌대의 활동도 활발하지 못했다. 심지어는 천기가 불리하다 하여 어사대부가 거짓 표를 올려 사직하기도 하고, 시어사가 환관들에게 아첨하는가 하면 부적격자가 임명되어도 권력자의 눈치를 보다가 대관이 아무 말도 못 한 사례가 많았다.

명종 말년에 최충헌(崔忠獻)이 집권하면서 "대성(臺省)의 신하는 나랏일을 맡았으므로 거리낌없이 간해야 하는데, 관망만 하고 영합하려 드니 적임자를 가려줄 것"을 건의하였고, 자신이 대관으로 임명되었는데, 그때에도 헌대는 최충헌의 정권유지와 민심의 수습에 쓰여졌을 뿐 제 역할을 다하지 못하였다.

그 후 집권한 최우(崔瑀), 최항(崔沆), 김인준(金仁俊) 등이 판어사대사의 직위를 겸하였으나 최충헌 시절과 비슷한 실정이었고 몽고의 침략 등으로 헌대의 기능은 마비상태를 면치 못하였다.

1. 행정조직의 변천

서기 1170년 무신의 난이 일어난 후에도 중서문하성(中書門下省), 추밀원(樞密院 : 中樞院)과 상서성(尙書省) 등 공식적인 정부기구는 그대로 존치되었으나, 새로운 무신집정기구가 생김으로써 이들 공식기구는 무력화되었다.

정중부, 경대승(慶大升)과 이의민(李義旼) 등의 집권기에는 중방(重房 : 武臣의 합좌기관)을 설치하고 중방에 장군방(將軍房), 낭장방(郎將房), 산원방(散員房)과 교위방(校尉房)을 설치, 명령체계를 형성하여 가장 큰 권력을 행사하는 기관이 되었다.

그 후 최충헌의 집권기에는 교정도감(敎定都監)이 설치되어 관리의 비위감찰, 인사행정, 조세징수나 기타 서정을 담당했다. 그 책임자인 교정별감(敎定別監)은 형식상 왕이 임명했으나 실질적으로는 무인정치기구의 최고직으로서 자동적으로 이어졌다.

최우(崔瑀)는 무신정치기구 아래에서 문신을 등용하려는 의도로 정방(政房 : 문무백관의 인사행정을 담당하던 곳)과 서방(書房 : 문신들과 국정을 의논하던 곳)을 두었다.

한편 어사대는 변함없이 설치되어 있었는바, 규찰 등에 있어 중방 및 교정도감과 어사대의 구체적인 역할분담에 대하여는 기록이 명백하지 않다.

2. 명종조(明宗朝)의 어사대

명종(明宗 : 이름은 王晫, 1170~1197 재위)은 인종의 셋째아들로 성격이 어질고 효성스러웠으며 마음이 부드럽고 결단력이 없었다. 정중부가 왕으로 맞아들이니 난을 일으켰던 무신의 처단 등을 도모함이 없이 유홍과 안일에 사로잡혀 세월을 보냈다.

이런 기회를 이용하여 최충헌이 정권을 잡게 되자 왕은 자신과 자손들을 보전치 못하게 되었다. 이 시기에 대관들은 무신들의 전횡 앞에서 간간이 건의를 하거나 탄핵하기도 하였으나, 권신의 비위를 거슬리면 문책되곤 하였고 대부분의 대관들은 무사안일하게 활동하였다고 하겠다.

1) 고신(告身) 부당 서명자의 자손을 처벌

의종 12년(1158) 9월에 왕이 이공승(李公升)과 중승 송청윤(宋清允), 시어사 오중정(吳中正) 등을 불러 말하기를 "정함(鄭諴)은 내가 강보에 쌓여 있을 때부터 근신하고 나를 보육하였다. 이에 정함을 다시 권지합문지후(權知閤門祗候)로 임명하려는 것을 서명치 않으니 만일 끝내 서명치 않으면 너희들을 젓을 담가버리겠다." 하며 위협하니, 이공승만은 말을 듣지 않았으나 송청윤과 오중정은 "네, 네." 하였으며 그 밖의 대신들도 따르지 않을 수 없는 형편이었음은 앞에서 설명하였다.

무신의 난이 일어나고 명종이 왕위에 오른 후 명종 원년(1171) 9월에 좌간의(左諫議) 김신윤(金莘尹) 등이 상소하기를 "전조(前朝 : 의종 때)의 재상 최윤의(崔允儀), 간의 이원응(李元膺), 어사중승[행위당시 侍御史] 오중정 등은 환관 정함이 관리에 부당히 임명될 때 그 고신에 서명했으니 그들의 자손을 금고형에 처하시기 바랍니다." 하니, 왕이 이 제의를 좇았다.

좌간의 김신윤 등이 또 건의하기를 "승선(承宣)은 왕의 후설(喉舌 : 목구멍과 혀)이니 다만 유윤(兪允 : 왕의 결정)을 출납하면 됩니다. 지금 이준의(李俊儀)와 문극겸(文克謙)은 대성의 관직을 겸하여 중간에 있으면서 정권을 전단하고 있으니, 그들의 겸관을 해임하시기 바랍니다." 하였는데, 왕이 이 제의는 따르지 않았다.

이에 간관들이 복합(伏閤 : 대궐문 앞에 엎디어 있음)하여 간쟁하였는데, 이준의는 당시 실권자 이의방(李義方)의 형이었으므로 심히 노하여 순검군(巡檢軍)을 시켜 간관들을 능욕했다. 왕이 이 소식을 듣고는 오히려 이준의를 불러 위로하는 한편, 김신윤 등 간관들을 하옥하였다가 좌천시켰다.

역사의 거울 대간(臺諫)은 비록 왕의 지시라 하더라도 부당한 고신(告身)에는 서명하지 않고 거부하여야 하는 당시의 제도는 이해할 수 있다. 그러나 왕이 죽이겠다고 위협하여 대간들이 부득이 서명한 것임에도 그 책임을 자손에게까지 물은 것은 지나친 일임에 틀림이 없으며, 후세의 사람으로서는 이해하기 어려운 일이라 하겠다. 다만 무신집권 초기였으므로 이런 일이 가능하였으리라 사료되며, 이준의에게는 죄를 주지 않고 오히려 간관들을 하옥한 사실로 보아도 당시의 사정을 쉽게 짐작할 수 있다.

2) 무책임한 어사대부

명종 4년(1174) 12월에 이광정(李光挺)이 추밀원부사(樞密院副使) 겸 어사대부로 임명되었고 후에 문하시랑(門下侍郞)에 임명되었다. 한편 문장필(文章弼)은 명종 13년(1183) 12월에 동지추밀원사 겸 어사대부로 임명되었다.

두 사람은 천기에 이상이 있다는 말에 미혹되어 자신의 안위를 위하여 직위를 포기하기도 하였다. 명종 14년(1184) 8월에 술인(術人)이 말하기를 태백성(太白星)이 여러 번 상장(上將), 집법(執法)을 범하였으니 무관(武官)과 집법 중에 액운을 당할 것이다." 하였다. 문하시랑(전 御史大夫) 이광정과 어사대부 문장필은 이 재액을 받지 않고자 거짓으로 표를 올려 사직하였던 것이다.

같은 해(1184) 11월에 문장필은 다른 사람이 재액을 받았으니 되었다고 하면서 다시 어사대부 벼슬에 나아갔으나, 길을 인도하는 아전을 말 앞에 세우지 않고 말 뒤에 세우는 등 미신을 지나치게 따랐다는 비난이 있었다.

3) 당면 정치에 관하여 건의

· 명종 5년(1175) 4월에 왕이 조서를 내리기를 "짐이 박덕한 몸으로 그릇되이 왕위를 이었으므로 위엄은 가볍고 박덕하여 능히 아랫사람들을 다스리지 못하였다. 주리(州吏)가 침어(侵漁:侵奪)하고 권세가 잔해(殘害:사람에게 잔인하게 굴고 물건을 해침)하여 백성이 살 곳을 잃었으니 무릇 내외관(內外官)은 맑고 깨끗함을 높이고 절의를 지키며 공사(公事)를 받드는 자는 포상하되 그렇지 않은 자는 벌을 과하리라. 외관(外官)은 안찰(按察)이 탄핵하여 아뢰고, 경관(京官)과 안찰(按察)은 유사(有司:同僚의 非法을 규찰하는 監察)가 탄핵하여 아뢰어라. 상주고 벌주는 것은 군주의 권한인데, 요즈음 권신이 조정에 있으면서 위복(威福)이 사문(私門)으로부터 나오니 이런 풍습을 고치지 않으면 국가에 손상함이 있을 것이다. 경전에 '하늘이 백성으로부터 보고 듣는다.' 하였는바, 화기를 조성하여 하늘과 사람들의 도움을 얻으려 하노니 인심을 화합시키는 방법이 과연 어디 있는가? 나의 지혜만으로는 어떻게 할 도리가 없으니 성(省)과 대(臺:御史臺를 의미함)의 관리들은 각각 자기 의견을 숨김 없이 말하라." 하였다.

> **역사의 거울** 안정복(安鼎福)은 "명종은 매우 잔약하고 어두웠으나, 능히 휼민(恤民)의 조서를 내렸고 퇴폐한 기강을 진작시키려 하였다. 그러나 왕의 뜻에 응한 직언이 한마디도 없었으니 애석한 일이다."라고 말했다.(『東史綱目』제9 下).

· 명종 23년(1193) 4월에 조서를 내리기를 "근래에 형옥(刑獄)을 맡은 관원이 직책을 다하지 못하여 죄 없는 백성으로 하여금 오랫동안 옥에

있게 하고, 원통함과 억울함을 펴지 못하게 하여 천문(天文 : 하늘에 일어
나는 갖가지 현상)이 위차(位次 : 자리의 차례)를 잃어 절기가 고르지 못하
게 되니 헌대에서는 원통한 옥사를 살펴 억울한 사람 등을 풀어주어
라." 하였다.

· 명종 24년(1194) 4월에 어사대에서 아뢰기를 "근래에 시험을 주관
하는 자가 으레 양부(兩府)와 빈료(賓僚)들을 청하여 사치스럽게 연회를
일삼아 소비가 많으니 폐지하기 바랍니다." 하니, 왕이 그 말을 따랐
다.

4) 반란의 평정 등 조치

· 명종 4년(1174) 10월에 조위총(趙位寵)이 난을 일으키자 조정에서는
중서시랑평장사(中書侍郎平章事) 윤인첨(尹鱗瞻)을 보내 3군(三軍)을 거느
리고 조위총을 치게 하였다. 병마사 차중규(車仲圭)가 연주(延州 : 평북 寧
威)로 가다가 운반역(雲畔驛)에 이르니, 운주(雲州 : 평북 운산) 사람들이
죽였다. 이때 분대감찰어사 임탁재(林擢才)가 적진을 뚫고 연주에 이르
러 이 사실을 조정에 알렸으며, 조정에서는 선지별감장군 현이후(玄利
厚)로 임시병마사 일을 보게 하여 신속히 위기를 수습할 수 있었다.

· 명종 6년(1176) 정월에 공주(公州) 명학소(明鶴所)의 백성 망이(亡伊),
망소이(亡所伊) 등이 자기 당류를 규합하여 산행병마사(山行兵馬使)로 자
칭하고 공주를 공격하여 함몰시켰다. 당시는 조위총 등의 난으로 어수
선하던 때였으므로 먼저 지후(祗候) 채원부(債元富)와 낭장(郎將) 박강수
(朴剛壽) 등을 시켜 무마하게 하였으나 그들은 순종하지 않았다. 조정에
서는 그 해 2월에 장사(壯士) 3천 명을 모집하여 대장군 정황재(丁黃載)
와 장군 장박인(張博仁) 등을 시켜 그들을 치게 하였다. 다음달(3월)에
남적집착 병마사(南賊執捉兵馬使)가 보고하기를 "적과의 싸움에서 실패
하여 군사의 대부분을 상실하였사오니 중들을 모집하여 군사를 보태

시기 바랍니다." 하였다.

왕은 현성사(賢聖寺)에서 제를 올리고는 신하들로부터 당면 문제 등에 관한 의견을 청취하였다. 그 해(1176) 6월에 조정에서는 망이의 고향인 명학소를 충순현(忠順縣)으로 승격시키고 현령과 현위를 임명하여 그 고을을 무마시키도록 하였다. 그러고는 먼저 서경의 싸움에 총력을 집중한 결과 조위총을 붙잡아 죽이고, 그 잔당을 찾아 처벌하였다.

상황이 이렇게 발전하니 다음해(1177) 정월에 망이와 망소이 등이 항복하여 왔다. 그들에게 국고의 곡식을 주는 한편 감찰어사 김덕강(金德剛)을 시켜 그들을 고향으로 호송하게 하였다. 그러나 고향에 돌아간 망이와 망소이 등이 다음달(2월)에 다시 배반하여 가야사(伽倻寺)에 침입하여 노략질하였다. 다음달(3월)에는 망이 등이 홍경원(弘慶院)을 불태우고 중 10여 명을 죽이는 한편 주지승을 통하여 다음과 같은 편지를 보내왔다.

"이미 우리 고을을 현으로 승격시키고 수령을 두어 위안, 무마하고는 곧 군사를 보내 내 어머니와 아내를 잡아 가두었으니, 그 뜻이 어디에 있습니까? 차라리 칼날 아래 죽을지언정 항복한 포로가 되지 않겠습니다. 반드시 왕경(王京)에 이르고야 말겠습니다."

그들은 아주(牙州)를 함락시키고 청주(淸州)를 제외한 인근의 군현이 대부분 그들에게 함락되었다. 병마사 정세유(鄭世猷) 등이 회유와 설득을 계속한 결과 그 해(1177) 6월에 망이가 항복하기를 청했다. 다음달(7월)에 정세유가 망이와 망소이 등을 잡아 청주옥에 가두고 승첩을 보고하였다.

5) 근신(近臣)의 감원 등을 건의

· 명종 8년(1178) 3월에 어사대에서 아뢰기를 "내시(內侍)와 다방(茶房
: 궁중에서 약을 조제하던 관서)의 경우 정원이 초과되었으니 인원을 줄이

소서.” 하니 왕이 명령을 내려 내시 임정식(林正植) 등 12명과 다방 6명을 줄였다.

· 명종 18년(1188) 11월 어사대에서 근신(近臣 : 왕의 곁에서 모시는 신하)을 감원하여 그 인원을 각 관사(官司)에 보충하자고 청하니, 왕이 조서를 내리기를 “대신(大臣)들의 자제는 비록 부지런하고 근신하지 않더라도 경솔히 내보낼 수 없으며, 권세가 없는 자는 내보낼 수 있으나 모두가 법을 두려워하여 나랏일에 힘쓰고 있으니 이들을 제외하고는 다시 일을 시킬 사람이 없다.” 하면서 윤허치 않았다.

역사의 거울 어사대의 감원 건의에 대한 왕의 이 답변은 무신(武臣)이 전횡하던 당시의 왕권과 관리 임용실태를 극명하게 보여주고 있다.

6) 간상(奸商)을 검찰

· 명종 11년(1181) 7월에 재추(宰樞), 대간(臺諫) 및 중방(重房)의 관원들이 경시서(京時署)에 모여서 말[斗]과 곡(斛)들을 검사하고 간교한 상인들이 있는지를 검찰하였다. 이것은 당시 시장 상인들이 쌀말에 모래와 겨를 섞어서 팔기도 하였기 때문이다. 또한 시장의 물가를 정하고 말과 곡의 용량을 고르게 하고, 위반하는 자는 섬에 귀양 보내기로 하였다.

· 명종 23년(1193) 3월에 어사대에서 잡미(雜米 : 상인이 벼를 쌀에 섞어서 이를 잡미라고 불렀음)를 쓰는 것을 금하였다. 명종 11년에는 쌀에 모래나 겨를 섞어 팔지 못하게 하였는데, 그 후 쌀에 벼를 섞어서 파는 상인이 많이 나타났으므로 이와 같은 금령을 내렸던 것이다.

역사의 거울 모래를 섞어서 쌀의 부피와 무게를 늘리다가, 조정에서 이를 금하니 벼를 섞어서 판 사실을 볼 때 당시 상인들의 윤리와 사회기강이 어느 정도였는지 짐작할 수 있다. 이는 무신난 이후 집권한 사람들이 경제를 모르고 사회질서 유지에도 소홀하였던 결과라고 할 수 있겠다.

7) 집권자의 비위를 거슬려 파면

· 명종 5년(1175) 12월에 정중부(鄭仲夫)의 나이가 이미 70이 되었건
만 벼슬에서 떠나려고 하지 아니하니, 낭장 장충의(張忠義)가 그에게 아
부하여 말하기를 "재상에게 궤장을 하사하면 비록 70세가 되어도 퇴
직하지 않는 법입니다." 하였다. 정중부가 예관을 부추겨서 왕으로 하
여금 궤장을 하사하게 하니, 많은 관리들이 그에게 축하하였다.

그 후 명종 8년(1178)에 문하시중(門下侍中) 정중부가 퇴직하였는데,
그날 그의 집 종이 금복(禁服)인 자색(紫色) 나삼(羅杉)을 입고 있었다.
이에 대리(臺吏)가 소유(所由 : 사헌부 소속 하인)를 시켜 그것을 벗기게 하
였더니, 그 종이 소유를 구타하고 달아났다. 대리는 분하게 생각하고
길 가는 행인들에게 소리쳐 그 종을 체포하였다.

이튿날 어사대에서 어사중승 송저(宋詝)와 어사 진광인(晋光仁)이 그
종을 포박해 놓고 신문하였는데, 정중부가 노하여 군사를 데리고 어사
대에 가서 중승 송저 등을 죽이려 하였는데, 정중부의 아들 정균(鄭筠)
이 이를 말렸다. 정중부는 왕에게 말하여 그들을 처벌코자 하였으나
대장군 장박인(張搏仁) 등의 반란모의 등 옥사가 연이어서 정중부가 송
저 등을 치죄할 겨를이 없었다.

한편 왕은 정중부의 분이 풀리지 않았음을 염려하여 어사중승 송저의
관직을 파면하고, 어사 진광인을 공부원외랑(工部員外郞)으로 좌천하였다.

· 명종 22년(1192) 10월에 어사대부 왕도(王慆)가 수덕궁 곁에 저택을
지었다는 이유로 당시 집권자인 이의민(李義旼)이 탄핵하여 파직시키니
사람들이 실망하였다.

8) 무관들의 부당인사를 지적

· 명종 8년(1178) 6월에 어사대에서 병부(兵部)의 관리 임명 등이 정

당하지 못하였다고 탄핵했다. 이에 대해 판병부사(判兵部事) 민영모(閔
令謨)가 소장(疏章)을 올려 중서문하성(中書門下省)과 중방(重房)의 사례를
열거하며 도로 반박, 탄핵하였다. 어사대에서는 지적에 잘못이 있다면
대관 전원이 벌을 받겠다고 하면서 집으로 돌아갔는데, 왕이 양측 사
람들을 간곡히 타일러서 모두 나와 일을 보게 했다.

역사의 거울 당시는 최충헌과 그 추종세력인 무신들이 전권을 행사하던 시
기였으므로 그들의 관리임명에 많은 문제가 있었다. 그러나 집권층의 비리
를 지적할 경우 신상에 해를 입을 가능성이 큼에도 어사대에서 병부의 관
리 임용을 지적한 것은 용기 있는 일이었다. 다만 왕권이 미약하였던 시기
였으므로 왕도 이를 시정시키지 못한 것이다.

· 명종 때 어사대부 정국검(鄭國儉)이 당시의 관리임명 등 업무처리
가 난잡한 것을 나쁘게 보고 남반(南班 : 武官)에서 채용한 무자격자 10
여 명을 파면시키니 조정의 규율이 약간 바로잡혔다고 기록되어 있다.

역사의 거울 정국검(鄭國儉 : ?~1203)은 명종 때 내시(內侍)에 속하여 예부 소
경에 임명되었다. 그의 주택이 수정봉 아래에 있었는데 봉우리로 올라가는
길이 외지고 호젓하였으며 높고 험하였다. 5~6명의 악당들이 모여 지나가
는 부녀자들을 희롱하거나 겁탈하곤 하였는데, 하루는 악당들이 옷을 잘 차
려입은 어떤 부인의 가는 길을 막고 강탈하니 따라가던 몸종들은 모두 달
아났다. 정국검은 이 광경을 차마 볼 수 없어서 사위인 내시 이유성(李維城)
으로 하여금 사환군을 데리고 가서 악당 3명을 잡아 대리옥(大理獄)에 가두
게 하였다. 그 악당들은 대장군 이부(李富)의 생질과 권세 있는 무관집 자제
들이었다. 그래서 청탁이 많이 들어왔는데, 형부 원외랑(刑部員外郞) 조문식
(趙聞識)이 청탁을 모두 물리치고 그들을 국문하고 곤장을 쳐서 죽이니, 통
쾌한 처단이었다고 하는 여론이 있었다.
  정국검은 그 후 벼슬이 여러 번 올라 이부상서(吏部尙書)를 거쳐 어사대부
로 임명되었던 것이며, 후에 벼슬이 참지정사(參知政事)에 올랐다.

9) 기강이 해이해진 어사대

・지어사대사 대장군 박제검(朴齊儉)의 아들 박보광은 어린 나이에
권무(權務) 벼슬에 임명되었다. 그는 경박하고 교만한 성격인지라 기세
등등하였다. 명종 11년(1181) 10월에 박보광이 길에서 이소응(李紹膺)의
아내를 만났는데 그녀의 몸종이 생강을 가진 것을 보고 요구했으나 주
지 않으므로 구타하였다. 이에 이소응의 처가 대노하여 자기 집 종들
에게 칼과 몽둥이를 들려 박제검의 집에 가서 악을 쓰면서 모두를 죽
이려 하였으므로 집안 사람들이 모두 숨었다. 이소응의 사위는 당시
권신 경대승(慶大升)의 동생이었으므로 중방(重房)에 고소하였는데, 중
방에서 아뢰기를 "박보광이 길가에서 재상 부인을 모욕한 것은 대단
히 무례한 일이니 의법 단죄해야 합니다." 하였다.

그러나 박보광은 도망가 나타나지 않았고, 그의 아비인 지어사대사
박제검이 연좌되어 파면당하였다. 박제검은 중방 관원들의 집집마다
찾아다니면서 불쌍히 여겨줄 것을 애걸하였고, 장군들은 그를 가엾게
여겨 복직을 요청한 결과, 왕도 그의 복직을 허락했다.

・명종 때 무관들이 모여 동반(東班 : 文臣)의 권무관(權務官) 자리를
빼앗아 자기들의 벼슬자리로 하자고 논의하였는데, 중방과 대성에서
도 그들의 입을 두려워하여 아무 말도 못 했다. 이때 무관 출신인 홍
중방(洪仲方)이 홀로 말하기를 "나라에서 직무를 분장한 이래로 경(卿)
과 감(監) 이외에는 무신이 문관을 겸직하는 일이 없었는데, 경인년 이
후로 우리 무신들은 대성에도 들어가게 되고 조반(朝班)에 늘어서게 되

었다. 이제 서반(西班 : 武官)의 산직(散職)이 지방관에 임명되는 것은 부당하다.”고 하니, 논의가 중지되었다.

· 명종 14년(1184) 12월에 정방우(鄭邦祐)를 지어사대사로 삼았다. 정방우는 전리(電吏) 출신으로 명종 때 여러 번 승진하여 대장군 지어사대사로 임명된 것이다. 그는 천한 출신이었음에도 대관에 임명된 것이므로 사람들이 비웃었다.

정방우는 그 후 서북면 병마사(西北面兵馬使)로 임명되니 중방에서 아뢰기를 “옛날에 진숙(陳淑)이 그 도의 병마사로 부임했을 때 정방우가 전리로 따라갔었으므로 북부지방 아전이나 백성 가운데 그의 얼굴을 알고 있는 사람이 있을 것입니다. 그런데 정방우가 그 도(道)를 진수하면 인심이 복종치 않을 것이니 보내지 마소서.” 하니 왕이 이를 받아들였다.

그러나 얼마 후 다시 병마사에 임명하였는데 이때에는 대간이 아무 말을 하지 않았다. 다만 정방우는 이러한 자신의 약점을 인식하고 청렴 공명하게 법을 집행하였으며 위엄과 은혜를 잘 조화시켰으므로 지방 사람들이 그에게 감복하였다.

· 명종 15년(1185) 6월에 시어사 두 사람이 환관 최동수(崔東秀)와 함께 광진사(廣眞寺)에 모여 유두음(流頭飮 : 6월15일에 東流水에 머리를 감아 좋지 못한 일을 제거하고는 술마시는 풍속) 놀이를 하였다. 사신(史臣 : 역사를 기록하는 사람)이 말하기를 “대각(臺閣) 사람으로 환관과 연회함은 부끄러운 일이다.”라고 하였다.

· 명종 15년(1185) 12월에 이준창(李俊昌)을 태복경(太僕卿)으로 삼았다. 이준창은 예종의 궁인(宮人)의 딸로서 전례에 궁인이 천한 종이면 그 자손은 7품의 벼슬까지(만일 과거에 급제한 경우는 5품까지)만 오를 수 있었는데, 이준창이 3품의 직임에 임명된 것이다. 그러나 대간들이 두려워하여 몸을 움츠리고 있을 뿐, 감히 말하는 자가 없었다.

· 명종 8년(1178) 9월에 명인전에서 참지정사(參知政事) 송유인(宋有仁)

이 행향(行香 : 法會에 나온 중들에게 향을 나누어 줌)하며 장경도량(藏經道場)을 7일 동안 베풀었는데, 지후(祗侯) 최영유(崔永濡)가 찬인(贊引 : 案內者)으로서 늦게 도착하니 대감어사(臺監御史)가 탄핵하고자 하였다. 이에 지후 최영유가 시어사 안유발(安劉勃)에게 청탁하기를 "내가 이미 참정(參政 : 참지정사)의 양해를 얻었으니 그대는 왕에게 아뢰지 마라." 하였다. 안유발이 대답하기를 "참정의 의향은 알 수 없으나 일은 왕에게 아뢰어야 할 일이다." 하면서 거절하였다.

> **참고** 안유발(安劉勃)은 강직한 사람으로서 그 후 이부 낭중(吏部郎中)에 임명되었다. 당시 임관된 자들은 은(銀) 몇 근씩을 뇌물로 바치는 관습이 있었는데, 안유발은 이에 초연하였으므로 사람들이 그의 청백에 탄복하였다고 한다.

10) 주인을 살해한 노비 등을 체포

명종 18년(1188) 5월에 평장사 김영관(金永寬)의 사노(私奴)였던 평량(平亮)이 소감(少監) 왕원지(王元之) 일가를 멸살시켰다.

사노 평량은 농사에 주력하여 부유하게 되자 고관에게 뇌물을 주어 천인 신분을 면하고 산원(散員) 동정(同正) 벼슬까지 얻었다.

그의 처가 왕원지의 집 여종이었는데, 왕원지의 가세가 빈한하여 가족을 데리고 여종의 집에 가서 의탁하고 있었다. 평량은 후한 대우로 왕원지를 위로한 후 서울로 돌아가라고 권유하였고, 돌아가는 도중에 평량이 인무(仁茂), 인비(仁庀) 등 처남들과 기다리고 있다가 왕씨 부처와 아이들을 살해했다.

평량은 상전이 없어졌으니 영원히 양민이 될 수 있다고 속으로 기뻐하는 한편, 자기 아들 김예규(金禮圭)에게는 대정(隊正) 벼슬을 얻어주고 팔관보(八關寶) 판관(判官) 박유진(朴柔進)의 딸과 결혼시켰고, 처남 인무는 명경 학유(明經學諭) 박우석(朴禹錫)의 딸과 결혼시켰다.

내막을 아는 사람들은 모두 통분히 여겼는데, 어사대에서 그들을 체포하여 문초한 다음 평량을 귀양 보내고, 박유진과 박우석의 벼슬을 파면시켰다. 이와 같이 사건 전모가 드러나자 인무, 인비와 김예규 등은 모두 도망쳐 숨어버렸다.

11) 어사를 각 지방에 찰방사(察訪使)로 파견

· 명종 8년(1178) 정월에 각 도에 찰방사(察訪使)를 파견하였다. 감찰어사 최돈례(崔敦禮)는 연해명주도(沿海溟州道)에, 시어사 송단(宋端)은 경상주도(慶尙州道)에, 공부 낭중 최선(崔詵)은 흥화도(興化道)에, 형부원외랑 최효저(崔孝著)는 운중도(雲中道)에, 합문지후 임유겸(林惟謙) 등 7명은 기타 각 주도에 찰방사로 파견하여, 각각 인민들의 고통을 위로해 주고 관리들에게 상벌을 실시했으며, 지방에 사절로 파견되었던 자들까지 지난 10년간 성적 우열을 평정하도록 하였다.

찰방사들이 탄핵한 사람이 800여 명에 달했는데, 장리(贓吏 : 贓罪를 범한 관리)는 파직시키고 정사(政事)가 '최(最)'인 자는 벼슬을 올려주었다. 이때 운중도찰방 최효저(崔孝著)는 성적평정이 정밀하지 못하였다 하여 파면되었고, 전라도찰방 송군수(宋群秀)는 승진과 파면에 사(私)를 부렸으나 권력 있는 집안의 자제라 하여 의논하는 사람이 없었다.

그 해(1178) 3월에 죄수들을 재심사하여 각 도 찰방사들이 체포압송한 탐관오리 35명의 죄를 용서하기로 하였다. 이에 대하여 전중시어사 진광인(晉光仁)이 그 재심사를 정당하게 처리하지 못하였다고 어사대에서 탄핵하였는데, 왕이 그를 용서하였다. 그러나 그 재심사 등이 잘못된 것이라는 논의가 계속 일어나니, 그 해(1178) 6월에 그 탐관오리들의 관직을 모두 파면하는 한편, 성적이 우수하다고 보고된 관리들의 직품을 올려주었다.

• 오광척(吳光陟)은 견룡대정(牽龍隊正)에 임명된 후 무관보다는 선비들과 교유하기를 좋아하였는데, 의종 말년에 별장(別將)을 거쳐 견룡행수(牽龍行首)가 되었다. 그는 이의방(李義方)과 본래 안면이 있어 명종 때 천우위장군(千牛衛將軍)을 거쳐 금오위장군 이부시랑(金五衛將軍 吏部侍郎)으로 임명되었다.

그 후 명종이 오광척에게 3품직을 제수하려고 하니 제가 "연소한데 벌써 4품관이 되었고, 또 이부(吏部)까지 겸임하고 있으니 이만하면 족합니다."라고 사양하였다고 한다. 이렇게 분수를 알고 공사간에 엄격한 활동을 하던 그는 양주·충주도 찰방사(楊州·忠州道察訪使)에 임명되어 나갔다.

그때 손석(孫碩)의 부친이 수주(水州)의 원으로 있었는데, 탐오가 심하고 착취가 끝이 없었으므로 백성들이 고통을 받고 있었다. 손석이 자기 죄에 겁이 나서 오광척을 찾아보고 애걸하였으나 오광척이 용서치 않고 기어이 탄핵하여 파면시켰다. 그때부터 손석은 오광척에게 원한을 품었다.

손석의 족제(族弟 : 친척 중 有服親 이외로 아우뻘 되는 남자)인 경대승이 정중부를 처단한 후 왕이 경대승에게 승선(承宣)을 맡아줄 것을 요청하니 경대승은 무관이라는 이유로 사양했다. 이에 왕이 "이부시랑 오광척을 승선에 임명하는 것이 어떻겠는가?" 하고 물었는데, 손석과의 관계를 알고 있던 경대승이 그것을 반대했을 뿐만 아니라, 사람을 보내 오광척과 여러 장군들을 잡아 죽였다. 이는 손석이 원한을 풀고자 경대승을 꾀어 오광척을 죽이게 한 것이다.

12) 최충헌 형제가 시국문제를 건의

명종 26년(1196) 4월에 이의민(李義旼)의 아들로 장군인 이지영(李至榮)이 최충수(崔忠粹)의 집 비둘기를 빼앗은 사건이 있었다. 이에 화가 난

최충헌 및 최충수 형제가 이의민 일당을 죽인 후 왕에게 역적 이의민
이 왕위를 노리고 있어서 나라를 위하여 죽였다고 보고하였다. 다음달
(5월)에 최충헌 형제는 밀봉한 건의문[封事]을 올렸는데, 그 주요내용은
다음과 같다.

① 송악의 명당(明堂)에 지은 신궁(新宮)으로 이사할 것.

② 인원초과 임명으로 봉록이 부족하게 되니 옛 관제에 따라 관원
   을 감원할 것.

③ 관원들이 빼앗은 토지는 모두 본 주인에게 돌려주도록 할 것.

④ 조(租)와 부(賦)를 과다징수하니 유능한 인사를 지방 관직에 임용
   할 것.

⑤ 5도(道) 안찰사(按察使)의 가렴주구가 심하니 검열만을 직분으로
   할 것.

⑥ 중들이 궁중에 드나들지 못하게 하고, 곡식으로 이식을 늘리지
   못하게 할 것.

⑦ 지방 관리들의 유능, 무능을 살피게 하여 발탁 또는 경계할 것.

⑧ 백관이 사치를 금하게 하고 검소를 숭상케 할 것.

⑨ 음양관(陰陽官)으로 사찰을 검토시켜 비보사찰(裨補寺刹 : 太祖가 道
   詵의 건의로 地理의 결점을 보충하고자 지은 절) 외의 절은 없애버릴
   것.

⑩ 성(省), 대(臺)의 관원은 나랏일에 관하여 맡은 까닭에 거리낌없이
   간하여야 하는데 모든 신하가 관망만 하고 영합하려 드니 적합
   한 인재를 선택 등용할 것.

왕이 이를 가납(嘉納 : 권하는 말을 기꺼이 들음)하는 한편 다음달(6월)에
최충헌을 좌승선에 임명하였다가, 곧 지어사대사로 임명하였다.

역사의 거울 최충헌(崔忠獻 : 1149~1219)은 우봉(牛峯) 사람으로, 상장군 최원호(崔元浩)의 아들이다. 명종 4년(1174)에 원수 기탁성(奇卓成)이 조위총(趙位寵)을 칠 때 그는 별초도령(別抄都令)으로 임명되었고, 공로를 세워 몇 차례 승진을 거듭하여 섭장군(攝將軍)이 되었다.

이의민(李義旼)을 죽이고 집권을 한 후 명종 27년(1197)에 그는 왕을 폐위하고 왕의 동복 동생인 평량공(平凉公) 왕민(王旼)을 즉위케 했으니, 그가 신종(神宗)이다. 왕은 그에게 정국공신(靖國功臣) 칭호와 삼한대광 태중대부 상장군(三韓大匡太中大夫上將軍)의 관직을 주었다.

신종 원년(1198)에 최충헌의 집 종 만적(萬積)이 북산(北山)으로 나무 하러 가서 공사(公私)의 노비들을 모아놓고 모의하기를 "우리나라에는 경인년 이래로 고관대작이 천민 중에서 많이 나왔다. 대장이나 정승이 본래 종자가 있는가! 시기만 만나면 될 수 있다. 우리도 어찌 채찍 아래서 뼈빠지게 천역만 하겠느냐!" 하니 모든 종들이 찬성하였다. 그 후 봉기하기로 약속한 기일에 모인 숫자가 수백 명에 불과하여 다시 모이기로 하고 헤어졌는데, 이 사실을 율학박사 한충유(韓忠愈)의 종 순정(順貞)이 고발하여 만적 등 1백여 명을 잡아서 죽였다.

신종 2년(1199) 12월에 최충헌은 삼중대광 수태위 상주국(三重大匡守太尉上柱國)으로, 2년 후(1201)에는 추밀원사 이병부상서 어사대부(樞密院事吏兵部尚書御史大夫)로 임명되었다. 이때부터 그는 정권을 잡고 친근한 사람의 부탁이나 뇌물을 받아서 벼슬을 마음대로 주었다. 그의 권세가 임금을 압도하고 위엄이 일국을 흔들게 되었으며, 자기 뜻을 거스르는 자는 제거했으므로 모두 입을 다물고 말하지 않았다. 시호는 경성(景成)이다.

명종 때 임명되었거나 활동한 대관의 명단은 다음과 같다.

<표 16> 명종조의 대관

大夫	知事	中丞	雜端	侍御史	殿中 侍御史	監察 御史	分臺 御史
李光挺 文章弼 林民庇 王　度 李仁成 鄭國儉	奇卓成 杜景升 朴齊儉 鄭邦祐	文克謙 宋詝 申寶至 崔赫尹 梁文榮 李應璋	崔赫尹	崔汝諧 宋端 安劉勃	晋光仁	智仁挺 金德剛 崔敦禮 申光漢 崔陟卿	林擢才

3. 신종조(神宗朝)의 어사대

신종(神宗 : 이름은 王旼, 1197~1204 재위)은 인종의 다섯째아들로 명종의 동복 동생이다. 최충헌 형제가 명종을 폐한 후 세운 임금으로서 이 시기에는 사람들을 살리고 죽이는 것과 임명하고 파직시키는 것이 모두 최충헌에 의해 좌우되었다. 왕권이 미약하고 권신들이 독단하는 그늘에서 대관들의 기강은 해이했었고, 비록 탄핵 등 활동을 했어도 권신들의 지시에 의한 것으로 오해를 받았는가 하면, 시중에는 해괴한 와언(訛言)이 돌아 어사대에서 이를 없애고자 힘썼다.

1) 정부창고의 쌀을 횡령

신종 4년(1201) 7월에 도재고(都齋庫 : 고려시대 祭物을 보관하던 창고)의 어사(御史)인 낭장(郎將) 노언숙(盧彦叔)이 권력 있는 고관의 부탁이라는 구실로 서리(胥吏 : 창고를 지키는 관원)와 더불어 창고에 있는 쌀 여러 섬을 도둑질하여 꺼내갔다. 창고를 지키고 있던 장교의 보고로 이 문제가 어사대에 회부되었다. 조사 결과 사실로 밝혀졌으므로, 그들이 훔쳐낸 쌀은 모두 거두어들이고 노언숙과 창고 서리 등 관계책임자 20여 명을 섬으로 귀양 보냈다.

2) 서자의 벼슬을 제한하도록 조치

참정(參政) 차약송(車若松)이 기생첩을 두어 두 아들을 낳았는데, 맏아들은 국학(國學)에 들어가고 둘째아들은 유품(流品)의 직에 임명되었다. 신종 6년(1203) 7월에 어사대에서 이를 적발하여 그들 두 아들을 영관(伶官 : 음악과 광대를 맡는 벼슬)에 소속시켜 벼슬이 7품까지만 올라갈 수 있도록 제한하고 학적을 삭제하게 하였다.

3) 어사잡단 금극의(琴克儀)의 행동에 대한 평가

금극의(후에 琴儀로 개명)는 봉화현(奉化縣) 사람으로 명종 14년(1184)에
과거에 장원급제하였다. 신종 때에 상서우승(尙書右丞), 어사잡단(御史雜
端), 우간의대부(右諫議大夫), 태자찬선대부(太子贊善大夫)를 역임하였고,
그 후 계속 벼슬이 올라 고종 때에 문하시랑평장사(門下侍郎平章事),
판리부사(判吏部事)에 이르렀다. 그는 일찍이 두 학사[二學士]와 세 대
부[三大夫]의 관직을 겸했으므로 사람들이 영예롭게 여겼다.

한편 신종 5년(1202) 11월에 최충헌이 대궐로 나가니 어사와 대관이
여경문(麗景門)에서 영접하였다. 집에 돌아올 때에 어사잡단 금극의가

[사진설명] 경상북도 봉화군 상운면에 있는 금극의(태보영렬공) 의제단(儀祭壇).

최충헌의 말 앞에 서서 말하였다. 그래서 많은 사람들이 금극의의 아첨을 비난하였고, 그 밖에도 금극의가 권세를 믿고 자못 교만을 부렸다고 기록하는 등 금극의의 처세에 잘못이 있었다고 『고려사(高麗史)』와 『고려사절요(高麗史節要)』의 여러 곳에 기록되어 있다.

그러나 이는 사관(史官)들이 잘못 기록한 것이고 실제로는 금극의가 매우 훌륭한 사람이었다고 기술된 곳도 있으므로 그 내용을 소개하면 다음과 같다.

"본전(本傳)에는 '금의가 최충헌을 아첨으로 섬겼다.' 하였고, 또 '그의 문생 황보관(黃甫瓘)이 시를 지어 금의의 휴관(休官)을 풍자하니 금의가 최충헌에게 보고하여 황보관을 섬에 유배하였다.'라고 기재되었다. 최충헌전에는 '최충헌이 왕을 배알하는데 잡단 금의가 말 앞에 서서 말하므로 사람들은 그 아첨함을 놀려대었다.' 하고 또, '고종이 최충헌의 처를 택주(宅主)로 봉하고 최충헌이 별제(別第)로 옮겨 들어가니 따르는 조사(朝士)가 많았고, 이때 재상 금의와 정방보(鄭邦輔)도 따랐는데 사람들은 이를 비루하게 여겼다.' 하였다. 역사를 기록한 사람[史家]들은 또한 금의가 재물을 탐하였다고 기록한 곳도 있다.

그러나 지금 진화(陳澕)의 『필기(筆記)』, 최자(崔滋)의 『보한집(補閑集)』과 김인경(金仁鏡)의 『곡의시(哭儀詩)』를 보니 매우 의심이 간다. 또한 사가가, '금의는 성품이 강직하여 남과 말할 때 면전에서 꾸짖어 숨기는 일이 없었다.'고 기술한 곳도 있는 것을 볼 때, 금의가 이런 성품 때문에 남의 원한을 산 데서 기인한 것 같다.

필기(筆記)에는 '금영렬(琴英烈 : 琴儀)이 일찍이 최충헌의 집에 가지 않고 다만 조정에서 참배하여 인사를 치를 뿐이었다. 이로 말미암아 최충헌이 좋아하지 않았고, 또 최충헌의 여러 아들과 틈이 생겨 끝내는 그의 맏아들이 교동(喬桐)의 화를 입게 되었다.' 하였으니, 여기에 의하면 어찌 아첨하여 섬긴 사람이겠는가? 말 앞에 서서 말했다는 것은, 금의는 벼슬이 낮고 최충헌의 지위는 백관의 으뜸이었으니, 그럴 수 있는 일일 것이다.

『보한집(補閑集)』에는, '금영렬이 퇴직할 때 그 문생들이 헌수(獻壽)하였는데, 황보관이 그에게 드린 연구(聯句)에서 동년선후위형제(同年先後爲兄弟 : 동년의 선후로서 형제가 되었다)라고 했다.' 하였으니, 이것에 의하면 황보관이 섬으로 유배된 것이 최충헌의 소행이지 금의가 참소한 것이라고 할 수 없다.

김인경의 시에는 '신후청풍천고경(身後淸風千古鏡 : 죽은 후 맑은 바람 영원한 귀감일세)'이라 하였으니, 이를 상고할 때 금의가 과연 재물을 탐하였다고 일컬을 수 있겠는가? 이 세 사람은 모두 당시의 명사였다. 어찌 이들이 아첨하는 말을 하였겠는가? 이를 바로잡지 못하는 것이 유감이다(『東史綱目』 부록 상권 고이 補遺條)."

역사의 거울 금의(琴儀 : 1153~1230)는 체구와 모습이 기이하고 시원스러우며 그릇이 웅위(雄偉)하였다. 젊어서 열심히 공부하여 글을 잘 지었으며, 일찍이 청도감무로 있을 때 강직하여 흔들리지 않으니 철태수(鐵太守)라는 평을 들었다. 그는 최충헌이 문사(文士)를 구할 때 발탁되었으며, 여러 번 지공거가 되어 명사를 많이 배출하였다. 그는 후에 벽상공신(壁上功臣 : 벽에 畵像을 그려놓음)이 되었고 벼슬은 수태보 문하시랑 동중서문하평장사 판이부사(守太保門下侍郞同中書門下平章事判吏部事)에 이르렀다. 시호는 영렬(英烈)이다.

신종 때 임명되었거나 활동한 대관의 명단은 다음과 같다.

<표 17> 신종조의 대관

判事	大夫	知事	中丞	雜端	侍御史	殿中侍御史	監察御史
崔忠獻	崔忠獻 王珪 鄭克溫	崔忠獻 金陟侯	康純義	琴克儀 崔奕		朴得文 朴仁碩	盧彦叔

4. 희종조(熙宗朝)의 어사대

희종(熙宗 : 이름은 王惪, 1204~1211 재위)은 신종의 맏아들로, 신종과 희종은 최충헌이 세우고 폐하였던 왕이었다. 당시 최충헌이 권력을 독단하였는데 반정(頒政 : 官吏의 任免)이 대중 없었으며, 어사대의 활동도 그다지 볼 만한 것이 없었다. 희종은 말년에 내시 왕준명(王濬明) 등이 최충헌을 제거하려다가 실패하니 폐위되고 강종(康宗 : 명종의 맏아들, 1211~1213 재위)이 왕위에 올랐다.

1) 혹독하였다고 어사대가 곤욕

희종 원년(1205) 8월에 송나라 상선이 예성강을 출발하려 할 때 감검어사(監檢御史) 안완(安琓)이 금지령을 범한 송나라 상인 두서너 사람을 발견하고는 그들을 잡아 혹독하게 매질하였다. 최충헌이 이 말을 듣고는 안완을 파면시키는 한편, 어사를 파견함에 있어 사람을 잘못 선택하였다는 이유로 시어사 박득문(朴得文)을 파면하였다.

2) 어사의 기강문란을 경계

희종 5년(1209) 11월에 왕이 연경전(延慶殿)으로 옮겨 앉았다. 좌어사 최부(崔傅)와 우어사 윤세유(尹世儒 : 尹瓘의 손자)가 당직이 되어 왕을 수행하였는데 첫 새벽에 대궐로 들어가서 해가 지고 날이 어두워졌어도 어가가 움직이지 않았다. 최부와 윤세유 두 사람이 배고픔이 심하여 길가 집에 들어가서 술을 마시다가 왕이 출발함을 미처 알지 못했다.

그래서 최부는 왕이 통과하는 길을 범했고 윤세유는 취하여 발언이 광난하였다. 이에 어사대에서 탄핵하니 최부는 안동도호부 판관(安東都護府判官)으로, 윤세유는 양주 부사(梁州副使)로 각각 좌천되었다.

후에 윤세유는 이때를 회고하며 최부에게 다음과 같은 시(詩)를 보
냈으므로 소개한다.

행차를 모르고 한동이 술에	駕後一樽
두 사람이 함께 취했네	二人同醉
영남에 온 지 벌써 3년이 지났건만	嶺南三載
천일(千日)이 되어도 깰 줄 모르네	千日未醒

3) 요언(妖言)을 종식

· 희종 6년(1210) 4월에 최충헌이 활동리(濶洞里)에 집을 지으면서 민
가 1백여 채를 허물고 수리에 걸친 거대하고 화려한 저택을 지었고,
십자각(十字閣)이라는 별당도 지었다. 이 공사에서 토목 부역이 극심하
여 백성들의 원성이 자자했다. 이때 "비밀리에 동남동녀(童男童女)를 잡
아다가 오색 옷을 입혀서 집 네귀퉁이에 생매장하여 재기(災氣)를 물리
치려고 한다."는 요언이 돌았다. 어린애 있는 집에서는 아이를 집에 감
추거나 아이를 엎고 멀리 도망가기도 하였다. 혹은 무뢰배들이 아이를
잡아가는 척하고는 놀랜 부모에게서 많은 재물을 받은 후 아이를 두고
가는 일도 생겼다.

태사(太史)가 이런 요언을 시급히 종식시킬 것을 건의하였다. 이에
최충헌이 어사대를 시켜 시가에 방문을 써붙이기를 "사람의 생명이
중한데 어찌 땅에 묻어서 재앙을 물리칠 이치가 있겠는가! 만약 아이
를 잡는 자가 있으면 그를 잡아서 고발하라!" 하니, 차차 요언이 그치
게 되었다.

· 이와 비슷한 상황은 고종 때에도 발생했다. 고종 37년(1250) 5월에
경성에 와언(訛言)이 나돌기를 "사람 50명을 천구성(天狗星 : 流星이나 彗
星을 가리키던 말)에 제물로 바칠 것이다." 하니, 남녀들이 공포에 떨고
간활한 무리들이 이를 기회로 어둠을 틈타 음탕한 짓이나 도둑질을 하

는 경우가 많았다. 이에 어사대에서 방을 붙여 타일렀으나 능히 금할 수 없었는데, 월여가 되어서야 겨우 진정되었다.

희종 때 임명되었거나 활동한 대관의 명단은 다음과 같다.

<표 18> 희종조의 대관

判事	大夫	知事	中丞	雜端	侍御史	殿中侍御史	監察御史
崔忠獻	申元均				朴得文		安珫 崔傅 尹世儒

5. 고종조(高宗朝)의 헌대

고종(高宗 : 이름은 王曔, 1213~1259 재위)은 강종의 맏아들로 즉위 당시 안으로는 최씨(崔氏) 일족을 비롯한 무신들이 정권을 전단하였고, 밖으로는 거란, 동진 및 몽고가 계속 침입하여 매우 위태로웠다. 그러나 왕은 조심스럽게 법을 지키고 수치를 견디며 참았으므로 그 지위를 보존하였다.

1) 대관에게 건의하도록 지시

왕은 내우외환을 극복하고 풍전등화와 같았던 왕권을 유지하기 위하여 대간을 비롯한 모든 관리들의 건의에 귀를 기울였다.

고종 15년(1228) 8월에 왕이 조서를 내리기를 "동진이 우리 지역에 침입하여 가까운 곳을 점거하고 있으면서 변경을 빈번히 침략하곤 한다. 서경(書經)에 대신들과 의논한다고 하였으니, 조정의 4품관(品官) 이

상과 대성(臺省 : 어사대와 중서문하성)의 6품관 이상은 좋은 계책을 제기하기 바란다." 하였다.

2) 무사안일 등을 탄핵

· 고종 4년(1217) 6월 어사대에서 상소하기를 "정방보(鄭邦輔)와 조충(趙冲)은 적을 보기만 해도 두려워하여 싸우려 하지 않고 군사를 버리고 달아나 사졸을 함몰케 했습니다. 또한 역대로 전해 오는 병서(兵書), 문적(文籍)을 위시하여 병기(兵器) 등 물건을 모두 적에게 빼앗겼으니 관직을 파면하소서." 하였다. 왕이 이 제의를 받아들이지 않았는데, 어사대에서 다시 상소하니 왕이 하는 수 없이 좇았다.

· 고종 17년(1230) 9월에 왕이 묘통사에 갔다. 이날 절문 밖에서 말이 놀라는 바람에 왕이 땅에 떨어졌다. 이에 지어사대사 왕유(王猷)는 왕을 모시는 데 조심하지 않았다 하여 의장대의 지휘관인 견룡행수(牽龍行首)를 옥에 가두려고 하였다. 그런데 어사대부 차척(車倜)은 그 중 견룡 두 명만 탄핵하여 파직하는 데 그쳤으며, 사람들은 너무 미온적인 조치였다고 말했다.

· 고종 37년(1250) 12월에 사천대(司天臺)에서 아뢰기를 "달이 방성과 상상성을 범한 것은 임금에게 근심이 있고, 높은 재상이 베임을 당하며, 난신이 동하여 신하가 왕을 대신할 징조라 하였습니다." 하니 왕이 몽고 사자를 맞으러 가려던 것을 중지하였다. 이에 최항이 사천대를 미워하여 어사대로 하여금 사천대를 탄핵케 하였고, 그 탄핵에 의거 사천대의 판대사 최윤단(崔允旦)과 태사승 오안구(吳安矩)를 파면하였다.

3) 재상의 청탁도 거절한 감찰어사

김방경(金方慶)은 고종 때 감찰어사가 되어 우창(右倉)을 관할하게 되었다. 그는 어떠한 청탁도 들어주지 않았으므로 어떤 재상이 권신에게 고소하기를 "이번 어사는 먼젓번 어사처럼 공무를 돌보지 않는 것 같습니다." 하였다. 마침 그때 김방경이 왔으므로 권신이 꾸짖으니 김방경이 대답하기를 "전번 어사처럼 일하려면 저 역시 그렇게 할 수 있으나,

[사진설명] 경상북도 안동군 녹전면에 있는 김방경의 신도비.

저는 국가 창고의 저축을 늘리고자 하기 때문에 여러 사람들의 말을 다 들어줄 수 없습니다." 하였다. 이에 고소한 자가 크게 부끄러워하였으며 권신 역시 얼굴색이 변하였다 한다.

김방경이 견룡행수(儀仗兵의 지휘관)가 되었을 때 금위군(禁衛軍 : 王宮을 지키는 군대)이 권문(權門)에 다투어 아부하는 한편 숙위(宿衛)가 몹시 게을러지니, 그는 이에 분노하여 비록 병이 있더라도 휴가를 청하지 않고 숙위하였다. 숙위하는 처소가 비좁아서 수비군인들이 밖에 나가서 자는가 하면 한 번은 기생을 데리고 와서 자려는 사람이 있어 김방경이 이를 말리니 무안해하며 사과한 사례도 있었다. 그는 후에 다시 어사대에 들어와서는 법을 지키고 아부하지 않아서 풍채와 절개가 늠름하였다고 사가(史家)들이 기록하였다.

역사의 거울 김방경(金方慶 : 1212~1300)의 본관은 안동이고, 신라 경순왕의 후손으로 병부상서(兵部尙書) 김효인(金孝印)의 아들이다. 고종 때 음직(蔭職)으로 산원(散員)에 임명되었고, 여러 관직을 거쳐 감찰어사(監察御史)가 되었다. 그 후 서북면 병마판관(兵馬判官) 등을 거쳐 어사중승(御史中丞)에 임명되었는데, 법률을 고수하였고 누구에게도 아첨하지 않았으며, 기풍과 절개가 항상 늠연(凜然)하였다. 그는 충직하고 후하였으며, 도량이 매우 넓어서 사소한 일들에 구애됨이 없었고, 엄격하고도 굳세었으며 항상 말이 적었다. 자기 몸을 잘 거두고 근면하였으며, 대낮에는 눕는 일이 없었고, 건강을 유지하여 병환이라곤 없었다. 옛 친구들을 잊지 않고 죽으면 조상을 갔으며 평생 임금의 잘못을 말하지 않았다.

원종 때 지어사대사, 서북면 병마사(兵馬使) 등을 거쳐 형부상서, 추밀원 부사(副使)로 되었다. 원종 10년(1269)에 임연(林衍), 임유무(林惟茂) 정권을 무너뜨렸고, 그 후 삼별초(三別抄 ; 좌별초, 우별초 및 신의군)가 반란(叛亂)을 일으키니 군대를 이끌고 4년여에 걸친 공략 끝에 모두 섬멸하였다. 그는 시중(侍中)으로 임명되었고, 몽고의 요청에 의하여 일본 정벌을 위해 2차에 걸쳐 출정하였다가 실패하고 돌아왔다. 시호는 충렬(忠烈)이다(『고려사』 열전제17 「金方慶傳」).

4) 공평무사로 유명했던 감찰어사 송언기(宋彦奇)

송언기(宋彦奇 또는 彦琦)은 진주(鎭州) 사람이고 중서시랑평장사(中書侍郞平章事) 송순(宋恂)의 아들이다. 그는 어려서부터 글을 잘하기로 동배간에 유명하였다. 그는 고종 때 과거에 급제한 후 금주(金州) 원으로 나갔는데, 청렴하고 정사에 공평하며 옥사를 명철하게 판결하여 협잡배들이 자취를 감추었다고 한다. 성적이 우수하여 도병마록사(都兵馬錄事)로 등용되었다가 감찰어사로 임명되어 우창(右倉) 관리를 감독하였다.

마침 흉년이 들어서 창고의 쌀을 팔게 되었는데, 사겠다고 찾아와 간청하는 사람이 많았다. 송언기는 공적인 입장에 서서 쌀을 공평하게 나누어주니 사람들이 '현명한 어사'라고 칭송하였다. 이러한 그의 공평무사한 행동이 널리 알려져 그 후 벼슬이 여러 번 올라 판장작감(判將作監)에까지 이르렀다.

5) 몽고와의 강화를 위한 어사의 활동

막강한 군사력을 보유한 몽고군이 쳐들어오니 고려에서는 일면 방어하면서 왕과 조정은 강화도로 피신하는 한편 측근인사인 어사 등을 보내 강화를 모색하였는데, 그 주요한 경위는 다음과 같다.

· 고종 18년(1231) 10월에 몽고인 2명이 편지를 가지고 평주(平州)에 이르렀으므로 가두어둔 후 전중시어사 김효인(金孝印)을 보내 문의한 바, 그들이 가지고 온 공문의 내용은 다음과 같았다. "귀국에서 만일 항복하지 않으면 우리[蒙古軍隊]는 끝내 돌아가지 않을 것이요, 항복하면 동진(東眞)으로 향할 것이다." 하였다.

· 다음달(11월)에 북계분대어사 민희(閔曦)를 몽고진영에 보냈는데, 다녀와서 보고하기를 "병마판관 최계년(崔桂年)과 함께 몽고군 병영에 가서 음식을 대접했는데, 살례탑(撒禮塔)이 말하기를 '싸우든지, 투항하든지 결판을 내라. 고관이 와서 빨리 항복하는 것이 좋다.' 하였습니다." 하였다. 그 후 몽고군사들이 북계의 여러 성(城)을 맹렬히 공격하였으므로, 얼마 후 민희를 다시 보내 그들에게 음식을 제공하고 화의(和議)를 청하게 하였다.

화의를 청하러 갔던 민희는 몽고 사신 2인 및 하절(下節) 20인과 함께 돌아왔다. 왕은 합문사(閤門事) 최공(崔珙)으로 접반사(接伴使)를 삼아 의장을 갖추어 맞아들여 선은관(宣恩館)에 들게 하였다. 그래서 소정의 절차 끝에 화의가 성립되고 살례탑은 군사를 파하여 돌아가기 시작하였다.

· 이에 조정에서는 국경을 지키는 모든 장군에게 몽고군에 저항치

말 것을 지시하였는데, 조정의 지시를 듣지 않고 저항하는 부대도 많았다. 고종 19년(1232) 정월에 후군지병마사 최임수(崔林壽)와 감찰어사 민희를 보내어 몽고사람을 거느리고 귀주성(龜州城) 밖에 가서 항복하도록 타이르기를 "국가에서 몽고군사와 강화하여 삼군이 다 항복하였으니 너의 고을도 싸움을 파하고 항복하라." 하면서, 서너 차례나 타일러도 항복하지 않았다. 이에 민희가 분함을 참지 못하고 칼을 빼어 자결하려고 하였으며, 최임수가 말리면서 다시 나라의 명령임을 강조하니 그들은 마지못해 항복하였다.

또한 그 해(1232) 4월에 상장군 조숙창(趙叔昌)과 시어사 설신(薛愼)을 몽고에 보내 표문을 전하고 각종 물품을 선사하는 동시에 살례탑에게도 별도로 편지와 선물을 전달케 하여 그들의 마음을 달랬다.

· 그러나 그 해 6월에는 최우(崔瑀)가 왕을 위협하여 강화로 도읍을 옮기기로 결정하는 한편 2개 영군(領軍)을 풀어서 강화에 궁궐을 짓기 시작했다. 그래서 몽고는 고려가 저항하려는 의도로 보고 군사를 내어 쳐들어왔다.

· 그 해(1232) 8월에 서경순무사 대장군 민희가 사록 최자온(崔滋溫)과 더불어 몰래 다루가치(達魯花赤) 죽이기를 모의했는데, 서경사람들이 듣고 말하기를 "그렇게 한다면 우리 서경도 평주(平州)처럼 몽고군사에게 전멸을 당할 것이다."라면서 최자온을 잡아 가두니 유수(留守) 최임수(崔林壽)와 판관, 분대어사, 6조원(六曹員) 등이 다 저도로 도망가 숨었다.

· 그 후 왕과 조정이 강화도로 피신한 가운데 몽고군은 거의 저항을 받지 않고 전국을 유린하였다. 다만 같은 해(1232) 12월에 살례탑이 처인성(處人城)을 공격할 때 중 김윤후(金允侯)가 활을 쏘아 살례탑을 죽이는 등 산발적인 저항이 있었다. 몽고군은 특히 고종 25년(1238) 4월에 동경(東京 : 慶州)에까지 침입하여 황룡사에 불을 지르는

등 만행을 저질렀다. 왕은 그 해 12월에 장군 김보정(金寶鼎)과 어사 송언기(宋彦奇)를 몽고에 파견하여 표문을 주었는데, 그 주요 내용은 다음과 같다.

"대체로 궁벽한 곳에 있는 약소국가는 큰 나라에 의탁하여야 하는데, 시운에 응하여 일어난 성군(聖君)에게 어찌 정성껏 복종하지 않겠는가? ……(중략)……메마른 땅의 소출을 긁어모아 나의 간곡한 뜻을 표시하노니, 바라건대 무력으로 위협하지 않고 선대의 유업을 보전케 한다면 공납이 변변치는 못하나 계속 보낼 것을 약속한다."

그 표문을 받아본 몽고에서는 다음해(1239) 4월에 보가아질(甫可阿叱) 등 20인을 사신으로 보내와 화친이 성립되고, 몽고는 군대를 본국으로 철수하였다.

·그 후 몽고는 화친의 조건대로 고려국왕 이하 조정 대신이 모두 육지로 나올 것을 여러 차례 요구했으나, 고려에서는 육지로 나오겠다고 말하면서 날짜를 지연시키는 한편 개성에 궁궐을 건축한다고 소문만 내고 있었다. 고종 41년(1254) 7월에 몽고 사신 다가(多可) 등이 공문을 가지고 와서 말하기를 "국왕은 비록 육지로 나왔으나 최항(崔沆) 등이 나오지 않는 이유는 무엇이며 항복한 관리들을 왜 죽였는가?" 하며 추궁하였다.

왕이 조방언(趙邦彦) 등을 다가(多可)에게 면대시키면서 관리들을 죽이지 않았다고 설명하였으나, 며칠 후 차라대 등이 군사를 거느리고 쳐내려왔다. 왕은 그 해(1254) 9월에 어사 박인기(朴仁基)를 차라대 진영에 보내어 술, 과실 및 폐백을 주며 무마하였으나, 몽고군은 계속 거칠게 행동했다. 이 해에 몽고군의 포로가 된 남녀가 206,800명이나 되고 살육된 사람의 수도 헤아릴 수 없었다.

·이듬해(1255) 6월에 시어사 김수강(金守剛)을 몽고에 보냈는데, 그는 토산물을 가지고 몽주(蒙主)를 따라 화림성(和林城 : 北漢에 있음)에 들어가 군사를 파하기를 비니, 몽주가 육지에 나오지 않는다고 거절했

다. 이에 김수강이 말하기를 "비유컨대 사냥꾼이 짐승을 쫓아 굴속에 들어가 무기를 가지고 앞을 막고 서 있으면 궁지에 든 짐승이 나오겠습니까?" 하며 설득을 시도하였다. 몽주가 말하기를 "너는 참으로 훌륭한 사신이다. 마땅히 두 나라의 우호를 맺도록 하라." 하고는 드디어 서지(徐趾)를 보내어 군사를 돌리라고 명하여 몽고군이 물러갔다.

그런데 고종 44년(1257) 초에는 최항(崔沆)이 "해마다 몽고가 쳐들어오니 보낼 필요가 없다."라고 주장하여 춘례진봉사(春例進奉使)를 보내지 않았다. 그래서 몽고군이 다시 들어왔으므로 6월에 시어사 김식(金軾)을 여러 차례 차라대의 주둔지로 보내 주과(酒果) 등을 주며 무마하도록 하였다.

6) 어사의 전공(戰功)을 묵살

고종 13년(1226) 정월에 금나라 장수 우가하(亐哥下)가 자기 군대를 몽고병으로 가장시켜 의주, 정주 등지로 쳐들어오려고 하였다. 서북면 병마부사 장군 김희제(金熙磾)가 감찰어사 송국첨(宋國瞻) 등과 더불어 의논하기를 "우가하가 우리나라의 은혜를 배반하고 변방을 약탈하는데도 방어하는 자가 없으니 이는 국가의 수치이다. 우리 서로 협력하여 놈들을 토벌해 수치를 벗자." 하였다.

그들은 보병과 기병 1만여 명을 선발하고 김희제가 중군을, 판관 예부원외랑 손습경(孫襲卿)이 좌군을, 감찰어사 송국첨이 우군을 각각 인솔하고 20일분의 식량을 휴대한 후 석성(石城)을 공격하였다. 그들은 맹렬히 싸워 70여 명의 적 수급을 베는 등 큰 전과를 올렸고, 이에 성주(城主)가 군사를 데리고 와서 항복하였다.

김희제 등 셋은 승전의 기쁨을 감추지 못하고 시를 지었는데, 그 중 감찰어사 송국첨의 시는 다음과 같았다.

<table>
<tr><td>

인(仁)으로 등[背] 삼고, 의(義)로 날 삼았으니
이것이 바로 장군님의 신기로운 칼이랍니다.　．
바다를 향하여 한 번 휘두르면 암수 고래가 도망가고
육지를 향하여 휘두르면 물소와 코끼리가 쓰러지거늘
하물며 저따위 만산에서 굶주리고 미친 개들이야!
채찍 끝으로 때려도 가히 제어하리라.　．
아침에 다섯 강을 건너고 저녁때에 개가를 올리니
한없는 기쁨에 봄빛이 만발하여라!

</td><td>

以仁爲脊 義爲鋒
此是將軍 新巨闕
一揮向海 鯨鯢奔
再擧向陸 犀象蹶
況彼馬山 窮猘兒
制之可以 隨鞭末
朝涉五江 暮獻捷
喜氣萬斛 春光發
(『高麗史節要』권15)

</td></tr>
</table>

한편 조정에서는 그들의 이와 같은 큰공은 고려하지 않고, 단지 제멋대로 군사를 일으켰다는 이유로 죄를 주려고 하다가 최우(崔瑀)에게 사전에 보고된 것임을 알고는 규탄을 중지하였다. 그러나 그들의 공에 대하여 공상(功賞)을 행하지 않았다.

7) 부적격자를 대관으로 임명

·고종 8년(1221) 정월에 어느 사람이 상소하기를 "어사중승으로 임명된 안석정(安碩貞)은 사노(私奴)의 아들이니 어사대에 두는 것이 마땅치 않습니다." 했다. 이때 집권자인 최우(후에 崔怡로 개명)가 사사로이 안석정을 후히 대접하여 외람되게 이 직함을 제수했던 것이다. 이에 대해 많은 사람이 분개해했으나 어쩔 수 없었다.

·고종 11년(1224) 3월에 최우가 재추와 여러 장군 등 46명을 초대해서 잔치를 하였다. 술이 거나하게 취하자 어사중승 장군 임재(林宰)가 잔을 들고 광대춤을 추었는데, 대관(臺官 : 어사중승)으로서의 체통을 잊은 것이므로 모두가 그를 천(賤)하게 보았다.

·고종 43년(1256) 9월에 전 서해도(西海道) 소복별감(蘇復別監) 송극현(宋克儇)이 낭실(莨實) 308곡(斛 : 20말이 1곡)을 거두어 뇌물로 최항에게

주니 어사를 제수했는데, 사람들이 송극현을 낭실어사라고 부르며 비
웃었다.

8) 권신(權臣)이 대관을 죽임

고종 37년(1250) 12월에 최항이 시어사 이선(李僐) 등 4명을 죽였다.
일찍이 최항이 중으로 있을 때 보주부사(甫州副使) 조염우(趙廉右) 및
도강감무(道康監務) 박장원(朴長源) 등과 좋지 않은 감정이 있었는데,
권세를 잡은 후 두 사람을 모두 해도(海島)로 귀양 보냈다.

이선은 본래 두 사람과 가까운 사이로 경상도 안찰사(慶尙道按察使)
가 되자 두 사람을 불러 술을 마신 사실이 있었다. 어떤 중이 이 사실
을 최항에게 고하자 최항은 수상한 모의가 있었을 것이라면서 이선을
조염우 및 박장원과 함께 강물에 던져 죽였다.

이선은 일찍이 직언으로 최우에게 거슬려 먼 주로 좌천된 일이 있는
데, 이때에 와서 마침내 최씨에게 죽으니 당시 사람들이 불쌍히 여겼다.

> **역사의 거울** 최항(崔沆)은 최우(崔瑀)의 아들로 최우가 죽은 후 국권을 잡았
> 다. 고종 36년(1249) 11월에 추밀원부사 어사대부(御史大夫)로 임명되었다가
> 이부(吏部) 및 병부상서(兵部尙書)도 겸임하였고, 4년 후(1253)에는 문하시중
> 에 임명되었다.

9) 금령(禁令)을 발령

고종 14년(1227) 12월에 어사대가 동네에서 집비둘기, 매, 새매를 기
르는 것을 금하였다. 이는 관리들이 이런 것을 기르고 사냥하는 데에
심취하여 공무(公務)를 폐하는가 하면 쟁송을 일으키는 경우가 많았기
때문이다.

10) 청렴하고 강직했던 감찰어사 왕해(王諧)

왕해는 예빈경(禮賓卿) 왕유(王惟)의 아들로, 젊어서 과거에 급제한 후 여러 관직을 거쳐 감찰어사로 임명되었다. 이때 그는 국법을 바로 지켰고 조금도 굽히지 않은 것으로 유명하다. 그는 성격이 침착, 강의하고 행실이 정직, 청백하였으며 절조를 지켰고 그가 계획한 일 중 백성을 이롭게 하지 않은 일이 없었다고 한다.

고종 때 경상도 안찰사(慶尙道按察使)로 나가서도 악을 제거하고 선을 장려하였으므로 도내가 모두 두려워하며 복종하였다.

당시 권신 최이(崔怡)의 아들로서 승려가 된 만종(萬宗)과 만전(萬全)이 쌀 50여만 석을 축적하고, 이것으로 백성에게 빚놀이를 하였다. 그들은 부하 중들을 각처로 보내서 혹독하게 빚을 독촉, 징수하였으므로 백성들은 가진 것을 다 털어주고 세납도 바치지 못하곤 하였다. 왕해가 명령하기를 "백성들이 세납을 바치기 전에 개인 빚을 먼저 독촉하는 자를 처벌하라." 하였다. 그 결과 중들의 무리가 감히 행악을 하지 못하고 세납도 잘 이루어졌다.

왕해는 그 후 진주부사(晉州副使), 동도유수(東都留守)를 역임하고 33세에 죽었는데, 사람들이 "나라의 큰 보배를 잃었다." 하면서 탄식하였다.

11) 지방에 찰방사(察訪使)를 파견

고종 초기에 조정의 신하들은 지방 출장시 흔히 재물에 탐을 내어 고혈을 긁었으므로 백성들의 원망이 높았다. 그래서 고종 3년(1216) 7월에 시랑(侍郞) 김군수(金君綏)를 비롯하여 이종규(李宗揆), 송안국(宋安國), 김주정(金周鼎), 최정빈(崔正份) 등 11명을 선발하여 각도에 찰방사로 파견하였다. 이때 찰방사로 하여금 백성의 고통을 위문하고 관리들의 잘잘못을 사찰하게 하였는데, 마침 거란이 침입한 때여서 그 임무를 수행할 겨를이 없었고, 찰방사로 나간 자들마저 재물을 탐내어 백성들의 원망이 많았다.

특히 이종규, 송안국, 김주정은 상벌에 대한 감찰이 정밀하지 못한 탓으로 파면되었고, 최정빈은 운중도(雲中道)를 맡아 선악을 가려 적의하게 처리하여 당시 칭송을 받았다.

역사의 거울 이때 찰방사로 나갔던 김군수의 잘잘못에 관하여는 기록이 없으나, 그는 김돈중(金敦中)의 아들로 나이 20세 미만에 문학의 소양이 풍부하여 첫째가는 글솜씨로 동배들의 추대를 받았다. 그는 명종 때 과거에 장원급제하였는데, 재물면에서 청백하고 백성을 사랑한다는 평을 들었다. 그러나 최이(崔怡)에게 참소하는 자가 있어서 한남(漢南)으로 귀양가게 되었는데, 당시 사람들이 이를 억울한 일로 여겼다고 한다.

고종 때 임명되었거나 활동한 대관의 명단은 다음 표와 같으며, 그 중 최의(崔竩)는 고종 44년(1257) 윤4월 및 7월에 추밀원부사판어사대사(樞密院副使判御史臺事)로 임명되었으나 사양하고 받지 않았다.

<표 19> 고종조의 대관

判事	大夫	知事	中丞	雜端	侍御史	殿中 侍御史	監察 御史	分臺 御史
崔瑀 崔沆 (崔竩)	李勣 崔瑀 陳湜 車侶 太集成 崔沆 李世材 韓光衍 蔡松年	白守貞 庾敬玄 王猷 金慶孫 崔滋	安碩貞 林宰 宋吉儒 金方慶	薛愼	朴時允 薛愼 李僑 金守剛 金璉 辛喜 金軾 崔坪	金孝仁 崔瑞 張鎰	宋國瞻, 閔曦 宋彥琦, 權頔 朴仁基, 宋克儇 王諧, 薛愼 金弁, 金方慶 鄭儇, 朱悅 韓康, 金須 嚴守安	鄭頔 閔曦 安禧 薛愼

제4절 몽고간섭기의 감사

몽고의 침입이 격화되는 가운데 권신들로부터 왕권을 회복하느라 노력한 원종은 몽고 수도에 직접 감으로써 전쟁 종식의 길을 열었다. 그는 몽고군을 빌려서 쳐내려와 임연(林衍) 및 임유무(林惟茂) 정권을 무너뜨리고 왕권을 회복하였다.

충렬왕은 대관들의 기탄 없는 직언을 요청하였으나, 직언이 왕의 뜻이나 왕후(王后 : 원나라 공주)의 뜻에 거슬렸다 하여 대관들을 국문하고, 섬으로 귀양 보내는 사건이 연이어 일어났다. 이때부터 바른 말을 하는 길이 막히게 되었다. 이에 왕은 세자를 판도첨의밀직과 판감찰사사로 임명하였으나 두드러진 감찰 활동은 없었다. 그 후에도 대관들이 후궁의 참소로 볼기를 맞을 뻔하거나, 좌창(左倉 : 관리의 녹을 보관하던 곳)의 쌀을 부당반출하려는 것을 간하다가 섬에 귀양가기도 하였다.

몽고의 내정간섭과 압력을 받던 기간중에는 몽고의 영향을 받아 종래의 미풍양속보다는 간통 등 사회문제가 많이 발생하였고, 횡령, 뇌물수수 등 탐오한 관리들이 늘어났다. 또한 친원세력(親元勢力)의 횡포 및 왕(王)과 심왕(瀋王 : 주로 원나라 서울 심양에 있었음)의 갈등 등으로 정치적인 오점도 많이 남겼는데, 대관들이 제 기능을 발휘할 수 없었다.

1. 원종조(元宗朝)의 헌대

원종(元宗 : 이름은 王倎, 1259~1274 재위)은 고종의 아들로 권신들이 정권을 독단하고 몽고의 침입에 대응하고자 강화도로 들어가 국내는 엄청난 혼란과 살육의 현장이 되었을 때 부왕(父王 : 高宗)의 명을 받아 몽고 조정을 방문하고 권신의 발호를 꺾었다.

그러나 귀국시 고려군의 저항을 받았고, 삼별초(三別抄)의 난을 겪게 되었는데, 이를 평정하는 한편 몽고의 요청에 따라 일본까지 정복하려 함으로써 국고를 탕진하였다. 한편 몽고 장수들의 토색이 끝이 없었음에도 백성을 보호하는 노력이 미흡하였다고 하겠다.

1) 몽고 침입 후 굶어 죽는 사람이 속출

원종 즉위년(1259) 11월에 몽고 사신 어산(於山)이 강화도에 와서 왕에게 육지로 나오는 것이 더디다고 책망하였다. 이에 개경(開京 : 개성)에 궁궐을 지으려 하였으나, 육지에 나온 군사들을 몽고군이 붙잡는 등으로 어려움이 많았다.

한편 개경에는 큰 기근이 들어서 얻어먹으려고 남쪽 고을로 가는 사람들이 많았다. 중방(重房)과 어사대에서는 이로 인한 혼란을 막기 위하여 관리로 하여금 솔선수범을 요구하였고, 그들이 관문을 나가는 것을 금지하였다. 그 결과 관리들 중에서 굶어 죽는 자가 많이 발생하였다.

2) 숙모와 간통한 무관을 처벌

원종 9년(1268) 2월에 장군 주선(周瑄)이 숙모인 대씨(大氏)와 간통한 사실이 발각되어 어사대에서 대씨를 잡아다 고문하니 그 여자는 옥중에서 죽었다. 이에 주선을 잡아다 참형에 처하였다.

3) 위기에서도 떳떳하게 처신한 지어사대사(知御史臺事)

원종 10년(1269) 6월에 임연(林衍)이 원종을 폐하여 상왕으로 삼는 한편 안경공(安慶公) 창(淐)을 즉위케 하였고, 그는 다음달에 교정별감(教定別監)에 임명되어 정권을 잡았다. 장군 유원적(兪元績)이 낭장 정수경(鄭守卿)과 함께 임연을 죽이기로 모의하고 장군 윤수에게 동참할 것을 권하니, 윤수가 거짓으로 승락하고는 임연에게 밀고하였다. 이에 임연이 유원적과 정수경 등을 국문한 후 죽였다.

그 후 임연이 유원적의 형인 지어사대사 유천우(兪千遇)에게 물었다. "공의 아우가 나를 죽이려 하였는데, 아시오?" 유천우는 "아우가 하는 일을 어찌 형이 모르겠습니까?" 하였다. 임연이 묻기를 "왜 나에게 알리지 않았소?" 하니, 유천우가 "나는 그 일이 성취되지 못할 줄을 알았으며, 노모가 살아 계신데 그 마음을 상하게 할까 염려되었고, 또 내가 아우를 해쳐서 스스로 모면한다고 남들이 말할 것이므로 감히 알리지 못했습니다."라고 답했다.

이에 임연이 말하기를, "공이 모른다고 말했다면 더 의심스러웠을 터인데, 이제 사실대로 고하니 어찌 책망하겠소. 공이 어머니를 공경하는 것은 내가 잘 아오. 전날 손님에게 음식을 대접할 때 공이 홀로 감[柿]을 먹지 않고 어머니에게 갖다 드리려고 한 것으로 보아 어머니의 마음을 상할까 염려했다는 말은 믿을 만하오." 하였다. 그 해(1269) 12월에 유천우는 지문하성사(知門下省事)에 승진, 임명되었다.

> **역사의 거울** 유천우(兪千遇 : 1209~1276)는 장사(長沙 ; 茂長 지방) 사람이다. 재주가 있고 일을 잘 처리하였으며, 김창(金敞)의 추천으로 최이(崔怡)의 문객이 되어 중요한 사무를 많이 처리했다. 그는 효성과 우애 그리고 신의가 있

다고 소문이 있었다. 유경(柳敬)과 더불어 최항(崔沆)의 신임을 받았으나 뇌물을 받다가 먼 섬으로 귀양간 적도 있다. 김인준(金仁俊) 등이 집권한 후에 유천우를 정방(政房)에 임명하였다. 유천우는 모든 업무를 깨끗하고 정의롭게 처리하였는데, 무신(武臣)을 제재하고 억누른다고 원망이 많았으나 그는 조금도 동요하지 않았다. 그는 원종 5년(1264) 7월에 지어사대사로 임명되었고, 후에 벼슬이 올라 평장사(平章事)로 있다가 참문학사(參文學事)로 강등된 후 사망하였다(『東史綱目』 제11下, 제12上).

4) 권신이 대관을 처벌

어사대부 장계열(張季烈)은 기마와 격구를 잘하고 천성이 담백하며 욕심이 없고 예절을 아는 사람이어서 왕의 신임을 받아 항상 지밀(至密 : 왕실)에까지 무상 출입하였고, 대장군 기온(奇蘊)은 왕의 서매부로서 기밀에 참여하여 그 사무를 맡았다.

한편 교정별감 김인준(金仁俊)을 죽인 후 정권을 잡은 임연(林衍)은 환관인 김경(金鏡)과 최은(崔璁)의 세력이 자기를 압도할 우려가 있다고 판단하고 원종 10년(1269) 6월에 야별초를 시켜서 그들을 죽이는 한편, 어사대부 장계열과 대장군 기온 등도 섬으로 귀양 보냈다. 임연은 이때 환관 김경과 최은이 임연에 대한 반역을 음모하는 것으로 생각하여 그들을 베었던 것이며, 장계열과 기온도 김경 등과 같은 당여(黨與 : 같은 편)라고 생각하고 미워하였기 때문에 귀양 보낸 것이다.

5) 소군(小君)도 범법시에는 대관이 제어

원종 6년(1265) 4월에 어느 소군(小君 : 宮人이 낳은 왕자를 중이 되게 한 것)이 금법(禁法)을 범했다. 어사대의 서리(胥史)가 그에게 욕하고, 잡아서 가구옥(街衢獄)에 가두었으나 왕이 이를 금할 수 없었다.

역사의 거울 소군은 왕자임에도 금법을 범했을 경우 처벌당하는 것을 아비인 왕(王)도 막을 수 없었으니, 전제군주국가였던 그 시절에도 왕자를 포함한 만민에 대한 법 적용이 평등했다는 점은 오늘날 새겨담을 만한 일이다.

6) 권신과 부적격자를 대관으로 임명

· 원종 원년(1260) 12월에 김준(金俊 : 초명은 金仁俊)은 최의(崔竩)를 죽이고 집권한 후 어사대부에 임명되었다가 판어사대사를 거쳐 참지정사(參知政事)로 승진하였다. 그는 그 후 원종 5년(1264) 8월에 교정별감으로 임명되어 원종 9년(1268) 12월 임연 등에 의하여 죽을 때까지 그 자리에 있었다.

이듬해인 원종 10년(1269)에는 김인준의 뒤를 이어 집권한 임연이, 그 다음해(1270)에는 그의 아들 임유무가 각각 교정별감에 임명되어 정권과 감사권 등을 모두 장악하였는데, 임유무가 죽은 후 이 관직은 없어졌다. 교정별감은 국가의 비위를 규찰하는 임무를 행하고 정권을 장악한 최고권력기관이었는데, 당시 어사대와의 관계와 책임 한계 등은 분명하지 않다.

· 원종 15년(1274) 6월에 충렬왕이 즉위한 후 그 해 10월에 이분성(李汾成 : 李㮹으로 개명)을 지어사대사로 삼았다. 이분성은 고종 궁첩(宮妾 : 宮女)의 딸에게 장가들어 세상에서 국서(國壻 : 임금의 사위)라 불렸는데, 대관이 되자 사람들이 이를 잘못이라고 말하였다.

그러나 그는 왕의 총애를 받아 승선(承宣)을 거쳐 지신사(知申事)의 지위에까지 올랐다. 그는 꿋꿋한 지조를 가지고 있었으므로 정령(政令)을 전임, 집행하는 과정에서 의견이 맞지 않는 것이 있으면 왕에게 자기의 의견을 주장하였으며 그 결과 나라에 이익을 준 바 많았다. 내시들의 사적인 청탁을 모두 거절하였으므로 내시들이 이를 갈며 원망하다가 왕에게 풍간(諷諫 : 빙 둘러대어 간함)하여 그를 죽였다. 그때 그의 나이 39세에 불과하였는데, 사람들이 모두 그의 죽음을 애석하게 여겼다.

역사의 거울 당시 왕의 친인척은 대관(臺官)에 임명될 수 없도록 관례화되어 있었음에도 이분성은 왕의 인척으로서 대관에 임명되었던 것이다.

7) 외교 기타 특명활동

원종은 각종 외교활동 및 기타 중요한 문제를 처리하기 위하여 왕의 측근인 어사들을 부책임자로 임명하는 경향이 있었는바, 주요 사례는 다음과 같다.

· 원종 원년(1260) 3월에 태손(太孫 : 후의 충렬왕)이 몽고의 요청대로 강화도를 나와 옛 서울(開京을 의미)로 돌아가고자 하여 대장군 김방경(金方慶), 어사중승 김홍취(金洪就) 등을 출배별감(出排別監)으로 임명하였다. 그러고는 창고의 쌀 6,420곡을 내어 제왕(諸王 : 왕족과 君들을 의미)과 모든 관원에게 1인당 1곡(20말)씩 나누어 주어 집 짓는 비용에 보태쓰게 하였다.

· 원종 6년(1265) 10월에 시어사 이영(李穎)과 낭장(郞將) 김정(金靖)을 몽고에 파견하여 신년을 축하하였다.

· 원종 7년(1266) 11월에 몽고에서 흑적(黑的) 등을 보내왔는데, 조서에서 "일본과 우호관계를 맺고자 하니 사신의 길을 안내하라."고 하였다. 이에 추밀원부사 송군비(宋君斐)와 시어사 김찬(金贊) 등으로 하여금 흑적 등과 함께 일본으로 가게 하였다. 다음해(1267) 1월에 그들 일행이 거제도(巨濟島) 송변포(松邊浦)에 이르렀는데, 풍파가 심한 것을 보고 두려워서 돌아와 모두 함께 몽고에 가서 보고했다. 이때 몽고 황제는 고려가 중간에서 방해하는 것으로 생각하고 노하여 후에 다시 사신을 파견하였고, 드디어는 고려군과 연합하여 2회에 걸쳐 일본 정벌을 위한

전쟁을 일으켰다.

그러나 몽고와 고려 연합군의 일본 정벌이 실패로 끝나게 되었으며, 고려는 일본과 외교관계를 계속 유지하였다. 원종 13년(1272) 4월에 고려에 왔던 일본 사신이 돌아갈 때 어사 강지소(康之邵)를 파견하여 그들을 보호하여 일본까지 가게 하였다.

· 원종 11년(1170) 5월에 교정별감 임유무가 왕에게 반기를 들었을 때 원종이 어사중승 홍문계(洪文系)에게 임유무를 제거하라는 특명을 내렸다. 홍문계는 임유무의 매부였으나, 왕명을 더욱 중히 여겼으므로 무리를 규합하여 불시에 쳐들어가 임유무를 처단하였다. 그는 며칠 후 행재소에 가서 왕을 뵙고 이 사실을 보고하였다.

원종 때 임명되었거나 활동한 대관의 명단은 다음과 같다.

<표 20> 원종조의 대관

判事	大夫	知事	中丞	雜端	侍御史	殿中侍御史	監察御史	分臺御史
金(仁)俊	金仁俊 蔡楨 俞千遇 張季烈 崔瑛 金方慶 崔允愷	金方慶 俞千遇 許珙 金錫	金洪就 洪文系		李潁 金贊 朴烋	朴烋 田文胤	金壽安 朴烋 康之邵 金光就 安珦 金琿	沈元濬

2. 충렬왕조(忠烈王朝)의 헌대

충렬왕(忠烈王 : 이름은 王謜, 1274~1308)은 원종의 맏아들이고 고종 46년(1259) 6월에 고종이 죽었을 때 태손(太孫 : 당시 24세)으로서 국사를 대리하였다. 다음해 원종 귀국 후 태자로 책봉되었고, 후에 원나라 세조의 딸 홀도로게리미실[齊國大長公主]을 왕후로 맞았다. 충렬왕은 100년간 이어온 전란을 진정시키고 백성들이 편안히 살 수 있게 하였다. 그러나 교만한 마음이 생겨 놀이와 사냥에 빠지고 간악한 소인을 가까이하여 국가 기강이 문란하여졌다. 또한 대간들을 탄압함으로써 바른 말을 하는 길이 막히게 되고, 아들[太子 즉 후의 忠宣王]과 권력 다툼을 벌이기도 하였다.

1) 관제의 개혁

· 몽고(蒙古)의 침략을 받은 후 충렬왕 원년(1275) 10월에 원나라의 강요에 의하여 3성(省) 6부(部)를 1부(府) 4사(司)로 폐합하는 등 관제를 격하하였다.

3성(三省 : 中書門下省과 尙書省)은 합쳐서 첨의부(僉議府)로 하고, 그 장관인 시중(侍中)을 첨의중찬(僉議中贊)으로, 평장사(平章事)를 찬성사(贊成事)로 변경하였다.

이부(吏部)와 예부(禮部)는 통합하여 전리사(典理司)로, 호부(戶部)는 판도사(版圖司)로, 병부(兵部)는 군부사(軍簿司)로, 형부(刑部)는 전법사(典法司)로 각각 개칭하고, 공부(工部)는 폐지하였으며 각 사(司)의 장관인 상서(尙書)는 판서(判書)라 칭하였다. 추밀원(樞密院)은 이때 밀직사(密直司)로 개칭하고, 참지정사(參知政事)는 첨의참리(僉議參理)로, 정당문학(政堂文學)을 참문학(參文學)으로 개칭하였다.

도병마사(都兵馬使)를 도평의사사(都評議使司)로 바꾸는 한편 구성원을 늘리고 기능도 대폭 보강하여 군사문제뿐만 아니라 국정을 총괄하는 최고정무기관(最高政務機關 : 합의기관)으로 발전하여 도당(都堂)의 칭호를 갖게 하였다.

그 밖에 사헌부와 한림원(翰林院)의 명칭을 바꾸는 등 고치거나 없앤 것이 많았는데, 이 사실을 종묘에 고하였다. 또한 원(元)의 기구로 정동행성(征東行省)과 부속기구인 이문소(理問所)를 설치하였다.

· 이렇게 관제를 격하하는 등 정부제도를 몽고의 뜻에 맞추어 바꾸었음에도, 다음해(1276) 3월에 다루가치(達魯花赤 : 원나라가 파견한 관리)가 왕을 비난하기를 "선지(宣旨), 짐(朕) 등의 용어를 쓰고 있는 것은 참월(僭越 : 분수에 넘쳐 외람함)한 것이 아닌가?" 하였다. 이에 첨의중찬 김방경 등이 해명하기를 "조상 때부터 전해 내려오는 예에 따랐을 뿐이다." 하였다. 그러나 참람(僭濫 : 참월)하다고 계속 힐책하였으므로 선지(宣旨)를 왕지(王旨)로, 짐(朕)을 고(孤)로, 사(嗣)를 유(有)로, 주(奏)를 정(呈)으로 고쳤다.

· 충렬왕 4년(1278) 10월에는 당시 재상들이 많아서 정치를 주재, 결정하는 자가 없다 하여 새로 필도치(必闍赤 : 재상 중 機務를 담당하는 관직)와 신문색(申聞色 : 왕에게 보고를 하는 내관직)을 두었다.

· 충렬왕 17년(1291) 12월에 모든 관직에서 좌(左), 우(右)가 있는 것은 '우'가 붙은 관직을 높은 것으로 정하였다. 이때 박의(朴義)를 우부승지로, 이혼(李混)을 좌부승지로 각각 임명하였는데, 두 사람 중에서는 박의가 선임자로 임명된 것이다. 좌·우와 관련 있는 관직의 서열은 충렬왕 29년(1303) 9월에 홍자번(洪子藩)을 도첨의좌중찬(都僉議左中贊)에 임명하면서 좌를 우의 관직보다 우대하도록 하였고, 5년 후인 충렬왕 34년(1308) 8월 충선왕 즉위시부터 반렬의 순위를 우가 좌보다 높은 것으로 다시 변경하였으며, 한편 이때부터 문관은 서편에, 무관은 동편에 각각 늘어서서 예식을 거행하게 하였다.

· 충렬왕 24년(1298) 12월에 충선왕이 관제를 개정하여 대체로 충렬왕 원년 이전으로 복구하였고 관리들의 품계를 전반적으로 상향조정하였다.

이때 전리사(典理司)는 전조(銓曹 : 종전의 吏部)와 의조(儀曹 : 종전의 禮部)로 다시 나누고, 판도사(版圖司)는 민조(民曹)로, 군부사(軍簿司)는 병조

(兵曹)로, 전법사(典法司)는 형조(刑曹)로 각각 고치고, 공조(工曹)를 다시 설치하였으며, 밀직사(密直司)를 광정원(光政院)으로, 감찰사를 사헌부(司憲府)로 변경하였다.

· 충렬왕 34년(1308) 5월에 충렬왕이 위독한 상태였는데, 심양왕(瀋陽王: 세자 즉 충선왕)이 이혼, 최균(崔鈞) 등을 보내와 관제를 다시 고쳐 선포하였다.

이조와 호조를 아울러 선부(選部)로 하고, 병조를 총부(摠府)로 하였다가 다시 군부사(軍簿司)라 칭하였으며, 형조를 언부(讞部)로 하고, 판서(判書)를 전서(典書)로 고쳤다. 중찬(中贊)을 정승(政丞)으로, 찬성(贊成)을 중호(中護)로 변경하였다가 이내 복구했고, 참리(參理)는 평리(評理)로, 사간(司諫)을 헌납(獻納)으로, 정언(正言)을 사보(司補)로 하였다.

그 밖에도 사관(史館)을 문한서(文翰署)에 병합하여 예문춘추관(藝文春秋館)이라 하고 승지방(承旨房)을 인신사(印信司)라 하는 등 변경 또는 혁파한 것이 매우 많았다.

2) 감사기관의 변천

어사대는 문종 때 관제가 확립된 이후 252년간 존속하였으나, 원나라의 지배를 받았던 충렬왕 원년(1275) 10월에 그 지위를 낮추어 감찰사(監察司)로 변경되었다.

원나라 황제의 조서(詔書)에 "상국(上國)의 것과 비슷한 관명(官名)을 모두 고쳐라."고 되어 있었다. 그래서 태사(太師), 태부(太傅), 태보(太保)라는 삼공(三公)의 관직은 없애고 시중(侍中)을 중찬(中贊)으로 격하시키는 등 고치거나 없앤 것이 많았다.

이때 감찰사에서도 어사대부를 감찰제헌(監察提憲)으로, 중승을 감찰시승(監察侍丞)으로, 시어사를 감찰시사로, 감찰어사는 감찰사로 각각 고쳤다.

· 충렬왕 24년(1298) 5월에 충선왕이 감찰사를 사헌부로 고치고, 제헌을 대부(大夫)로 하되 품계를 종2품으로 올리고, 시승은 중승(中丞)으로 하면서 2인으로 늘리고 종3품으로, 시사는 내시사(內侍史)로, 전중시어사는 전중내시사(殿中內侍史)로, 감찰사는 감찰내사로 각각 고치는 한편, 감찰내사(監察內史)의 인원을 6인으로 줄이고 새로 주부(注簿) 1인을 두었다.

그러나 얼마 후(같은 해 7월)에 다시 감찰사로 고쳤으며, 이때 내시사는 시어사(侍御史)로, 전중내시사는 전중시어사(殿中侍御史)로, 감찰내사는 감찰어사(監察御史)로 각각 고쳤다.

· 충렬왕 34년(1308) 5월에는 충선왕이 즉위하기에 앞서 관제를 변경하였는데, 감찰사는 또다시 사헌부로 고쳤으며, 대부는 대사헌으로 고쳐 품계를 정2품으로, 중승은 집의(執義)로 고쳐 정3품으로, 시어사는 장령(掌令)으로 고쳐 종4품으로, 전중시어사는 지평(持平)으로 고쳐 정5품으로 각각 올렸다. 감찰어사는 규정(糾正)으로 고쳐 정원을 14인으로 하되 그 중 4인은 겸임관직(다른 관직에 임명된 관원이 겸직)으로 하고 품계는 종전같이 정6품으로 하였다.

· 충선왕 3년(1311)에 대사헌의 품계를 정3품으로, 집의를 종3품으로 각각 품계를 낮추었고, 후에 관서 명칭을 다시 감찰사로 고치고 대사헌을 대부(大夫)로 변경하였는데 그 변경시점은 명확하지 않다.

· 한편 어사대나 사헌부의 형식적인 기관장인 판사(判事)는 약간의 명칭변경이 이루어지면서 겸직으로 임명되었는데, 그의 품계는 일정치 않았고 겸직하는 다른 직의 품계를 따랐다고 할 수 있다. 또한 이속(吏屬)은 문종 때 83명을 두도록 한 것 이외에 변경되었다는 기록이 없으므로 대체로 계속 이어졌다고 할 수 있겠다. 또한 구사(丘史 : 驅從으로 하사한 官奴婢)는 품관(品官)의 품계에 따라 일정한 수를 주었는데, 그 인원수도 고려가 망하기 2년 전인 공양왕 원년(1389) 4월에 변경되었을 뿐이고 대체로 문종 때 정한 기준이 그대로 유지되었다.

> **역사의 거울** 외국(外國 : 元나라)의 간섭에 따라 관제 등이 여러 차례 변경된
> 것은 주권(主權)이 침해당한 것으로써 매우 안타까운 일이며, 이를 교훈으로
> 삼아 국력을 보다 튼튼히 하여야 할 것이다.

어사대 조직의 연도별 주요 변천내용을 요약하면 다음 표와 같다.

<표 21> 어사대 조직의 주요 변천 내용

品 階	문 종	충렬왕 원년(1275)	충렬왕 24년(1298)	좌 동	충렬왕 34년(1308)	충선왕 3년(1311)
機關名	御史臺	監察司	司憲府	監察司	司憲府	司憲府
정 2 품		判事	判 事		判事, 大司憲	判事
종 2 품			大 夫			
정 3 품	判事 大夫	提憲			執 義 2인	大司憲
종 3 품			中 丞 2인			執義 2인
종 4 품	知事, 中丞	知事, 侍事	(폐지)		掌令	掌令
정 5 품					持平	持平
정 6 품	殿中侍御史 2인	殿中侍御史	殿中侍御史	殿中侍御史		
종 6 품	監察御史 10인	監察史10인	監察史6인	監察御史	糾 正 10인 兼糾正 4인	糾 正 10인 兼糾正 4인
정 7 품			注 薄		注 薄	
品官 計	19 인	17 인	13 인	13 인	21 인	21 인

3) 소송 처리 및 근무 점검 등 임무를 추가

몽고가 설치한 관서들의 횡포가 심하고 일본정벌에 국력을 소모하
는 등으로 백성들의 생활이 비참한 실정이었다. 특히 응방(鷹坊 : 매를
길러 궁중의 수렵에 공하던 관서)에서 은, 모시, 가죽 및 포 등을 기인(其人
: 지방에서 볼모로 뽑혀와 宮室造營을 하던 役夫)으로부터 받아들여 저희끼
리 나누어먹는 등 폐해가 극심하였다. 그래서 당시 사람들이 "고기로
매의 배를 채우는 것이 아니고 은(銀)과 포(布)로 매를 기른다."고 말할

지경이었다.

국왕은 이러한 실정을 잘 모르고 있었고, 국왕의 권한도 제약이 많았다. 왕은 충렬왕 원년(1275) 9월에 중서성(中書省)과 어사대(다음달에 監察司로 변경)에 명하여 각각 직언을 올리게 하였다. 또한 왕은 감찰사로 하여금 민간의 소송사건을 처리하고 관리들의 근무태도를 정기적으로 점검하도록 특별 지시를 내려 감찰사의 역할을 증대시켰음을 알 수 있다.

· 충렬왕 5년(1279) 3월에 왕이 명령하기를 "전민(田民)에 관계되는 소송 중 몇 해를 지나도 미결로 남아 있는 것이 있으니, 금년 3월 이전의 사건은 좌사의(左司議) 권단(權田)과 장군 최유엄(崔有渰) 등 7명을 별감(別監)으로 임명하여 조사 판결하게 하고, 4월 이후의 사건은 감찰사와 전법사(典法司)에 위임하여 각각 지체 없이 처리토록 하라." 하였다.

· 충렬왕 6년(1280) 10월에 감찰사로 하여금 각 관아의 근면과 태만을 검열하였는데, 이를 아시감검(衙時監檢)이라고 하였다. 이 근무정형의 검열은 항상 겨울과 여름의 첫달(음력 10월과 5월)에 실시하기로 되어 있었는데, 그 해(1280)에는 지방에 변고가 많았다는 이유로 아시감검을 그만두었다. 한편 각 관서의 관리들은 문종 원년(1047) 8월에 왕이 명한 바에 따라 해가 긴 때에는 진시(7시) 초에, 해가 짧을 때에는 사시(9시) 초에 출근하고, 유시(18시)에 퇴근하는 것으로 규정되어 있었다.

· 충렬왕 33년(1307) 12월에 충선왕이 원에 있으면서 명령하기를 "여러 기관의 대소 관원이 직무에 태만하고 불법적인 행동에만 힘쓴다는 말이 들리는데, 이제부터는 매월 말에 그들의 잘잘못과 근태상황을 정확히 고사(考査)하여 보고하라." 하였다.

4) 상소 내용이 거슬린다고 대관을 처벌

· 최유엄(崔有渰 : 1239~1331)은 평장사(平章事) 최자(崔滋)의 아들로서,

성질이 침착하고 겸손하여 명예를 구하지 않았으므로 벼슬한 지 10년 동안 이동이 없이 같은 자리에 있었다. 충렬왕이 그의 이름을 기억하고 있었으므로 즉위하자 그를 불러서 중용하였는데, 그는 감찰잡단을 거쳐 감찰시승으로 승진되었다.

충렬왕 5년(1279) 12월에 감찰시승 최유엄이 시사(時事 : 현안 정치문제)에 관하여 바른 말로 상소하였는데, 그 내용이 왕의 뜻을 거슬렸기 때문에 대청도(大靑島)로 귀양갔다. 승지 조인규(趙仁規)가 왕에게 아뢰기를 "최유엄은 지조를 지켜 충성을 다하여 성상을 받들었으니 가볍게 버려서는 안 됩니다." 하고 재삼 간청하니, 왕의 노여움이 좀 풀려서 소환하여 복직시켰다.

> **역사의 거울** 최유엄은 그 후 검교사공 사헌대부(司憲大夫), 부지밀직사사를 거쳐 도첨의중찬 판전리 감찰사사(都僉議中贊判典吏監察司事)로 임명되었다. 이때 충선왕이 원나라 제도를 모방하여 군인과 백성을 갈라놓으려 하였는데, 최유엄이 간곡히 간하여 이를 정지시켰다. 그는 그 후 여러 관직을 거쳐 정승 판선부사(政丞判選部事) 대녕부원군(大寧府院君)에 봉해졌다. 시호는 충헌(忠憲)이다.

· 충렬왕 6년(1280) 3월에 감찰사의 감찰시사 심양(沈諹)은 잡단 진척(陳倜), 시사 문응(文應), 전중시사 이승휴(李承休) 등과 함께 다음과 같이 상소하였다.

"전번 강도(江都 : 강화도를 도읍으로 함)에 있을 때에는 공물과 부세가 그런 대로 충족되었는데, 지금은 좌우창(左右倉)의 수입이 갑자기 줄어 든데다가 대방주(大坊廚) 외에도 칠색(漆色), 안색(鞍色), 아도치(阿闍赤 : 칠색, 안색과 더불어 몽고지배시에 설치되었던 관청) 등을 설치하였고 이런 관청의 식사공급도 모두 우창(右倉)에서 하게 되었으니 청컨대 이런 공급을 면제하여 주소서.

궁궐을 건축하는 공사를 시작한 것이 벌써 3년이나 되는데, 조정 관

리 중 노예가 없는 사람은 녹패(祿牌)를 팔아서 품을 사기도 하고 자기
스스로 역사에 나가는 일도 있습니다. 이것도 중지하였다가 농한기를
이용하여 일을 시키게 하소서.

또한 각도(各道)의 안렴사(按廉使)와 별감(別監)들이 왕에게 바친다는
구실로 민간에서 명주, 모시, 가죽, 종이, 포, 과일, 명표지(名表紙) 등을
거두어 권문귀족에게 뇌물로 바치고 있으니 모두 그 죄를 다스리게 하
소서."

왕이 이 상소문을 읽고 승지 정가신(鄭可臣)에게 묻기를 "닥나무는
땅에서 생산되는 것인데 무슨 폐해가 있단 말이냐?" 하니, 정가신이
답하기를 "신(臣)이 전주 관기(全州管記)로 있으면서 종이를 만드는 데
얼마나 고생하는가를 눈으로 보았습니다. 지금 고급 관리들이 종이를
너무 많이 쓰고 있는데 이는 매우 부끄러운 일입니다." 하였다. 이에
왕은 다만 명표지(明表紙)의 공납을 면제하는 것만을 받아들였다.

· 3일 후에 심양 등이 또 상소하였다.

"나라의 형편이 매우 곤란하고 날이 가물어 백성은 굶주리고 있으
니 사냥이나 하고 향락할 시기가 아닙니다. 전하께서는 어찌하여 백성
을 걱정하지 않고 사냥에만 정신을 쓰십니까? 또 홀치(忽赤)와 응방(鷹
坊)이 궁중에서 다투어 연회를 차리는데 금을 오려서 꽃을 만들고 실
로 누벼서 봉을 만드는 등 사치가 극도에 달하고 있습니다. 일시적인
오락에 쓸데없는 경비를 소모하는 것보다 간소하게 차리는 본국의 방
법을 따르는 것이 좋지 않겠습니까? 가령 음악에 있어서도 거리의 저
속한 가곡을 버리고 교방(敎坊)의 고상한 곡조를 연주하소서. 이것이
온 백성의 희망입니다.

상장군 윤수(尹秀)는 궁내에서 왕을 모시고 연회할 때 상 위에 올라가서
춤을 추었으니 신하로서의 예의에 벗어난 행동입니다. 대선사(大禪師) 조
영(祖英)은 음란하고 더러운 짓을 많이 하였을 뿐 훌륭한 행동을 한 적이
없는데, 전하가 주무시는 곳에 출입하여 주위에서 놀라고 있습니다. 그들

을 쫓아내고 책벌을 주어 타인에게 경종을 울리도록 하시기 바랍니다.”

왕이 이를 받아들이려고 하는데 옆에서 윤수와 조영 등이 참소하니 왕이 마침내 노하여 장군 임비(林庇) 등에게 명해서 시사 심양을 국문하고 먼저 이를 발의한 자를 찾아내게 하였다. 임비 등은 심양을 숭문관(崇文館)으로 끌고 가서 문빗장에 밧줄로 붙잡아 매고 다리 사이에 기와를 부수어 끼워놓고 사람으로 그 위를 밟게 하면서 먼저 이 말을 꺼낸 자가 누구인가를 말하라고 국문하였다.

피가 낭자하게 땅에 흘러내렸으나 심양은 아무런 말도 하지 않았으며, 그는 순마소(巡馬所 : 達魯花赤가 밤마다 순행하며 밤에 통행하는 사람을 금지시키고자 설치한 관서임, 이때부터 죄인을 가두는 곳이 됨)에 갇혔다. 길 가는 사람들이 피묻은 나무와 밧줄을 보고 말하기를, “저것이 대관의 피다.” 하였다.

이튿날 왕은 사헌부 관원들에게 이 사건의 책임을 물어 전번 상소에 가담하였던 잡단 진척(陳倜)과 시사 문응(文應)을 섬에 귀양 보내고, 전중시사 이승휴(李承休)를 파직하는 한편, 그들 후임으로는 장군 김일(金鎰)을 시승(侍丞)으로, 낭장 우천석(禹天錫)을 잡단(雜端)으로, 좌랑 민훤(閔萱)을 시사(侍史)로, 민지(閔漬)를 전중시사(殿中侍史)로 각각 임명하였다.

그날 왕이 궁궐에서 장경도량(藏經道場)을 열었는데, 사신(詞臣 : 文士) 백문절(白文節) 등이 왕에게 말하기를 “심양이 감히 전하의 뜻을 거슬렀으니 그 죄가 크다고 하겠으나 그 역시 유학을 하는 사람이니 너그러이 용서하여 전하의 문학을 숭상하는 미덕을 더욱 빛나게 하소서” 하니, 왕이 말하기를 “임금에게 충고하는 것은 성랑(省郎 : 중서문하성의 낭관, 즉 간관을 의미)의 임무이지 법리(法吏 : 이곳에서는 사헌부 관리를 의미)인 심양의 임무가 아니다. 그럼에도 그의 말이 공손치 못하여 먼저 발의한 자를 알려고 하였던 것인데, 그대들을 보아 용서한다.” 하면서 심양을 석방하게 하였다.

역사의 거울 심양(沈諹)은 충렬왕 초년에 공주 부사(公州副使)가 되었다. 장성현(長城縣)의 한 여자가 무당이 되어 금성신당(錦星神堂)을 만들었는데, 나주(羅州) 사람이 왕에게 그 무당이 신기하고 영험하다고 말하니, 왕이 그 무당을 맞아 접대하려 하였다. 그 무당이 상경하면서 지나는 고을마다 수령들이 예복을 입고 교외에까지 나가서 맞이하고 공손히 음식대접과 잠자리를 마련해 주었으나, 공주에서 심양은 그를 맞이하지 않았다. 무당이 성을 내며 귀신의 말이라고 전하기를 "나는 반드시 심양에게 재앙을 내릴 것이다." 하고는 물러가 일신역(日新驛)에서 숙박했다. 심양이 사람을 시켜 그들이 무엇을 하는가를 알아보았더니 그 여자가 간부(姦夫)와 함께 자고 있었다. 이에 그들을 체포하여 문초하니 모두 사실을 자백하였다.

이러한 강직한 성격 등이 인정되어 감찰시사로 임명되었다. 이에 그는 큰뜻을 품고 조정의 기강을 세우려다가 참소를 만나 감옥에 갇히게 된 것인데, 사람들은 이런 일은 선대로부터 처음 있는 일이라고 말하였다. 이때부터 바른 말을 하는 길이 그만 막히고 말았다.

· 충렬왕 13년(1287) 4월에 왕과 공주가 서해도로 사냥을 가는데 말을 탄 자의 수가 1,500명에 달하였다. 재상들이 아뢰기를 "농사가 바쁜 때이고 짐승이 새끼 배는 때이니 사냥하면 안 됩니다." 하니 왕이 성을 내고 말을 듣지 않았다.

그 위에 왕은 자기를 따라가는 군사들에게 미리 녹봉을 주라고 명령하였다. 이에 대하여 어사(御史 : 성명 미상)가 반박하였는데, 왕은 더욱 성을 내어 그 어사를 순마소에 가두었다.

· 충렬왕 14년(1288) 5월에 왕이 내관(內官 : 궁중에서 잡무를 보는 벼슬)들의 지난 2년간 녹봉을 추가지급하라고 명령하였는데, 전중시사 전유(田儒)와 좌창별감(左倉別監) 장순(張巡)이 아뢰기를 "창고가 고갈되어 당년도의 녹봉을 지급하기에도 부족하오니 좀 여유가 있기를 기다려서 주어야 할 것입니다." 하였다. 이것을 내관들이 왕에게 고자질하니, 왕이 전유와 장순 등을 옥에 가두었다.

· 충렬왕 21년(1295) 12월에 감찰시사 허유전(許有全 : 원종 말에 과거급

제)을 잡아 순마소에 가두었다. 이는 왕이 총애하던 후궁의 참소에 따른 것인데, 왕은 허유전을 거리에 내다가 볼기를 치려고 하였어도 감히 구원하려고 나서는 자가 없었다.

순마지유(巡馬指諭) 고종수(高宗秀)가 왕의 총애를 받았는데, 이때 아뢰기를 "감찰(監察)이란 주상의 이목(耳目)이 되어 백관을 규찰하는 것인데 이제 간사한 사람의 참소로 말미암아 거리에 내다가 볼기를 치신다면 주상을 어떤 임금으로 알겠습니까?" 하고 재삼 이해시켜서, 드디어 면하게 되었다.

· 채우(蔡禑)는 감찰사에 임명되어 좌창(左倉)에서 관리들에게 녹봉을 나누어주는 것을 감시하였다.

충렬왕 25년(1299) 9월에 환관이 왕의 지시라고 하면서 쌀 몇 섬을 궁중으로 들여가서 궁인(宮人 : 궁녀)들에게 나누어주려고 하였다. 채우가 말하기를 "오늘 나누어주려는 쌀은 부·위(府衛)의 장교들의 녹이므로 만약 거두어다가 궁인들에게 준다면 임금님의 성덕이 손상될 우려가 있다."라고 하면서 굳이 저지하였다. 이 사실을 왕에게 보고하니 노하여 감찰사 채우를 섬으로 귀양 보냈다.

· 충렬왕 28년(1302) 5월에 해남관 별감(海南館別監) 김연(金延)이 백성들의 재물을 침탈한 사실을 전중시어사 김영좌(金英佐)가 지적하고 그를 탄핵하였다. 그러나 이 탄핵을 못마땅하게 여긴 왕이 오히려 전중시어사 김영좌를 봉양부사(鳳陽副使)로 좌천시켰다.

역사의 거울 충렬왕이 이와 같이 아첨에 귀를 기울이고, 대관들이 바른 말을 하면 귀에 거슬린다고 처벌로 일관함으로써 왕 자신과 관리들의 눈과 귀를 막은 결과를 가져왔으며, 이는 몽고 간섭기간 중 고려왕조의 실태와 운명을 짐작케 하는 일이다.

5) 왕의 뜻을 거슬린 대관을 다시 초빙

이승휴(李承休)는 전중시사로 있었던 충렬왕 6년(1280) 3월에 열 가지 매우 중요한 일에 대하여 조목별로 심각히 비판하는 글을 써 올렸다. 그것이 충렬왕의 뜻에 거슬려 파면되어 구동(龜洞)의 옛집에서 은거하였다.

충렬왕 24년(1296) 2월에 충선왕이 즉위하고는 다음과 같은 교서를 내렸다.

"임금은 현명한 인재를 구하여야 하며 무릇 한 가지 재능과 재예가 있으면 반드시 초빙하여야 하는데, 그런데 그대와 같이 유능한 인재를 그저 두고 있겠는가? 그대는 글짓는 재간이 있고 관리로서의 능력이 있으며 충성과 절개가 임금의 그릇된 마음을 바로잡는 사람이다. 그런데 때를 만나지 못하여 대각(臺閣)에서 벗어나 시골에서 헛되이 늙어가고 있어 안타깝다.

나는 덕망도 없이 선위(禪位)받았으므로 전날의 사람들과 국가사업을 하고자 한다. 안찰부사(按察副使) 유자우(庾自偶)를 통하여 간절히 이르노니 내가 측근의 자리를 비워두고 초조히 기다리는 뜻을 받아, 행여나 늙었다는 이유로 사양하지 말기 바란다."

이때 이승휴는 삼척현 용계(龍溪)의 농막에 있었는데, 글을 올려 늙고 병든 것을 이유로 벼슬에 나가지 못하겠다고 사양하였다. 왕이 다시 교서를 내려 이르기를 "과인이 평소부터 경의 이름을 듣고 국사를 다스리려고 하였으며, 이제 경에게 사림시독 좌간의대부(詞林侍讀左諫議大夫)를 제수하니 바라건대 창생을 위하여 한 번 일어서라." 하니, 이승휴가 마침내 서울로 올라와 왕을 배알했다. 충선왕은 이승휴와 함께 이야기하고는 크게 기뻐하여 민간에게 이로운 것과 폐해가 되는 것, 시국행정의 잘잘못 등을 물었다.

역사의 거울 이승휴(李承休 : 1224~1300)의 자는 휴휴(休休)이고 경산부(京山府) 가리현(嘉利縣) 사람이다. 어려서 아버지를 잃고 학문에 힘써 고종 때 과거에 급제하였으나 두타산(頭陀山) 구동(龜洞)에 들어가 10여 년 간 몸소 밭을 갈고 어머니를 봉양하였다. 그 후 이장용(李藏用) 등의 추천에 의하여 벼슬길에 나갔는데, 원나라에 사신의 서장관으로 갔을 때 그는 시와 문장 등으로 고려의 위상을 높였다.

귀국하여 합문지후(閤門祗候), 감찰어사와 우사간(右司諫)을 거쳐 양광도(楊廣道)와 충청도(忠淸道)의 안렴사(按廉使)가 되었는데, 그는 탐관오리 일곱 명을 규탄하고 그들의 재산을 몰수하였다. 이 때문에 그를 원망하는 목소리가 대단히 높아졌으므로 그는 동주(東州) 부사(副使)로 강직되었다. 그는 충선왕이 불러 재등용된 후 전중시사에 임명되었는데, 충렬왕 6년(1280)에 감찰시사 심양이 왕에게 극간한 사건과 관련하여 파면되었다.

이승휴는 구동(龜洞)으로 돌아가 은거하며 『제왕운기(帝王韻記)』와 『내전록(內典錄)』을 저술하였는데, 이때 지은 시가 동문선에 수록되었으므로 이를 소개한다.

경진에 간하다가 파직되니 중찬(中贊) 류경(柳璥) 이 아픈 몸으로 와서 위로하니 사례함(庚辰(1280)坐言事見罷 謝柳中贊璥扶病來唁)

일국의 으뜸 재상이 함부로 출입함은 처음이라.	元侯浪出未曾聞
하물며 1년 남짓 병으로 문밖 출입 않으시다가,	何況經年病杜門
부액(扶腋 ; 곁부축)하고 오니 이웃 사람들 놀라고	扶腋見臨隣里怪
이내 소문이 나서 사림(士林)이 소란하네	到頭傳說士林喧
완고한 이 물건이 새 값 오를 뿐만 아니라,	豈唯頑品擡新價
장차 올 어진 분들은 곧은 말을 숭상하리라.	當有來賢尙直言
버려진 이 몸이 오히려 치하될 만함은	見廢此身飜可賀
공(公)이 친히 오셔서 위문하였기 때문이리.	值公親唁枉高軒

(『東文選』 제14권 七言律詩)

이승휴는 그 후 충렬왕 24년(1298)에 충선왕이 본문과 같이 그를 다시 불렀던 것이다.

후에 그는 동첨자정원사(同僉資政院事)로 임명되었는데, 글을 올려 퇴관할 것을 청하니 그 해(1298) 7월에 밀직부사(密直副使), 감찰대부로 치사케 하였다. 그의 아들로 이임종(李林宗)과 이연종(李衍宗)이 있다.

6) 부적격 관리 임명을 지적

충렬왕 원년(1275) 12월에 도병마사에서 국가의 비용에 충당하기에
부족하다는 이유로 사람들에게 은(銀)을 바치게 하고 관직을 주었다.

백신(白身 : 官職이 없는 자)이 초사(初仕 : 처음 임명되는 관직)를 희망하는
경우에는 은(銀) 3근을 내게 하였고, 초사 관직을 지내지 않고 권무(權
務) 관직을 희망하는 자는 은 5근을, 초사 관직을 지낸 자로서 권무 관
직을 희망하는 자는 은 2근을, 권무 및 9품으로서 8품 관직에 임명되
기를 희망하는 자는 은 3근을, 8품으로서 7품을 희망하는 자는 은 2근
을, 7품으로서 참직(參職)을 희망하는 자는 은 6근을 각각 내게 하였다.
한편 군인으로서 대정(隊正)을 희망하거나 교위(校尉)를 희망하는 자는
3근을, 교위로서 산원(散員)을 희망하는 자는 4근을, 산원으로서 별장
(別將)을 희망하는 자는 2근을, 별장으로서 낭장(郎將)을 희망하는 자는
4근을 각각 내게 하였다.

이와 같이 벼슬을 파는 제도는 충렬왕 3년(1277) 2월에도 도병마사에
서 왕에게 건의하여 왕의 승인을 받아 시행하였고, 충목왕 4년(1348)에
도 입속보관법(入粟補官法 : 곡식을 바치고 관리가 되는 법)을 시행하였던 것
등을 볼 때 오랫동안 계속된 것 같다. 그러나 대간들은 부적격자와 장
오죄를 범한 자의 임명에 대하여는 다음 사례와 같이 계속 반발하였으
며, 왕은 대간의 건의를 때로는 들어주고 때로는 거부하였다.

·충렬왕 원년(1275) 12월에 상장군(上將軍) 강윤소(康允紹)는 천인출
신으로 높은 벼슬에 올랐다고 감찰사가 탄핵했다. 그런데 그는 탄핵에
대한 결정이 있기 전에 자진하여 사무실에 나와서 일을 보았으므로,
사헌부가 그 사실도 함께 탄핵하니 드디어 면직되었다.

·충렬왕 5년(1279) 5월에 임정기(林貞杞)의 정랑(正郞) 임명 및 고밀
(高密)의 봉의랑(奉議郞) 임명이 부당하다고 대간들이 그 고신(告身)에 서
명하지 않았다. 임정기 등이 이 사실을 왕에게 고하니 왕이 고신에 서

명하도록 명령하였다. 그러나 대간들이 그 명령을 받들지 아니하였으므로 감찰시사 김홍미(金弘美)와 좌사간 이행검(李行儉)을 해도에 귀양 보냈다. 고밀의 아내는 술을 잘 빚어서 늘 술을 가지고 권신과 근신(近臣 : 왕의 측근 신하)들에게 잘 보임으로써 벼슬을 얻은 것이다.

• 충렬왕 18년(1292) 4월에 밀성 사람 조칭(趙偁)이 안렴사를 죽이려고 모의하다가 발각되었으나, 다행히 죽임을 모면하고 판감찰사사(判監察司使) 염승익(廉承益)에게 붙어서 전리좌랑(典理佐郎)으로 임명되었다. 감찰시사 김유성(金有成)이 그 고신에 서명하지 않으니, 염승익이 왕명이라 하면서 독촉하였다. 염승익이 마침내는 노하여 김유성을 꾸짖고 욕하였으나 김유성은 끝내 이를 듣지 않았다.

7) 사면범위의 조정을 건의

충렬왕 2년(1276) 10월에 왕이 협제(祫祭 : 조상들을 동시에 제사 지내는 의식)를 지내고 시호를 기입한 책을 올렸다. 왕이 교서를 내리기를 "선대 군왕들을 협제하는 의례를 거행했으니 크게 은혜를 베풀어야 하겠다. 전번 사면 이후에 죄과를 범한 자를 모두 용서하라." 하였다.

또한 장차 원나라에 입조하게 되고 공주(公主 : 왕비를 지칭함)가 해산할 달이 가까웠다는 이유로, 다음해(1277) 4월에 왕이 명령하기를 "참형(斬刑), 교형(絞刑)을 포함한 모든 죄수를 석방하고 궁궐 수축을 중지하라." 하였다.

그로부터 며칠 후 감찰사에서 건의하기를 "2죄(二罪 : 사형, 즉 참형과 교형 해당자를 의미)를 용서하는 것은 선왕들의 제도에 없는 일이니 이미 발포한 명령을 취소하소서." 하였으며, 왕이 이 제의를 좇았다. 그 결과 전년도(1277) 10월에 사면한 것과 같이 사형수를 제외한 모든 죄수의 죄를 사면하였다.

8) 재물을 수탈한 대관을 보호

충렬왕 3년(1277) 12월에 감찰시승 조인규(趙仁規)의 불법행위를 저지하려던 남경부사(南京府使) 최자수(崔資壽)와 사록(司錄) 이익방(李益邦)을 섬으로 귀양 보냈다.

감찰시승 조인규가 휘하의 군사 개삼(介三)으로 하여금 남경(南京 : 지금의 서울) 백성 8명을 시켜 수달피를 잡도록 하였는데, 그들은 해마다 수달피 가죽을 공주궁(公主宮 : 충렬왕비의 宮)에 반만 바치고 나머지는 조인규 집으로 들여갔다. 이 사실을 발견한 남경사록 이익방이 개삼을 잡아 가두고 물었다. 이에 조인규가 공주에게 하소연하기를 "남경관리가 궁(宮)의 명령서를 찢어 땅에 던졌습니다." 하니, 공주가 노하여 이익방을 가두고 남경부사 최자수는 칼을 씌워 저자에 조리 돌린 후 국문하였다. 국문 결과 사실과 달랐음을 보고하였으나, 공주를 노하게 하였다는 이유로 남경부사 등을 섬에 귀양 보냈다가 얼마 후 석방하였다.

한편 조인규는 계속 공주의 신임을 받다가 충렬왕 12년(1286) 8월에 지밀직사사(知密直司事) 겸 감찰대부(兼監察大夫)로 임명되었다.

역사의 거울 조인규(趙仁規 : 1277~1308)는 충렬왕이 세자일 때 원나라 입조(入朝)시에 수행하였고 원의 제국대장공주(齊國大長公主)가 왕비로 된 후 개인적인 친분관계로 벼슬에 올랐다. 그러나 이렇듯 탐오한 관리였음에도 감찰대부로 승진되었을 때 이에 대하여 봉박한 관리가 없었다. 다만 조인규는 왕과 왕비에게는 충성했으며, 자녀들에게 다음과 같이 훈계하였다.

아들들에게 일러줌(示諸子)

임금을 섬기는 데엔 마땅히 충성을 다할 것이고	事君當盡忠
사물을 대하여서는 마땅히 지성스러워야 한다.	遇物當至誠
바라노니 부지런히 닦아	願言勤夙夜
낳아준 아비를 욕되지 않게 하라.	無忝爾所生

(『東文選』 제19권 五言絶句)

9) 풍속에 관한 금령(禁令)을 발령

· 충렬왕 9년(1283) 2월에 감찰사에서 금령을 내려 다음과 같이 방을 붙였다.

"조정의 벼슬아치가 권문귀족에게 아첨하여 족장(族長)이 아닌 경우에도 길에 엎드려 아래에서 절하는데, 지금부터는 절하는 자나 받는 자나 모두 벌한다. 또 호종하는 여러 신하들이 반열에서 돌아보면서 말하고 웃는 것을 금하며, 조복을 입고 보행하는 자와 서민으로서 말을 타고 가다가 대관(大官 : 大臣)을 보고도 내리지 않는 자는 그 말을 빼앗아 전목사(典牧司)에 보낼 것이다."

· 충렬왕 22년(1296) 정월에 감찰사에서 말하기를 "무뢰배들이 제멋대로 우마를 도살하고 수시로 산야에 불을 놓아 생물을 태워 죽이는데, 이는 살리는 것을 좋아하시는 제왕의 성덕에 어긋나는 것이오니 이를 금하소서." 하니 왕이 좇았다.

· 그 후 충렬왕 34년(1308) 윤11월에 외종형제(外從兄弟)간에 통혼(通婚)하는 것을 금지하였다.

10) 청렴·근신으로 유명했던 감찰대부 설공검(薛公儉)

설공검(薛公儉 : 1224~1302)은 순창군(淳昌郡) 사람으로 추밀원 부사 설신(薛愼)의 아들이다. 설신의 어머니 조씨는 아들 8명 중 3명이 과거에 급제하였기 때문에 국대부인(國大夫人 : 정3품직)의 작호를 받았다. 설공검은 고종 말년에 과거에 급제하여 예부랑중, 우부승선, 밀직부사(密直副使) 등을 역임하고 감찰대부에 임명되었다.

그는 청렴하고 근신하며 정직하였고, 남을 대할 때 공손하고 항상 검소하게 지냈다. 또한 조정의 관리로서 6품 이상 되는 자가 친상(親喪)을 당하면 자기가 모르던 사람이라 하더라도 소복을 입고 가서 조문하였고, 설공검의 집에 와서 찾는 사람이 있으면 그의 품위에는 관계 없이 바삐 나가서 맞이하였다.

한 번은 그가 병으로 누웠는데, 채홍철(蔡洪哲)이 그에게 가서 진찰하였는데, 그는 베 이불을 둘러쓰고, 완골로 만든 자리를 깔고 있어서 쓸쓸한 생활이 마치 중의 거처와 비슷하였다. 채홍철이 나오면서 탄식하며 말하기를 "우리 같은 자들과 설공을 비교한다면 이른바 벌레와 황학(黃鶴)의 차이와 같다."고 하였다.

[사진설명] 감찰대부 설공검의 묘비.

설공검은 그 후 지첨의부사(知僉議府事)와 참리(參理)를 역임하고 퇴관할 나이가 되었다고 물러갈 것을 청하니 찬성사(贊成事)로 높여서 치사하였다. 시호는 문량(文良)이고 충렬왕 묘에 배향되었다. 아들 설지충(薛之沖)은 벼슬이 찬성사에 이르렀다.

11) 탐오한 관리와 간통행위자 처벌

· 충렬왕 원년(1275) 12월에 감찰사에서 그 기관의 책임자인 감찰제

헌(監察提憲) 허공(許珙)을 탄핵하였다. 이는 허공이 자기 아내가 죽은 후에 자기 집에서 양육하던 이질녀와 결혼하였기 때문이다.

· 충렬왕 11년(1285) 2월에 충청도 안렴사(忠淸道按廉使) 이천유(李千裕)가 백성을 동원하여 집 지을 재목을 불법적으로 벌채하였음이 적발되어 감찰사에서 탄핵하니, 그를 파면하였다.

· 충렬왕 12년(1286) 6월 감찰사로 임명된 박매(朴玫)가 충주 판관으로 있을 때 자기 구역내에 전답을 새로 만들었고 왕의 명령을 왜곡하여 관청 쌀을 훔쳤으며 또 충주에서 관기(官妓)를 데리고 왔음을 감찰사(監察司)에서 적발하였다. 그래서 감찰사에서 그를 탄핵하여 파면시켰다.

· 충렬왕 19년(1293) 3월에 감찰사에서 남해현령(南海縣令) 서원(徐遠)이 불법적으로 획득한 장물을 몰수하였다.

· 충렬왕 24년(1298) 2월에 감찰사에서 교서랑(校書郎) 조진성(趙晋成)의 아내 조씨를 가두었다. 조씨는 그의 오빠 조지열(趙之烈)과 정을 통하고 있었는데 그 어미가 알고 이를 말렸더니 조지열이 어미를 구타하고 누이를 은닉하였다. 그래서 그 어미가 이를 감찰사에 고발하였으므로 가두게 되었다.

· 충렬왕 31년(1305) 11월에 우승지 최숭(崔崇)이 파면되었다. 그는 다른 승지가 경상도 기은별감(祈恩別監)으로 임명된 것을 자기가 대신하는 것으로 스스로 구전(口傳)으로 썼으며, 임무를 수행하고자 출발할 때 초노(抄奴) 박연(朴延)을 수행원으로 지명하였다. 그런데 최숭이 어떤 사람으로부터 백금과 은 3근을 뇌물로 받고 박연을 제외하고 그 사람으로 개임(改任)하였다. 화가 난 박연이 이 사실을 감찰사에 고발하였으므로, 사실이 밝혀져 최숭이 파면된 것이다.

역사의 거울 원종 재위중인 15년간은 간통 기록이 별로 없었는데, 충렬왕 때부터 많아지기 시작했다. 이는 몽고의 간섭을 받던 기간에는 그들의 영향을 받아 사회분위기가 점차 타락하였음을 나타낸다.

12) 세자를 판감찰사사(判監察司事)로 임명

충렬왕 21년(1295) 8월에 세자(世子)인 왕원(王謜)을 판도첨의밀직 감찰사사(判都僉議密直監察司事)로 삼았다. 왕원이 일찍이 도첨의사(都僉議司)에서 사무를 보고 왕에게 조회를 드리러 가는데, 백성들이 길을 막고 말을 붙잡으면서 억울함을 하소연하여 말이 나가지 못하였다. 이는 당시 권력층이 일반 사람의 토지와 노예를 강탈하였으나, 담당관사에서 이를 해결해 주지 못하였기 때문이다. 이에 왕원은 위 직에 임명된 후 그들의 하소연을 듣고 모두 받아주었다. 왕원은 그 후에도 관직에 계속 머물러 판중군사(判中軍事)로도 임명되었다.

역사의 거울 안정복(安鼎福)은 세자의 관직 임명에 대하여 평하기를 "세자는 임금의 음식을 보살피고 문안을 드리는 외에는 아무것도 간섭해서는 안 된다. 이제 충렬왕이 도첨의를 삼았고, 세자는 관료의 임명을 건의하며 백성들의 억울한 소송를 받아들였으니, 이는 부자가 다 잘못한 일이다. 그 결과 마침내는 충렬왕은 아들을 몰아내려 하고, 세자는 아버지인 임금을 협박하기에 이르게 되었는데, 서로 모해하려는 화는 이때에 기인한 것이다. 이는 춘추(春秋)의 의의를 알지 못한 데 기인한 것이니 후대 임금은 경계할 것이다." 하였다(『東史綱目』 제12 下).

13) 지방에 권농사(勸農使)를 파견

· 충렬왕 18년(1292) 2월에 교서를 내리기를 "충청도와 서해도는 백성이 농사를 망쳐서 굶주리고 있을 뿐만 아니라 곡물의 종자까지도 저축하지 못하여 파종하기 어렵다 하니 감찰사 김상(金祥)과 낭장 김양수(金良粹)를 두 도의 권농사(勸農使)로 삼아서 곡물 종자를 사들여와서 고루 배급하도록 하라." 하였다.

> **역사의 거울** 이때 감찰사를 권농사로 파견한 것을 볼 때 권농사가 지방관리들에 대한 감찰임무도 수행하였을 것으로 보여지지만, 그들의 행적에 대한 구체적인 기록이 없다.

충렬왕 때 임명되었거나 활동한 대관의 명단은 다음과 같다.

<표 22> 충렬왕조의 대관

判事	提憲大夫	知事	侍中丞	雜端	侍(御)史	殿中侍(御)史	監察史	分臺御史
金方慶 廉承益 王諝(世子) 印侯 宋玢 金之淑 崔有渰	許琪, 奇洪碩 任翊, 宋玢 李尊庇, 趙仁規 郭預, 鄭可臣 林貞杞, 崔有渰 柳庇, 李承休 朴顓, 郭贇 金賆, 吳祁 金文衍, 許有全 薛公儉, 閔宗儒 柳仁和, 閔漬	李汾成 (李褶) 吳祁 金元珥 洪子翰 閔宗儒 崔實	趙仁規 崔有渰 金鎰 呂文就 李拼 洪子翰 沈逢吉 金倫	崔有渰 陳偶 禹天錫	金弘美 沈諹 文應 閔萱 權宜 尹諧 許有全 金恂 金有成 蔡謨 安珦	崔瑞 李承休 李仁挺 閔漬 田儒 金英佐 金恂 金安	李承休 郭贇 朴玫 金祥 金有成 蔡禑 禹倬 金誠 尹承解 許有全	金誠 尹承解

3. 충선왕조(忠宣王朝)의 헌대

충선왕(忠宣王 : 이름은 王諝, 1308~1313 재위)은 충렬왕의 맏아들로 충렬왕 17년(1291)에 세자로 책봉되고, 21년(1295) 8월에는 판도첨의밀직감찰사사(判都僉議密直監察司事)로 임명되었다. 그 후 충렬왕 24년(1298)에 왕위를 전위(이때 충렬왕은 逸壽王이 됨)받은 후 충선왕은 충렬왕과 권력을 다투면서 교대로 왕권을 행사했다.

원나라의 영향을 받아 사회기강이 해이해지고 음란한 풍습이 생겼으므로 대관들은 이런 문제를 해결하고자 특히 노력하였다. 왕은 각 지방에 쇄권별감을 여러 번 파견하는 등 국가사회의 분위기를 쇄신하려고도 하였으나 여자와 소인들에게 미혹되어 국가 기강을 바로잡지 못하였고, 아들[후의 충숙왕]에게 전위한 후 원나라에서 살았다.

1) 왕의 음행을 직간

충렬왕 34년(1308) 7월에 왕이 신효사(神孝寺)에서 사망하였다. 왕의 유지에 따라 원에 있던 심양왕(瀋陽王)이 10여 일을 밤낮으로 달려와 빈전(殯殿)에 들어가 곡하고 전제(奠祭)를 행한 후 수령궁(壽靈宮)에서 왕위에 즉위했으니, 이분이 충선왕이다.

그 해 10월에 충선왕이 빈전에 제사드리고 김문연(金文衍)의 집에 거동하여 부왕(父王 : 충렬왕)의 총애를 받던 숙창원비(淑昌院妃 : 金文衍의 누이임)와 더불어 한참 있으니 사람들이 의심하기 시작했다. 16일 후 왕이 김문연의 집에 다시 거동하여 숙창원비에게 음행(淫行 : 강간)하였다. 그러나 이에 관하여 감히 말하는 사람이 없었다.

이튿날 감찰규정 우탁(禹倬)이 흰 옷을 입고 도끼를 갖고 대궐에 나아가 거적을 묶어놓고 글을 올려 왕의 난행을 강력히 간하였다. 이때 근신(近臣)이 상소문을 펴들고 감히 읽지 못하니 우탁이 성난 목소리로 소리 높여 말하기를 "그대는 근신이 되어서 왕의 잘못을 바로잡지 못하고 아첨만 하여 이 지경에 이르게 되었소. 그대는 그 죄를 아시오?" 하니 좌우 신하들은 두려워 몸을 떨고 왕은 부끄러워하였다.

부왕의 총애를 받던 여인을 가까이한 일은 심히 부당한 일이었으나, 이미 저질러진 일이고 주워담을 수 있는 성질도 아니었다. 왕은 얼마 후 숙창원비를 숙비(淑妃)로 봉했다.

역사의 거울 우탁(禹倬 : 1263~1342)은 단산(丹山) 사람이고 향공진사(鄕貢進士) 우천규(禹天珪)의 아들이다. 그는 과거에 급제하여 영해 사록(寧海司錄)으로 임명되었다. 그 고을에는 팔령(八鈴)이라는 귀신 사당이 있었는데 백성들이 그의 영험이 신기하다는 데 미혹되어 제사를 받드는 등 민심이 흐렸다. 우탁이 부임하는 즉시 이것을 부수어 바다에 처넣었더니 미신이 드디어 없어졌다. 우탁은 여러 번 승진하여 감찰규정(監察糾正)이 되었고 왕의 음행을 보고는 앞에 기록된 직간(直諫)을 서슴지 않았던 것이다.

이 건의 직간에 관하여 안정복(安鼎福)은 "충선왕이 숙비에게 불례(不禮)한 점은 인신(人臣)으로서 입에 담을 수도 없다. 우탁의 항소(抗疏)와 감언(敢言)은 반드시 죽겠다는 각오로 조금도 개의치 않았던 것이니, 천 년 후에 생각해도 고충(孤忠), 준절(峻節)이 탁월해서 그에게 미칠 만한 사람을 찾을 수 없다."라고 평하였다(『東史綱目』 제13上).

우탁은 그 후 벼슬이 성균좨주(成均祭酒)에 이르러 벼슬에서 물러나 예안현(禮安縣)에서 여생을 보냈다. 충숙왕이 그의 충성을 기특히 여겨 두 번이나 소환했으나 벼슬에 나가지 않았다. 우탁은 경사(經史)에 통달했고 특히 역학(易學)에 대한 지식이 심오하였다. 그의 점술은 맞지 않는 것이 없다는 평을 들었다. 『정전(程傳)』이 처음으로 우리나라에 들어왔을 때 해독하는 사람이 없었는데 우탁이 한 달 남짓 동안 문을 닫고 연구하여 드디어 해독하였다. 그것을 학생들에게 교수하였는데, 이때 비로소 역학(易學)이 우리나라에 알려지게 되었다.

우탁은 영남지방의 영호루(暎湖樓)에서 그의 심정을 다음과 같이 읊었다.

영호루(暎湖樓)

영남(嶺南)에 여러 해 동안 두루두루 놀았으나	嶺南游蕩閱年多
이 호산(湖山)의 경치를 내 가장 사랑하네.	最愛湖山景氣加
풀 우거진 나루터에 손[客]의 길이 나누어지고	芳草渡頭分客路
수양버들 푸른 뚝가에 농가(農家)가 있네.	綠楊提畔有農家
거울에 바람 자니 물연기 눈썹 비끼었고	風恬鏡面橫煙黛
오랜 세월 담 머리에는 흙꽃[土花]이 자랐구나.	歲久墙頭長土花
비갠 뒤 온 벌판에 격양가[태평시대를 형용] 부르는 소리	雨歇四郊歌擊壤
앉아서 저 수풀 끝에 있는 떼[槎] 보노라.	坐看林杪漲寒槎

(『東文選』 제15권 七言律詩)

2) 사헌부의 임무를 추가

충선왕은 판감찰사사로도 활동했으므로 충렬왕보다는 국내 실정을 잘 알았다. 그래서 감찰사 등에 여러 가지 지시를 하기도 했는데, 충선왕 즉위년(1308) 11월에 왕이 다음과 같은 교서를 내렸다.

"돌이켜보건대 선조의 건국 초기에는 법도가 전부 구비되었는데, 후에 내려오면서 점차 질서가 문란해졌고 근래에는 간신이 발호하여 정권을 농락하고 질서와 규율이 파괴되었으며 공사(公私)의 전민(田民)을 탈취하기에 이르렀다. 백성은 먹을 것이 없고 국고는 고갈되었으며 권력 잡은 자들만이 부유하여 창고가 넘치니 심히 가슴 아픈 일이다.

이에 사신들을 파견하여 토지를 조사하고 부역을 이전의 법대로 공평하게 결정하려 한다. 이는 (1) 나라의 재정을 충실히 하고, (2) 관리들의 녹봉을 충실히 줄 수 있게 하려는 것이며, (3) 백성의 생활을 풍족하게 하기 위한 것 등에 목적이 있다.

한편 모든 아문(衙門)이 수시로 변혁되어 일정치 않다. 더욱이 소용 없는 관직이 많이 제정되어 유명무실한 것이 많으니 현재의 실정을 참작하여 통합시키거나 축소하여 모두가 자기 책임을 완수토록 하여야 할 것이다."

그러나 이날 왕이 명령을 내린 이후 판검교(判檢校)의 사무가 더욱 번잡하게 되었을 뿐이며, 그다지 좋은 효과는 나타나지 않았다.

같은 날 또 전농사(典農司)에 분부한 내용은 다음과 같다.

① 본사(本司)에 저축한 미곡은 흉년에 대처하기 위한 것임에도 관직이 없는 사람들이 구입하는 결과 낭비가 많다. 이미 내려보낸 쌀을 주라는 균지(鈞旨 : 議政의 指示)는 모두 봉해 두고 쌀을 내주지 마라.

② 사급전(賜給田)의 조세로서 이미 관청에 납입한 것은 반환하라는

균지가 있어도 시행치 마라.

③ 세력 있는 자들은 처음에는 국가에서 준 것이라는 구실을, 나중에는 조상 때부터 내려오는 것이라는 구실을 붙이는데, 족정(足丁)의 수가 당초보다 많은 자는 무농사(務農司)가 다시 계산하여 전농사(典農司)에 조세를 납부토록 하라.

④ 경기(京畿) 8현(縣)의 녹과전(祿科田)과 구분전(口分田) 이외의 기타 조세는 속히 징수하여 저축하라.

⑤ 선군(船軍) 및 기인(其人) 각 100명과 제색장인(諸色匠人)들을 사용하여 동적창(東積倉)과 서적창(西積倉)을 건설하라.

⑥ 오위대정(五衛隊正)은 실직한 자 90명을 시켜서 윤번제로 농원창(農元倉), 동적창(東積倉)과 서적창(西積倉)을 날마다 일직(日直)케 하되, 복무과정에 공로가 있는 자를 등용하라.”

3) 제사와 장례 등의 잘못을 바로잡음

· 충선왕 2년(1310) 정월에 능(陵)과 침원(寢園)에 제사를 지내는데 해당 관원이 살생하지 않으려 하므로 사헌규정 복기(卜禥)가 그 옳지 않음을 지적하여 말하기를 “대체로 제사는 기(氣)를 주로 하는 것이므로 먼저 짐승을 뜰에서 도살하여 신(神)을 강림케 하는 것이다. 만일 산 짐승을 제물로 쓴다면 어찌 예절에 맞겠는가?” 하였다. 이에 관원들이 짐승을 죽여 제사 지냈다.

· 최성지(崔誠之)는 충선왕이 동궁(東宮 : 왕세자)으로 있을 때부터 이미 요속(僚屬 : 아래에 딸린 동료)되었고, 원에서도 오랫동안 왕을 시중하고 도운 바가 있어 왕이 심히 신임하고 총애하였다. 최성지가 집의(執義)가 되었을 때 경릉(慶陵)을 장사 지내게 되었다. 예전에 의하면 중승(中丞 : 집의)이 현궁(玄宮 : 임금의 梓宮을 묻은 壙中)을 봉하는 데 서명하도록 되어 있고, 시속(時俗)에서는 능을 봉하는 자는 불길하다고 하였다.

이날 현궁을 봉하여야 할 집의 이언충(李彦冲)이 사양하자, 왕이 최성지에게 명하면서 "그대 앞길은 나에게 달려 있지 않은가?" 하였다. 이에 최성지는 조금도 개의치 않고 장사 절차에 조금도 차질이 없이 진행하였다. 충선왕 4년(1312) 6월에 왕은 최성지를 동지밀직사사(同知密直司事)로 갑자기 승진 발령하였다.

4) 승려의 사기행위를 적발

충선왕 5년(1313) 2월에 승려(僧侶 : 중) 효가(曉可)가 사기행위를 하였다 하여 사헌부에서 잡아다 순군옥(巡軍獄)에 가두었다.

효가는 스스로 도통하였다고 하면서 요술로 부녀자를 미혹케 하였다. 그는 꿀물과 쌀가루를 혼합한 것을 사람들에게 보이면서 "이것은 감로(甘露), 사리(舍利)라 하는 것으로 모두 나의 몸에서 나온 것이다." 하며 선전했다. 사람들은 거짓인 줄을 모르고 그 물을 마시거나 저장하기도 하였다.

또 효가는 몸이 겨우 들어갈 만한 굴 위에 올라 앉아 제자들에게 말하기를 "나의 육체를 다비(茶毘 : 불교에서 시체를 태우는 의식)한 후에 7일만에 부처가 되어 나타나리라." 하면서 땔나무에 불을 붙이게 하니 연기와 화염이 충천하였다. 이때 효가는 굴 속으로 굴러들어가서 감[枾]과 밤[栗]을 먹으며 약속일까지 지내다가 불탄 재가루를 헤치고 나왔다.

사헌부에서 그 사기 행동을 알아채고 문초한바, 효가가 사실대로 자백하였으므로 옥에 가둔 것이다.

5) 지방에 쇄권별감(刷卷別監) 등을 파견

· 충선왕 원년(1309) 10월에 도평의사(都評議使)가 왕의 명령으로 각

지에 사자를 파견하여 제찰(提察)과 수령들의 작간(作奸 : 간사한 짓을
함)과 취리(取利)행위 등을 염탐, 규찰하게 하였다. 이때 사자로 사헌
규정 김성고(金成固) 등 2인을 경상도에, 규정 최여(崔汝) 등 2인을 전
라도에, 규정 노취(盧取) 등 2인을 충청도에, 규정 조일(趙佾) 등 2인
을 교주도에, 규정 김문정(金文鼎) 등 2인을 서해도에 각각 파견하였다.
그러나 그들의 활동내용에 관하여는 기록이 남아 있지 않아 알 수 없
다.

· 충선왕 3년(1311) 정월에 왕의 명령으로 각 도(道)에 쇄권별감(刷
卷別監 : 장부와 문서의 검사를 맡은 벼슬)을 파견했는데, 파견된 사람들
이 누구인지 기록이 남아 있지 않다. 그러나 파견된 쇄권별감의 조
사결과 백성들의 재물을 불법적으로 긁어모은 관리 102명이 적발되
었다.

따라서 그해 7월에 왕이 명령하기를 "쇄권별감의 보고에 의하면 경
상도 제찰사(提察使) 강원(姜瑗), 전라도 제찰사 이중구(李仲丘), 양광도
제찰사 김미(金亹), 강릉도 안집사(安集使) 한중희(韓仲熙), 별감(別監) 최
자안(崔子安), 정자온(鄭子溫)과 각지의 수령(守令) 96인이 백성들에게서
재물을 긁어서 사복을 채웠음이 밝혀졌다. 그들의 죄상은 마땅히 엄중
처단하였어야 할 것이로되 대사(大赦) 이전에 저지른 범행이기에 그 재
물만 추징하고 모두 관직에서 파면시키는 것으로 종결처리한다." 하였
다.

· 충선왕 4년(1312) 4월부터 8월까지 비가 내리지 않아 가뭄이 극심
하였다. 8월에 왕의 명령으로 각 도(道)에 쇄권별감을 또다시 파견하였
는데, 그 파견자 성명과 그들의 활동결과 등에 관하여는 기록이 없어
알 수 없다.

충선왕 때 임명되었거나 활동한 대관의 명단은 다음과 같다.

<표 23> 충선왕조의 대관

大司憲	知事	執義	掌令	持平	殿中 侍御史	司憲糾正
崔有澤 趙 瑞 崔誠之 柳 墩	洪子翰 崔誠之	王 煦 洪子翰 沈逢吉 李彦冲 崔誠之 李伯謙				李濟賢, 金開物 金成固, 崔 汝 盧 珢, 趙 佾 金文鼎, 卜 祺 李 崖

4. 충숙왕조(忠肅王朝)의 헌대

충숙왕(忠肅王 : 이름은 王燾, 1313~1330, 1332~1339 재위)은 충선왕의 둘째아들로 성질이 엄하고 굳세었으며 침착하고 총명하여 글을 잘 짓고 예서(隷書)를 잘 썼다. 충숙왕 때에는 심왕이 왕위를 노리는가 하면 전왕[충선왕]과 충숙왕 및 아들[충혜왕]간의 권력투쟁도 심화되어 관리들이 편당을 지어 다투고 눈치만 보았다.

관청에는 규율과 염치가 없어졌는바, 충숙왕 16년(1329) 10월에는 광흥창에서 관리의 녹봉을 나누어주는데 별장과 산원 등이 창고 문앞에서 더 달라고 하거나 강탈하기까지 했으며, 규정(糾正)이 채찍을 들고도 이를 제지하지 못할 지경이었다. 또한 각 가정에서도 윤리가 무너져 간통사건이 많이 발생하였다.

1) 대관에게 임무를 추가

충숙왕이 어린 나이에 왕위를 물려받았으므로 대관 등 유능한 인재들로부터 통치방법 등을 배우는 한편 대관이나 사헌부에 여러 가지 임무를 부여하였는바, 추가로 부여한 임무는 다음과 같다.

· 충선왕이 어린 세자(世子 : 후의 충숙왕)에게 왕위를 물려준 후 충숙왕 원년(1314) 윤3월에 전 선부의랑(選部議郎) 윤신걸(尹莘傑), 사헌집의 윤선좌(尹宣佐), 전 전교령(典校令) 백원항(白元恒) 등에게 명하여 어린 왕에게 통감(通鑑)을 강의하게 하였다. 왕에게는 국정을 자기[충선왕] 의사에 의하여 결정할 것과 불법을 숭상하도록 타일렀다. 또한 모든 창고 관리들에게는 어린 임금의 명령이 있더라도 국가 재정을 낭비하지 말라고 경계하였다.

· 충숙왕 3년(1316) 3월에 관직(官職)이 있는 사람과 중[僧侶]은 물건을 사고파는 행위, 즉 장사하는 일이 없도록 이를 금지했다.

· 충숙왕 12년(1325) 10월에 왕이 다음과 같은 교서를 내렸다.

"수령이란 정권의 일부를 분담하고 교화(敎化)를 선포하는 책임자이니 조심하고 직책에 충실하여 백성을 편안케 하여야 한다. 그러나 근래에 상과 벌이 분명치 않아 선악의 구별이 없어지고 탐오하여 직무에 불충실한 형편이니, 각 도(道)의 존무(存撫)와 제찰사(提察使)들은 수령들의 실적을 고과하여 보고하라. 또한 경향 각지의 양반과 향리(鄕吏) 중 부당히 금인(金印 : 王의 印)을 받은 자들이 이를 빙자하여 부역을 회피하는 등 질서가 심히 문란한 실정이다.

사헌부와 각 도의 존무와 제찰사들은 그런 사람들의 직첩을 모두 회수하여 각각 해당 부역에 복무토록 조치하라. 만일 명령에 복종치 않거나 직첩을 바치지 않는 자가 있으면 엄격히 처벌할 것이다."

2) 비위적발 실적이 없는 대관을 파직 및 유배

충선왕 5년(1313) 3월에 왕이 강릉대군 도(燾)에게 전위하였으니, 이분이 충숙왕이다. 충숙왕은 즉위 후 충선왕을 상왕(上王)으로 높였는데, 상왕은 스스로를 심양왕(瀋陽王)이라 칭하였다. 심양왕은 조카 왕고(王

燾)를 세자로 삼았다가 심양왕위(瀋陽王位)를 그에게 물려주고 자신을 태위왕(太尉王)이라 칭하였다.

상왕은 원에서 모든 국가 일을 멀리서 전지(傳旨)하여 시행했다. 호종한 재상 권한공(權漢功), 최성지(崔誠之), 이광봉(李光逢) 등 4~5인이 이를 교묘히 이용하여, 그 친척과 친구 및 뇌물 쓰는 자에게는 현명과 능력 등을 고려함이 없이 왕지(王旨)라 하면서 높은 벼슬을 함부로 주었다. 이렇게 임명받은 자들은 사리사욕을 꾀하여 백성을 괴롭혔다. 또한 채홍철(蔡洪哲)이 상왕의 명을 받아 5도(五道)를 순방하며 공부(貢賦 : 공물과 부세)를 결정했는데, 매우 고르지 못했고 이 과정에서 채홍철이 많은 부(富)를 축적하였다.

왕이 이를 바로잡으려고 충숙왕 5년(1318) 5월에 집의 김천일(金千鎰)을 삼남(三南 : 경상, 전라, 충청도)에, 지평 장원조(張元組)를 서북면(西北面)에 보내어 백성의 질고를 묻고 출척(黜陟 : 내쫓거나 올려 씀)을 엄중히 시행하도록 지시하였다.

이때 왕이 교서를 내리기를 "백성은 국가의 근본이고 근본이 공고해야 국가가 편안할 것이다. 근래에 백성들의 고통이 많아서 한 곳에 안착하지 못하므로 주군(州郡)이 피폐하여 가는데, 존무(存撫), 제찰(提察) 등이 이에 대해 관심조차 두지 않는다. 때문에 이제 사헌부의 관원 김천일 등을 파견하여 인민의 고통을 보살피며 지방 관원들에 대한 상벌을 엄격히 시행할 것이다. 만일 사신 중 사정(私情)에 구애되는 자가 있다면 역시 용서하지 않을 것이다." 하였다.

그러나 김천일이 사사로운 정에 이끌려 아무것도 적발한 실적이 없었기 때문에 왕이 내정(內庭)에서 그에게 장형을 가하고 그 직을 파면하였다. 한편 장원조는 재상 김이(金怡 : 金廷美)가 피폐(皮幣 : 가죽으로 만든 돈)를 불법으로 거두어들인 사건을 적발하였다. 그때 김이는 상왕을 원에서 호종하고 있었는데, 이 말을 들은 상왕이 오히려 장원조를 인월도(引月島)로 유배할 것을 명하여 유배시켰다.

3) 사헌집의 윤선좌(尹宣佐)가 왕위를 수호

충숙왕 6년(1319) 10월에 공주(公主 : 충숙왕비)가 죽으니, 심양왕 왕고(王暠)의 당여(黨與 : 한편이 되는 黨類)가 공주의 죽음에 대하여 명대로 죽은 것이 아니라고 참소하였다. 원에서 사신을 보내와 궁녀와 옹인(甕人) 한만복(韓萬福)을 가두고 공주가 죽은 원인을 조사했는데, 왕이 자주 공주를 때렸다고 진술한 사람이 있었다.

그 후에도 심양왕이 왕을 참소하기를 "충숙왕이 원나라 제칙(帝勅 : 天子의 詔勅)을 받들어 봉행치 않는다." 하니 원나라에서 대제(待制) 사적(沙的) 등을 보내와 조사하였다.

충숙왕 7년(1320) 12월에 원나라에서 임백안독고사(任伯顏禿古思)가 상왕(上王 : 여기에서는 충선왕을 뜻함)을 모함하여 원의 황제가 상왕을 토번(吐蕃)의 살사결(撒思結)로 유배하였다. 충숙왕은 오기(吳祁) 등에게 명하여 상왕 곁에서 권세를 부려 뇌물을 받아들이던 권한공(權漢功), 채홍철(蔡洪哲), 배정지(裵廷芝) 및 이광봉(李光逢) 등을 잡아들여 국문하게 하고, 이듬해(1321) 4월에 먼 섬으로 유배하였다.

이에 대하여 사람들은 권한공 외 2인은 유배되어야 마땅하나 상왕이 유배되자 그의 심복 신하를 유배하는 것에 무리가 있고 배정지는 죄없이 체포되었다고들 말했다.

충숙왕 8년(1321) 3월에 장벌을 받고 유배되었던 권한공 등이 다음해(1322) 8월에 돌아와서 왕을 원망하면서 여흥군(驪興君) 민지(閔漬)와 영양군(永陽君) 이호(李珒) 등에게 심양왕 왕고를 왕으로 세우자고 하였다. 8월 21일(병술)에 자은사(慈恩寺)로 백관을 모아 원나라 중서성에 올릴 글에 서명하기를 재촉했는데, 부귀를 얻으려는 많은 무리들이 이에 앞다투어 빌붙었다.

그때 집의 윤선좌(尹宣佐)가 말하기를 "나는 우리 임금의 잘못을 알지 못한다. 신하로서 임금을 참소하는 일은 개나 돼지도 하지 않는다."

하고는 침을 뱉고 가버렸다. 그러자 대간들과 사한(史翰)이 모두 서명하지 않았다.

이날 서명을 반도 받지 못했는데 우박이 쏟아졌다. 며칠 후 다시 서명을 받는 도중 벼락과 번개가 치면서 우박이 떨어져 중지하였다. 이에 민부의랑(民部議郞) 조식(趙湜)으로 하여금 서장(書狀)과 서명된 서류를 원나라에 가지고 가게 하여 중서성(中書省)에 바쳤으나 받지 않았고, 이를 한림원(翰林院)에 올렸으나 그곳에서도 접수하지 않았다.

사건이 안정된 후에 원나라 중서성(中書省)에서 그 글을 왕에게 돌려주었다. 왕이 거기에 서명하지 않은 사람들을 세면서 탄식하기를 "윤선좌가 헌사(憲司)에 있지 않았다면 다른 사람들도 어찌 되었을지 모를 일이다." 하였다.

역사의 거울 윤선좌(尹宣佐 : 1265~1343)는 시중(侍中) 윤관(尹瓘)의 7세 손(孫)으로서 출생시부터 비상하게 총명하여 7세에 능히 글을 지었다. 충렬왕 때 장원으로 급제하고 김해(金海) 장서기(掌書記)를 거쳐 내직인 비서랑(秘書郞)으로 임명되었다. 충선왕 때 좌정언 우사보(右思補) 등을 거쳐 전라도 안렴사(按廉使)를 지냈는데, 강하고 정직하다는 평을 들었다. 충숙왕 때 성균좨주(成均祭酒)를 거쳐 사헌집의(司憲執義)에 올랐는데, 학문이 깊어 어린 왕(충숙왕)에게 통감(通鑑)을 강의하였다. 그는 위의 용감한 행동 등으로 왕의 신임이 더욱 두터워졌으며, 후에 벼슬이 판전교(判典校)를 거쳐 한양윤(漢陽尹)에 이르렀다.

충혜왕 후 4년(1343)에 윤선좌는 자손들을 모아놓고 훈계하기를 "서로 화목하고 다투지 말도록 자손들에게 훈계하라." 한 후에 의관을 정제하고 죽었다. 그는 치산(治産)에는 관심이 없었고 술을 마시지 않았으며, 농담과 가무(歌舞)를 한 적이 한 번도 없었다. 교제를 삼갔고 대답을 신중하게 하였으며 홀로 있으면서도 오직 손님 대하듯이 하였다. 오직 경사(經史)로 낙을 삼았고 질문하는 자가 있으면 오직 경서를 근거로 해답을 주었다. 노,장,형,명(老莊刑名)의 모든 서적을 깊이 연구하지 않은 것이 없었고, 배우려는 사람들이 많이 모여들었다. 그의 문장은 간결하고 평이했다(『高麗史』 列傳 제22 「尹宣佐傳」).

4) 대관이 부적격자 임명에 서명을 거부

· 최완(崔琬)은 일찍이 아버지의 상사(喪事)를 숨기고 과거를 보았으며, 과거 급제 후 수주 참군(水州參軍)이 되었다. 그는 수주에서 음행이 있어 사람들의 배격을 받고 있었는데, 권세 있는 자에게 아부하여 성균학록(成均學錄)의 벼슬에 제수되었다. 그러나 대관 신군평(申君平)이 최완의 고신에 끝까지 서명하지 않았다.

· 윤현(尹賢)은 전법사의 관속으로 기용되어 승진하여 전법좌랑으로 임명되었는데, 뇌물로 포(布) 150필을 받고 죄수를 석방한 것이 탄로났다. 충숙왕 후4년(1335) 4월에 헌사에서 그 죄를 탄핵하려고 준비하는 과정이었는데, 이때는 비목(批目 : 왕의 명령서)이 내려온 지 이틀 후였다. 윤현은 환관과 공모하여 그 탄핵을 가라앉히고 비목을 가져다가 지평(持平)에 임명토록 기재된 이손보(李孫寶)의 이름을 지우고 그 자리에 자기 이름을 써넣었다.

이때에는 왕이 우문군(佑文君) 양재(梁載)와 낭장(郎將) 조신경(曹莘卿)에게 전주(銓注 : 人事)를 맡도록 명하였는데, 양재는 왕삼석을 통하여 왕을 알현했고 왕의 좌우에 아첨하여 봉군(封君)된 자이고 조신경은 일찍이 중이 되어 풍수술로 양재를 통하여 벼슬에 나간 자이다. 그들의 인사 선발과 근신(近臣)들이 용사(用事)함에 표리가 있었고, 멋대로 관리를 임명하였는데 뇌물을 주고 벼슬을 얻은 자가 1백여 인에 달했음에도 왕은 이것을 깨닫지 못하고 있었다.

부적격자 가운데는 위 지평 윤현 외에도 정승 강융(姜融), 찬성사 채하중(蔡河中), 회의군 최노성(崔老成), 좌대언 조신경(曹莘卿), 원윤 신시용(申時用) 등이 포함되어 있었는데, 대관 신군평(申君平)이 이들의 고신에 모두 서명하지 않았다. 이리하여 그들의 미움을 받아 파면되었다.

한편 다음날 장령 박원계(朴元桂)가 그 고신들에 서명하였으므로 사람들은 박원계를 비겁한 사람이라고 비난하였다.

역사의 거울 신군평(申君平)은 평주(平州) 사람으로 충숙왕 때 과거에 급제하여 대관으로 임명되었는데, 정승, 찬성사 등의 고신(告身)에 서명을 거부하여 미움을 사서 파면되었다. 그러나 강직한 성품을 인정받아 공민왕 때 좌대언(左代言)을 거쳐 어사대부에 임명되었다.

5) 지평 김개물(金開物)이 병을 핑계로 사직

김개물(金開物 : 1272~1327)은 김훤(金暄)의 아들이고, 자는 원구(元龜)이다. 충선왕이 왕위에 오른 후에 감찰사(監察史)를 거쳐 전부시승(典符寺丞)으로 임명하였다. 당시 내부령(內府令) 강융(姜融)이 김개물에게 무슨 일을 청탁하였으나 들어주지 아니하니 성을 내고 김개물을 구타하였다. 김개물이 욕하기를 "너는 본래 노예 출신인데 감히 사족(士族)을 모욕해서야 되느냐?" 하였다. 강융이 이에 대하여 악감을 품고 있다가 김개물을 참소하여 순군옥(巡軍獄)에 가두고 문초케 한 후, 곤장을 쳐서 송가도(松加島)로 장류(杖流)하였다.

김개물은 그 후 합주(陜州 : 합천)의 수령으로 임명되었으나 이를 사양하고 부임치 않았으므로 자연도(紫燕島)로 귀양갔다. 이렇게 여러 번 곤란한 처지에 빠졌으나 그는 태연하게 지냈으며, 석방되어 집에 와서는 손님이 오면 술상을 차리고 거문고와 시(詩)를 즐겼다. 이렇게 15년간을 지내면서 벼슬길에 나가려 하지 않았다. 충숙왕 12년(1325)에 환국하여, 서정(庶政)의 쇄신을 꾀하면서 김개물을 적임자로 생각하여 사헌부 지평(持平)으로 임명하고 강제로 나와서 일을 보게 하였는데, 사림(士林)이 크게 기대하였다.

한편 만인(蠻人) 왕삼석(王三錫)이 잡술로 왕의 총애를 받아 사부(師傅)라 칭했는데 돈을 받고 관직을 팔거나 옥사(獄事)를 처리하곤 하였다. 같은 해(1325) 7월에 왕삼석의 처남인 산원(散員) 장세(張世)가 소윤(少尹)

임준경(林俊卿)의 말을 강탈하였으므로 사헌부가 추궁하려 하니, 장세가 도망가서 숨었다.

사헌부에서 장세의 친족을 수색하여 핍박하니 장세가 지평 김개물의 집에 와서 칼을 빼들고 스스로를 찌르면서 큰소리로 부르짖었다. 사헌부에서 장세를 잡아 옥에 가두고, 대궐에 나가 장세에게 죄를 줄 것을 청하였다. 장세의 매부 왕삼석이 중간에서 왕에게 아뢰지 않고 지팽이로 김개물을 때리고는 제마음대로 장세를 석방하였다.

이튿날 지평 김개물이 사헌부의 장령 김원식(金元軾), 지평 김영후(金永煦 : 金方慶의 손자) 등과 더불어 대궐에 나가 장세를 치죄하기를 청하였는데 왕이 왕삼석의 말을 먼저 들었는지라 노하여, 그 사건을 아뢴 자를 구타하였다. 그러므로 사헌부가 문을 닫고 여러 날 일을 보지 아니하니 왕이 근시(近侍)를 보내서 일을 보라고 유시하면서 "상왕(上王 : 충렬왕)의 장사 뒤 왕삼석 등의 죄를 다스리겠다." 하였다.

> **역사의 거울** 왕이 왕삼석의 죄를 다스리겠다고 말한 것은 임기응변에 지나지 않는 대답이었고, 그 후 사실상 다스리지도 않았다. 이때 다른 사람들은 왕의 유시에 따라 출근하기 시작하였으나, 김개물은 병을 핑계로 하여 사직하고 나오지 않으니 사람들은 그가 관직을 떠남을 애석하게 여겼다. 김개물은 얼마 후에 죽었는데, 사람됨이 강정(剛正)하고 사람들과 한결같이 믿음으로 사귀었으며 시문(詩文)과 글씨에 일가를 이루었다.

6) 간통행위자 처벌

· 충숙왕 즉위년(1313) 5월에 낭장 심숙공(沈淑公)의 아내가 몰래 간부(姦夫)와 공모하여 남편 심숙공을 독살하였으므로 사헌부에서 잡아다가 국문하고 곤장을 쳤다. 그 여자는 일찍이 자기 사위 김진(金進)과도 간통하여 아들을 낳았다. 이 아이의 이름을 심식(沈湜)이라고 지었는데, 사람들이 심식을 심김(沈金)이라고 비웃으며 불렀다고 한다.

· 충숙왕 16년(1329) 9월에 전 충주 목사(忠州牧使) 김용경(金用卿)이 심왕(瀋王)을 따라가서 원나라에 있는 동안 그의 아내가 의딸사위[義女婿]인 별장 왕지우(王之祐)와 간통했다. 감찰사에서 국문하니 사실을 모두 시인하였다.

· 찬성사(贊成事 : 전 大司憲) 전영보(全英甫)의 아우인 승려 산경(山岡)은 형의 권세를 믿고 교만한 짓을 함부로 하였고 처를 여러 명 두고 있었다. 대사헌 조연수(趙延壽 : 초명은 趙珝)가 그 처를 잡아 가두고 문초하였더니 그 여자는 황주 목사(黃州牧使) 이집(李緝)의 처 반씨(潘氏)로서 상서(尚書) 반영원(潘永源)의 딸이었다.

이집이 일찍이 목사로 있을 때 그 처가 위신(衛身 : 호위병) 김남준(金南俊)과 간통하고, 드디어는 이집을 살해하였다. 언부(讞部 : 후의 刑部)에서 그 사건을 밝혀내고 장차 사형에 처하려고 하였는데, 반씨의 일족인 중 굉민(宏敏)이 충선왕의 총애를 받고 있었으므로 충선왕이 여러 번 명령을 전하여 처형하지 못하게 하였다. 그러다가 대사령을 만나 형벌을 면하고 방면되었으므로 사람들이 이를 갈면서 분해하였다.

대사헌 조연수는 그 여자를 그냥 두어서는 사회기강이 안 설 것이라고 생각하고 그 여자의 머리를 깎아서 정업원(淨業院)에 두니 사람들이 통쾌하다고 하였다.

7) 탄핵받은 전력이 있는 대관

민상정(閔祥正)은 충숙왕 때에 사헌부 장령으로 임명되었는데 한 번은 무슨 일로 탄핵을 받았다. 그러나 왕이 용서하여 다시 사헌부에 가서 일을 보게 되었는데, 그의 부하 관리인 규정(糾正)들이 두 번이나 큰소리로 "몽사장령(蒙赦掌令 : 왕의 용서를 받은 장령이라는 뜻임)아! 몽사장령아!"라고 불러 창피를 준 일이 있다.

충숙왕 10년(1323) 11월에는 간관인 내서사인(內書舍人 : 종4품) 복기(卜祺)가 술에 취한 김에 여러 관료들이 있는 자리에서 "풍헌관(風憲官)이 용서를 받고 제 직무를 다시 맡아 했다는 말을 들어보지 못했다. 당신은 남을 탄핵할 자격이 없다." 하며 민상정에게 욕하였고, 듣는 사람들이 웃었다.

그런 주위의 눈총을 받고도 민상정은 열심히 노력하여 계속 승진하여 충숙왕 후원년(1332) 1월에 지밀직사사(知密直司使)에 임명되었다. 그때 정승 윤석(尹碩)과 재상 손기(孫琦) 등의 옥사(獄事)가 일어나자 민상정과 장백상(蔣伯祥) 등이 그들을 문초하였다. 그 후 윤석 일당이 억울하다고 하소연하여 재심의를 하였는데, 장백상 등은 모두 뇌물을 받았음이 밝혀져 사법기관으로 이송되었으나 민상정만은 뇌물에 손을 대지 않았음이 밝혀졌다. 그래서 왕은 그를 대사헌에 임명하여 영예를 돋구어주었으며, 그는 그 후 벼슬이 찬성사(贊成事 : 정2품)에 이르렀다.

역사의 거울 민상정(閔祥正 ; 1281~1352)은 수정승(守政丞 ; 정승 서리를 뜻함) 민지(閔漬)의 아들이다. 충렬왕 27년(1301)에 과거에 급제하고 이듬해에는 전시(殿試 ; 왕이 시험관이 되는 시험)에 합격하였으며, 석주(碩州), 보성(寶城), 강화(姜華)의 수령을 지냈고, 서해도와 양광도의 안렴사(按廉使)를 지냈는데 이르는 곳마다 치적과 명성을 올렸다. 그는 장령 등을 거쳐 벼슬이 감찰대부(監察大夫)에 이르렀다.

그는 성품이 억세고 모질어서 사람들의 과실을 용서하지 않았고, 친척간이라도 조금도 사정을 봐주지 않았다. 그의 아들 민유(閔愉)가 과거에 급제하여 여러 관직을 역임하고 대언(代言)이 되었을 때 민상정이 민유를 불효한 자식이라고 감찰사에 고발하여 문초, 자복케 한 사건도 있었다. 민상정은 그 후 관직이 찬성사에 이르렀다.

8) 왕의 특명사항을 처리

대관(臺官)은 왕을 시종하는 측근이었으므로 왕이 긴급한 특명을 내려 이를 처리하게 하였다.

· 충숙왕 11년(1324) 11월에 상왕[충선왕]이 백성들에게 효유(曉諭 : 깨달도록 알려줌)하여 이르기를 "내가 부귀를 싫어하고 고요한 것을 사랑하여 나라는 아들에게, 심양왕은 조카에게 전하여 편히 살고자 하였으나, 토번으로 쫓겨갔다 돌아와 보니 종신들이 심왕과 국왕을 이간질하여 싸우게 했다. 황제께서 이미 국왕에게 공주와 결혼하여 귀국하기를 허락하였고, 성(省), 원(院), 대(臺)의 관원에게 특명을 내려 두 왕과 종신간에 화해했으니 국왕을 잘 섬기어서 편안케 하라. 심왕을 따랐던 4천여 명을 요동, 심양으로 옮기고자 하니 어찌 슬프지 않은가? 왕이 나의 말에 감동하여 모두 용서하였으니 그리 알라." 하였다. 전에 모의한 전 사헌장령 이동길(李東吉) 등을 불러 이때에 교서를 듣게 하였다.

· 충숙왕 후5년(1336) 왕이 우상시 정천기(鄭天起)와 집의 왕백(王伯) 등에게 명령하여 전왕(前王 : 충혜왕 즉 충숙왕의 아들)이 사용하던 재물을 몰수하고 전왕이 명령하여 천민(賤民) 중 양민으로 삼았던 자들을 다시 천민으로 예속시킴과 아울러 전왕이 주었던 공신전(功臣田)을 회수하여 본주인에게 돌려주도록 하였다.

충숙왕 때 임명되었거나 활동한 대관의 명단은 다음과 같다.

<표 24> 충숙왕조의 대관

判 事	大司憲	知 事	執 義	掌 令	持 平	糾 正
元 忠	安 珦, 安于器 趙延壽 (趙 珚) 趙雲卿, 林仲沆 閔 頔, 全英甫 金千寶, 李凌幹 全 信, 元善之 申君平		尹宣佐 金千鎰 鄭 瑚 王 伯 徐 諲	李東吉, 金元軾 申君平, 許 富 閔祥正, 李兆年 李達尊, 朴元桂 成乙臣, 許 邑 成元度, 鄭 頵	張元組 金開物 金永煦 李孫寶 尹 賢 崔 宰 朴忠佐	李衍宗 安 軸 張 沆 王 伯 李公遂

5. 충혜왕조(忠惠王朝)의 감찰사

충혜왕(忠惠王 : 이름은 王禎, 1330~1332, 1339~1344 재위)은 충숙왕의 장남으로 영특하고 예민한 기질이었으나, 성격이 호협하고 주색을 좋아하여 방탕하다가 죄수의 몸으로 객사하였다. 이때 관리들의 기강이 매우 해이하였고, 사회 질서도 파괴되어 볼 만한 것이 없었다. 이 시절에 유명한 대관(臺官)도 있었으나 대체로 대관들이 그 역할을 다하지 못하였다고 하겠다.

1) 어린 아들을 과거에 급제케 한 감찰대부

• 충혜왕 초엽에 최안도(崔安道)는 감찰대부에 임명되었다. 좨주(祭酒 : 종3품) 김우류(金右鏐)가 과거의 감시로 있을 때 10세에 불과한 최안도의 아들 최경(崔璟)이 학문도 모르는데 합격시킨 사건이 있었다. 또 제학(提學) 한종유(韓宗愈) 등이 공거(貢擧)로 되어 시험을 주관했을 때에도 최경이 합격하였다.

이에 헌납(獻納 : 정5품 郎舍) 허옹(許邕) 등이 글을 올리기를 "최안도는 법도로 사람을 교화시키는 직에 있으면서도 젖내나는 아이인 그의 아들 최경을 과거에 합격시켰으니 그를 처벌하시기 바랍니다." 하였으나 왕이 허락치 않고 그 글을 최안도에게 보여주었다. 대관들은 최경이 차작(借作 : 남의 손을 빌려 글을 지음)으로 합격한 것과 그 조모가 천인이라는 이유로 9년간이나 의첩(依牒)에 서명(署名 : 署經權 行使)하지 않으니, 왕이 성관(省官)을 독촉하여 서명케 하였다.

역사의 거울 무신집권 아래에서는 부패상이 심하여 박식한 선비들이 많이 탈락할 수밖에 없었고, 이런 분위기가 쇄신되지 않다가 몽고침략 후 앞의 사례와 같은 일이 일어난 것이다. 무신난 후 문장가 임춘(林椿)의 시(詩)를 보면 당시 과거의 부패상과 천거 없이는 합격할 수 없었음을 알 수 있다.

병중유감(病中有感)

해마다 과거를 헛되이 보내니	年年虛過試圍開
늙은 몸은 오히려 정정하다네	臨老猶堪畢鑠哉
과거란 원래 준재를 뽑는 것	科第由來收俊士
공경이 뉘라 비재를 천거하리	公卿誰肯薦非才
큰 고래가 분격하려 하지만 파도는 말랐고	長鯨欲奮波濤渴
병든 학이 날려 하지만 날개가 꺾였네	病鶴思飛羽翼摧
강동에는 옛 은거지가 있으니	舊有江東隱居地
가련한 것은 백발되어 돌아갈 내 신세	自燐頭白好歸來

(『東文選』 권13 七言律詩)

2) 탐오와 불법한 관리를 처벌

· 충혜왕 즉위년(1330) 6월 감찰사에서 양광도 안렴사(按廉使) 마계량(馬季良)과 경상도 안렴사 조방연(趙方珚) 등의 탐오와 불법행위를 적발하고 논죄하였으므로, 왕이 그들을 섬으로 귀양 보냈다.

· 같은 해(1330) 12월에 호군(護軍) 강윤충(康允忠)이 낭장(郎將) 백유(白儒)의 처를 강간(强姦)하였으므로 감찰사에서 국문하고 죄주기를 청했

으나, 왕이 윤허하지 않았다. 감찰사와 첨의(僉議), 전법(典法) 등이 교대로 소장(疏章)을 올려 극론하였으나, 왕이 이를 궁 안에 두고 내려보내지 않았는데, 감찰사에서 여러 날을 시사(視事 : 政事를 보는 일)하지 않으니 왕은 마지못하여 강윤충에게 장형을 가해 섬으로 유배를 보냈다.

역사의 거울 강윤충(康允忠)은 천예(賤隸) 출신으로, 그 후 조적(曹頔)의 난 때에 충혜왕을 호종하여 수고하였다 하여 1등 공신으로 등록되고 밀직부사에 임명되었다. 그는 또 첨의평리(僉議評理)를 거쳐 벼슬이 판삼사사(判三司事)에 이르렀다.

3) 의식의 잘못을 지적

충혜왕이 원나라 사신 쌍가(雙哥)를 위해 연회를 열었는데, 공주[충혜왕비]는 남쪽을 향하여 앉고[南面 : 황제나 왕이 앉는 방향임], 충혜왕은 동쪽을 향하여 앉았다. 사헌규정 이연종(李衍宗)은 그것이 예식에 맞지 않는다고 상소하였다. 왕의 좌우에서 참소하는 자가 있어서 그를 좌우사(左右司)에 잡아 가두고 책망하고 문초하였으나, 이연종은 예전(禮典 : 예의에 관한 法)을 인용하면서 해설하기에 힘썼으며 끝끝내 굴복하지 않았다.

역사의 거울 이연종(李衍宗)은 이승휴(李承休)의 아들로 과거에 급제하여 사헌규정(司憲糾正)이 되었다. 그는 전라도 찰방(察訪)으로 파견되었을 때 임피(臨陂) 현령(縣令) 임기정(林起貞)과 보성(寶城) 부사(副使) 정운(鄭雲)의 탐오행동을 탄핵하고 그들이 뇌물로 받은 것을 몰수하였더니 그의 위세를 두려워하여 벼슬을 그만둔 사람도 있었다.

그는 우사의대부(右司議大夫), 군부판서(軍簿判書)를 역임하였고, 충정왕 초년에 감찰대부(監察大夫)로 임명되었다. 그 후 즉위한 공민왕이 원나라에서 귀국할 때 금교역에 나가 맞이하고 뵈었는데, 왕이 말하기를 "그대의 이름은 들은 지 오래인데 얼굴을 보니 아직 늙지 않았으니 힘써 나를 도와다

오!" 하였다.

　한편 찬성사(贊成事) 전윤장(全允臧)이 뇌물을 받고 붙잡혀 옥에 갇혔다가 원나라로 도망쳤는데, 공민왕의 호종으로 되어 돌아와서 3재(三宰 : 찬성사로 판도판서 겸임)로 껑충 뛰어 임명되었다. 이에 이연종이 "전윤장에게 호종의 공로가 있다면 금전으로 보상해야 하며 그를 재상으로 선발 임명해서는 안 됩니다." 하고 규탄하였으나, 왕이 듣지 않았다. 한편 왕이 원나라의 제도를 따라 변발(辮髮 : 머리를 땋는 것)하고 호복(胡服 : 몽고풍의 옷)을 입고 궁전에 나가 있었다. 이연종이 좌우를 물리친 후 "변발과 호복은 선왕의 제도가 아니니 전하께서는 그런 것을 모방하시지 말기 바랍니다." 하니, 왕이 즉시 변발을 풀어버렸다.

4) 대관을 사소한 이유로 파면

　충혜왕 후4년(1343) 4월 왕이 폐인(嬖人 : 왕의 비위를 잘 맞추어 귀염을 받음) 김교화(金敎化) 등을 시켜 감찰장령 성사홍(成士弘)을 대궐 안에 잡아들이고 이르기를 "전에 조적(曹頔)이 역모의 난을 꾸몄을 때 너도 함께 모의했고, 또 조적을 찬양하는 시를 지었다 하니 어째서 그랬느냐?" 하니 성사홍은 "그때 백관들의 협기(俠氣 : 호협한 기상)에 의해 따른 것일 뿐입니다."라고 대답하였다.

　왕이 그에게 시를 지으라고 명한 후 그 시를 전교부령 소경부(蘇敬夫)에게 해석하라 하였다. 소경부는 성사홍에 대한 나쁜 감정이 있어서 왜곡하여 해석하였다. 왕이 노하여 성사홍을 때리고, 웃통을 벗겨 그 자리에서 포박하고는 목에 칼을 씌워 순군소(巡軍所)에 가두었다가 5일 만에 석방하였다. 그러고는 감찰장령의 직에서 파면하는 한편 소경부를 그 자리에 대체하였다.

5) 대관의 아첨을 비난

　충혜왕 후4년(1343) 10월에 신궁(新宮)이 완성됨으로써 백관들이 모두

하례했는데, 이때 감찰대부 신중전(申仲佺)이 먼저 채단 두 필을 바쳤다. 이에 사람들이 신중전의 아첨을 비난했다.

충혜왕 때 임명되었거나 활동한 대관의 명단은 다음과 같다.

<표 25> 충혜왕조의 대관

監察大夫	知 事	執 義	掌 令	持 平	監察(御)史.糾正
崔安道 宋 瑞 安 軸 申仲佺 閔祥正		李 嵒 尹 奕	安 牧 李兆年 成士弘 蘇敬夫 宋 球	盧俊卿 李 敏	李衍宗

6. 충목왕조(忠穆王朝)의 감찰사

충목왕(忠穆王 : 이름은 王昕, 1344~1348 재위)은 충혜왕의 맏아들로 자질이 총명하고 지혜가 있었으나, 어린 나이에 왕위에 올라 4년 만에 죽으니 향년 12세였다.

1) 불의에 공명정대하게 대처한 감찰대부 이공수(李公遂)

이공수(李公遂 : 1308~1366)는 익주(益州 : 지금의 益山) 사람으로 언부전서(讞部典書) 이행검(李行儉)의 손자이다. 그는 음관(蔭官)으로 감찰규정에 임명된 후 과거에 장원급제하여 전의주부(典儀主簿)로 임명되었고 누차 승진하여 충목왕 때 지신사(知申事) 겸 감찰대부로 임명되었다.
 · 한편 녹사(錄事) 김용겸(金用謙)이란 자가 있어 성질이 포악하였는

데, 그는 내시(內侍)인 조카 김용장(金用藏)과의 인연으로 갑자기 대언(代
言 : 承旨)으로 임명되었다. 김용겸은 김용장을 설득하여 자기 조카인
대경(大卿) 곽윤정(郭允正)을 파직케 하는 한편 그의 재산을 탈취하였다.
이에 곽윤정은 김용겸을 규탄하도록 감찰사에 고발하였다.

팔관회(八關會) 때 왕이 음악을 감상하는 데 김용겸도 합석시키라고
하니, 감찰대부 이공수가 직언하기를 "김용겸은 규탄을 받고 있으니,
조신(朝臣)들의 대열에 들이지 않는 것이 좋겠습니다." 하였다. 이때 대
언(代言)이 김용겸의 사건을 잠시 보류할 것을 청했는데, 왕이 말하기
를 "차라리 대언이 한 사람 적을지언정 간(諫)하는 말을 거부하지 않겠
다." 하면서 이공수의 말을 받아들였다.

・또한 녹사(錄事) 김용기(金龍起)란 자가 음죽 별감(陰竹別監)으로 있
으면서 백성의 재산을 빼앗고 국가 재산을 많이 훔친 것이 발각되어
헌사(憲司)에서 심문하게 되었다. 김용기는 심문하는 지평 최안소(崔安
沼)에게 말하기를 "너도 옛날 음죽에 있을 때 백성의 재산을 뺏은 사실
이 있는데, 어찌 도둑이 도둑을 심문할 수 있겠는가?" 하였다.

이 말을 전해들은 왕은 김용기를 석방하라고 지시하였다. 감찰대부
이공수가 반대하기를 "김용기는 나라의 좀도적이니 지금 그를 석방하
면 도적질을 장려하는 것이 됩니다." 하였다. 그러나 왕은 이공수의 이
러한 반대를 듣지 않았다.

・일찍이 합주의 관리 이적(李績)이 취성군 신예(辛裔)에게 벼슬을 얻
고자 청탁하였는데, 신예가 다른 사람의 벼슬을 빼앗아서 그에게 주었
다. 충목왕 2년(13426) 10월에 그 벼슬 잃은 자가 감찰사에 고소하니 감
찰사에서 이적을 가두었다.

이에 신예가 감정을 품고 감찰대부 이공수에게 욕하고 꾸짖었고, 중
랑장에게 장령 송구(宋球)를 잡아오라고 지시하는 등 행패를 부렸으나,
이공수는 이를 끝까지 거부하였고 송구도 잡아가지 못하도록 막았다.

・이공수가 중국에 사신으로 갔다가 돌아올 때의 일이다. 길가에 곡

식단들이 쌓여 있는데 지키는 사람도 없음을 보고 종자가 말에게 조금 먹였다. 이공수가 이를 보고 곡식 한 단의 값이 얼마나 되느냐고 묻고 는 곡식 값으로 베를 끊어 곡식단 사이에 놓고 돌아왔다. 종자가 말하 기를 "우리가 아니더라도 누구든 곡식을 가져갈 것인데 왜 보상하려 하십니까?" 하며 불평을 하니, 이공수가 "나도 모르는 바는 아니지만 이렇게 해야 내 마음이 편한 걸 어찌하겠느냐?" 하였다.

역사의 거울 이공수(李公遂)는 똑똑하고 공명, 근신하였으며 법에 어긋나는 것은 조금도 받거나 주지 않았다. 일에 부닥치면 강의(剛毅)하고 권세에 굴 하지 않았다. 공민왕 때 신돈(辛旽)이 국권을 휘두를 때 이공수의 명망을 시 기하였고, 이공수 자신도 과분한 부귀를 경계하여 두문불출하였다. 이공수 는 풍류한아(風流閒雅)하며 소연히 전원의 취미를 가지고 덕수현(德水縣)에 별장을 두고는 폭건(幅巾) 차림으로 명아주 지팽이를 짚고 유유히 거닐었는 데, 이는 다음의 시(詩)에 잘 나타나 있다.

유   감(有感)

몸이 곡령(鵠嶺)에 올라 동해를 바라보니	身登鵠嶺望東溟
물결을 뒤엎으며 갈기를 떨치는 고래가 있다.	中有揚波奮鬣鯨
해가 뜨려 하는데 바람이 또 일어난다.	日欲上時風更起
배의 키를 잘 잡고 물 맑기를 기다려라.	好將舟楫待澄淸

(『東文選』 제21권 七言絶句)

이공수가 병이 드니 친척들이 처 김씨(金氏)에게 말하기를 "부처에게 기 도드리면 좋을 것이다." 하였다. 그러나 그의 성격과 신념을 잘 알고 있는 김씨는 "그이는 평생에 부처를 믿어본 적이 없으니 감히 그의 신앙의 길을 위반할 수 없습니다." 라고 대답하였다(『고려사』 열전 「제25 李公遂傳」).

2) 고발 등을 정밀하게 처리한 김윤(金倫)

김윤(金倫)은 일찍이 감찰시승(監察侍丞)에 임명되었을 때 간악한 자 를 잡아내고 숨겨진 나쁜 일을 적발하였는데, 변조 등에 귀신과 같이 대처하였으므로 사람들이 감히 속이지를 못하였다.

한 번은 두 사람이 자기 집에 소속한 가구(家口 : 노비)에 대하여 다투었다. 한 사람이 말하기를 "이 문제는 벌써 선대적에 어사대에 송사한 바 있었는데, 당시 어사대 책임자로서 허씨(許氏) 성을 가진 분이 안분해 준 것입니다. 그 후에 저분 집에서 얻은 것은 죽고 후손이 없었으며, 저희집에서는 다행히 자손이 불었습니다. 그런데 화재로 문서가 없어지자 이를 기화로 몽땅 제것으로 만들었다고 무고하는 것입니다." 하였다. 김윤은 잠자코 따져보고는 "이른바 허씨는 문경공(文卿公)이 분명하다." 하면서 관속을 시켜 당시의 장부를 검열케 한 결과 나눠준 인원수 등이 낱낱이 기록되어 있었다. 이렇게 김윤은 정밀하게 일을 처리한 것으로 유명하다.

그는 종친간에 인애(仁愛)가 깊고, 친구들에게 신의가 있었으며, 특히 독서하기를 좋아하여 전고(典故)를 많이 알았으므로 사람들의 질문을 받는 경우에는 머뭇거리는 일이 없는 것으로 유명하다.

역사의 거울 김윤(金倫 : 1277~1348)은 참리(參理) 김변(金賆)의 아들로서 문음(門蔭)으로 노부판관(鹵簿判官)이 되었다가 여러 곳을 거쳐 변정도감부사(辨正都監副使)로 임명되었다.

어떤 재상의 가정에서 한 여자 종의 자손 100여 명을 둘러싸고 시골 백성과 다투고 있었다. 김윤이 종의 문서를 열람한 후에 "이것은 어느 왕 때 아무 재상이 모년 모월 모일에 아들들에게 준 문건이다. 이제 여자 종의 자손들의 나이를 대조하니 선후의 차이가 있고, 종 이름 한 자가 약간 치우친 것으로 보아 위조된 것 같다. 그 재상의 아들들은 모두 후대가 있으니 응당 문서를 한 벌씩 집에 보관하고 있을 것이다. 어째서 그것을 참고치 않는가?" 하였다. 이로써 재상집 사람들의 말이 막히고 말았다.

그는 감찰시승(監察侍丞)과 합포(合浦)의 진장(鎭將) 등을 거쳐 후에 언양부원군(彦陽府院君)이 되고 벼슬은 첨의정승(僉議政丞)에 이르렀다. 시호는 정렬(貞烈)이다.

3) 권신을 탄핵하다가 좌천된 장령(掌令) 송천봉(宋天逢)

충목왕 4년(1348) 6월에 감찰장령(종4품) 송천봉이 탄핵하기를 "평리(評理 : 종2품) 전윤장(全允藏)은 임금을 보좌하는 재상의 몸으로서 임금의 총애를 믿고 횡포한 짓을 제멋대로 하고, 자기의 직책은 다하지 못하면서 옹인(饔人 : 궁중의 주방 사람)들과 결탁하여 몰래 어선(御膳 : 왕이 드는 음식물)을 도둑질하여 자기 집으로 가져갔습니다. 또 민상정(閔祥正 : 前 監察大夫)은 '선왕(先王)이 일국의 왕이 될 자격이 없다.'라고 원나라 황제에게 참소하였는데, 전윤장은 민상정과 같은 패거리가 되어 총재(家宰 : 이조판서를 의미)를 제거하려고 하였습니다. 죄악이 이와 같이 막심하니 그를 파면하여 내쫓기 바랍니다." 하였다.

그런데 전윤장이 오히려 송천봉을 참소하였는데, 왕은 송천봉을 좌천하여 초도 구당(草島句堂 : 초도는 泗川縣 남쪽 바다 가운데 있는 작은 섬임)에 임명하였다.

이렇게 되자 대관들은 모두 사직하였고, 감찰 등이 대궐에 나아가 송천봉을 불러들일 것을 청하였으며, 정승(政丞) 왕후(王煦 : 초명은 權載임)도 그를 구하려 하였으나 성공하지 못하자 모두가 직무를 보지 않았다. 이에 정당문학(政堂文學) 신맹(辛孟)과 판밀직사사(判密直司事) 이공수가 대궐에 나아가 힘껏 청하니, 왕이 송천봉을 광양감무(光陽監務)로 고쳐 발령하였다.

역사의 거울 송천봉(宋天逢 또는 天鳳)은 김해(金海) 사람인데, 과거에 장원급제하여 정언(正言), 헌납(獻納), 기거랑(起居郎)을 역임한 후 충목왕 때 감찰장령에 임명되었던 것이다. 위 사건이 있은 후 그는 공민왕 초기에 감찰집의로 임명되고, 우왕 초기에 대사헌에 임명되었다.

우왕 원년(1375) 3월에 대사헌 송천봉 등이 상소하기를 "윤충좌(尹忠佐)는 순주(順州)의 비천한 출신으로 벼슬이 재상과 같은 지위까지 오른 사람으로서, 일찍이 선왕 앞에서 화를 내고 칼을 뽑아서 제 머리털을 잘랐고, 승하하신 뒤에는 귀가 멀었다고 핑계하고 앉아서 사변을 구경하고 있었으니 그 마음이 불충불경(不忠不敬)하여 목을 베어도 용서할 수 없습니다. 그 위에 권세를 전단하여 뇌물을 받고 관직을 제수하는가 하면 토전(土田)을 널리 점유하여 나라를 그르치고 백성을 해치니 그 직첩을 회수하고 가산을 적몰하여 뒷사람을 경계하소서.” 하니, 왕이 윤충좌를 파직하였다.

　송천봉은 후에 첨서밀직사사(僉書密直司事)로 임명되었고 김해군(金海君)에 봉해졌다. 죽을 때 나이 81세였으며, 시호는 문정(文貞)이다(『동사강목』 제14장).

4) 왕의 측근자로서 활동

· 충혜왕이 방탕, 탐오하여 원나라에서 잡아다 귀양 보낸 후, 왕위에 오른 충목왕은 즉위년(1344) 윤2월에 감찰사로 하여금 선왕[충혜왕] 때 불량배(不良輩 : 惡少年 등)에게 준 고신(告身 : 관리 임명장)을 모두 회수하도록 하였다.

· 충목왕 즉위년(1344) 6월 서연을 설치하고 우정승 채하중(蔡河中)을 비롯하여 장령 이여경(李餘慶), 지평 김두(金枓) 등을 시켜 날마다 교대하며 왕의 글공부를 시켰다.

· 충목왕 4년(1348) 12월에 왕이 죽으니 충혜왕의 동생인 왕기(王祺)를 왕으로 책봉하여 달라는 표문을 원나라에 보냈다. 그러나 다음해(1349) 2월에 원나라에서 충혜왕의 서자인 왕저(王胝)를 입조(入朝)하라는 통지가 왔다. 이에 경양부원군(慶陽府院君) 노책(盧頙) 등이 왕저를 수행하여 원나라에 갔는데, 이때 대간 등이 회의를 소집하고 그들이 가지 못하게 저지하려 했으나 뜻을 이루지 못했다. 그 결과 무능한 왕저가 즉위하여 충정왕이 되었는데, 충정왕은 왕위를 계속 유지하지 못하고 2년 후(1351)에 왕기(王祺 : 후의 공민왕)에게 왕위를 양위하여야 하였고, 충정왕은 그 후 강화도에서 독살되었다.

충목왕 때 임명되었거나 활동한 대관의 명단은 다음과 같다.

<표 26> 충목왕조의 대관

監察大夫	知 事	執 義	掌 令	持 平	監察(御)史.糾正
閔思平 李公遂		趙 淵 金 倫	李餘慶 宋天逢	金 玘 金漢貴 鄭尙德 崔安沼	崔 濡 白元石

7. 충정왕조(忠定王朝)의 감찰사

충정왕(忠定王 : 이름은 王眡, 1349~1351 재위)은 충혜왕의 서자로 어린 나이에 왕위에 오른 후 신병으로 고생하다가, 숙부 왕기(王祺 : 후의 공민왕)에게 양위한 후 독살당했다.

1) 간통행위자를 처벌

· 충목왕 3년(1347) 9월 감찰지평 김한귀(金漢貴)를 옥에 가두었다. 일찍이 상서 고신(高信)이 익흥군 왕거(王琚)의 아내 박씨와 간통했으므로, 김한귀가 박씨를 조사, 문초하고 사건을 일으키려 하였다. 이에 익흥군과 기철이 청하였으므로 왕은 하는 수 없이 김한귀만을 죄준 것이다.

그러나 감찰사에서 충목왕이 죽은 후 충정왕 원년(1349) 정월에 익흥군 왕거의 아내 박씨가 고신(高信)과 간통한 죄를 다스리어 문초하니 모두 자복하였다. 박씨는 옥에 있으면서도 중[僧]과 간통하였으므로 신창관(新倉館 : 여러 나라의 商人이 來往하는 곳임)의 자녀(恣女 : 娼女)로 만들었다.

· 충정왕 원년(1349) 10월 불량배 정도이(鄭都伊)가 강녕대군 왕기의
아내 왕씨와 간통하였으므로 감찰사에서 국문하였다.

2) 공을 다투고 왕을 능멸한 관리를 탄핵

충정왕 2년(1350) 5월에 전 지도첨의(知都僉議 : 종2품) 최유(崔濡 : 崔安
道의 아들)를 참리(參理 : 종2품)로 임명하였다.

배전(裵佺)이 말하기를 "네가 참리가 된 것은 내가 천거한 것이다."
하니, 최유가 화가 나서 배전을 구타하였다. 그리고 왕에게 불평하기
를 "임금을 도와서 즉위케 한 공으로는 저보다 큰 사람이 없는데 지도
첨의가 겨우 참리로 올라갔습니다." 하였다. 이를 듣고 민사평(閔思平 :
찬성사)이 최유를 꾸짖으니 최유가 노하여 민사평을 때렸는데, 이때 왕
이 노했으나 최유를 내쫓지는 못했다.

감찰사에서 최유가 민사평을 때린 사실을 들어 탄핵하고 소유(所由)
를 보내어 최유의 집의 계집종을 붙잡아왔다. 그랬더니 최유가 자기
종을 시켜 소유를 때리고 계집종을 도로 빼앗아갔으며, 또한 이것을
왕에게 탄핵하였다. 대간에서 최유를 탄핵하고 그의 형제들의 잘못까
지 문제화되니, 최유는 동생들과 함께 원나라로 도망갔다.

3) 불법행위를 폭로한 대관의 영전을 저지

충정왕 2년(1350) 2월에 지평 최용생(崔龍生)을 경상도 안렴사로 삼았
다가 최용생을 파면하고 김유겸(金有謙)으로 바꿨다.

최용생은 내시 무리들이 원나라의 총애를 믿고 백성들에게 해독을
끼치고 있는 사실을 증오하여, 그들의 악행을 폭로하는 방(榜)을 붙여
서 사람들에게 광고한 사실이 있었다. 어향사(御香使)로 온 내시(內侍)

주완지(朱完之)·첩목아(帖木兒)가 왕과 공주(公主 : 왕비를 의미함)에게 호
소하여 그를 안렴사로 임명하는 것을 저지시켰기 때문이다.

충정왕 때 임명되었거나 활동한 대관의 명단은 다음과 같다.

<표 27> 충정왕조의 대관

監察大夫	知 事	執 義	掌 令	持 平	監察(御)史.糾正
田淑蒙 李衍宗 郭 珚		安 輔	慶復興 崔 宰	崔龍生 金有謙 金士衡	申翼之

제5절 주권회복 및 고려 말기의 감사

원나라와 명나라가 교체되는 대전환기에 왕위에 오른 공민왕(恭愍王 : 1351~1374 재위)은 원나라로부터 국권을 회복하고 사회에 만연된 부조리의 척결과 각종 제도의 개선 등 일대 혁신정치를 단행하였다. 그러나 홍건적 및 왜구의 계속되는 침입 등 내외 여건으로 무신들을 우대할 수밖에 없었고, 중 신돈(辛旽)을 중용한 나머지 말년에는 직무를 거의 돌보지 않았으며 대관들의 주청을 듣지 않고 때로는 그들에게 벌을 내리기도 하였다.

우왕은 어린 나이에 왕위에 올라 대관(臺官)을 포함한 조정대신들이 지방 수령을 천거하도록 하여 임명하였고, 대관의 탄핵 등에 귀를 기울이곤 하였다. 그러나 미구에 정치는 권신들에게 맡기고 놀고, 사냥하며 방탕한 생활을 하였다. 대관들은 왕에게 서연(書筵)을 베풀고 놀기를 줄이도록 여러 차례 건의했으나, 왕은 이를 듣지 않았다. 말년에는 임견미(林堅味)와 염흥방(廉興方) 등 권신을 축출한 후, 주위의 간언을 뿌리치고 명나라 침공을 추진하더니, 위화도에서 회군한 조민수(曹敏修)와 이성계(李成桂) 등에 의하여 왕위에서 물러나는 비운을 맛보아야 했다.

창왕 즉위년(1387)부터 3차에 걸쳐 대사헌 조준(趙浚)이 사전(私田) 등 전제개혁(田制改革)과 관직축소, 인사쇄신 및 기강확립 등 국가 전반에 걸친 개혁방안을 건의한 것은 매우 의미 있는 일이었다. 한편 대관들은 당시 실권자인 최영(崔瑩), 조민수 등의 일파를 숙청하는 데 앞장섰고, 공양왕 때에는 이성계 일파인 조준 등을 숙청할 것을 주장하였다.

이에 위험을 느낀 이성계 일파는 최대의 정적인 정몽주(鄭夢周)를 선제공격으로 죽인 후, 정몽주가 대관을 사주했던 죄인이라는 명분을 내세워 정당화하였다. 그리고 대관들을 자기 일파로 모두 바꿔버리고 모든 실권을 쥐는 한편 정적들을 모두 탄핵함으로써 조선왕국(朝鮮王國) 개국의 발판을 만들었다.

1. 공민왕조(恭愍王朝)의 헌대

공민왕(이름은 王祺, 1351~1374 재위)은 충혜왕의 동복 아우로 강릉대군(江陵大君)에 봉해졌는데, 총명하고 인후하여 백성의 기대가 그에게 집중되었다. 그는 원나라 순제(順帝)에게 불려가 숙위(宿衛)하던 중 조카인 충정왕(忠定王)이 물러나고 왕위에 올랐다.

왕은 정치에 노력하였으므로 국내·외가 크게 기뻐하였고 태평세상에 대한 기대를 가졌다. 그러나 왕비가 죽은 후 신돈 등 권신에게 정치를 맡기고 어진 신하를 내쫓거나 죽이곤 하였다. 또한 음탕한 행동을 마음대로 하였고 술에 취하면 좌우 신하를 매질하였으므로 결국은 자신을 보전하지 못하고 비명에 죽었다.

1) 관제의 개혁

• 공민왕은 왕위에 오른 후 3개월 만인 원년(1352) 2월 1일에 정방(政房)을 폐지하는 한편 다음과 같은 교서를 내리는 등 정치의 개혁을 추진하였다.

"허물어진 사원[절] 중에 토지가 있으면 조(租)를 받아서 쓰고, 노비가 있으면 용(庸)을 거두어들여서 다시 수축할 준비를 할 것이며, 태조(太祖)의 신서(信書)를 준수하여 멋대로 절을 세우지 말 것이고, 중이 된 자는 반드시 도첩(度牒)을 가지고 있어야 하며 속가(俗家)에는 거주할 수 없다. 빈한한 가정에서 아들, 딸을 팔아먹은 경우에 만약 3년이 지나도 돌려보내지 않는 자는 감찰사(監察司)와 안렴사(按廉使)가 엄중하게 처벌할 것이다.

토지와 노비에 대한 송사가 날로 늘어나고 있다. 감찰사, 전법사(典法司)와 도관(都官)을 시켜 우선 남의 토지나 노비를 잉집(仍執 : 다시 차지함) 또는 거집(據執 : 차지하고 돌려주지 않음)한 자는 모두 검거한 다음 원고인(原告人 : 고소인)으로부터 감결(甘結 : 다짐장)을 받고 기일을 정하여 판결하라. 만일 무고인 경우는 고소인을 무고죄로 처벌하고, 권세 있는 자로서 잉집 또는 거집한 자도 응당 죄과를 깨닫고 그것을 본주인에게 돌려보내도록 할 것이며 그대로 시행치 않는 자는 처벌하라!

산림(山林)에 불을 놓지 말아야 하며 벌레새끼, 짐승의 새끼와 암컷, 새의 암컷과 알을 죽이지 말아야 한다. 이것은 월령(月令)에도 기재되어 있다. 매년 3월과 4월에는 누구도 불을 놓거나 사냥할 수 없다. 위반하는 자는 엄중히 처벌한다. 명주로 달을 만들어 달거나, 밝고 큰 촛불을 켜는 것은 낭비 중에서도 가장 심한 것이니 이를 금하라. 위반자는 감찰사가 적발하여 그 죄를 다스릴 것이다."

· 공민왕 3년(1354) 7월에 처음으로 첨설직(添設職 : 공로자에게 벼슬을 주려 해도 實職이 없을 때 명예직으로 주던 職牒)을 설치하였다. 이때에 원나라에서 군사를 징발하자 왕이 많은 장사(將士)들을 첨설직에 제수하였기 때문이었다.

6부(六部)의 판서(判書)와 총랑(摠郞)은 정조(政曹)를 제외하고는 배수(倍數)를 더 첨설(添設 : 이미 설치한 위에 더하여 베풂)하고, 각사(各司)의 3, 4품도 모두 첨설하였다. 또한 42도부(都部)에 있어서는 영(領)마다 중랑장(中郞將)과 낭장(郞將) 각 2인씩 첨설하고, 별장(別將)과 산원(散員)을 각 3인씩을 제수하여 상군정(賞軍政)이라 하였으니, 첨설직이 이때부터 시작된 것이다.

· 공민왕 5년(1356) 7월에 관제를 개정하여 지금까지의 4사(司) 제도를 고쳐서 고려초기의 제도에 따라 중서문하성(中書門下省), 상서도성(尙書都省) 및 6부(部)를 다시 설치하였고, 밀직사는 다시 추밀원(樞密院)으로 바꾸었다.

· 공민왕 11년(1362) 4월에 관제를 개정하였다. 다시 원나라와 교통하였기 때문에, 관직이 원나라와 비슷한 것을 개정하여 충렬왕 때의 옛 관제와 비슷하게 바꾸었다.

예부(禮部)를 예의사(禮儀司)로, 공부(工部)를 전공사(典工司)로 바꾸고 6부(六部)의 장을 모두 판서(判書)라 하였다. 또 한림원(翰林院)을 예문관(禮文館)으로, 사관(史館)을 춘추관(春秋館)으로, 학사(學士)를 모두 제학(提學)이라 일컬었다.

· 공민왕 18년(1369) 6월에 관제(官制)를 개정하여 도첨의(都僉議)는 문하부(門下府)로, 전리(典理)는 선부(選部)로, 군부(軍簿)는 총부(摠部)로, 판도(版圖)는 민부(民部)로, 전법(典法)은 이부(理部)로, 예의(禮儀)는 예부(禮部)로, 전공(典工)은 공부(工部)로 고치고 평리(評理)는 참지문하부사(參知門下府事)로, 상시(常侍)는 산기상시(散騎常侍)로, 사의(司議)는 간의(諫議)로, 전서(典書)를 상서(尙書)로 각각 고쳐 일컬었다. 또한 감찰사는 사헌부라 고치는 등 공민왕 5년(1356)에 개정된 관제를 많이 따랐다.

공민왕 21년(1372) 7월에는 다시 종전과 비슷하게 개정하였다.

· 공민왕 19년(1370)에 6부에서 자기 소관사무를 직접 상주(上奏)할 수 있게 하였다. 그러나 도평의사사(都評議使司 : 都堂)가 최고정무기관의 지위에 있었으므로 6부의 정무수행에 제약이 있었는데, 결국은 6부의 권한이 쇠약해져서 도평의사사에 권력이 집중되는 구제도(舊制度)로 환원되었다.

·우왕 2년(1376) 정월에 군사들에게 직품으로 상을 주기 위하여 품질(品秩)을 더 만들었기 때문에 봉익(鳳翊), 통헌(通憲)으로부터 7~8품의 직을 받은 사람이 무수하였다. 그 후에도 우왕과 창왕이 관직을 많이 설치하고 관리를 멋대로 임명하였다.

공양왕 원년(1389) 12월에는 우왕 및 창왕 때 멋대로 설치했던 조정의 관직을 고치는 한편 관제를 개정하였다. 이때 전리사(典理司)를 이조(吏曹)로, 군부사(軍簿司)를 병조(兵曹)로, 판도사(版圖司)를 호조(戶曹)로, 전법사(典法司)를 형조(刑曹)로, 예의사(禮儀司)를 예조(禮曹)로, 전공사(典工司)를 공조(工曹)로 각각 개칭하였고, 그 밖에도 줄이고 병합한 것이 매우 많았다.

·한편 창왕 때에도 관제 개정이 있었다. 창왕 즉위년(1388) 7월에는 정방(政房)을 고쳐서 상서사(尙瑞司)라 하였다. 다음달(8월)에는 각 도(各道)의 안렴사를 도관찰출척사(都觀察黜陟使)로 개칭하였으며, 같은 해(1388) 10월에 급전도감(給田都監)을 두었다.

2) 헌대의 개편

공민왕은 원의 간섭을 배제하고 왕권을 회복하고자 힘썼는데, 그 추진과정에서 헌대의 조직을 개편하였다가 회복하는 것을 반복하였다.

·공민왕 5년(1356) 7월에 정부의 관제를 문종 때의 관제와 비슷하게 전반적으로 개정하면서 감찰사의 명칭을 어사대로 바꾸었다. 대부(大夫)는 그대로 두고, 집의(執義)는 중승(中丞)으로 고치면서 1인으로 줄였으며, 장령(掌令)은 시어사(侍御史)로 고치고, 지평(持平)은 전중시어사로 고치되 종5품으로 낮추었으며, 규정(糾正)은 감찰어사로 명칭을 변경하였다.

·공민왕 11년(1362)에 다시 감찰사로 환원하였고, 중승, 시어사, 전중시어사 및 감찰어사의 명칭도 집의, 장령, 지평 및 규정으로 환원함

과 아울러 지평을 정5품으로 올렸다.

· 공민왕 18년(1369)에는 감찰사의 명칭을 사헌부로 변경함과 아울러 대부는 대사헌으로 변경하고, 집의는 없애면서 종3품의 지사(知事)와 겸지사(兼知事)를 두고, 장령은 시사(侍史)로, 지평은 잡단(雜端)으로 각각 변경하였으며, 잡단은 종5품으로 낮추었고 겸규정(兼糾正)을 더 두었다.

· 그 후 공민왕 21년(1372)에 사헌부의 관원 명칭을 약간 변경하였는데, 지사와 겸지사를 없애고 집의를 다시 두었고, 시사와 잡단은 다시 장령과 지평으로 그 명칭을 각각 변경하였다.

3) 헌대 업무의 조정

공민왕은 초기에 대대적인 정치 개혁을 단행하면서 어사대로 하여금 이를 지원하게 하고자 여러 가지 지시를 하고 임무도 부여하였다.

· 공민왕 원년(1352) 8월에 왕이 다음과 같이 교서를 내려 감찰사로 하여금 5일에 한·번씩 계주(啓奏)하게 하였다.

"옛날에 임금들은 친히 국가의 정무를 봄으로써 자기의 견문도 넓히고 하부의 실정도 알게 되었다. 나도 지금 그렇게 하려고 한다. 첨의사(僉議司), 감찰사(監察司), 전법사(典法司), 개성부(開城府)와 선군도관(選軍都官)은 모든 판결, 송사에 대하여 5일에 한 번씩 계주하라."

며칠 후 또 교서를 내려 대관은 왕의 이목(耳目)과 같으니 기탄없이 보고하라고 하였는데 그 내용은 다음과 같다.

"권세 있는 집안에서 토지, 가옥 및 노비를 강탈하여 여러 해 동안 송사하고 있는 사건들과 무고한 죄로 오랫동안 갇혀 있는 사건들을 판결하여 처리하라. 첨의사(僉議司)와 감찰사(監察司)는 나의 눈과 귀이다. 현행 정치의 옳고 그릇됨과 민간의 이해관계에 대하여 기탄 없이 바로 말하라."

· 공민왕 3년(1354) 5월에 한재(旱災)가 극심하여 술을 금하고 왕의 식찬(食饌)을 감소시켰다. 왕은 또한 감찰대부 김두(金玗)와 전법판사(典法判事) 홍중원(洪仲元)을 불러서 민간의 억울한 일들에 관하여 직접 물었다.

· 공민왕 4년(1355) 정월에 왕이 교서를 내리기를 "모든 관원들은 자기의 직무에 충실할 것이며, 재판하는 관원들은 억울한 사건을 심리하여 주어라. 만일 교시(敎示)를 위반한 사람이 있으면 헌사(憲司)에서 이를 추궁하라." 하였다.

· 공민왕 5년(1356) 6월에 왕이 명령하기를 "감찰(監察), 전법(典法), 도관(都官)의 장은 매월 관원들에게 부과한 소송의 판결 건수를 조사하고 6개월마다 우열을 따져서 벼슬을 올리거나 떼거나 하라." 하였다.

· 공민왕 6년(1357) 9월에 큰비와 우박이 쏟아졌고, 큰 지진이 있었으며, 왜적이 교동(喬洞)에 침입해 왔다. 이에 왕이 대간 및 각 기관을 모아놓고 민간 문제에 대한 일들을 물었다. 같은 해(1357) 12월에 왕이 교서를 내려 다음과 같이 지시하였다.

"사람의 목숨이란 지극히 중한 것이라 한번 끊기면 다시 이을 수 없는 것이다. 듣건대 옥관들이 형벌을 자세히 살피지 않아 원통하게 죽는 이가 많다고 하니 지금부터 형벌을 그릇되게 처리하는 자가 있으면 도평의사사(都評議使司)와 어사대가 나에게 보고하고, 규명하여 다스리도록 하라."

· 공민왕 19년(1370) 10월에 왕이 시중(侍中) 이춘부(李春富) 등에게 다음과 같이 지시하여 매일 출근하여 아뢰도록 하였다.

"겨울에 우레가 울고 나무에 고드름이 이루어졌으니 천도(天道)가 순조롭지 못하다. 이는 비록 나의 덕이 없는 데서 나오는 것이지만 억울한 죄수가 옥중에 오래 갇혀 있는 데도 관계가 있다. 옛날에 임금들은 친히 정사를 처리하였다. 지금부터는 대간과 6부로 하여금 매일 본관에 출근하여 각각 나에게 계품(啓稟 : 임금에게 아룀)하도록 하라!"

· 같은 해(1370) 11월에 6부와 대성(臺省)에게 6아일(六衙日 : 매달 6번씩 百官이 朝會하여 王에게 政事를 아룀, 대체로 1, 6, 11, 16, 21, 26일이었음)에 정사를 아뢰게 하였다. 정언(正言) 이첨(李詹)이 다음과 같이 상소하였다.

"요사이 겨울에 우레가 치는 변괴를 두고 백관(百官)이 직무에 게으른 탓이라 하시어 제사(諸司 : 각 官司)에게 매일 좌목(座目 : 席次를 적은 目錄)을 써서 차자(箚子 : 간단한 서식의 上疏文)를 갖추어 아뢰라고 하셨습니다. 그러나 '몸으로 가르치는 자에게는 따르고 말로 가르치는 자에게는 시비한다[以身敎者從以言敎者訟]' 하였으니, 만일 전하께서 새벽 일찍 일어나 아침 조회를 보시면 누가 감히 직무에 태만하겠습니까? 신(臣)의 계책으로는 고공관(考功官)에게 각 사(各司)의 근태를 고과(考課)하게 하여 무릇 관직에 있는 자는 해가 뜨는 시각에 출근하고 한낮이 되어서야 퇴근하게 하되, 이 법대로 하지 않는 자는 헌사(憲司)에서 규찰하여 다스리게 하소서."

왕이 그 상소의 내용을 청종(聽從 : 이르는 대로 듣고 좇음)하여 매월 6아일(六衙日)에 6부와 대성의 관원들이 직접 정사를 아뢰게 하고, 사관(史官)으로 하여금 왕을 가까이 모시게 하였다.

· 같은 해(1370) 12월에 왕이 보평청(報平廳)에 나와서 정사를 보살폈다. 사헌부와 이부(理部 : 刑部)가 노비 문제를 왕에게 계품하니, 왕이 말하기를 "헌사(憲司)는 백관에 대하여 규찰하고, 이부는 형옥(刑獄)에 대하여 전적으로 책임지고 있는데 어찌 노비문제를 나에게 묻는가? 지금부터는 각자 직무에 전념하고 남의 직무를 침범하지 마라." 하였다.

· 공민왕 20년(1371) 3월에 왕이 보평청에 나와서 정사를 보면서 말하기를 "처음에는 1개월에 두 번 정사(政事)를 처리하게 되었다. 그러나 사고가 생기면 한 달이 되어도 정사를 못 볼 것이 뻔하다. 금후로는 보평청에서 정사 보는 날을 기다리지 말고 나에게 말하라. 또한 헌부의 직분은 규찰하고 탄핵하는 데 있으므로 소송이 잘못 판결되었다는 소(訴)가 있으면 헌부에서 심리 처리토록 하라." 하였다. 이로써 소

송 판결에 대한 항고심(抗告審)을 사헌부에서 관장하게 되었다.

4) 권신 등을 탄핵하다가 좌천

· 공민왕 원년(1352) 3월에 조일신이 원나라에서 왕을 시종한 공을 믿고 횡포를 부렸다. 그는 왕에게 청하기를 "원 조정의 권신과 행신(倖臣 : 총애를 받는 臣下) 중에서 우리나라와 인척관계가 있는 사람들이 그 친족들에게 관직을 주기를 청했습니다. 만일 전리사(典理司)나 군부사(軍簿司)로 하여금 전선(銓選 : 관리 인선)을 맡게 한다면 응하지 않을 가능성이 있으니 정방(政房)을 복구시켜 벼슬을 제수하소서." 하였으나, 왕이 따르지를 않았다. 이에 조일신이 분연히 말하기를 "신(臣)이 무슨 면목으로 원 조정의 사대부(士大夫)를 볼 수 있겠습니까?" 하고는, 드디어 사직하였다.

다음달(윤3월)에 감찰사의 김두(金枓 : 집의)가 곽충수(郭忠秀 : 지평), 경천흥(慶天興 : 장령)과 함께 조일신의 불법함을 들어 탄핵하였다. 이에 조일신이 대관과 조정에서 대질할 것을 청하니, 왕이 정당문학 이공수와 감찰대부 이연종(李衍宗)에게 명하여 쌍방의 주장을 내정(內廷)에서 듣게 하였다. 이연종이 고소장을 쥐고 손수 김두 등에게 조목조목 따지니, 김두가 이연종에게 말하기를 "공은 감찰사의 장(長 : 감찰대부)임에도 죄인을 탄핵하는 데는 참여치 않고 도리어 우리들을 신문하는가?" 하니, 이연종이 부끄러워하였다.

그 후 김두 등이 조일신의 집종을 가두었는데, 조일신이 옥을 깨고 출감시키며 오히려 대관을 고소하니, 왕이 김두 등에게 일을 보지 못하게 하였다. 이연종이 명을 받들고 사헌부에 앉아서 김두 등을 탄핵하였다. 이는 일찍이 김두 등이 조일신을 탄핵할 때 이연종이 조일신에게 아부하는 사람이라 하여 의논하지 않았으므로 이연종이 감정을 품고, 이때에 이르러 사헌부에 앉아서 김두 등을 탄핵한 것이다.

감찰대부 이연종은 이때 나이 70이 넘었으므로 사직을 청원하니 왕이 허락하지 않았다. 원사(院使) 기원(奇轅 : 누이가 원나라 順帝의 皇后가 되자 德陽君에 봉해져 횡포를 일삼았음)이 조일신을 탄핵하지 않음을 빗대어 조롱하기를 "이 늙은이는 듣는 것도 알지 못하는가? 어찌 사람들의 시비(是非)를 살피지 못하는가?" 하니, 이연종이 말하기를 "근자에 조익청(曹益淸), 전윤장(全允藏)을 탄핵했는데, 만일 이제현(李濟賢)과 조일신도 탄핵한다면 왕이 누구와 일을 의논하겠는가?" 하였다.

· 같은 해(1352) 10월에 조일신(趙日新)이 난을 일으켜 성공하니 왕은 그를 좌정승 판군부감찰사(判軍簿監察事)로 임명하였다. 왕이 비밀리에 이인복(李仁復 : 政堂文學兼監察大夫로 임명)을 불러 묻기를 "일이 이 지경에 이르렀으니 어찌하면 좋은가?" 하니, 이인복이 "신하로서 난을 일으키면 마땅한 형벌이 있습니다. 어름어름 결단을 내리지 못해서는 안 될 것입니다." 하였다. 이에 왕이 조일신을 죽이기로 결심하고는, 며칠 후 왕이 정동행성에 거동하여 김첨수(金添守)에게 명하여 조일신을 잡아와, 행성문 밖에 끌어내 목을 베었다. 또한 그의 친당(親黨) 218명을 옥에 가두고 조사, 처리케 했으므로 조일신의 권세와 영화는 종지부를 찍게 되었다.

· 감찰사가 도평의록사(都評議錄事)의 집종을 잡아 가두었던바, 시중(侍中) 류탁(柳濯)이 집의 최원우(崔元祐)에게 석방해 주기를 간청하였다. 최원우가 그렇게 하겠다고 대답하고는 돌아가서 집종을 한 명 더 잡아 가두었다.

류탁이 말하기를 "녹사의 집종을 가둠은 곧 내 종을 가두는 것과 같다." 하고는 왕의 조회에 나가지 않았다. 이에 재추(宰樞)가 최원우를 가두고 파면시켰는데, 최원우가 탄식하며 말하기를 "대중(臺中 : 監察司)의 일은 반드시 회의를 거친 후에 행하도록 되어 있는데, 어찌 내가 혼자 결정할 수 있겠는가? 그러나 나는 이미 늙어 쓸모가 없으니 물러나는 것이 마땅하다." 하며 물러갔다.

5) 금주령 위반자 및 간통행위자 등에게 관대

· 공민왕 원년(1352) 6월에 감찰사에서 녹사(錄事) 최종(崔宗)과 현사덕(玄思德)이 금주령을 위반하고 음주한 데 대하여 추궁하고 그 처벌을 왕에게 청했다. 이때 왕이 최종에게 말하기를 "네가 장기(長技)를 갖고 있으면 시험해 보아라. 잘하면 용서하여 주겠다." 하였다. 최종이 곧 왕의 앞에서 격구(擊毬)를 하였는데, 매우 잘했으므로 왕이 기뻐하면서 그의 죄를 면해 주었다.

· 공민왕 4년(1355) 6월에 왕이 대관을 불러서 지시하기를 "근자에 중 선근(禪近)이 저지른 일에 대하여는 끝까지 추궁할 필요가 없다." 하였으므로, 그를 훈방하였다. 선근은 당시 내원당(內願堂)의 중으로서 평시에 왕의 총애를 받고 있었다. 그런데 그는 어떤 선비의 아내와 간통한 사실이 드러나 헌부의 취조를 받고 있었으므로 왕이 그의 석방을 명령했던 것이다.

· 당시 중들은 마음대로 음탕한 짓을 하고 있었으며, 이는 거의 공공연한 사실이었다. 자은종(慈恩宗)의 중 영욱(英旭)이 환관 김불화(金不花)의 아내와 간통하였는데, 대관(臺官)이 그를 구속하여 처벌하려고 하니, 영욱이 "만약 나를 처벌하려면 종문(宗門)에서 축출하여야 할 것인데, 오늘날 종문의 중으로서 누구가 나를 비난하겠는가?" 하였다.

역사의 거울 중(승려)들이 이렇게 타락하였음에도 관대한 처리를 일관하였으므로 공공연하게 음탕한 행동을 자행하기에 이르렀다.

· 공민왕 7년(1358) 10월에 내시(內侍) 이방귀(李邦貴)가 현덕궁(玄德宮)의 여비(女婢)와 간통하였으니 처벌하라고 어사대(御史臺)에서 청했으나, 왕이 그 문건을 보류하였다.

· 공민왕 8년(1359) 7월에 어사대에서 탄핵하기를 "판추밀원사(判樞密院事) 황상(黃裳)과 판각문사(判閣門事) 양백연(楊伯淵)이 판밀직(判密直) 신귀(辛貴)의 아내 강씨와 간통하여 풍속을 어지럽혔으니, 청컨대 파직시키고 금고(禁錮)에 처하소서." 하였다. 왕이 그 말을 좇았으나, 황상의 경우 용감하고 또 공을 세운 것을 애석히 여겨서 단지 면직시키는 데 그쳤다.

이때 참지중서성사(參知中書省事) 경복흥(慶復興 : 전 사헌장령)이 "강씨가 절개를 지키지 못한 것은 남편이 귀양살이를 함에 따라 외인의 출입을 단속할 수 없었기 때문입니다." 하면서 병신년(丙申年 : 1356) 이래로 귀양살이 하는 자가 실로 많았으므로, 그들의 아내로서 홀로 사는 것을 원망하고 절개를 지키지 못한 사람들은 모두 석방하여 고향에 돌려보내기를 청하니, 왕이 이를 따랐다.

한편 황상은 그 후 아버지 기일(忌日)에 원씨(原氏)와 결혼을 했는데, 원씨도 세가(世家)의 딸로서 남편이 죽은 후 상기(喪期)를 마치기 전에 중매도 없이 황상에게 출가한 것이다. 그래서 감찰사에서 둘을 규탄하여 먼 곳으로 귀양 보낼 것을 청했는데, 왕은 이를 듣지 않고 원씨만 귀양 보내는 데 그쳤다.

· 낭장(郞將) 주언영(朱彦英)은 요물고 부사(料物庫副使) 이중명(李中明)의 처와 간통하였고, 낭장(郞將) 정원(鄭元)은 장군(將軍) 이원립(李元立)의 처와 간통하였다. 어사대(御史臺)에서 공민왕 10년(1361) 4월에 그들을 각각 탄핵했으나, 때마침 대사(大赦)가 있었으므로 다 그 죄를 용서

받았다. 그런데 정원만은 뉘우치지 않았다 하여 어사대에서 장(杖)을 쳐서 죽였다.

· 이승로(李承老)는 일찍이 처제와 간통하여 아들을 낳은 후 버려진 아이를 주워다 기른다고 속이고 있었다. 이승로의 처는 일이 발각되면 가문의 명예를 더럽힐까 염려하여 20년 동안이나 내색도 하지 않았으므로 가까운 친척도 알지 못했다. 감찰대부 김한귀(金漢貴)가 이승로의 처와 처제를 잡아와 문초한 결과 모든 것을 자복하였다. 이에 이승로는 중모(中牟)로 귀양 보내고 그 처제는 이승로에게 폭행당했다는 이유로 죄를 면하였다.

· 공민왕 15년(1366) 4월에 상장군 조린(趙繭)이 궁녀와 간통하여 임신케 되었는데, 왕이 조린은 용서하고 궁녀는 궁에서 내보냈다.

역사의 거울 공민왕은 이상과 같이 간통사건에 대하여는 지극히 관대하였고, 심지어는 왕 스스로가 남의 성교(性交) 장면을 엿보기까지 하였으므로 성(性)에 관한 질서가 없어지고 기강이 매우 문란하여졌다. 왕은 말년에 가까웠을 때 이러한 분위기를 바꾸고자 측근 신하에게 강경한 처벌을 내리는 등 다음과 같은 사례가 있었다.

"공민왕 18년(1369) 6월에 왕의 측근 신하인 노숙(盧璹)이 환관의 아내와 간통하였다. 왕이 좌우 신하를 시켜 몽둥이(棒)로 8백 도를 치게 하고, 역시 측근 신하인 대호군 정희계(鄭熙啓)에게 "너도 행실이 노숙과 같으니 벌을 안 주면 무슨 징계가 되겠느냐?"라고 말하고는 몽둥이로 4백 도를 친 다음 헌부(憲府)에 명령하여 국문케 하였다. 그러나 둘은 빈사상태여서 더는 심문할 수 없었다. 노숙은 곧 죽었다. 왕은 노숙의 죽음이 허위가 아닌가 의심하여 그 무덤을 파헤치고 머리를 잘라 나무에 달았으며, 그의 아버지 노정(盧楨)과 처를 동경(東京 : 경주)으로 귀양 보내고, 헌부가 노숙에 대한 치죄(治罪)를 잘못했다는 이유를 붙여 잡단 민수생(閔壽生)을 여흥(驪興)으로 귀양 보냈다."

6) 왕의 측근을 소홀히 대접하다가 좌천

최재(崔宰)는 충숙왕 때 감찰지평에 임명되었다가 충혜왕이 즉위하자 해임되었는데, 충혜왕이 원나라에 붙잡혀 간 후 모든 제도 등을 개혁하고자 도감(都監)을 설치하고, 그를 판관(判官)에 임명하였다. 최재가 탄식하며 말하기를 "왕의 실덕(失德)은 왕 자신이 한 것이라기보다는 측근에 있는 자들이 조장한 것이다. 전에 조장한 것을 후에 들추어내니, 나는 이것이 참으로 부끄럽다." 하면서 병을 칭탁하면서 취임하지 않았다.

최재는 충정왕 때 감찰장령에 임명되었다가 지방수령으로 임명되어 양주(襄州)를 맡아 다스리게 되었는데, 강향사(降香使)가 와서 존무사(存撫使)를 능욕한 일이 생겼다. 이에 최재가 말하기를 "장차 나에게도 미치겠구나." 하고 관직을 버리고 고향으로 돌아갔다.

공민왕 4년(1355) 7월에 최재는 집의(執義)로 승진되어 선군도감사(選軍都監使)가 되었다. 선군(選軍)에게 전토(田土)를 주는 것은 매우 오래된 제도인데, 전토를 받은 자에게 자손이 있으면 그 자손이 전토를 전해 받게 되며 만일 자손이 없으면 다른 사람이 대신 받게 되고 만일 죄가 있으면 전토를 몰수하였다. 이때 서로 전토를 차지하려고 하였으므로 매우 혼잡하였다. 최재가 말하기를 "이는 백성에게 서로 빼앗는 것을 가르치는 것이다." 하면서 마땅히 차지할 만한 사람에게 주니 송사가 크게 줄어들었다.

최재는 그 후 상주목사로 임명되었는데, 마침 공민왕 11년(1362) 2월에 왕이 홍건적을 피하여 남쪽으로 가다가 상주에 머무르게 되자 그는 정성을 다해 왕을 공대했다. 그러나 측근자들에게 선물을 주지 않아 비위를 거슬렸으므로 파면되었고, 후에 감찰대부가 되었다.

역사의 거울 최재(崔宰 : ?~1378)의 자는 재지(宰之)이고 완산(完山) 사람이다. 그의 아버지 최득평(崔得枰)은 벼슬이 선부 전서(選部典書)에 이르렀는데 청렴 정직하여 사람들로부터 공경과 두려움을 받았던 것으로 유명하다. 최재는 충숙왕 때 과거에 급제하고 여러 번 승급하여 중부령(中部令)이 되었다가 상사(喪事)로 물러났다. 그는 다시 감찰지평, 장령 및 감찰대부 등을 역임하였고, 후에 완산군(完山君)에 봉해졌다. 그는 성격이 강직하고 동요하지 않았으므로 사람들이 존경하였다(『高麗史』列傳 제24 「崔宰傳」).

7) 관리 감원 등 정치상 개선을 주장

· 몽고간섭기에 왕들의 소비가 많았고 몽고의 착취도 심하여 국고가 고갈되었다. 이에 공민왕 원년(1352) 정월에 감찰사에서 건의하였다.

"여러 군(君 : 王子 및 王의 親戚)들이 맡은 직무가 없이 한가로이 살면서 국록을 먹고 있으니 그들에 대한 지공(支供 : 國祿의 지급을 의미)을 정지하시기 바랍니다." 왕이 이 제의를 좇았다.

· 공민왕 11년(1362) 6월 감찰사에서 다음과 같이 아뢰었다.

"큰 난리를 치른 후로 공사(公私)의 재물이 떨어졌으니 이는 심히 염려할 일입니다. 그런데 전하의 행차를 따라갔던 관원들에게 한 달에 지급하는 쌀이 삼천여 석에 달하며, 조정 관리들과 위사(衛士)들에게 주는 곡식도 줄일 수가 없습니다. 그 위에 환관들은 정한 액수가 없어서 곡식을 소비하는 것이 너무 많으니 그들 가운데 복무하는 자 외에는 모두 도태하소서.

또한 해마다 연달아 적병이 침입하는데 군사가 단합되지 않아서 위급할 때마다 농촌에서 군사를 모으는 것은 백성을 소란스럽게 할 뿐만 아니라 창졸간에는 별로 도움이 되지 않습니다. 지금부터는 장병을 뽑아서 훈련시켜 일이 있을 때를 대비하소서."

· 공민왕 11년(1362) 10월에 지진이 여러 차례 있었다. 왕이 자연의

재해와 관련하여 시정(時政)의 득실과 민간의 이해 등에 관하여 바른 언론을 구하였는데 감찰대부 김속명(金續命)은 간관인 우헌납 황근(黃 瑾) 등과 함께 다음과 같이 진언하였다.

"옛말에 '임금이 영명하고 신하가 현량하면 모든 일이 편안할 것이요, 임금이 소소한 일에만 관심을 두면 신하가 나태하여 만사가 성과를 거둘 수 없을 것'이라고 하였습니다. 전하께서는 사람들의 말을 듣지 않으시고 환관이나 승려들의 말을 곧이들으시는 경우가 많습니다. 또 전하의 의견과 맞아야 시행하므로 대신들도 말하기 전에 전하의 뜻을 살피게 되어 아첨이 버릇이 되었고, 바른 말을 하는 길이 끊어졌는 바, 이는 훌륭한 정치에 있어 큰 결함입니다.

땅은 신도(臣道)의 표상입니다. 지금 신도가 어지러워져서 지진이 일어나게 된 것입니다. 청컨대 지금부터 상벌을 엄격히 하고 국가의 관직을 고귀하게 취급하시기 바랍니다. 세력 있는 자들이 토지를 넓게 차지하는 것을 경계하시고, 군인에게 밭을 주는 법을 다시 실시하시기 바랍니다. 그리고 환관이 너무 많아 비루하고 속되고 황당한 말을 많이 하니, 겨울에 천둥과 지진이 있는 것은 이런 허물 때문입니다. 지금부터 세 궁에 환관을 각기 10명씩만 남기고 나머지는 도태할 것이며, 바른 사람과 단정한 선비들로 임금을 측근에서 모시게 할 것입니다.

나라를 다스리는 방도는 『경서(經書)』와 『사기(史記)』에 있음에도 불교를 지나치게 믿으십니다. 지금부터 중들이 궁중에 들어오는 것을 막으시기 바랍니다. 다시 경연(經筵)을 열고 정치하는 방도를 물으며 항상 성현(聖賢)의 글을 보시고 이단의 망설(妄說 : 망령된 말)에 속지 말 것입니다.

지방에서 잘살고 못 사는 것은 수령에게 달려 있는데, 대성(臺省)과 정조(政曹)가 면목과 정실에 얽매어 글자를 모르는 자까지 천거하고 있습니다. 지금부터는 반드시 그 사람을 불러 보신 후 부적격자로 인정되시면 '추천한 자'를 처벌할 것입니다.

전(傳)에 말하기를 '대사령(大赦令)이 없는 나라는 그 정치가 공평하게 된다.'라고 하였습니다. 수재(水災)와 한재(旱災)가 자주 발생한 것은 죄인을 자주 용서한 까닭입니다. 지금부터는 죄 있는 자를 용서하여 간악한 자를 기르지 마시기 바랍니다."

이진언의 마지막 부분, 즉 왕이 자주 사유(赦宥 : 죄를 赦免함)하는 폐단을 말했을 때 왕이 김속명과 황근 등 대간을 힐책하였는데, 대간들이 면대하고 힘껏 간하였으므로 왕이 대단히 노하였다. 그때 지도첨의(知都僉議) 류숙(柳淑)이 나와서 말씀드리기를 "바른 말을 구하시고도 바른 말에 대해 노하시는 법이 어디 있습니까?" 하였다. 이에 왕의 노여움이 다소 누그러졌다.

· 공민왕 20년(1371) 11월에 사헌부에서 상소하여 경연(經筵)을 열 것과 무기를 정비하고 군사를 훈련하며 대사(大赦)를 적게 할 것 등을 건의하였다.

역사의 거울 김속명(金續命 : ?~1386)은 중찬(中贊) 김지숙(金之淑)의 손자로, 품성이 청렴하고 정직하여 바른 말을 서슴지 않았다. 공민왕 초기에 감찰 집의(執義)로 임명되었는데, 감찰대부(監察大夫) 원의(元顗), 지평(持平) 홍원로(洪元老) 등과 마음을 맞추어 옳지 못한 자들을 규탄하고 법을 집행하였다. 또한 아첨하지 않았으며, 무릇 관리에 임명된 자에게 허물이 있으면 그 임명장에 서명하지 않았다. 이에 궁녀와 환관들이 미워하더니 마침내 파직되었다.

그는 다시 불려서 좌부대언(左副代言)에 임명되었다가 공민왕 11년(1362) 6월에 감찰대부(監察大夫)로 승진되었다. 이때에 위와 같은 건의를 한 것이다. 그는 그 후 경상도 도순문사(都巡問使), 삼사좌사(三司左使), 첨의평리(僉議評理)를 거쳐 다시 대사헌에 임명되었는데, 최영(崔瑩)을 탄핵하였다는 이유로 면직되기도 하였다.

그는 우왕 때 삼사우사(三司右使)가 되었는데, 반야사건(般若 ; 반야 자신이 우왕의 어미라고 주장하여 논란을 벌인 사건, 결국은 반야를 사형시킴)이 일어났을 때 "세상에 자기 아버지를 분별하지 못하는 자는 있을 수 있으나, 자기 어머니를 분별하지 못한 자가 있다는 말은 듣지 못했다." 하였다. 이것이 문제되어 문의현으로 유배되었다. 시호는 충간(忠簡)이다(『高麗史』 列傳 제24 「金續命傳」).

8) 정의감이 지나쳐서 귀양간 허소유(許少游)

· 허소유(許少游 또는 少遊)는 공민왕 때 감찰규정으로 있었는데, 허물이 많았던 김원명(金元命 : 중찬 金之淑의 아들)이 감찰집의로 임명되었다. 허소유는 동료 감찰규정들을 충동하여 김원명을 정영(庭迎 : 마당에 나아가 맞이함)할 때 그의 뒤를 따르면서 비방하였다. 이에 김원명이 노하여 병을 빙자하고 사직을 청하였는데, 왕이 출근할 것을 명하여 다시 출근케 되었다.

이때 허소유 등은 김원명의 허물을 기록한 연판장을 내걸었을 뿐만 아니라 김원명을 정영하지도 않았는데, 왕은 그들의 주장에 귀를 기울이지 않고, 허소유를 비롯하여 규정 박덕방(朴德方)과 도홍경(都弘慶) 등을 가두어 문초하고 장형을 가하여 귀양 보냈다.

· 허소유는 그 후 부름을 받아 감찰장령에 임명되었는데, 공민왕 14년(1365) 7월에 다시 내쫓겨 전라도의 수졸로 편입되었다.

이에 앞서 감찰사에서 전 호군(護軍) 우선좌(牛宣佐)의 살인(殺人) 사건을 취조하던 중 우선좌가 도망하였으므로, 우선좌의 친구인 오계남(吳季南)의 집 노복을 잡아 가두고 추궁하였다. 그때 오계남은 최영(崔瑩)을 취조중이었으므로 그를 추궁하지 말라고 왕이 명령했다. 그러나 허소유가 이 왕명을 받들지 않았으므로 왕이 크게 노하여 허소유를 귀양 보낸 것이다.

허소유가 탄식하기면서 "나의 죄는 죽어 마땅하나 우리 임금은 영명하다."고 말하니 듣는 사람들이 상심하였다. 이에 첨의사에서 대궐에 나아가 허소유의 죄를 용서하여 줄 것을 청했으나 왕이 말하기를 "허소유의 죄를 그대들은 모른다. 그의 아비가 강포하여 세상 사람들의 미움을 샀었는데, 허소유는 바로 그의 아들이다." 하면서 듣지 않았던 것이다.

역사의 거울 허소유는 정의감이 매우 강한 사람이었으므로 규정시절에 상관인 감찰집의에 부적격자가 임명된 사실에 저항하였다. 이때 적격 여부를 규명치 않고 하급자로서 비방한 사실만 중시하여 처벌한 것은 당시는 계급사회였음과 감찰사는 상하간의 위계질서를 매우 중시하였기 때문이었다.

한편 오계남은 권신(權臣)인 편조(遍照 ; 신돈)의 친구로 간사한 자였는데, 왕이 그의 편을 들어 악한 짓을 조장하였다. 또한 왕은 장령 허소유의 억센 것을 미워한 나머지 곧은 신하였던 전 감찰장령(監察掌令) 허옹(許邕 ; 허소유의 父)까지 비난한 것은 지나쳤다고 할 것이다. 허옹은 충숙왕 후6년(1337) 5월에 정치가 문란함을 보고 자원하여 벼슬을 버린 후 시골에 묻힌 선비였는데, 다음 시(詩)에서 그의 삶을 느낄 수 있다.

여강루(驪江樓)

이바지[供]하는 경치가 한두 가지가 아니라서	景物來呈非一端
이곳에 올라오니 얼굴을 펼 만하네.	登臨是處可開顔
좋은 바람, 가랑비는 나무에 서늘히 생겨나고	好風微雨涼生樹
지는 해, 돌아가는 구름이 반쯤 산에 걸렸구나	殘照歸雲半隱山
해객(海客)의 뗏목은 은하수로 통하는 듯	海客査通銀漢上
신선의 피리 소리가 하늘에서 내려오네.	仙人笙降紫霄間
가엾어라, 늙도록 벼슬의 고삐에 얽매여서	可憐老被名韁縛
이 좋은 다락에 와서 겨우 반나절을 즐기다니.	只得樓中半日閑

(『東文選』 제15권 七言律詩)

9) 친족 참소자를 처벌

공민왕 21년(1372) 6월에 간관 이보림(李寶林) 등이 아뢰기를 "김문현(金文鉉)이 역적 신돈에게 붙어서 아비와 형을 참소하여 죽였으니 법대로 처단하소서." 하였으나 왕이 윤허하지 않았다. 다음달(7월)에 사헌부에서 상소를 올려 김문현의 목베기를 청하니 김문현이 도망하였다.

그 후 수년간 김문현 문제가 거론되지 않다가 우왕 4년(1378) 13월에는 전법사(典法司)에서 아뢰기를 "전 성균좨주(成均祭酒) 김문현(金文鉉)

이 아비와 형을 죽였으니 이는 만세에 용납못할 대역임에도, 그는 오히려 개전하지 않고 주색에 빠져 있으니 처단하기 바랍니다." 하였다. 이에 왕이 김문현을 옥에 가두게 한 후 곤장 백 대를 때려 전의현에 귀양 보냈다.

10) 대관의 잘못을 비난하다 귀양간 임태달(林台達)

공민왕 21년(1372) 2월에 사헌부의 규정(糾正) 임태달(林台達)·김맹(金孟)·허온(許溫)과 전 규정 임헌(任獻)을 귀양 보냈다.

임태달 등은 규정들의 대장(臺長)인 류원(柳源), 안경(安景), 김존성(金存誠) 및 최사정(崔斯正)에 관하여 공사간의 생활에 문제가 많은 인물이라 하여 업신여기고, 규정방의 벽에 "존성(存誠 : 金存誠)은 무성(無誠 : 誠意 없음)이요, 사정(斯正 : 崔斯正)은 부정(不正 : 私情과 관련지음)이요, 류원(柳源)은 사원(似猿 : 원숭이 같음)이요, 안경(安景)은 진견(眞犬 : 개와 같음, 발음을 확장하여 인용함)이다."라고 낙서했다.

대사헌 권호(權鎬)와 지사헌부사 최을의(崔乙義)가 이 사실을 계품하니, 왕은 그 방주(房主) 임태달과 유사(有司 : 담당자)인 허온을 순위부(巡衛府)에 가두고 고문하여 낙서자를 추문하였다. 허온이 모진 매를 참지 못하여 전 규정 임헌이라고 실토했으므로, 그들 모두를 귀양 보낸 것이다.

11) 청렴결백하고 직무에 충실하던 이무방(李茂芳)

이무방은 광양(光陽) 사람으로, 충목왕 때 과거에 급제하여 전교교감

(典校校監)으로 임명되었다. 공민왕 초기에 순창군의 수령이 되었는데, 어떤 사람이 토산물을 이무방에게 요구하니, 자기가 차고 있던 붓두껍[筆鞘]과 띠를 풀어주면서 아전에게 말하기를 "친구가 사사로이 청하는데 공공 재산을 줄 수 없으니 그 대신 이것을 주어라." 하였다. 이에 청탁한 사람이 부끄러워하며 돌아갔다. 이무방은 이렇듯 청렴하였고, 공사(公私)의 구분이 명확하였으므로 헌납(獻納)을 거쳐 장령(掌令)에 임명되었다.

고려시대에 능수(陵邃 : 능을 만듦)는 반드시 집의(執義)에게 서봉(署封 : 署名하고 봉하는 것)하게 하는 것이 제도였다. 그런데 능을 봉한 자는 높은 지위에 올라가지 못하는 수가 많다는 세상의 속설이 있었다. 정릉(正陵)을 봉하기에 이르러 집의 홍원철(洪原哲)이 꾀를 써서 이를 회피하자, 장령 이무방이 대신 서봉하면서 엄숙히 하였다. 왕이 그를 가상히 여겨 이르기를 "장령의 청백 충직함은 과인이 알고 있는 바이다. 현달하거나 못 함은 나에게 달려 있지 않는가." 하였다. 이에 홍원철은 겁을 먹고 머리를 깎아 혐의를 피하였다.

역사의 거울 이무방(李茂芳)은 그 후 벼슬이 계속 올라 판전교시사(判典校寺事), 민부상서(民部尙書)를 거쳐 대사헌(大司憲) 겸 밀직학사(密直學士)로 임명되었다. 날이 가물어서 왕이 이무방으로 하여금 강안전(康安殿)에서 비가 내리도록 기도할 것을 명하니, 그는 불로 팔을 태우면서 정성껏 기도하였다. 왕이 이를 보고받고는 말하기를 "이렇게 백성을 사랑하니 수상(首相)으로 임명하여도 좋을 것이다." 하였다.

그가 판개성부사(判開城府事)로 임명된 후 청한(淸寒)하다는 이유로 왕이 쌀 50석을 하사하였는데, 그는 "대신(大臣)으로서 명색 없이 상을 받을 수 없습니다."라고 하면서 그 쌀을 받지 않았다. 그는 그 후 정당문학(政堂文學)을 거쳐 창왕 때 검교시중(檢校侍中)으로 임명되었고, 조선조 때에는 검교문하시중(檢校門下侍中) 광양부원군(光陽府院君)으로 봉하여졌다. 시호는 문간(文簡)이다.

12) 원나라 관청의 폐쇄를 주장

· 공민왕 5년(1356) 10월에 정당문학(政堂文學) 이인복(李仁復)이 다음과 같은 왕의 표문을 가지고 원나라를 다녀왔다.

"세조 황제가 동쪽지방을 정벌하고 행성(行省 : 정동행성)을 두고 국왕으로 승상을 삼았습니다. 그 후 도진무사(都鎭撫司), 이문소(理問所), 유학제거사(儒學提擧司), 의학제거사(醫學提擧司) 등 기관을 연속 설치하였으며, 근래에는 행성의 관리가 권력을 마음대로 행사하고 있습니다.

우리나라에 감찰사와 전법사(典法司)가 있어서 형벌을 관장하고 소송을 심의하여 시비를 판결하고 있습니다. 그런데 행성의 관리들이 사람들의 거짓 호소를 듣고는 '감찰과 전법'에서 판결한 문건을 빼앗아가서 옳은 것을 그르다고 하니, 아무도 이를 막지 못하고 단지 이리나 호랑이처럼 그들을 미워하고 있습니다. 더욱이 행성 관리들 중에 이번 역적행위에 공모한 자도 있습니다.

그러므로 지금부터는 행성 좌우사(左右司)의 관리를 저[王]로 하여금 추천케 하여 종래의 폐단을 반복치 말게 하며, 이문소(理問所)와 같은 관사는 일체 폐지하시기 바랍니다. 세조 황제가 일본을 정벌하실 때 설치한 것은 만호(萬戶), 중군(中軍), 우군(右軍)과 좌군(左軍)뿐이었습니다. 그런데 후에 순군(巡軍)을 또 설치하여, 그곳에서는 금부(金符)만 차고 평민을 꾀는 등 불편이 많습니다. 일본을 진수(鎭戍 : 변경을 지킴)하는 3만호부를 제외하고는 모두 폐지하여 주십시오."

· 이인복은 그 해(1356) 11월에 정당문학 겸 어사대부로 임명되었고, 원나라로부터는 정동행성 원외랑에 임명되었다. 그는 어느 날 이색(李穡)에게 탄식하며 말하기를 "나는 재간이 없는 자로서, 여러 번 대사헌이 되었으나 규율과 질서를 일신하지 못했다. 사소한 일은 임금에게 알릴 필요가 없으며, 한편 큰일은 조정에서 결정하게 되니 중간에서 이를 방해하여서는 안 되기 때문이다." 하였다. 그는 사람됨이 강직하

고 절조가 있었으며, 남이 착한 일을 하면 반드시 기뻐하였다 한다.

> **역사의 거울** 이인복(李仁復)의 자는 극례(克禮)인데 성산군(星山君) 이조년(李兆年)의 손자이다. 그는 생김생김이 어글어글하였고 좀 커서는 행동이 의젓하고 숙성하였으며 열심히 공부하여 글을 잘 지었다. 충숙왕 때 19세로 과거에 급제하여 복주사록(福州司錄)에 임명되었다가 여러 번 승진하였고, 충목왕 때 원나라 과거에도 급제하여 삼사좌사(三司左使)로 임명되었는데, 원나라에서 그를 정동행성도사(征東行省都事)로 임명하였다. 조일신(趙日新)이 반란을 일으켜 집권하여 호령하니 조정이 뒤숭숭하고 감히 말 한마디 하는 사람이 없었다는데 그는 왕에게 조일신을 죽일 것을 건의하였다. 그는 그 후 대사헌 등을 거쳐 벼슬이 검교시중(檢校侍中)에 이르렀고 시호는 문충(文忠)이다(『高麗史』 열전 제25 「李仁復傳」).

13) 풍속에 관한 금령의 발령

· 공민왕 10년(1361) 5월에 어사대에서 아뢰기를 "불교는 밝고 깨끗한 것을 숭상하는데, 그 무리들이 죄받거나 복받는다는 허황된 말로 과부들과 부모 없는 딸들을 속여 유인하는가 하면, 머리를 깎게 하고 잡거(雜居)하며 음탕한 욕심을 누리곤 합니다. 또한 사대부와 종실집에까지 다니며 불공하기를 권하며 산속에 유숙시켜 추한 소문이 나고 풍속을 더럽히니, 지금부터는 이런 일을 일체 금하고 어기는 자를 벌주소서." 하니 왕이 이를 좇았다.

다음달(6월)에 어사대에서 사람들이 흰 옷과 흰 갓을 쓰는 것을 금하고, 또 중[僧]이 시가로 들어오는 것도 금했다.

· 그 후 공민왕 17년(1368) 5월에는 감찰사[어사대의 명칭이 변경]에서 "아내가 죽었을 때 그 자매와 결혼하는 것과 성(姓)이 다른 6촌(寸) 이내의 자매(姉妹)와 결혼하는 것"을 금지할 것을 왕에게 건의하여 금령을 발령하였다.

14) 위엄 있는 대관과 아첨하는 대관

· 공민왕 5년(1356) 3월에 손용(孫湧)을 감찰대부로 임명하였는데, 이
는 손용이 원나라 태사(太師) 왕가노(汪家奴)에게 매달려, 그로 하여금
왕에게 청탁하게 하였기 때문에 임명된 것이었다.

· 그 해(1356)에 전호군(前護軍) 임중보(林仲甫)가 충혜왕의 아들인 석
기(釋器)를 왕으로 추대하려고 반란을 음모하다가 적발되었다. 임중보
를 순군옥(巡軍獄)에 가두고 심문하였는데, 그의 자백에 따라 전 정승
(政丞) 손수경(孫守卿) 등 10여 명이 연루되어 모두 옥에 갇히게 되었다.
이때 손용은 감찰대에 앉아 있었는데, 체포명령을 받은 자가 와서 손
용도 연루되었다고 말하면서 체포하려 하니 같이 앉아 있던 사람들이
어쩔 줄 몰라했다.

다만 그 중 정5품에 불과한 낮은 관원인 전우상(全遇祥 : 持平)이 앞에
막아서며 말하기를 "대관은 비록 죄가 있어도 감찰대의 일을 끝마친
후에 투옥하는 것이 마땅하니, 너는 대중(臺中)으로 곧바로 들어올 수
없다." 하면서 들어오지 못하게 하였다. 그 결과 모두가 평상시와 같이
일을 보았으며, 손용은 일을 마친 후 순군옥에 가서 조사를 받았다. 손
용과 대질조사할 때 임중보가 그를 알지 못한다고 진술하였으므로 손
용은 무사하였다.

· 한편 왕이 중 신돈(辛旽 : 初名은 遍照, ?~1371)을 신임하여 공민왕
14년(1365) 12월에 영도첨의사사 판중방 감찰사사(領都僉議使司判重房監察
司事) 겸 판서운관사(判書雲觀事)에 임명함으로써 내외의 대권이 온통 신
돈에게 모아졌다. 감찰대부(監察大夫) 손용은 날마다 판감찰사사인 신
돈의 집에 가서 일을 아뢰었는데, 이때 신돈은 대청 위에 앉아 있고
손용은 매양 드나들 때에 대청 밑 땅바닥에 엎드렸다고 하며, 감찰대
부인 손용이 이렇게 아첨이 심하다고 사람들이 비난하였다.

그 후 공민왕 20년(1371) 7월에 신돈이 처형된 후, 신돈에게 아부했

던 사람들을 파면하거나 사형에 처했는데, 대사헌(大司憲 : 종전의 감찰대
부) 손용도 신돈에 아부했다는 이유로 파직되어 귀양갔다.

역사의 거울 감찰대부는 감찰사의 책임자였으나 손용은 아첨을 일삼다가
결국은 파직되어 귀양가는 신세를 면하지 못하였다. 한편 감찰규정은 정5
품에 불과한 말단 관원이었으나 전우상은 늠름하고 위엄 있게 대처하였으
니, 그의 인품이 후세에까지 귀감이 된다 하겠다.
　이때의 권신이었던 신돈(辛旽 : ?~1371)은 승려로서 이름은 편조(遍照)였
다. 그는 김원명(金元命)의 추천으로 공민왕의 신임을 받게 되자 사부(師傅)
로 국정을 맡았다. 처음에는 각종 개혁을 단행하여 국가 재정을 충실히 하
고 민심을 얻었다. 그러나 급진적인 개혁은 상층부의 반감을 샀고, 차츰 오
만해지고 방탕, 음란한 행동을 하다가 처형되었다.

공민왕 때 임명되었거나 활동한 대관의 명단은 다음과 같다.

<표 28> 공민왕조의 대관

判　事	大夫 · 大司憲	知　事	執義 中丞	掌令 雜端	持 平 · 侍御史	監察御史 · 糾正
趙日新 辛旽	李衍宗, 元　顥 安　輔, 李公遂 李達衷, 金　玽 李仁復, 朴德龍 孫　湧, 申君平 李　嶠, 金續命 柳　淵, 柳　淑 洪　淳, 田祿生 金漢貴, 崔　宰 洪永通, 權　鎬 王重貴, 李茂芳	崔乙義	金續命 宋天逢 金　玽 崔　宰 金元命 鄭之祥 李成林 崔元祐 金南得 洪原哲 禹玄寶	許　猷 慶千興 金承矩 姜敬淳 李夢庚 李茂芳 許少游 吳承庇 閔壽生 金孝先	洪元老, 郭忠秀 呂　渭, 金成甲 田綠生, 鄭之祥 金龜壽, 柳　源 韓弘度, 奇仲修 朴興陽, 安　景 金存誠, 崔斯正 崔元濡, 安宗源 全遇祥	崔元直, 朴大陽 柳　玽, 許少游 朴德方, 都弘慶 任　獻, 林台達 金　孟, 許　溫 宋　綱, 鄭　暉 吳思忠, 姜　隱 金南生, 柳　沄

2. 우왕조(禑王朝)의 사헌부

우왕(禑王 : 아명은 牟尼奴, 1374~1388)은 어릴 때 공민왕이 자기 소생이라고 하면서 궁중에 들여와 강녕부원대군(江寧府院大君)으로 책봉하였다. 그는 왕위에 오른 후 처음에는 신하들의 건의를 받아들여 정사에 힘쓰는 듯했으나 머지않아 악동들과 놀러 다니고 주색에 탐닉하며 바른 말하는 신하를 멀리하고 정사를 돌보지 않게 되었다.

대관들이 여러 번 간하였으나 듣지 않았고, 상벌을 멋대로 운영하고 무죄한 대간에게 벌을 주기도 하여 사회기강이 매우 해이해졌다. 결국은 국고만 탕진한 채 준비 없이 명나라를 침공하려하다가 왕위에서 쫓겨났다.

1) 치적으로 대사헌에 발탁된 이보림(李寶林)

이보림(李寶林)은 이제현(李齊賢)의 손자로서 사람됨이 엄격하고 품행이 방정하며 정치적 재능이 있었다.

그가 남원부사(南原府使)로 있을 때 부세(賦稅) 날짜가 너무 급하여 백성들 가운데 미처 판출(辦出 : 변통하여 갖추어냄)하지 못하여 파산할 지경에 이른 자가 많았다. 그래서 그는 포세(逋稅 : 바치지 아니한 조세, 즉 미납세)를 징수하여 베[布] 약간을 모아 안렴사(按廉使 : 후에는 觀察使로 명칭이 바뀜)에게 이 사실을 아뢰자 안렴사도 그를 가상히 여겨 베를 내어 도와주었다.

그 후 안동부사(安東府使)가 되어서도 송사를 잘 처리했는데, 노비송(奴婢訟)의 경우 관(官)에서 한 사람당 베 한 필씩을 받아 총 650필을 모아 향교의 3반(三班)에서 각기 한 사람씩을 골라 그를 맡게 하여 현(縣)의 긴급 수용에 공급하도록 하고, 부리(府吏)들에게 주의시켜 다른 데에는 일체 쓰지 못하게 하였다.

예로부터 내려오던 둔전(屯田)이 있었는데, 방자한 아전들이 이를 농간하였으므로 이보림이 몸소 나가서 살피니 아전들이 감히 속이지 못하였다. 쌀 200석과 콩팥 150석을 얻은 후 나누어주고 거두어들이는 데에 법을 세워 본전은 두고 이자만 썼다. 또한 새로 개간한 밭이 72석을 수확할 만하였는데, 이것으로 위자(慰藉)에 활용하고 이름하여 '제용재(濟用財)'라 하니, 이로부터 백성들에 대한 무리한 부세(賦稅)가 없어졌다.

이렇듯 이보림(李寶林)이 부임한 곳의 정사가 엄격하고 공명하며, 치적(治績)이 최상으로 인정되었으므로, 우왕 원년(1375) 5월에 그를 발탁하여 대사헌으로 임명하였다. 우왕은 서연관(書筵官)에게 말하기를 "전일에 대사헌이 온 것을 접견치 못하였음을 후회하노라." 하고는 이렇게 훌륭한 정사로 대사헌에 발탁된 이보림을 인견하였다. 왕은 그에게 술을 주며 이르기를 "사헌부는 국가의 이목(耳目)이니 삼가할지어다." 하였다.

2) 대사헌 하윤원(河允源)의 좌우명

하윤원(河允源)은 진주(晉州) 사람이고, 찬성사(贊成事) 하즙(河楫)의 아들이다. 충혜왕 말년에 과거에 급제하여 전교교감(典校校監)으로 임명되었다. 공민왕 때 전리총랑(典理摠郎)으로 임명되었고 서울 회복의 2등 공신으로 등록되었다. 그는 일찍이 경상, 서해, 양광, 교주 등 4개 도(道)의 안렴사로 임명되었고, 원주와 상주의 목사(牧使)로도 지냈다. 가는 곳마다 명성을 떨쳤고 업적이 많았는데, 신돈이 권세를 잡았을 때, 그에게 아부하지 않은 것으로도 유명하다.

하윤원은 우왕 원년(1375) 10월에 대사헌에 임명되었는데, 공사의 구분이 엄격하였으며, 특히 "지비오단 황천강벌(知非誤斷 皇天降罰 : 그른 줄을 알면서도 잘못 결단하면 하늘이 벌을 내린다)"이라는 여덟 글자를 푯말에

써서, 헌대(憲臺)에 나갈 때마다 그것을 뒤에다 걸어놓고 사무를 보았
다.

얼마 후 어머니의 상(喪)을 당하여 애통해하며 묘 옆에 초막을 짓고
시묘(侍墓)하였는데, 우왕이 교서를 내리기를 "삼년의 상례(喪禮)를 지
키는 것은 고금에 통용되는 제도라 하더라도 사정에 따라 백 일이면
상복을 벗을 수 있다. 효도를 충성으로 바꾸어 그 비애를 억제하고 서
울로 돌아오라." 하였다. 그러나 그는 교서가 도달하기 전인 우왕 2년
(1376) 12월에 죽었고, 진산군(晉山君)에 봉해졌다.

역사의 거울 하윤원이 상주목사로 부임시 지은 시(詩)에서 그의 충직함을 엿
볼 수 있다.

상주부임시 판상안상시(赴任尙州次判上安相詩)

고을을 다스린 지 어느새 3년이 되었건만,	爲州頃刻已三年
정치가 옹졸하니 어찌 옛날 현인에 미치랴.	政拙那能及古賢
배척을 당하면서도 오히려 가지 않으니,	縱被推擠猶未去
스스로 시소(尸素 ; 자리만 지킴)로 저 하늘이 부끄럽구나.	自將尸素愧蒼天

(『東文選』 제22권 七言絶句)

3) 정사(政事)를 직접 처결할 것을 왕에게 건의

· 공민왕 때에는 한 달에 아일(衙日 : 王과 신하가 모여 朝會하고 政事를
보는 날)이 여섯 번씩 있었으나, 우왕은 어린 나이에 왕위에 올라 놀기
만 좋아하고 이에 참여치 않았다.

· 우왕 6년(1380) 5월에 사헌부에서 정사에 관심을 두도록 다음과 같
이 상소하였다.

"우리나라 조종(祖宗)들은 모두 서연(書筵)을 배설하고 이도(理道)를
강론하여 기질(氣質)을 함양하고 덕성(德性)을 닦음으로써 나라를 다스
리는 근본을 삼았습니다. 그런데 근래에는 전혀 강독(講讀)을 폐지하니

신민(臣民)으로서 실망하지 않는 사람이 없습니다. 그러므로 전하께서
는 다시 서연(書筵)을 열고 날마다 노성한 대신들과 더불어 나라를 다
스리고 백성을 편안케 할 방도를 강론하시기 바랍니다. 보평(報平)의 예
(禮)는 정사를 처결하고 법령을 선포하는 것입니다. 이것은 조종(祖宗)으
로부터 내려온 헌장(憲章)으로서 선왕들이 받들어 시행했는데, 근래에는
폐지하고 시행치 않으니 군국(軍國)의 기무(機務)도 정체되는 바가 많습
니다. 지금부터는 보평의 예를 폐하지 마시기 바랍니다."

왕이 이를 옳게 여겼고, 다음달(6월)에 처음으로 보평청(報平廳)에 나
가 정사를 처결하는 한편 각급 기관장으로 하여금 매월 2일과 16일에
왕에게 직무를 직접 보고하라고 다음과 같이 지시하였다.

"내가 가만히 살펴본즉 대신들이 하는 정사(政事)에 질서가 없어서
내가 그들에게 위임한 의도와는 심히 거리가 멀다. 그러므로 지금부터
는 매월 초이틀과 열엿세 날이면 각 기관의 장들은 각기 맡은 바 직무
를 보고하라!"

그러나 왕이 놀기를 좋아하였으므로 그 후에도 정사의 직접처리가
잘 이행되지 않았다.

· 우왕 9년(1383) 10월에는 왕이 일찍 놀러 나갔는데, 뭇 관원들이
아회(衙會 : 衙日 모임)에 왔다가 왕이 간 곳을 몰라서 조회를 그만두었
다. 이에 대간(臺諫)이 번갈아 다음과 같이 글을 올려 간하는 한편 환관
등을 탄핵하였다.

"근래 이웃나라에서 이상한 동태가 보이고 해적이 침입하며 간첩이
왕래하여 무슨 사변이 생길까 우려됩니다. 이런 환경에서 전하께서 밤
낮으로 놀러 다니므로 저희들이 그 위험함을 우려하여 재삼 간했습니
다. 그러나 환관(宦官), 내수(內竪), 위사(衛士), 어인(圉人)들이 비위를 맞
추고 아첨하여 그른 길로 인도합니다. 그런즉 내승별감(內乘別監)과 속
고치(速古赤), 환관, 내수의 책임자를 처벌하여 윗사람의 경계가 되게
하소서."

왕은 환관 김길봉(金吉逢)을 곤장 쳐서 이산영(泥山營) 군졸로 편입하고, 내수 서양수(徐良守)는 도관(都官)의 노예로 편입했다.

· 우왕은 그 후에도 사냥 등으로 놀기만 좋아하였으므로, 우왕 10년 (1384) 11월에는 최영(崔瑩) 등이 내시 김실(金實)에게 사람을 보내 전하기를 "선왕(先王) 때에는 한 달에 아일이 여섯 번 있었다. 지금은 단지 두 번인데도 매번 조회를 하지 아니하니 백관이 자기 반열의 차례도 모르게 되었다. 내일 아회에는 왕께 말씀드려서 꼭 참석토록 하라." 하였다. 김실이 왕에게 이를 말씀드리니, "네가 술을 가져다 대신들을 위로하여 주고 잘 이야기하라." 하고는 사냥을 나갔다.

4) 당면 정치문제 등을 건의

· 우왕 2년(1376) 윤9월에 사헌부에서 청하기를 "병란(兵亂)과 한재 (旱災)가 해마다 겹쳐서 군량(軍糧)이 결핍되었으니, 공신전(功臣田)에서는 도조(賭租 : 남의 논밭을 부친 후 해마다 稅로 내는 벼)의 3분의 1을 취하고, 사원전에서는 반을 거두며, 궁사전(宮司田)에서는 과렴 이외의 남는 것을 모두 군량으로 충당하소서." 하니, 왕이 그대로 좇았다.

· 우왕 4년(1378) 8월에 사헌부에서 의창의 설치를 건의하였다.

"여러 도(道)가 해마다 가물고 흉년이 들어 군량이 넉넉치 못하고 백성이 개천과 구렁에서 딩굴어 죽으니 참 가슴 아픈 일입니다. 주군(州郡)에 의창(義倉)을 설치하고, 수령을 시켜 금년의 풍흉(豊凶) 등 상황을 살펴 곡식을 차등 있게 거두어 고을 창고에 저장하여 오는 해의 흉년을 대비케 하소서. 또한 첨설직은 다만 군사의 공(功)을 상주기 위함이니 종군하여 공을 세운 자 이외에는 이를 주지 마소서."

왕이 이 건의에 동의하였다.

· 같은 해(1378) 12월에 사헌부에서 다음과 같이 상소하였다.

"각 도(諸道)의 산성(山城)을 수축함에 있어 군정(軍丁)을 많이 동원하여 단시일에 완공하니, 얼마 지나지 않아 허물어집니다. 앞으로는 사신을 파견하지 말고 그 지방의 수령(守令)으로 하여금 농한기를 이용하여 군정을 동원하여 수축토록 하시기 바랍니다.

고을 원은 왕과 환난을 같이하는 중요한 임무를 가졌으므로 예로부터 반드시 명망 있는 사람을 뽑았는데 근래에는 현부(賢否 : 어질거나 어질지 못함)를 가리지 못했기 때문에 착취를 일삼는 경향이 있습니다. 앞으로 대간으로 하여금 충분히 심사, 토의하고 파견케 하기 바랍니다.

또한 옛날에는 공로가 없는 자를 제후(諸侯)로 책봉하지 않았는데 지금 군(君)으로 책봉된 자가 매우 많습니다. 앞으로 작호를 소중히 여기고 아끼며 함부로 주지 말기 바랍니다. 더욱이 근래에 왜적의 침입으로 창고가 비어 있으니, 재상으로서 봉군(封君)된 사람만 국록을 주고 기타의 봉군받은 사람에게는 국록을 주지 말기 바랍니다.”

· 한편 같은 달(1378년 12월)에 도당(都堂)에서 익군(翼軍)을 설치할 것을 제의하니, 왜적의 침범이 끝날 때까지 한시적으로 서북면의 예에 따라 각 도에 익군을 설치하였다. 그런데 익군의 폐단이 많이 발생하였으므로 다음해(1379) 5월에 사헌부에서 상소하여 5도(道)에 새로 좌·우익(左右翼) 군사를 둔 폐단을 논하였다. 왕은 이를 도당에서 의논케 하였으며, 의논 결과 사헌부의 주장이 받아들여져 이를 파하였다.

· 우왕 7년(1381) 3월에 대사헌 안종원(安宗源) 등이 아뢰기를, “옛날부터 환관이 권세를 마음대로 하면 반드시 나라를 그르치기 때문에 우리 조종(祖宗)께서는 신하 중 덕행 있는 자를 가려 좌우에서 모시게 하고 환관은 두세 명에 불과하여 청소 등을 담당할 뿐, 문무 관작을 준 일이 없었습니다. 뇌물을 받고 조신(朝臣)들을 참소하던 이득분(李得芬)은 귀양 보냈으나, 그 도당이 아직도 많아서 분에 넘치는 관작을 받아 녹봉(祿俸)만 허비하고 있습니다. 구제에 따라 영리한 자를 가려 10명을 넘지 않게 하여 궁내의 심부름을 하도록 하고, 나머지는 모두 파하여 내치시기 바랍니다.” 하였다.

· 우왕 9년(1383) 3월에 사헌부에서 글을 올려 인사행정을 공정하게 할 것을 건의하였다.

"본조(本朝)에서는 근속 연수의 장단과 공로의 많고 적음에 따라 품계(品階)를 올려주었는데, 근래에는 분주하게 경쟁하는 것이 풍속이 되어 관작(官爵)이 날로 천해지니, 정밀히 검찰하여 차례에 따라 서용(叙用)하여 인사행정을 공정히 하소서. 근래에는 간사, 아첨하고 사나운 무리가 권력가에 붙어서 수령이 되어 불법을 행하므로 주부군현(州府郡縣)이 날로 피폐하여지니 대성(臺省)과 6조(六曹)에서 청렴한 자를 추천케 하여 임용하되, 만일 잘못 천거한 것이 있으면 죄가 천거한 사람에게 미치게 하소서."

왕이 이 건의를 받아들였다.

5) 왕의 무분별한 행동에 대하여 간쟁

· 우왕 3년(1377) 3월에 사헌부에서 수해(水害), 한재(旱災), 병란(兵亂)이 중첩되었다는 이유로 금주할 것을 요청하니, 왕이 이 제의를 좇았다. 왕은 이때 불과 13세의 어린 나이였음에도 좌우에서 술을 바쳐 이에 취하는 경우가 있었던 듯하다.

· 우왕 6년(1380) 12월에 왕이 이인임(李仁任)의 생일에 그의 집에 가서 풍악을 울리고 마음껏 술을 마신 후 날이 저문 후에야 파하였다. 이에 사헌부에서 다음과 같이 상소하여 간하였다.

"선대 임금들은 새벽에 일어나 의복을 입고 조심한 마음으로 항시 경건하였습니다. 더욱이 근년에는 왜적의 침입이 빈번하고, 원나라는 북방에 인접하여 있으며, 명나라는 요심(遼瀋 : 요동과 심양)지방에 군대를 주둔하고 우리나라의 사정을 엿보고 있습니다. 앞으로의 환난을 예측할 수 없으니 전하께서는 근신, 근면하고 예(禮)가 아니면 움직이지 말아야 합니다. 그런데 날마다 못된 소년들을 데리고 경솔히 항간에 나가 놀며 험한 길, 좁은 길도 가지 않는 곳이 없으니 혹시 말이라도 넘어지면 불의의 변이 있을까 우려됩니다."

우왕은 뉘우치는 마음이 우러나서 글공부를 다시 시작해 보려고 통감(通鑑) 한 질을 올리라고 지시했다. 그러나 나약한 어린 소년이었으므로 오래지 않아서 책을 버리고 다시 놀러 다니기에 여념이 없었다.

· 다음해(1381) 4월에 우왕이 평복을 입고 걸어서 4월 8일(석가모니 탄신일) 등불 구경을 하려고 하였는데, 말에서 내릴 때 마부가 말을 늦게 끌고 가서 우왕이 채찍으로 때리다가 말에 채여 얼굴을 상했다. 사헌부에서 내승별감(內乘別監) 변벌개(邊伐介)가 말을 길들이지 못하였고 규정된 시간 외에 말을 내주어서 왕을 경동케 하였다고 죄 줄 것을 청하니, 변벌개 등 5명에게 형장(刑杖)을 치고 귀양 보냈다.

· 그 후부터는 내승도감이 헌부의 탄핵받는 것을 두려워하여 감히 말을 내주지 않기 때문에 왕은 자주 남의 말을 탈취하여 타고 놀러 다녔다. 그래서 궁궐에 들어가는 사람들은 자기 말을 감추어야 했다.

· 같은 해(1381) 8월에 내시(內侍) 박원상(朴元常)이 우왕을 꼬여서 16천마악(十六天魔樂)을 하였으므로, 사헌부에서 상소하여 박원상을 쫓아냈다. 16천마악은 음악(音樂)의 일종으로서 그 내용은 알 수 없으나, 천마라는 말이 붙은 것으로 보아 사람의 마음을 혼란케 하거나 음욕을 동하게 하는 내용일 것으로 추측된다. 따라서 이 음악을 추천한 내시를 쫓아낸 것이다.

· 우왕 8년(1382) 11월에 대사헌 노숭(盧嵩)이 상소하기를 "근일에 전하가 나가 노시는데, 입직한 이덕시(李德時)가 백관에게 고하지 않았고, 내승(內乘) 김천수(金天守) 등이 훈련되지 않은 말을 바쳐 미끄러지게 하였으니 그 죄를 국문하기를 청합니다." 하였는데, 우왕이 좋아하지 않았으나 마지못해 좇았다.

· 그 후에도 우왕은 나가 노는 것을 멈추지 않았으므로 우왕 9년(1383) 6월에 대간이 번갈아 글을 올리기를 "임금이 출입하는 것은 반

드시 종묘의 제사, 국제간의 회합이나 외국 빈객의 접대 같은 일에 의
하였고, 부질없이 마구 돌아다닌 적이 없습니다. 전하가 놀러 다니심
이 절도가 없어 신하와 백성들이 실망하고 있으니, 위로는 천명(天命)
을 두려워하고 아래로는 선조의 법도를 지켜서 신민(臣民)들의 마음을
위로해 주고 사직의 복을 영원히 누리시기 바랍니다." 하였다.

· 우왕은 말 타고 돌아다니며 유흥에 빠지면서도 처음에는 대간(臺
諫)들이 간하는 말을 꺼렸는데, 내시들이 왕에게 "대간도 임금이 임명
하는 관직이므로 만일 거슬리면 교체하면 그만입니다." 하였다. 이후
부터는 더욱 대간을 홀시하고 기탄 없이 절도 없는 놀이를 하였다.

같은 해(1383) 9월에 사헌부에서 입직사(入直辭) 한복경(韓福卿)과 성중
애마(成衆愛馬) 설리별감(薛里別監)들을 탄핵하기를 "그들이 다 시종하지
않았기 때문에 왕이 홀로 거리와 마을을 놀러 다니게 하였다." 하니,
왕이 불쾌한 기색을 보였다. 또한 사헌부에서 왕을 황음무도한 길로
오도한 예의판서(禮儀判書 : 환관임) 조순(趙恂)의 죄를 규탄하고, 전라도
내상(內廂)으로 귀양 보냈다.

· 다음달(10월)에도 대간이 상소하기를 "해적이 깊이 들어오고, 간첩
이 왕래하므로 사변이 있을까 두려운데, 전하는 밤낮을 가리지 않고
단기(單騎 : 혼자 말타고 감)로 다니십니다. 이는 환관, 내수, 위사, 어인들
이 측근에서 모시면서 아첨하여 주상(主上)을 예(禮)가 아닌 길로 인도
한 때문입니다. 그들을 국문하여 뒷사람을 경계케 하소서." 하였다.

상소(上疏)가 올라가니 왕이 환관 김길봉(金吉逢)에게 장형을 가하여
귀양 보내고, 내수(內豎) 서양수(徐良守)와 내승별감 김천용(金千用)을 쫓
아냈다.

· 그러나 그 후에도 '왕이 놀러 다니는 것을 줄이지 않았고, 갈수록
각종 놀이가 더욱 심해졌으며, 국고를 털어서 그 비용을 쓴 결과 재정
이 고갈 탕진되었으나 대간들이 시정하여 주는 노력을 보이지 않았
다.'고 『고려사(高麗史)』에 기록되어 있다.

6) 탐오한 관리 등을 탄핵

· 우왕 2년(1376) 7월에 동래(東萊)의 안집(安集) 어승한(魚承漢)이 탐오하고 포악한 짓을 하였으므로 사헌부에서 그를 추궁하였다. :

· 판사(判事) 김희(金禧)가 일찍이 권신 신돈에게 아부하는가 하면 그와 인아자간(姻婭之間 : 사돈간 및 동서간의 총칭)이라고 스스로 말하면서 옳지 않은 행동을 많이 하였으며, 아비의 제삿날을 보고하지 않은 사실이 있었다. 같은 해(1376) 12월에 사헌부에서 김희를 불러 이 사실 등을 추궁한 다음, 드디어는 관직을 삭탈하고 그를 고향으로 돌려보냈다.

· 우왕 3년(1377) 3월에 지평 이길조(李吉祚) 등이 상소하기를 "지윤(池奫)이 붕파를 체결하고 권력을 마음대로 행하고자 하는데, 김윤승(金允升)이 그의 후설(喉舌 : 목구멍과 혀) 노릇을 하니 옥에 가두고 국문하소서." 하였다.

김윤승이 지윤에게 달려가 이 사실을 알리니, 지윤이 당시 실권자인 이인임(李仁任) 등을 죽이려고 하다가 사전에 발각되어 모두 참형에 처해졌다.

· 같은 해(1377) 6월에 사헌부가 최인철(崔仁哲)을 탄핵하기를 "최인철은 근본이 천한 자로 부당히 버슬자리를 받았고, 명령을 받아 사신(使臣)으로 나갔다가 제멋대로 돌아왔으며, 왜적을 잡았다고 허위로 보고하여 국가를 기만하고 외람되게 상[왕이 말과 백금 등을 하사함]을 받았으니 의법 처단하여 후인을 경계하시기 바랍니다." 하였다. 왕이 상으로 이미 준 것을 회수하고 형장을 쳐서 영주(永州)로 귀양 보냈는데, 최인철은 가던 도중에 죽었다.

· 우왕 5년(1379) 6월에 사헌부에서 탄핵하기를 "남원부사 노성달(盧成達)은 적이 물러간 뒤에 창고에 불을 지르고 쌀 130여 석을 훔쳐내어 창기들과 잔치하고 즐겼으며 백성에 대하여 걱정하지 않았으니 논죄하소서." 하였다. 이때 노성달이 도망했는데 이인임이 권세를 이용하

여 법을 굽혀서 이 사건을 덮어주었다.

· 우왕 12년(1386) 12월에 축마별감(畜馬別監) 변벌개(邊伐介 : 전에 內乘別監으로서 귀양 갔던 자임)가 제주에 가서 백성의 말과 노비를 강탈하였으며, 상승전(尙乘田)의 조세(租稅) 납부액을 도둑질한 것이 적발되었으므로 사헌부에서 탄핵하여 그를 먼 지방으로 귀양 보냈다.

7) 외적을 방어치 못한 책임을 추궁

일선 군부대의 지휘관이 부대지휘를 잘못했거나 패전할 경우에도 사헌부에서 그 책임자를 밝혀내 문책·처벌하였다.

· 우왕 원년(1375) 10월에 사헌부에서 양광도(楊廣道) 안무사(按撫使) 정비(鄭庇)와 순문사(巡問使) 한방언(韓邦彦)이 왜적을 막지 못한 사실을 논핵하여, 모두 수졸(戍卒 : 변경지방을 지키는 병졸)에 편입시켜 정배하였다.

· 우왕 2년(1376) 윤9월에 사헌부가 다음과 같이 상소하였다.

"전라도 원수 류영(柳濚)이 곤임(閫任 : 지방에 파견된 장수)의 중한 것을 생각하지 않고 날마다 음악과 계집에만 팔려서, 왜적이 이긴 기세로 포학을 자행하게 놓아두었고, 전주(全州)가 함락되자 말에서 떨어졌다고 거짓 칭탁하고 나가지 않았으니 형벌로 처치하시기 바랍니다.

또한 병마사(兵馬使) 류실(柳實)은 관할하던 태산군(泰山郡)이 적의 침범을 당했는데, 토벌할 기회를 놓치고 도리어 패전하였고, 전주를 수복하지 못하였습니다. 다만 류실은 지난 번 왜적이 전주를 범했을 때 힘을 다해 쳐서 물리쳤으니, 류영의 죄와는 경중이 다를 것입니다."

이에 류영을 폐하여 평민을 만들고, 류실과 함께 먼 땅에 수자리[國境을 지키는 일]하게 하였다.

· 우왕 8년(1382) 4월에 사헌부에서 경상도 도순문사 남질(南秩)이 왜적을 막지 못한 사실을 지적하면서 그를 탄핵하였다. 왕이 이를 도당

에 내려 의논하게 하였는데, 의령현에 귀양 보내 안치(安置 : 가두어 둠)
하게 하였다.

8) 간통행위자 등을 탄핵

·우왕 2년(1376) 7월에 사헌부가 탄핵하기를 "전교부령(典校副令) 신
인보(申仁保)가 3품 직함을 거짓 칭[冒稱]하였고, 죽은 낭장(郎將) 박동조
(朴東朝)의 아내와 간통하였으니 이를 논죄하시기 바랍니다." 하였다.
신인보는 본래 권신에게 아부하였고, 박동조의 아내는 재상의 딸이었
으므로 간통 사실은 덮어두는 한편, 관직을 모칭(冒稱 : 詐稱)한 것만 죄
주어 때려서 장암수(長岩戍)에 귀양 보냈다.

·우왕 3년(1377) 6월에 야성군(野城君) 김보일(金寶一)의 첩 박여보(朴
與寶)가 김보일의 손자 김자(金孜)와 토지를 가지고 다투다가 김자가 그
의 누이와 간통하였다고 무고(誣告)하였다. 사헌부에서는 박여보의 죄
상을 밝히고 목매달아 죽였다.

·우왕 10년(1384) 10월에 전 판사(判事) 김정후(金鼎侯)가 그의 처를
때려 죽였으므로, 사헌부가 그를 탄핵하여 처벌하였다.

·강릉도(江陵道) 원수(元帥) 이을진(李乙珍)이 걸핏하면 남의 처녀들
을 강탈하여 첩으로 삼았고, 부하들도 이를 본받아 무기를 가지고 마
을을 뒤져 처녀들을 강간하는 사례가 자못 많았다. 우왕 13년(1387) 9월
에 양구현(楊口縣) 사람 양부(楊富)가 죽은 지 100일도 되지 않았을 때인
데, 이을진이 양부의 딸을 취하려고 부하 10명을 데리고 그 집을 포위
하였으나 잡지 못하자, 양부의 처를 강간하였다.

사헌부에서 그를 탄핵하여 관직을 삭탈, 평민으로 만들고 형장 100
도를 치고 회덕현(懷德縣)으로 귀양 보냈다.

9) 혹세 무민하는 승려들을 제재

· 우왕 2년(1376) 4월에 나옹(懶翁)이 양주(楊州) 회암사(檜巖寺)에서 문수회(文殊會)를 차렸는데 귀인, 천민 할것없이 앞을 다투어 포백(布帛)과 과물(果物) 등속을 바쳤으므로 절 문이 미어질 지경이었다. 그래서 사헌부가 관리를 보내어 부녀들을 오지 못하게 하고, 도당에서는 절문을 닫게 하였으나 오는 사람을 막을 수 없었다. 결국은 나옹을 경상도 밀성군(密城郡)으로 추방하기로 하였는데, 나옹은 경상도로 가던 도중 어흥(驪興 : 여주) 신륵사(神勒寺)까지 가서 죽었다.

· 우왕 7년(1381) 5월에 서울에서 어떤 여승(女僧)이 자칭 미륵불(彌勒佛)의 화신이라고 하였다. 사람들이 모두 그를 믿고 다투어 쌀과 포(布)를 희사하므로 사헌부에서 그 여자를 형장 치고 귀양 보냈다.

· 다음달(6월)에 사헌부에서 상주하기를 "중 가운데에는 근시(近侍) 등에게 청탁하여 임금의 압자(押字)가 있는 원문(願文)을 가지고 다니며 횡행하니, 앞으로 청탁하여 원문에 압자를 받는 자가 있으면 처벌하시기 바랍니다. 또 각 고을의 이속(吏屬) 가운데 향역(鄕役)을 기피하는 자가 많으니, 과거 급제한 자나 군공(軍功)을 세운 자 이외에는 향역을 일체 면제하지 말기를 바랍니다." 하니, 왕이 그 의견을 채납(採納 : 意見을 받아들임)하였다.

· 이때는 변괴가 자주 나타나니 재앙을 피하려는 민간들의 마음을 이용하는 자들이 많이 나타났다. 우왕 8년(1382) 2월에 사노(私奴) 무적(無敵)이 자칭 미륵불(彌勒佛)의 화신이라고 선전하였으므로, 잡아다 사형에 처했다.

· 우왕 10년(1384) 12월에 화장사(華藏寺)의 중 각연(覺然)이 도통하였다고 자칭하면서 부녀들을 불러들이는 등 추악한 소문이 자자하였다. 사헌부에서 이를 규탄하여 논죄한 후 그에게 형장을 치고 용문산(龍門山)으로 귀양 보냈다.

10) 유공자에 대한 포상을 건의

고려시대에 사헌부에서는 관리들을 규찰하고 잘못이 있을 때 탄핵하였으나, 관리가 잘한 일이 있을 때 포상을 건의할 임무는 없었다. 그러나 유공자 등에게 포상을 건의한 기록이 우왕 때부터 나타나고, 조선시대에는 포상건의가 사헌부의 임무로 규정되기에 이르렀다.

· 우왕 2년(1376) 10월에 사헌부에서 상소하기를 "지난번 심왕(瀋王 : 王暠를 의미함)의 사변(事變 : 우왕 원년 8월에 발생)에 재상들이 합심하여 주요 방침을 토의 결정하고, 여러 장수들이 충의를 분발하여 적은 군대로 밤낮을 이어 달려가서 맞아 싸워 적을 물리침으로써 온 나라를 평안히 하였습니다. 그러나 그들의 공에 대하여 상전(賞典)을 거행치 않았으니 공을 평정하여 상을 주소서." 하니 왕이 이 제의를 좇았다.

· 우왕 11년(1385) 5월에 사헌부에서 상소하기를 "판사 손용진(孫用珍)이 사신으로 경사(京師 : 明나라 서울을 의미)에 갔을 때, 명나라 황제가 우리나라 일을 의심하고 국문하였습니다. 손용진은 나라를 위하여 몸과 마음을 아끼지 않고 죽으면서도 굴복하지 않았습니다. 그 충의는 찬양할 만하니 작위를 추증하고 시호를 주는 동시에 그의 자손에게 벼슬을 주소서." 하니, 왕이 이 건의를 좇았다.

11) 죄 없는 대관을 권신이나 왕의 지시로 처벌

· 우왕 2년(1376) 3월에 사헌부의 지평(持平 : 정5품) 송제대(宋齊佋)를 파면시켜 지태안군사(知泰安郡事)로 내보냈다.

당시 권신이었던 지윤(池奫)이 아내를 시켜 궁중에 출입하며 권세를 부리고 뇌물을 받으니, 송제대가 지윤을 탄핵하려 하였다. 그런데 이 문제를 논의하는 과정에서 송제대의 상사인 집의(執義 : 종3품) 김승득(金承得)이 이를 지윤에게 고하였으므로, 지윤이 선수를 써서 내치었던 것이다.

· 우왕 12년(1386) 6월에 광흥창사(廣興倉使) 나영렬(羅英烈)과 분대규정(分臺糾正) 권간(權幹) 등을 순군옥에 가두었다.

그때 나영렬 등이 동강창고(東江倉庫)에서 녹미(祿米)를 인수하고 있었는데, 우왕이 내시 안거(安琚)를 시켜서 왕의 명에 따라 고기잡이 하거나 말을 기르는 사람 등 31명에게 쌀 1섬씩 주라고 지시하였다. 그러나 나영렬과 권간이 이에 대하여 말하기를 "이 창고는 선왕(先王)이 백관들에게 녹미를 지급하도록 정했으므로 함부로 내줄 수 없다." 하였다. 우왕이 이 말을 듣고 대노하여 나흥렬 등을 3일간 가두어 두는 한편 안거를 시켜 창고를 열고 내주게 한 것이다.

· 공민왕 22년(1373) 10월에 찬성사(贊成事) 최영(崔瑩)을 6도 도순찰사(六道都巡察使)로 삼아 장수와 수령의 승진, 퇴직 결정권을 주고, 군호적(軍戶籍)을 만들어 죄가 있는 자는 모두 즉결처분하는 권한도 주었다. 이에 최영은 나이 70세 이상된 자들로부터 품계에 따라 차등 있게 물품을 거두어 군수(軍需)를 돕게 하였다. 그 결과 이를 내기 어려운 백성들이 호적을 이탈하고 도망하는 경우가 많이 생기고 원망이 크게 일어났다. 또한 왜적을 능히 막지 못하였다 하여 양광도 도순문사(楊廣道都巡問使) 이성림(李成林)에게 곤장을 쳐서 봉군(烽軍 : 봉화를 올리는 일을 맡

[사진설명] 6도 도순찰사였던 최영의 묘지.

는 군졸)에 배치하고 그 도진무(都鎭撫) 지심(池深)을 목베었는데, 이는 최영이 왕의 측근인 김홍경(金興慶 : 기생과의 관계로 이성림을 미워함)의 비위를 맞추기 위한 것이라는 소문이 자자하였다.

다음해(1374) 3월에 왕이 최영을 경상·전라·양광도 도순문사로 임명하니, 사헌부에서 아뢰기를 "최영이 일찍이 도순찰사가 되었을 때 6도(道)가 소동하였으므로 다시 순문사로 삼을 수 없습니다." 하였다. 최영이 울며 왕에게 하소연하기를 "신(臣)이 성심으로 나라를 위하여 죽으려 하는데 이런 비방을 듣고 있사오니, 신의 관직을 파면하시기를 청합니다." 하였다. 이에 왕이 주저하다가 마침내 양측을 모두 제재하는 결단을 내렸는데, 최영을 대신하여 전녹생(田祿生)을 경상도 도순문사로 삼는 한편 최영을 논핵했다는 이유로 대사헌 김속명(金續命)을 면직시키고, 지평 최원유(崔元濡)를 폄직시켜 연안부사(延安府使)로 삼았다.

그 후 우왕 14년(1388) 정월에 왕이 최영과 이성계에게 명하여 임견미(林堅味), 염흥방(廉興方) 등을 체포케 하여 처형하도록 하니, 최영 등은 대사헌 염정수(廉廷秀)를 옥에 가두었다가 처형하였고, 전 대사헌 임헌(任獻)도 베고 집을 적몰하였다.

특히 임헌의 경우 탐오한 관리였다는 죄명을 붙이려고 그의 집을 수색한바 한 섬의 저축도 없었으므로 옥관(獄官)이 면죄시키려 하였다. 이때 최영이 말하기를 "임헌은 염흥방의 세력을 빙자하여 대사헌이 된 후 곧은 말을 한마디도 하지 아니한 자이다." 하며, 드디어 명하여 베게 하였는데, 주위 사람들이 임헌을 불쌍히 여겼다고 한다.

다고 고집하였다. 이에 염흥방이 크게 노하였는데, 우현보(禹玄寶 : 前大司憲)가 대리(臺吏)에게 막는 것을 중지하도록 명령하였다.

임헌은 청렴한 관리로서 이렇게 당시 권신들에게도 바른 말을 하였던 사람이다. 그런데도 아무런 죄가 발견되지 않는다는 사실을 보고받은 최영이 그에게 죽음을 내린 것은 사헌부에 대한 묵은 감정과 정권을 잡기 위한 욕심 때문이었을 것으로 추측된다.

12) 대간의 추천으로 지방 수령을 임명

사헌부가 차자방(箚子房)을 혁파하고 문관과 무관의 전선(銓選 : 인사)을 이부(吏部)와 병부(兵部)에 나누어 예속시키기를 청하니 그대로 좇았으나 실행하지는 못했다. 다만 지방 수령이 될 만한 사람을 대관에게도 수시로 추천토록 하였는데, 우왕 때의 구체적인 추천, 임명 실적은 기록이 없어서 알 수 없다.

· 우왕 원년(1375) 12월에 재상과 6조(六曹) 및 대성(臺省)으로 하여금 문무가 모두 뛰어난 수령이 될 만한 자를 천거하게 하였다.

· 우왕 4년(1378) 12월 사헌부에서 상소하기를 "앞으로 지방수령은 대간으로 하여금 심사, 논평하여 보내기를 바랍니다…… 운운" 하였다.

우왕 때 임명되었거나 활동한 대관의 명단은 다음과 같다.

<표 29> 우왕조의 대관

大司憲	知事	執義	掌令	持平	司憲糾正	分臺御史
宋天逢, 李寶林 河允源, 安宗源 鄭良生, 金禧 禹玄寶, 盧嵩 任獻, 廉廷秀 禹洪壽, 趙浚		金士衡 金承得 安翊 金湊 崔崇生 吳思忠 李美生	趙浚 金賞 姜隱 呂克樫 尹就 洪吉旼	宋齊岱 李吉祚 成石珇		權幹

3. 창왕조(昌王朝)의 사헌부

창왕(昌王 : 1388~1389 재위)은 우왕의 아들로 어린 나이에 왕위에 올라 권신들의 틈에서 혼란한 사회를 바로잡을 겨를도 없이 왕위에서 물러나 죽음을 맞았다. 방탕하고 잔인했던 우왕이 남겨준 많은 사회 문제들을 일소하기 위하여 대관들은 전제(田制) 개혁 등 여러 가지 정치 개혁을 건의하는 한편, 간통이나 사회에 만연되어 있는 각종 범죄의 퇴치에 힘을 기울였다.

1) 사헌부의 임무를 추가 또는 변경

· 창왕은 즉위년(1388) 6월에 도평의사사(都評議使司), 대간과 6조에 명령하기를 "공정하고 청렴하며 재능이 있는 사람으로서 지방 수령이 될 만한 사람을 천거하라." 하였다. 우왕 때에도 이와 같이 천거 지시가 있었으나 당시에는 구체적인 천거 또는 임명기록이 없었다.

창왕의 이 지시에 따라 대간들이 추천한 인사들 가운데에서 각 도(道)에 도관찰출척사(都觀察黜陟使 : 종전의 按廉使임)를 다음과 같이 선발, 임명하여 다음달(8월)에 파견하였다.

양광도(楊廣道)에는 정당문학(政堂文學) 성석린(成石璘)을, 경상도에 전 평양윤(平壤尹) 장하(張夏)를, 전라도에 전 밀직부사(密直副使) 최유경(崔有慶)을, 교주 강릉도(交州江陵道)에 전 밀직상의(密直商議) 김사형(金士衡)을, 서해도에 밀직제학(密直提學) 조운흘(趙云仡)을 도관찰출척사로 각 도관찰출척사로 하여금 임명한 것이다. 또한 왕은 각 도관찰축척사로 하여금 부사(副使)와 판관(判官)을 추천하게 하여 임명하는 한편 그들로 하여금 토지를 다시 측량하게 하였다.

이때 왕이 글을 내리기를 "나는 어린 몸으로 신민(臣民)의 위에 서게 되었으므로 책임이 중하고 커서 내가 할 일을 능히 감당하지 못할까 우려하고 있다. 그대들의 행동은 내가 친히 행하는 것과 동일하니 마땅히 나의 지극한 심정을 체득하여 조심하라." 하였다.

· 같은 달(8월)에 서연(書筵)을 열고 이색(李穡)을 영서연사(領書筵事)로 임명하는 등 옛 제도를 복원시켰다. 또 사헌부와 중방(重房)의 관원 및 사관(史官)이 각 1명씩 교대로 매일 입시(入侍)하게 하였다.

2) 사전개혁 등 각종 개혁을 건의

· 창왕 즉위년(1388) 7월에 대사헌 조준(趙浚)이 글을 올려 사전개혁(私田改革) 등을 주장했는데 그 주요내용은 다음과 같다.

"전제(田制)를 바로잡아 국용(國用)을 족하게 함과 아울러 민생을 후하게 하며, 인재를 가려 기강을 세우고, 정령(政令)을 거행하는 것이 급선무입니다. 태조(太祖 : 고려태조 왕건을 의미)께서는 '근세에 전세(田稅)를 너무 받아 1경(頃 : 100묘)에 대해 벼를 받는 것이 6섬에 달하므로 백성이 살아갈 수 없으니, 이제부터 십일(什一)의 제도를 써서 밭 한짐[一負]에 벼 석되[三升]를 내게 하라.' 하고는 3년간의 조세를 감하셨습니다. ……(중략)…… 지금 안팎의 창고가 모두 비어서 군국(軍國)의 준비가 없고 변방의 근심은 예측할 수 없으니, 창졸간에 변이 있으면 집집에서 거두기도 어렵습니다. 지금 밭을 측량할 때를 당하여 일정한 수를 정한 후 밭을 주기 전에 3년을 한하고 임시로 거두면 군국의 수용과 관원의 녹봉에 충당할 수 있을 것입니다……운운……."

· 한편 이때에는 벼슬자리를 추구하여 몰려 다니는 분경(奔競 : 벼슬을 청탁하기 위하여 세력 있는 집을 분주히 왕래하는 것)이 매우 심하였으므로 같은 달(7월)에 사헌부가 분경을 금할 것을 청하였다.

· 며칠 후에 대사헌 조준은 다음과 같이 시무(時務)를 진술하여 아뢰었다.

"재상(中書의 令, 시중, 평장, 참정, 정당)과 추밀(樞密 : 7 관직)이 합좌하는 것은 원나라를 섬기던 처음에 시작되었는데, 근대에 도당(都堂)에 앉아서 국정에 참여하는 자가 6,70명이나 되니 이렇듯 관직의 범람은 예전에 없던 일입니다. 급하지 않은 관헌과 잡되고 쓸데없는 아전은 일제 도태하소서.

규정(糾正)은 직책이 백관을 살펴서 왕의 귀와 눈이 되고 제사와 조회로부터 전곡의 출납에 이르기까지 모두 점검하는 것이니 품계는 낮아도 책임이 중합니다. 그 품계를 정언(正言) 다음으로 올려서 기강을 떨치게 하소서. 수령, 감무, 현령을 재간 있는 사람으로 가려서 보내고, 계급을 올리소서. 백관의 사첩에 서명(署名)해 왔는데, 간사와 거짓이 날로 번성하니 군부사, 전리사 등 각 관사에의 공문발송, 전곡출납, 살생상벌 등에 날인(捺印 : 도장을 찍음)하게 하소서."

창왕이 이 글을 도당에 내렸다.

· 같은 해(1388) 10월에 대사헌 조준이 글로 다음과 같이 시무(時務)를 아뢰었다.

"한 나라의 기강은 사람 몸의 혈맥과 같은 것입니다. 이제부터는 감히 법을 범하거나 금령에 저촉되는 자가 있으면, 모두 사헌부에 맡겨서 다스리게 하소서. 제사에 참여하는 자는 4일 동안은 그 집에 있도록 하되, 규정이 이를 감찰하게 하고, 정순(正順 : 정3품의 上) 이하는 녹사(錄事)를 시켜 살피게 하며, 치재(致齋)하는 3일간은 공청에 모여 정성과 예문을 익히게 하되 어기는 자는 불경죄로 논하소서."

· 창왕 원년(1389) 8월에 대사헌 조준 등이 또 소를 올리기를 "사전(私田)의 폐해가 극도에 달하게 되었음에도 공전(公田)으로 회복하는 데 이해관계자들의 반대가 심함은 사사로운 이익을 앞세웠기 때문입니다. 경기(京畿)의 땅은 왕실을 보위하는 사대부(士大夫)의 땅으로 하고 나머지는 모두 개혁, 제거하소서." 하였다.

3) 전왕 시절의 권신과 그 당여를 탄핵

조민수와 이성계가 우왕을 폐하고 창왕을 즉위하게 하였다. 그 후 사헌부는 과거 정권의 핵심인물 등에 대한 숙정을 추진하였는데 그 주요 내용은 다음과 같다.

· 위화도 회군 이후 정권을 잃은 최영(崔瑩)에 관하여, 창왕 즉위년 (1388) 11월에 전법(典法)과 대간이 글을 올리기를 "최영이 비록 공이 있으나 요동을 치기를 주장하여 상국(上國 : 明나라)에 죄를 지었으니, 공이 죄를 가릴 수는 없습니다. 베어서 상국의 노여움을 풀기 바랍니다." 하였다. 다음달(12월)에는 드디어 최영을 베었다.

· 창왕 즉위년(1388) 11월에 간관들이 지밀직(知密直) 이무(李茂)와 이빈(李彬)이 이인임(李仁任 : 전 守侍中)의 당파로서 권세를 대단히 부렸고 반역의 음모에도 가담하였다고 탄핵하면서 "헌부를 시켜 직첩을 회수하고 국문케 할 것"을 건의하였다. 이에 이무를 곡주(谷州)로, 이빈을 안변(安邊)으로 귀양 보냈다.

· 창왕 원년(1389) 3월에 전 수시중(守侍中) 광평부원군 이인임의 당여인 이양중(李良中)과 전자충(田子忠)이 양민을 억압하여 노예로 만들었다고 사헌부에서 탄핵하니 그들의 관직을 삭탈하고 귀양 보냈다.

· 같은 해 7월에 전직 지영주사(知永州事) 이사방(李斯芳)이 전 문하시중(門下侍中) 임견미(林堅味)의 뜻에 아부하여 양민을 천민으로 인정한 사실이 있다고 사헌부에서 탄핵하니, 그를 순천(順天)으로 귀양 보냈다.

· 같은 해(1389) 10월에 간관 오사충 등이 전 밀직제학(密直提學) 이숭인(李崇仁)을 탄핵하니 창왕이 그 소를 사헌부에 내려 추궁케 하였다. 이때 이숭인이 도망하였으나, 사헌부는 그를 찾아 붙잡아서 경산부로 귀양 보냈다.

4) 탐오한 관리 등을 탄핵

· 창왕 즉위년(1388) 11월에 판개성부사(判開城府事) 문달한(文達漢)이
외척의 세력을 빙자하여 탐오하다고 사헌부에서 탄핵하여 합포(合浦)
에 귀양 보내도록 하였다. 그런데 도당(都堂)에서 가까운 땅에 두기를
청하였으므로 왕이 그의 귀양지를 철원으로 변경하도록 지시하였다.

· 사헌부에서는 민중리(閔中理)가 부당하게 관직에 임명되었다고 판
단하고 그 고신(告身 : 임명장)에 서명치 않았는데, 사헌부 관원인 지평
(持平 : 정5품) 김첨(金瞻)이 개인적으로 서명하여 주었다. 그 후 민중리가
임신중에 있는 처녀(부잣집 딸)를 살해한 사실이 있는데 이때에도 김첨이
그 죄를 감추어준 사실이 있었다. 그래서 창왕 원년(1389) 3월에 김첨이
사헌부 관아로 부임할 때 이러한 부당한 사실을 알고 있던 규정(糾正 :
종6품)들이 그를 정영(庭迎 : 정원에서 환영)하지 않았다.

한편 민중리에 대하여는 사헌부에서 탄핵하기를 "진주 목사(晉州牧
使) 민중리가 아버지 상(喪)을 당하여 황망히 집에 가면서 생선과 짐승
의 고기를 싣고 갔으며, 또 이모부인 이색(李穡)에게 청탁하여 판도판
서(版圖判書)로 임명되어서는 기복(起復 : 3년상을 치르기 전에 특별히 허가받
아 관직에 나감)시키기를 기다리지 않고 사무를 보고 녹을 받았습니다."
하였다. 이에 왕이 같은 달(1389년 3월)에 그를 귀양 보냈다.

· 같은 해(1389) 9월에 전 지춘주사(知春州使) 서언(徐彦)이 관가의 물
자를 도용했다 하여 사헌부에서 국문할 것을 청하니, 왕이 비준하였다.

5) 불효자와 간통행위자를 처벌

· 창왕 즉위년(1388) 7월에 지문하부사 류만수(柳曼殊)가 불효, 강간
등 범죄를 범했다는 이유로 파면되었다.

간관이 아뢰기를 "유만수는 문음으로 벼슬을 얻어 재상에 이른 자

임에도 그 어머니에게 불효막심합니다. 또 죽은 소윤 최수첨(崔秀瞻)의 딸을 강간하였고 남의 파종한 밭을 빼앗는 등 나쁜 일을 많이 하였으니 국문하여 풍속을 바로잡으소서." 하였다. 왕이 처벌을 주저하니 사헌부에서 또다시 간하였으므로, 결국 파면시켰다.

· 창왕 원년(1389) 7월에 전 판사(判事) 김일귀(金一貴)의 처가 전옥쇄쟁(典獄鎖匠) 김도적(金都赤)과 간통한 사실이 적발되어 사헌부에서 규탄하고 논죄하였다.

· 같은 해(1389) 8월에 사재부령(司宰副令) 문윤경(文允慶)이 자기 부친의 첩과 간통하고 관가의 물건을 훔쳤다. 이에 법사(法司 : 사헌부인지 刑曹인지 분명치 않음)의 탄핵에 의하여 그 남녀(문윤경과 그 부친의 첩)를 저자에서 조리 돌린 후 교형에 처했다.

· 같은 해(1389) 10월에 사헌부에서 "박순지(朴惇之)가 일찍이 장모와 간통했고, 이색을 따라 중국에 갔을 때 몸소 물건을 팔고 샀습니다."라고 탄핵하니, 그를 먼 지방에 귀양 보냈다.

창왕 때 임명되었거나 활동한 대관의 명단은 다음과 같다

<표 30> 창왕조의 대관

大司憲	知事	執義	掌令	持平	司憲糾正
趙浚 權近		李詹	權湛	金瞻 金爾音 崔士威	

4. 공양왕조(恭讓王朝)의 사헌부

공양왕(恭讓王 : 이름은 王瑤, 1389~1392 재위)은 정원부원군(定原府院君)

왕균(王鈞)의 아들이고 신종(神宗)의 7세손이다. 그는 성질이 인자하고
유순하였으며 결단성이 없었고, 왕위에 오를 야심을 가진 이성계(李成
桂)에 의하여 즉위하였으므로, 비록 그가 근신하며 국정을 운영하였어
도 불안하기 짝없는 세월이었다. 이때 대관의 활동은 매우 활발하였는
바, 우왕과 창왕의 측근들을 탄핵하고 전제(田制) 개혁 등을 많이 주장
하였는데, 권세가 옮겨감에 따라 그 방향이 변해갔다. 이때는 사회기
강과 관리기강이 많이 해이해져서 사헌부에서 바로잡으려고 노력하기
도 했으나, 결국은 고려의 멸망과 조선의 개국을 선도하였다.

1) 관제 등의 개정

·공양왕 2년(1390) 11월에는 후비(后妃)의 부(府) 중에서 숭경부(崇敬
府), 의덕부(懿德府) 및 자혜부(慈惠府)에 지나치게 높은 관원을 배치하고
있다는 이유로 이를 낮출 것을 사헌부에서 건의하였더니, 왕이 이에
동의하고 따랐다.

·공양왕 3년(1391) 5월에 중앙과 지방 관리의 해유격(解由格 : 引受引
繼 규정)을 반포하였다. 해유(解由)란 관리의 물품관리에 대한 책임을 해
제하는 것, 즉 관리가 맡은 직에서 물러날 때 소관 사무의 인계 인수
상 결손이 없으면 전직(前職)에 대한 재산상의 책임을 면하게 되는 것
을 말한다.

·공양왕 4년(1392) 5월 급전도감을 폐지하고 그 업무를 호조(戶曹)로
돌렸다.

2) 각종 정치문제에 관하여 건의

·성석린(成石璘)은 공양왕 원년(1389) 12월에 동료들과 함께 상소하기
를 "신우 때 임명된 관작은 모두 회수하되 군공도목(軍功都目)에 의한 관

작만은 이조와 병조에서 검토, 상서사(尙書司)에 보고하여 임명한 후에 복무케 할 것이며, 아무리 명망 있고 신임받는 자라 할지라도 대성(臺省)의 보고 후 임명하소서." 하니 이를 도당(都堂)에 내려 토의케 하였다.

· 그러나 부당하게 준 고신(告身 : 관직 임명장)을 회수하지 않고 있었다. 이듬해(1390) 정월과 3월에 사헌부에서 상소하여 "위조(僞朝 : 우왕과 창왕 시절을 의미)의 첨설 직첩을 회수하도록 하십시오." 하고 연달아 청했으나, 왕이 이를 듣지 않았다.

· 성석린은 같은 해(1390) 1월에 또 상소하기를 "대간의 직책은 간쟁하는 데 있어 응당 궁중에 두어야 함에도 지금 궁외(宮外)에 두고 일일이 상소하는 방법으로 주달케 하므로 절차가 번잡하고 하부 실정이 상달되지 못하고 있습니다. 이제부터는 신하가 진언할 것이 있으면 왕에게 직접 면대하여 말씀드리게 하고 큰 사건에 한하여 상소케 하소서." 하니 왕이 이 제의를 좇았다. 그러나 불과 1개월이 지난 그 해(1390) 2월에 대간이 왕의 면전에서 직접 사뢰는 법을 폐지했다.

· 같은 달(1390년 1월)에 사헌부에서 부인(婦人)과 승도(僧徒)에게는 작을 봉하지 말기를 청하니 그 청을 따랐다. 이듬해(1391) 4월에는 부녀들이 절에 왕래하는 것을 금하였다.

· 공양왕 2년(1390) 8월에 대사헌 김사형(金士衡) 등이 도읍을 개경(開京)에서 남경(南京 : 지금의 서울)으로 옮기는 것을 중지하도록 청했으나 받아들여지지 않았다.

· 같은 해(1390) 12월에 헌사에서 건의하기를 "고을 원을 바꾸는 횟수가 너무 잦아서 비록 재능이 있는 자라도 정책을 실시할 수 없습니다. 또 구관(舊官)을 보내고 신관(新官)을 맞는 폐단이 적지 않으니, 이제부터는 3년이 만기가 되고, 성적이 우수하면 중앙관리로 뽑아 올리고, 그 임무를 감당하지 못할 사람은 철직시킴으로써 관리의 풍기를 고양하소서." 하였다.

· 공양왕 3년(1391) 8월에 대사헌 김주(金湊) 등이 상소하여 5도(道)의

정부(丁夫)를 내어 개성에 내성(內城)을 쌓기를 청하니 그 말을 따랐다.

· 같은 달(8월)에 사헌부에서 아뢰기를 "선왕의 제도는 적자와 서자의 구분이 엄격했으나 본조에 와서는 그 구별이 없어졌는데 이는 성인이 예(禮)를 마련한 뜻과 다르니 선왕의 제도를 따르소서." 하였으나 왕으로부터는 아무런 대답이 없었다.

3) 대사헌 조준(趙浚)의 개혁 상소

· 대사헌 조준은 창왕 때 주장한 사전의 개혁이 이루어지지 아니하니 공양왕 원년(1389) 8월에도 다음과 같이 사전개혁을 주장하였다.

"그윽히 생각하건대, 사전(私田)은 개인에게 이익되고 나라에는 이익됨이 없으며, 공전은 국가에도 이익되고 개인에게도 편의합니다. 개인에게 이익이 되면 겸병이 일어나게 되고 그 결과 용도가 부족하게 되며, 국가에 이익되면 창고가 충실하게 되고 국용(國用)이 넉넉하게 되고 송사가 줄어 백성이 편안하게 될 것입니다……(중략)…… 마땅히 경기의 땅으로 왕실을 보위하는 사대부(士大夫)의 전지로 삼아 그것으로 생계를 하게 하고, 나머지는 모두 개혁·제거하여 공상(供上)과 제사(祭祀)의 용도에 충당하여 녹봉과 군수(軍需)의 비용을 넉넉하게 하며, 겸병의 문을 막고 쟁송을 근절시키는 영원한 법을 정하소서."

· 대사헌 조준은 같은 해(1388) 11월에 군사문제 등에 관하여 다음과 같은 요지로 상소하였다.

"부병(府兵)은 8위(衛)에 예속되어 있고 8위는 군부사(軍簿司)에서 통할하며, 42도부(都府)의 병사가 12만이 됩니다. 그러나 원(元)을 섬긴 이래로 태평이 오래 계속되어 금위(禁衛)에 적당한 인물이 없고 8위의 제도도 유명무실해져서 42도부의 5원(員) 10장(將), 위(衛) 및 정(正)의 녹(祿)을 먹는 자들이 유약한 자제가 아니면 공상(工商)과 천예(賤隷)이기 때문에 그 녹을 먹으면서도 직책을 수행하지 않거나, 국사(國事)에 부지런하였어도 녹을 먹지 못하는 경우가 있었으니, 어찌 조종(祖宗)께서 성의로 대우하고 녹을 후하게 주는 뜻이겠습니까? 바라옵건대 근시(近侍), 사문(司門) 등과 성중애마(成衆愛馬)를 각 위(衛)에 병합하여 번갈아 숙직하게 하되, 그 부지런함과 게으름을 고적(考績 : 官吏의 성적을 상고함)하여 품급(品級)에 따라 임용한다면 사람들이 자기 직무에 충실하여 무비(武備)가 신장될 것입니다.

5군(軍)과 42도부(都府)는 곧 한(漢)의 남북군(南北軍)이며 당(唐) 때의 부위병(府衛兵)인데, 근래에 병제가 크게 무너졌으니, 앞으로는 한산(閑散) 4품 이상을 3군에 소속시키고, 군에는 장(將)과 좌(佐)를 둘 것이며, 5품 이하는 부위(府衛)에 소속시키되 군부사(軍簿司)가 통할하게 하여 상하가 서로 유지되고 군정이 한 곳으로부터 나오게 하면 몸이 팔을 부리고 팔이 손가락을 부리는 것과 같이 될 것입니다.

재상이라도 군공(軍攻)이 없으면 봉군(封君)하지 말 것이고, 환관이 조관(朝官)에 제수됨을 허락치 말 것이며, 경기(京畿)의 8현에는 전례에 따라 관원을 두되 개성부(開城府)로 하여금 고적(考績)케 하여 부역을 고르게 해야 합니다.

먹는 것은 백성들이 하늘처럼 여기는 것이고, 곡식은 소와 말을 이용하여 생산되기 때문에 금살도감(禁殺都監)을 둔 것이니, 이는 농사를 중히 여긴 때문입니다. 마땅히 금령(禁令)을 내려 이를 범하는 자는 살인죄로 다스려야 합니

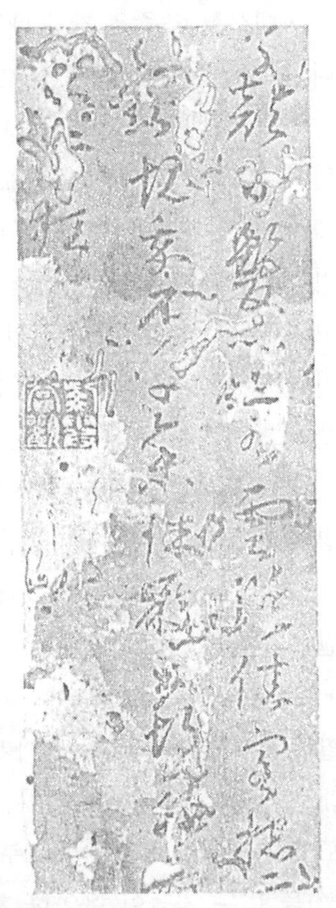

[사진설명] 조준의 글씨. 『평양조문충필적』에서.

다.

주군(州郡)에서는 삭선(朔膳 : 매달초 각 도에서 차려서 임금께 드리는 수라상)과 사객(使客 : 奉命 使臣)을 지공(支供 : 소용되는 물품을 지급)하는 등의 일 때문에 농사철을 당해도 사냥해야 하는 실정입니다. 경기에 계돈장(鷄豚場) 2개 소를 짓되 한 곳은 전구서(典廐署 : 목축을 주관하던 관아)가 주관하여 제사에 쓰게 하고, 한 곳은 사재감(司宰監)에서 주관하여 어용(御用)과 빈객의 수요에 충당하도록 하며, 주와 군의 각 역(驛)에서도 모두 기르게 한다면 사냥하느라 농사를 그르치는 일이 없을 것입니다.

육형(肉刑)은 대부(大夫) 이상에게는 적용되지 않는 것이니 바라옵건대 양부(兩府)의 대신은 비록 죽을 죄를 지었더라도 대역죄(大逆罪) 외에는 현륙(顯戮 : 罪人을 죽인 후 그 시체를 公衆에게 보이는 일)을 하지 말아야 합니다. 앞으로 소송할 자는 각기 소관 관아에 제소하게 하고, 대내(大內)나 도당(都堂)에 직접 상달하는 일은 일체 금지하여 관을 넘보는 행위를 경계하소서.

또한 요즈음 과거에 급제한 사람들은 다시는 학업에 힘쓰지 않으니, 바라옵건대 매년의 급제자 중 4품 이하를 모아 전정(殿庭 : 궁전의 뜰)에서 대책(對策)을 시험 보여 합격자는 제교(製教)를 맡도록 하고 불합격자는 좌천시켜 선비의 기풍을 진작시키소서.”

·조준은 같은 달(1389년 11월)에 또다시 상소하여 ‘사전개혁’을 주장하였고, 이듬해(1390) 3월에도 사헌부에서 올린 상소에 “지난 위조(僞朝 : 우왕과 창왕) 때 탐관오리들이 권세를 부려서 토전과 노비를 빼앗는 등 나쁜 평판이 상국(上國 : 중국을 의미)에까지 들리게 하였으니 그들의 관직을 삭탈하고 전지(田地)를 주지 않게 할 것”을 주장하였으나 왕의

답이 없었다. 다만 그 해(1390) 11월에 조준은 대사헌에서 문하찬성사로 승진 임명되었다.

> **역사의 거울** 조준(趙浚 : ?~1405)의 본관은 평양이고 시중(侍中) 조인규(趙仁規)의 증손이다. 어려서부터 호협하고 큰뜻을 가지고 있었다. 조준이 책을 끼고 궁전 앞을 지나는 것을 본 공민왕이 보마배지유(寶馬陪指諭)의 속(屬)으로 임명하였다. 공민왕이 홍윤(洪倫) 등을 시켜 여러 왕비와 간음케 하는 것을 보고 조준이 개탄하기를 "인도가 없어졌으니 무엇을 더 말하겠는가. 왕이 상벌의 결정은 뭇 소인(小人)들과 의논하고 군자(君子)는 이에 참여치 못하니 형세가 매우 불안정하구나." 하였다. 그 후 조준은 열심히 공부하여 과거에 급제하였다.
>
> 우왕 초년에 통례문 부사(通禮門副使)를 거쳐 사헌부 장령(掌令)에 임명되었다. 그 후 여러 번 승진하여 전법판서(典法判書)를 거쳐 강릉교주도의 도검찰사(都檢察使)에 임명되었다. 우왕이 음란하고, 권세 있는 사람들이 조준의 기개가 꿋꿋하고 아첨하지 않는 것을 싫어했으므로 조준은 4년간 두문불출하면서 경사(經史)로 벗을 삼았다. 공양왕 원년(1389) 11월에 조준(趙浚)은 지문하부사 겸 대사헌으로 임명되었고, 이때 그는 사전개혁 등 많은 개혁정책을 건의하였다. 그러나 이것이 관철되지 않으니, 이성계를 추대하여 조선왕조를 열게 하였다.

4) 전왕의 측근인사를 탄핵

이성계가 창왕은 왕씨가 아닌 우왕의 아들이었다는 이유로 폐하고 공양왕을 즉위케 한 후 사헌부는 창왕 때의 권신 등에 대한 숙정을 추진하였는데, 그 주요내용은 다음과 같다.

· 공양왕 원년(1389) 11월에 사헌부에서 상소를 올려 "첨서밀직사사(簽書密直司使) 권근(權近)이 명나라 자문(咨文 : 중국과 왕복하던 문서)을 도당에 보내 재상들로 하여금 열어보게 하지 않고, 사사로이 며칠 간직했다가 혼자 열어보았으니 잡아다 불충을 형률에 의거 다스리소서." 하니, 왕이 명하여 죄를 신문하지 않고 멀리 귀양 보냈다.

또한 대간이 번갈아 소를 올려 "우왕과 창왕에게 붙어 있던 사람들을 숙청할 것"을 주장하니 이인임(李仁任 : 前 首侍中)의 집을 헐어 못을 팠으며, 이색(李穡 : 前 判三司事)의 부자, 이숭인(李崇仁 : 前 密直提學), 하윤(河崙 : 前 簽書密直司使)과 문달한(文達漢 : 前 贊成事)을 귀양 보내고, 조민수(曹敏修 : 前 門下侍中)를 삼척으로 옮겼으며, 다만 환관들은 그전대로 직무를 보게 하였다.

· 같은 달(11월)에 사헌규정 전시(田時)를 창녕에 보내어 조민수를 국문하였다. 조민수가 창왕을 세운 모계(謀計)가 이색에게서 나왔다는 공사(供辭 : 罪人의 범죄사실을 진술하는 말, 즉 供招)를 받고자 하여 핍박하였는데, 조민수가 처음에는 창왕을 세운 것이 조민수 혼자 결정한 것이라고 말하였으나, 여러 날 핍박하니 마침내 이색에게서 나왔다고 자복하였다.

· 이에 대간이 이색에게 국문을 가하고 극형에 처할 것을 청하였고, 왕이 이에 응하지 않자 논란이 거듭되었다. 공양왕 2년(1390) 정월 사헌부에서 소를 올려 "이색과 조민수가 의논하여 창왕을 세운 죄를 다스리기"를 다시 청했다. 이에 드디어 왕이 오사충(吳思忠)과 전시를 보내어 이색을 장단(長湍)에서 국문하게 하였다.

오사충은 고문을 가하며 신문할 것을 선언하고, 옥졸로 하여금 곤장을 쥐고 좌우에 늘어서게 한 후 아침부터 밤늦도록 다그치며 조민수의 창녕 옥사(獄詞)도 보이면서 국문하였다. 이색의 공사(供辭)는 "회군하여 임금 세우는 문제를 의론할 때 조민수가 주장(主將)이었으므로 본인은 감히 그 뜻을 어길 수가 없었고, 우(禑)가 왕이 된 지 이미 오래였으므로 그 아들 창(昌)을 세우는 것이 당연하다고 대답하였을 뿐이지 앞장서서 권하거나 독단으로 세우자고 말한 사실은 없었습니다."고 하면서, 혐의를 끝까지 부인하였다. 그러나 이색의 관직을 삭탈하고 귀양을 보냈다.

· 한편 이색을 귀양 보낸 것이 미흡하다고 대간들이 주장하였는데, 공양왕 2년(1390) 3월에 "이임(李任)과 이색은 이미 귀양갔으니 다시 논핵치 말라."는 전지가 내려졌다. 이에 불만을 품고 대간들이 사직하였

으므로, 좌천시켜 모두 지방 수령(守令)을 삼았다.

　•공양왕 초기에 대호군(大護軍) 김저(金伫)가 여흥왕(驪興王)의 복위를 판밀직사사(判密直司事) 변안렬(邊安烈) 등과 모의했다고 증언하였다. 이때 김저를 옥에 가두고 문초했으나 복죄하지 않으니 칼로 발바닥을 몇 치 길이로 가르고 불에 달군 인두로 지지니 묻는 대로 다 복죄하였던 것이다.

　•공양왕 2년(1390) 정월에 낭사(郎舍) 윤소종(尹紹宗) 등이 변안렬을 규탄하였으므로 변안렬의 관직을 삭탈하고 한양(漢陽)으로 귀양을 보냈다. 며칠 후 대사헌 성석린(成石璘)과 좌상시 윤소종 등이 변안렬을 베기를 다시 청했다. 왕이 사헌부로 하여금 "귀양 간 곳에 가서 다시 국문하지 말고 목베라." 하니 헌사에서는 한양부윤(漢陽府尹)에게 통첩하여 그의 목을 베게 하였다.

역사의 거울　성석린(成石璘)의 자는 자수(自修)이고 창녕현(昌寧縣) 사람으로 창녕부원군 성완(成完)의 아들이다. 그는 공민왕 때 과거 급제하여 사관(史館)에 배치되었다가 여러 번 승진하여 우왕 때 정당문학(政堂文學), 양광도 도관찰사(楊廣道都觀察使)를 거쳐 문하평리(門下評理)로 임명되었다. 그는 이성계를 따라 공양왕을 세웠고 얼마 후 대사헌(大司憲)을 겸하게 되었다.

　왕은 성석린에게 중흥공신록권(中興功臣錄券)을 하사하고 창성군 충의군(昌城郡忠義君)으로 봉하면서 다음과 같은 교서를 내렸다.

　"그대는 단정하고 성실한 자질과 강개(慷慨)한 의지를 가졌으며, 유교의 경전에 정통하고 멀리 종왕(鐘王 ; 위나라의 종유와 왕희지를 뜻함)의 필법을 계승하였다. 현릉(玄陵 : 공민왕)의 깊은 신임을 받아 크게 등용될 것을 기대하였더니 역적 신돈(辛旽)의 꺼림을 받아 좌천당하였다. 그대는 세상에 아첨하려 하지 않고 다만 본분을 인식하여 낙천(樂天)할 뿐이었다. 일찍이 대사헌으로 추천받았다가 곧 관찰사(觀察使)로 나갔다. 나는 잠저에 있을 때부터 그대의 높은 이름을 들었노라……"

　성석린은 삼사좌사(三司左使), 예문관 대제학(大提學)을 거쳐 문하 찬성사(門下贊成事)에 임명되었다. 그 후 이색, 우현보와 같은 당이라 하여 지방에 귀양갔다가 대사헌으로 다시 등용되었다(『高麗史』 列傳 제117 「成石璘傳」).

· 공양왕 2년(1390) 3월에 사헌부에서 소를 올려 "우인렬(禹仁烈 : 前 贊成事), 왕안덕(王安德 : 前 判三司事), 우홍수(禹洪壽 : 前 簽書密直司事) 등이 변안렬의 모의에 참여했으니 국문하기를 청합니다." 했으나, 그 글을 궁중에 두고 내려보내지 않았다. 이에 대간이 번갈아 소를 올렸는데, 왕이 이성계와 심덕부(沈德符)에게 이르기를 "대간을 타일러서 다시는 논핵을 고집하지 않도록 하라." 하였다. 대간이 계속 주장하니 변안렬 은 청풍(淸風)으로 귀양 보냈다가 죽였고, 우인렬은 청풍군(淸風郡)으로, 왕안덕은 풍주(豊州)로, 우홍수는 인주(仁州)로 각각 귀양 보냈다.

같은 달(3월)에 사헌부에서 "지신사 이행(李行)과 우대언 조인옥(趙仁 沃)이 이색을 두둔하였다."고 탄핵하니, 파면했다.

· 한편 공양왕이 즉위한 후 전 우시중(右侍中) 단양부원군(丹陽府院君 : 前大司憲) 우현보(禹玄寶)는 김저 사건과 관련이 있다 하여 면직되었 다. 우현보는 그 후 윤이(尹彛)·이초(李初) 사건과 관련하여 갇혔다가 천재(天災)로 인해 석방되었다. 이에 대사헌 김사형(金士衡) 등이 상소하 기를 "윤이·이초사건과 관련된 자들은 모두 귀양을 보냈는데, 오직 우현보, 권중화(權仲和) 등만 경성에 머무는 것은 공정하지 못하니 모두 쫓아내시기 바랍니다." 하였으나, 왕은 "정상이 불명하고 사면 이전의 일이다." 하며 받아들이지 않았다. 재차 제의하였으나 왕이 응답하지 않으므로 김사형은 집의 안경검(安景儉)·최원(崔遠), 장령 허주(許周)· 최긍(崔兢), 지평 조용(趙庸) 등과 함께 사직을 청하였고, 그래도 허락치 않아 모두 병을 칭탁하고 나오지 않는 등 상소가 계속되었다.

그래서 왕이 마지못하여 우현보를 먼 곳으로 귀양 보냈는데, 우현보 의 손자인 우성범(禹成範)이 부마(駙馬)였던 관계로 얼마 후 거주의 자 유를 허용하였다.

· 공양왕 2년(1390) 6월에 정도전(鄭道傳)이 도당(都堂)에 글을 올려 이 색과 우현보(禹玄寶) 등이 창(昌)을 세우고 우(禑)를 맞아들이려 한 죄를 물어 그들을 주살(誅殺)할 것을 왕에게 건의했다. 또한 대사헌 김사형

도 다시 이색의 죄를 논핵하니, 왕도 어쩔 수 없어 이색의 귀양지를 함창으로 옮기는 한편, 이종학(李種學), 이을진(李乙珍), 이경도(李庚道) 등을 모두 먼 곳으로 유배 보냈다. 같은 달(6월)에 대간이 번갈아 아뢰기를 "우현보의 죄가 이색과 같으니 귀양 보내소서." 하였다. 상소가 세 번 올라갔으나 이를 모두 궁중에 머물러 두었다. 그러나 대간이 대궐에 나가 면대하여 청하니 마지못하여 우현보를 철원(鐵原)으로 귀양 보냈다.

· 공양왕 3년(1391) 2월에 정읍(井邑) 사람인 중랑장(中郎將) 왕익부(王益富)가 충선왕의 서증손(庶曾孫)이라고 자칭하였으므로 교형에 처하고 그 자손 13명도 교살하였다. 다음달(3월)에 헌부에서 판삼사사(判三司事) 지용기(池湧奇)가 왕익부와 관계 있다고 상소하여 죽일 것을 청하였으므로 형장 1백 도를 쳐서 지용기를 멀리 귀양 보내고 그 집의 재산을 몰수하였다.

5) 왕의 허물을 말하다 면직된 규정 이감(李敢)

공양왕 2년(1390) 9월 사헌규정 이감(李敢) 등 9명을 폄직(貶職 : 면직)하여 모두 현(縣)의 감무(監務)를 보게 하였다.

왕이 궁중의 부녀와 환관에게 상을 제한없이 내려준 결과 창고에 저장된 것이 없게 되었다. 풍저창(豊儲倉)의 분대(分臺 : 분대어사)로 있던 이감이 말하였다.

"집을 잘 다스리는 사람도 반드시 먼저 용도를 절약하는데 하물며 나라의 왕이 사인(私人)에게 함부로 상을 주어 창고를 비게 하는 것이 옳겠는가? 내시는 항상 궁내 식당에서 먹으면서 녹봉을 받고 있다. 지금 그들에게 또 쌀을 주게 하니 명목은 다르나 소비되기는 일반이다."

환관들이 이 사실을 고하니, 왕이 노하여 도당에 명하여 이감을 다스리게 하였다. 도당에서 이감의 가노(家奴)를 가두었는데 규정(糾正)들이 의논하기를 "대관으로서 그 집 종이 갇힌 일은 옛날에는 없었다." 하면서 박기(朴起) 등 대관 8명이 모두 병을 핑계하고 나오지 않았다. 그래서 이감과 박기 등 9명에 대한 폄직이 있게 된 것이다.

6) 상관을 영접치 않아 처벌된 규정(糾正)들

· 공양왕 3년(1391) 4월에 문하평리 김주(金湊)에게 대사헌을 겸하게 하였다. 왕이 미행으로 마암(馬巖)에 가서 활쏘는 것을 보았는데, 이때 의장병을 갖추도록 건의하지 않았다는 이유로 지신사(知申事) 성석용(成石瑢)을 사헌부에서 탄핵하였다. 그러나 왕이 노하여 지신사 성석용을 계속 집무하도록 명하는 한편 오히려 사헌부의 관리 가운데 집의 강회중(姜淮中)과 지평 이감을 좌천시키고 우홍득(禹洪得)을 집의로, 이행을 지평으로 임명하였다.

우홍득은 우현보(禹玄寶 : 철원으로 귀양)의 아들인데, 강회중이 좌천되고 그 후임으로 우홍득이 임명된 데 대하여 사헌부의 관리들이 못마땅하게 생각하였으므로, 우홍득이 처음 출근을 하였을 때, 하급 관리인 감찰규정 박자량(朴子良) 등이 정영(庭迎 : 뜰에 나가서 상사를 예의로 영접함)하지 않았다.

· 그 해(1391) 9월에 대사헌 김주가 아뢰기를 "규정 박자량 등이 집의 우홍득을 영접하지 않았고, 또 헌관이 직무를 행하지 않는다고 비난하는 등 아랫사람으로서 장관을 업신여겼으니 죄 주기를 청합니다." 하였다.

박자량을 순군옥(巡軍獄)에 가두어 국문하니 박자량이 대답하였다.

"왕씨를 거부하고 신창을 세운 것은 이색이며, 신우를 맞아들여 왕씨를 즉위치 못하게 꾀한 것은 우현보로서 본래 죄가 같음에도 본부(本府)에서 이색을 논죄하면서 우현보를 함께 논핵치 않은 것은 그 아들 우홍득이 집의로 있기 때문입니다."

만호(萬戶) 류만수(柳曼殊)가 묻기를 "우현보 등의 죄를 논할 때 왕에게 밀봉으로 아뢰었는데 너희들은 이를 어떻게 알았느냐?" 하니, 박자량이 "규정 안승경(安升慶)에게서 들었습니다." 하였다. 그래서 안승경을 잡아다 국문한 후 박자량은 곤장을 쳤고, 안승경은 수군(水軍)에 배속시켰다.

7) 왕에게 치국의 도를 강의한 김사형(金士衡)

김사형은 김방경(金方慶)의 현손이다. 일찍이 어떤 사람이 그의 조부인 상락후(上洛侯) 김영후(金永煦)에게 묻기를 "손자들인 김사안(金士安)과 김사형의 나이 20세가 넘었는데 왜 그들을 위해 관직을 얻어주지 않는가?" 하였다. 김영후가 답하기를 "자제가 과연 현명하다면 국가에서 스스로 선발해서 쓸 것이며, 만일 현명하지 못하다면 관직을 주더라도 그것을 유지할 수 있겠는가?" 하였으므로, 듣는 사람들이 모두 탄복하였다.

김사형은 그 후 문음(門蔭)으로 벼슬에 올라 여러 관직을 거쳐 감찰 규정이 되었다. 공민왕 때 고공(考功) 산랑(散郎)이 되었는데, 임금에게 건의하기를 "안렴사(按廉使)와 수령들의 직무는 공부(貢賦)를 제대로 내게 하는 것인데, 근래에는 많은 주(州)와 현(縣)이 공납을 바치지 않고 있으니 법에 따라 시행하시기 바랍니다." 하니, 임금이 그 제의를 받아들였다.

우왕 때 사헌부의 집의(執義)로 임명되었다가 교주강릉도의 관찰사로 임명되었는데, 그는 공명하고 위엄 있으면서도 은혜로운 정치로 많은 칭찬을 받았다.

공양왕이 나와 있는 경연에서 전 사헌집의 김사형이 상서 무일(無逸)편을 강의하게 되었는데, 특히 다음과 같이 강조하였다.

"대개 탐욕하고 안일을 주로 하는 자는 운명이 짧고 그렇지 않은 자

는 길다고 하는데, 이는 본래의 이치가 그러한 것입니다. 천자(天子)의
일신은 천하의 안녕함과 위태함을 좌우하는 것이며, 제후(諸侯)의 일신
은 그 나라의 운명을 좌우하는 것입니다. 그러므로 백성의 위에 있는
자는 응당 마음을 공경하게 가지고, 규범을 해이시키는 안일을 경계하
여야 합니다. 대개 안일함이 없으면 백성이 평안히 살 수 있게 되므로
조상들이 숨은 원조를 주고 하늘이 역시 그를 도와주는 것이나, 탐욕
안일하면 백성이 평안히 살지 못하므로 조상들의 혼령이 노하게 되며
하늘도 그를 도와주지 않는 것이니, 이것이 나라를 오래 통치하느냐
못 하느냐를 가르는 원인입니다.”

김사형은 그 후 지문하부사 겸 사헌부 대사헌에 임명되었다. 왕이
한양(漢陽 : 서울)으로 천도하기로 하고 토목공사를 시작하였는데, 김사
형이 왕에게 글을 올리기를 “지금 양광도(楊廣道) 여러 주군의 백성들
이 토목공사 동원으로 고통을 받으며 가을걷이도 제때에 하지 못하고
있으며, 한양 사람들은 자기 집을 빼앗기고 추위와 굶주림에 떨면서
노숙하거나 떠돌아다니다가 죽기도 합니다. 시위(侍衛)를 맡은 여러 관
원과 각 도(道)의 군관 및 군인들도 역시 객지에서 간난신고(艱難辛苦)
를 겪으면서 조석 끼니도 제대로 잇지 못하고 있으니 장차 얼고 굶주
릴 염려가 있습니다. 풍수설(風水說)만 깊이 믿고 백성들의 피폐함을 구
제하지 않아서는 안 되니, 한양 천도를 위한 토목공사를 중지하시기
바랍니다.” 하였는데, 왕은 그 건의를 받아들이지 않았다.

8) 토목공사 등을 중지하도록 건의

강회백(姜淮伯)은 진주(晋州) 사람으로 문하찬성사 강시(姜蓍)의 아들
이다. 우왕 초년에 과거에 급제하여 성균좨주(成均祭酒), 밀직제학부사
(密直提學副使) 등을 거쳐 공양왕 때 밀직사사(密直司事) 겸 이조판서(吏曹
判書)에 임명되었고, 그 후 정당문학(政堂文學) 겸 대사헌으로 승진하였

다.

대사헌 강회백은 동료들과 함께 불요불급한 토목공사를 일체 중지할 것을 왕에게 진언하였다.

"아래에서 사람들이 잘못하면 하늘이 재변을 내리는 것인데, 지금 별은 제 궤도를 잃고 월식이 있으며, 파종할 농사철을 당하여 얼음이 풀리지 않고 기후가 엄동과 같으니 염려스럽습니다. 전하는 걱정하시고 성의껏 반성하여 정사와 형벌을 밝게 함으로써 삼가 하늘의 경계에 보답하시고, 각지에 분부하셔서 긴하지 않은 토목공사를 일체 중지하여 원망하는 분위기를 종식시키시기 바랍니다."

왕이 사헌부의 진언을 좇았다.

공양왕 4년(1392)에 간관(諫官) 김진양(金震陽) 등이 조준(趙浚), 정도전(鄭道傳) 등의 죄를 추궁할 때 강회백도 대관들을 인솔하고 왕에게 조준 등을 핵론(劾論 : 허물을 들어 논박함)하였다. 정몽주(鄭夢周)가 피살되자 김진양 등 조준 등의 죄를 추궁하였던 대간들이 모두 곤장을 맞고 귀양갔는데, 강회백만은 동생 강회계(姜淮季)가 왕의 사위라는 이유로 제외되었다가 결국은 진양(晋陽)으로 귀양을 갔다.

강회백은 그 후 조선조에 들어와서 벼슬을 하였는데 동북면 도순문사(東北面都巡問使) 등에 임명되어 활동하였다.

9) 대간이 가혹하게 심문

공양왕 2년(1390) 2월에 대간이 한양부윤(漢陽府尹) 김백흥(金伯興)과 군기소윤(軍器少尹) 원상(元庠)을 순군(巡軍)에서 심문하였는데 김백흥이 옥중에서 죽었다. 왕은 대관과 옥관들이 혹형(酷刑 : 가혹한 형벌)을 가하여 죽인 것으로 생각하고 지경연사(知經筵事) 정몽주에게 명령하여 원상(元庠)을 석방토록 하였다.

역사의 거울 전년도(1389) 11월에 전시(田時)가 창녕에서 조민수(曹敏修) 등을 혹독히 핍박하여 공사(供辭)를 받았는데, 이때에도 심문 도중 김백홍이 죽은 것을 볼 때 당시 혹형이 성행하였음을 알 수 있다. 다만 심문을 받은 원상의 혐의사실이 무엇이었는지, 그 진상이 어떠한지는 기록이 없어서 알 수 없다.

10) 탐오한 관리 등을 탄핵

· 공양왕 2년(1390) 3월 헌부에서 "경연검토관 신원필(申元弼)이 세자의 명령을 거짓 꾸몄다."라고 탄핵하니, 신원필의 관직을 파면하였다.

· 같은 해(1390) 6월에 전 낭장(郎將) 김수(金粹)가 조성감역관(造成監役官)으로 있으면서 재목 등 물품을 도둑질하였다고 사헌부에서 탄핵하니, 그를 귀양 보냈다.

· 같은 해(1390) 11월에 진무(鎭撫) 조유(趙裕)가 고발하기를 "시중(侍中) 심덕부(沈德符) 등이 공모하여 문하시중(門下侍中) 이성계를 해치려고 하고 있습니다." 하였다. 이성계가 이를 불문에 부칠 것을 왕에게 건의하였는데, 심덕부가 조유를 옥에 가두는 한편, "조유와 저를 한자리에서 심문하여 주시기 바랍니다." 하고 건의하였다. 또한 사헌부에서 상소를 올려 조유와 윤구택(尹龜澤)의 대변(對辨 : 면대하여 변론)을 청하니 평리 박위(朴葳)에게 명하여 대간과 함께 그들을 국문하도록 하였다.

박위가 윤구택을 먼저 고문하려고 하니, 집의 류정현(柳廷顯)이 말하기를 "고발한 자를 먼저 국문하는 것은 무슨 뜻이냐?" 하니, 박위는 얼굴 빛이 변하고 잠잠히 말이 없었다. 이에 조유를 먼저 심문하니 그가 심덕부 등을 음해하려 했던 사실을 자백했으므로, 조유를 목매어 죽이고 가산을 적몰했다.

역사의 거울 당초에 조유가 심덕부를 고발했고, 심덕부는 대질할 것을 청하였으며, 윤구택이 이에 개입되는 등, 사건이 매우 복잡하게 전개되었으므로 누가 원고이고 누가 피고인지조차 분간하기 어려웠는데, 조유의 잘못이 먼저 밝혀진 것이다.

· 공양왕 3년(1391) 10월에 대관과 간관들이 개성부윤(開城府尹) 조반(趙胖)이 멋대로 공전(公田)을 빼앗았다고 상소하였다. 왕이 말하기를 "조반의 공로가 크니 그의 관직을 정지시키고 귀양 보내는 데 그쳐라." 하였다.

그러나 대간이 글을 올리기를 "지금 전금(田禁 : 田에 관한 禁令)에 전(田) 2결(結)을 은닉한 자도 사형에 처한다는 형법(刑法) 조문이 있는데, 같은 주(州) 안에서 공전(公田) 수십 결을 횡령하였으니 그 죄를 가볍게 용서할 수 없음은 명백합니다. 전하께서는 일시적인 미봉책을 쓰지 말고 그의 직첩과 공권(功券)을 회수하고 가산을 몰수하여 탐오한 악도들을 징계하소서." 하니, 조반의 관직을 삭탈하고 죽주(竹州)로 귀양 보냈다.

11) 간통행위자 중벌

· 공양왕 2년(1390) 3월에 전 판사(判事) 김귀(金貴)의 처가 중과 간통하였으므로 두 사람을 5일간 시가(市街)에 세워두었다가 형장을 쳤다.

· 공양왕 3년(1391) 9월에 전 판사(判事) 안중하(安中夏)의 딸이 결혼하기 이전이었는데, 계집 종의 남편과 간통한 사실이 있어 사헌부에서 이를 적발하여 심문한 후 두 사람을 처벌하였다.

· 같은 해(1391) 9월에 사헌부에서 공조총랑(工曹摠郎) 박전의(朴全義)가 평소에 그 어머니를 살피지 못하여 중과 간통하는 것을 금지하지 못하였다고 탄핵하였는데, 왕이 특명을 내려 그를 용서하게 하였다.

· 같은 해(1391) 12월에 한양부윤(漢陽府尹) 류원정(柳爰廷)이 아들의 혼처를 정하여 놓고 자기가 장가들었고, 명나라에 사신으로 갔을 때 아무 거리낌없이 물건을 사고 팔았다는 이유로 사헌부에서 탄핵하니, 류원정의 관직을 삭탈하고 남원부(南原府)로 귀양 보냈다.

> **역사의 거울** 사가(史家)들이 "류원정은 본디 자식이 없는 사람이었다."라고 기록한 사실로 미루어볼 때 필자는 본건 사헌부의 탄핵 내용은 그 전부 또는 일부가 잘못된 것이라고 생각한다(『高麗史』 世家 제46 「恭讓王 2」).

· 공양왕 4년(1392) 정월에 사헌부에서 만호 류만수(柳曼殊)가 어머니를 모셔 봉양하지 않았으며, 여러 아우들의 전지(田地)를 빼앗았다고 논핵하였는데, 왕이 이를 듣지 않았다가 재차 논핵하니 응양군 상호군의 관직을 삭탈했다. 그러나 이는 형식상 삭탈이었고, 왕은 류만수를 같은 달에 판개성부사로 임명했다.

같은 해(1392) 6월에 사헌부에서 다시 건의하기를 "대간이 여러 번 상소를 올려 류만수가 효도하지 않고 우애하지 않은 죄를 논핵했으나, 전하께서 인자하셔서 그를 심문치 않았습니다. 마땅히 마음을 고쳐 절의에 힘쓰고 임금을 받들어야 할 것임에도 교만하여 포학함이 날로 심하니 죄를 다스리소서." 하였다. 결국은 왕이 류만수를 외방으로 귀양 보냈다.

12) 지방에 염문사(廉問使)와 찰방(察訪)을 파견

공민왕 7년(1358) 10월에 판종정시사(判宗正寺事) 이자송(李子松)을 양광도와 전라도의 찰리사로 임명하여 파견한 사실이 있다. 그 후 공양왕 때에는 대간 등에게 규찰임무를 지워 각 지방에 파견한 사실이 있는바, 그 내용은 다음과 같다.

· 공양왕 2년(1390) 10월에 대간들을 각 지방에 염문계정사(廉問計定

使)로 파견하였다.

사헌장령 허주(許周)를 서해도에, 집의 김약항(金若恒)을 강원도에, 남
재(南在)를 양광도에, 이근(李懃)을 경상도에, 오사충(吳思忠)을 전라도에
각각 파견하였는데, 그들의 활동내용과 그 결과는 기록이 없어서 알
수 없다.

· 공양왕 3년(1391)에 요동(遼東)에서 말을 무역하는 길이 트이자 우
마, 금은과 저마포(苧麻布)를 가지고 몰래 요동과 심양 등지로 가서 매
매하는 상고(商賈)들이 많았다. 국가에서 중국과의 통상을 금하였으나
금령이 잘 시행되지 않았고 변방의 관리들도 엄중히 금하지 않아 오가
며 장사하는 자들이 줄을 이었다.

왕이 같은 해(1391) 5월에 군자소윤(軍資少尹) 안노생(安魯生)을 서북면
찰방별감(西北面察訪別監)으로 임명하였다. 안노생이 가서 그 상고의 우
두머리 10여 인을 참수하고 나머지는 곤장쳐서 수군(水軍)으로 배속시
키는 한편 그들의 물품을 모두 몰수하였으며, 또 주군(州郡)의 관리로
서 금지하지 못한 자에게는 곤장을 쳤다. 이에 규율이 강화되고 국경
지대가 엄숙하게 되어 다시는 금령을 범하는 자가 없게 되었다.

13) 신입 감찰이 선임자들에게 신고하는 관례

고려시대에 감찰들은 감찰방에 모여서 근무하였다. 감찰방에서 상
명하복의 기강을 세우고 처음 들어오는 신참 감찰에게 강인한 정신무
장을 시키기 위하여 신고를 받는 관례가 있는데, 이에 대하여 성현(成
俔)이 다음과 같이 기록하고 있다.

"감찰(監察)은 옛날 전중시어사(殿中侍御史)와 같은 벼슬이다. 감찰
가운데 급(級)이 높은 자가 방주(房主)가 되어 상하유사(上下有司)와 함께
내방(內房)에 들어가 정좌(正坐)하고, 그 바깥 방에는 감찰직에 임명된
선후를 따라 앉는 차례를 정한다. 그들 중에서 수석(首席)인 자를 비방

주(枇房主)라고 한다.

그들은 새로 들어온 사람을 '신귀(新鬼)'라고 부르면서 온갖 방법으로 모욕을 준다.

방안에 서까래 같은 길다란 나무를 놓아두고 신귀로 하여금 들게 한다. 이것을 경홀(擎笏)이라고 하는데, 만약 들지 못하면 신입자를 선임자의 앞에 무릎을 꿇게 하고 선배들이 윗사람에서부터 아랫사람에게 이르기까지 차례로 주먹으로 구타한다.

또 신귀로 하여금 물고기 잡는 유희도 하게 한다. 신귀

[사진설명] 국립중앙박물관에 소장되어 있는 정몽주 영정.

가 못물 가운데에 들어가서 사모(紗帽)로 물을 잔질하게 하여 의복을 다 더럽혀지게 한다.

거미 잡는 유희도 하게 하여, 신귀가 손으로 부엌의 벽을 문지르고 다녀 두 손이 옻칠한 것처럼 검게 된다. 그 손을 씻게 하여 매우 더럽고 시꺼먼 물을 신귀로 하여금 마시게 하는데, 이때 구토(嘔吐)하지 않는 사람이 없다 한다.

또 신귀는 두터운 백지(白紙)로 명자(名刺)를 만들고 거기에 편지를 써서 봉함하여 날마다 선배의 집에 던져넣어야 한다. 선배들이 아무 때나 신귀의 집에 도착하면 신귀는 사모를 거꾸로 쓰고 나와 맞아들여서 마루에 술자리를 마련하여야 한다. 그러면 선배들은 한 사람마다 계집 한 사람씩을 끼고 앉는데, 이것을 '안침(安枕)'이라고 한다. 술이 취하면 상대별곡(霜臺別曲 : 조선 초기에 陽村 權近이 지은 노래로 사헌부의 생

활을 노래한 것임. 정돈된 제도를 찬양한 것으로 5장으로 되었다는데 그 내용은 알 수 없음)을 부른다. 그러다가 대관이 제좌(齊坐)하는 날에 이르러 비로소 앉는 것을 허락한다.

이튿날은 이른 새벽에 청(廳)에 나가서 상관(上官) 및 대리(臺吏)와 같이 뜰안에 입알(入謁)한다. 미처 입알하는 예를 마치기 전에 밤에 숙직한 선배가 방안에서 목침(木枕)을 들고 큰소리를 지르면서 치기도 하는데, 이때 신귀는 빨리 달아나 밖으로 나와야 한다. 만약 더디게 머뭇거리면 반드시 얻어맞게 된다(『慵齋叢話』 제17, 제18)."

> **역사의 거울** 이런 풍습은 유래가 이미 오래된 것이었으며, 조선조 초기에도 계속되었다. 태조 때 도평의사사(都評議使司)에서 감찰 등의 관직에 신참(新參 ; 새로 들어가는 사람)이 잡법(雜泛)하는 폐단을 없애기를 건의하였고 그 이후에도 이 제도는 계속되었다. 특히 태종 때 사헌감찰 이대(李伿) 등이 새로 임명된 감찰에게 잡희(雜戱)를 심하게 하였다 하여 파직하는 한편, 감찰(監察)의 신구례(新舊禮)를 금지하도록 명령하였으며, 단종 때에도 그 폐습이 남아 있었다는 기록이 있다. 또한 성종(成宗)은 이런 전통을 특히 미워하여 모든 신래자(新來者)를 침학(侵虐)하는 행위를 매우 엄하게 금지하니 그 풍속이 조금 고쳐졌다고 하는데, 이 관행의 유풍이 조선조에서도 완전히 없어지지는 않은 것 같다.

14) 상호 탄핵한 정몽주파와 조준파

· 이성계의 위엄과 덕망이 날로 성하여 중외(中外)의 인심이 쏠리고 있었다. 공양왕 4년(1392) 3월에 세자가 명나라에서 돌아오게 되어 이성계가 황주(黃州)에 나가 맞이하여 해주(海州)에서 사냥하다가 말에서 떨어져 위독하게 되었다.

4월 1일에 간관(諫官) 김진양(金震陽)과 우상시(右常侍) 이확(李擴), 우사의(右司議) 이내(李來), 좌헌납(左獻納) 이감, 우헌납(右獻納) 권홍(權弘), 좌정언(左正言) 류기(柳沂) 등이 좌삼사사(左三司使) 조준, 전 정당문학(政堂文學) 정도전(鄭道傳), 전 밀직부사(密直副使) 남은(南誾), 전 판서(判書) 윤소종(尹紹宗), 전 판사(判事) 남재(南在), 청주목사(淸州牧使) 조박(趙璞) 등을 다음과 같이 논핵하였다.

"정도전은 미천한 출신으로 정당문학의 직을 도둑질한 후 천한 근본을 감추려고 본주(本主 : 우현보를 뜻함)를 모함해 쫓아냈고 참소로 죄를 꾸며 여러 사람을 연좌시켰습니다. 조준도 한두 사람의 경상(卿相) 사이에서 원수와 틈을 일으켜 정도전과 더불어 권세를 농단하여 많은 사람을 꾀고 협박하니, 이에 시세를 좇아 부침하는 무리와 영합하려는 무리들이 호응하여 일어났습니다. 그 중 남은과 남재 등은 난을 선동하는 우익이 되었고, 윤소종과 조박 등은 말을 꾸며대는 후설(喉舌)이 되어 화답하듯 일어나 죄망을 널리 펼쳐서 형벌을 가할 수 없는 사람(우왕과 창왕을 뜻함)에게 형벌을 시행하고 죄가 없는 사람(이색 등을 뜻함)에게서 죄를 찾아내려 하여 여러 사람으로 하여금 두려워하게 하였습니다. 바라옵건대 조준 등의 죄를 국문하여 전형(典刑)을 밝게 하시고, 정도전은 배소(配所)에서 처형하소서."

왕이 그 글을 도당에 내리니, 심덕부(沈德符)와 정몽주가 의논하여 조준, 남은, 남재, 윤소종, 조박 등을 먼 곳에 유배하도록 결정하였다.

> **역사의 거울** 이 사건과 관련하여 안정복(安鼎福)이 기록하기를, "정몽주가 이성계가 위독하다는 소식을 듣고 기뻐하면서 대간들에게 '마땅히 이때를 타서 먼저 우익을 제거한 후에 도모해야 할 것이다.'라고 지시하였으므로 대간들이 논핵하였다."라고 하였으나, 이는 신빙성이 없으며 침소봉대한 표현이라고 생각한다(『東史綱目』 제17 下).

· 다음날(4월 2일)에 사헌부의 대사헌 강회백(姜淮伯)이 집의 정희(鄭熙), 장령 김무(金畝)·서견(徐甄), 지평 이작(李作)·이신(李申)과 함께 또 상소하여 조준 등을 목벨 것을 청하였다. 이방원(李芳遠 : 太宗)이 벽란

도(碧瀾島)로 말을 달려가 이성계에게 고하기를 "정몽주가 기어코 우리 집안을 함몰시키려 합니다." 한 후 밤새 돌아와 3일 새벽에 조준 등의 억울함을 변론하였으나 왕이 들어주지 않았다.

이방원은 이성계의 집에 돌아와 휘하 장사들을 모아놓고 의논하였는데, 변중량(卞仲良)이 이 사실을 정몽주에게 누설하였다. 이튿날 이성계가 병든 몸으로 해주로부터 개성으로 돌아오니 정몽주가 문병을 이유로 이성계의 집을 방문하였다.

· 이방원은 "이 기회를 놓칠 수 없다." 하면서, 이두란(李豆蘭)에게 격살할 것을 요구하였으나, 이두란이 말하기를 "우리 공(公 : 이성계를 뜻함)이 모르는 일을 내가 어찌 감히 하겠는가?" 하였다. 이방원은 다시 판전객시사(判典客寺司) 조영규(趙英珪)에게 말하니 조영규가 격살하겠다고 약속했다.

정몽주가 돌아가는데 선죽교(善竹橋)에 이르자 조영규가 쳤으나 처음에는 맞지 않았다. 정몽주가 꾸짖으며 말을 채찍질해 달아나자 조영규가 따라와 말머리를 쳐 말이 꺼꾸러졌다. 말에 탔던 정몽주가 땅에 떨어지니 중랑장(中郞將) 고여(高呂)가 쳐서 죽였으므로, 수행하던 녹사(錄事)도 정몽주를 끌어안고 함께 죽었다. 이날이 4월 4일로 정몽주의 나이 56세였다.

· 이방원이 들어가 이성계에게 이 사실을 고하자, 이성계가 노하여 말하기를 "네가 대신을 함부로 죽였으니 사람들이 내가 모르는 일이라고 하겠느냐. 우리 가문은 충효(忠孝)로 소문이 났는데, 너희들이 감히 불효를 저질렀구나." 하였다. 이방원이 대답하기를 "정몽주 등이 우리 가문을 망치려는데 어찌 가만히 앉아서 망하기를 기다리겠습니까? 이것이 바로 효도입니다. 마땅히 휘하의 군사들을 모아 불의의 변에 대비해야 합니다." 하였다.

· 그들은 정몽주의 머리를 베어 저자에 효수하고 그 가산을 적몰하는 한편, "사실이 없는 일을 꾸며 대간을 꾀어 대신을 모해하고 국가

를 소란케 했다."고 방을 써서 붙였다. 그러고는 왕에게 말하기를 "만약 정몽주의 당을 신문하지 않으려면 신(臣) 등을 죄 주기 청합니다." 하니, 왕이 마지못하여 대간을 순군옥에 가두고 국문한 후, 집의 정희, 장령 김무·서견, 지평 이작·이신을 먼 지방에 귀양 보냈다. 다만 대사헌 강회백은 강회계(姜淮季)의 형이었으므로 연좌되지 않았다.

그 후 대사헌 민개(閔開)가 다음과 같이 상소하여 정몽주의 당여(黨與)를 다스릴 것을 청하였다.

"정몽주는 부귀를 탐하고 회뢰(賄賂)를 자행하며 권세를 제멋대로 행사하고 당(黨)을 심어 난을 꾀하였으니, 만일 그 계략이 이루어졌다면 조정을 탁란(濁亂 : 사회나 정치가 흐리고 어지러움)하게 하고 사직(社稷)을 위태롭게 하였을 것입니다. 그 당여의 죄를 묻지 않는다면 화(禍)의 계제(階梯 : 계단과 사다리)가 될까 두렵습니다. 그 당여인 설장수(偰長壽), 이무(李茂), 이빈(李彬), 김이(金履), 안노생(安魯生), 최관(崔關), 김섬(金贍)을 파직시키고 아울러 먼 곳으로 유배하소서."

왕이 상소대로 따랐다.

15) 대관이 이성계의 권한 강화를 지원

· 공양왕 2년(1390) 11월에 헌부에서 아뢰기를 "지금 서울과 지방의 군사는 이미 영삼사(領三司) 이성계로 하여금 모두 통솔하게 하고 있으니, 청컨대 여러 원수(元帥)들의 인장(印章 : 원수인)을 모두 회수하시기 바랍니다." 하니, 왕이 그 말을 따랐다. 이로서 모든 병권(兵權)을 이성계가 실질적으로 장악하게 되었다.

· 공양왕 4년(1392) 5월에는 사헌부 겸대사헌 민개 등이 상소하기를 "개국백(開國伯) 이성계의 공을 영원히 잊지 못할 것임에도 정몽주 등이 권세를 마음대로 부리고자 당을 만들어 난을 일으키려 하였으니, 그 무리들의 직첩을 회수하고 귀양 보내소서." 하니, 설장수와 김이는

336 역사 속의 감사인 이야기

파면하여 전리(田里)로 돌려보내고, 나머지는 파면하여 귀양 보냈다.

·이와 같이 공양왕의 왕권을 계속 제약하는 한편 이성계의 권한 강화 및 측근자 중용 등으로 그 해(1392) 7월에 고려가 멸망하고 조선을 개국할 때에는 조정의 모든 인사가 이성계 측근뿐이었다. 공양왕이 이성계에게 전국새(傳國璽)를 인계하고 물러날 때 조정에서는 대사헌 민개만이 반대의사를 소극적으로 표시했을 뿐이고 이의를 제기하는 관리가 전혀 없었다. 다만 사림(士林)에서 반대가 있었고, 지방관리 가운데 반발이 일부 있었을 뿐이다.

공양왕 때 임명되었거나 활동한 대관의 명단은 다음과 같다.

<표 31> 恭讓王朝의 臺官

大司憲	司憲執義	司憲掌令	司憲持平	司憲糾正	分臺御史
趙浚 成石璘 金士衡 金湊 姜淮伯 閔開	李皐, 宋文中 南在, 全伯英 崔遠, 安景儉 姜淮中, 柳廷顯 禹洪得, 鄭熙 權總, 金若恒 崔迤	權湛, 金若恒 鄭熙, 許周 崔兢, 洪保 李來, 金畝 崔咸, 徐甄 朴貫, 柳珣 慶習, 沈孝生 南誾	金爾音, 宋愚 慶習, 趙庸 趙謙, 李原 李敢, 朴起 李行, 李元絳 李作, 李申 鄭擢, 金陞 李興, 申孝昌 盧湘	李敢 田時 朴子良 安升慶 李潑	李敢

□ 跋文

'삼국시대 · 고려편'을 끝내며

고려말 이전 1천여 년 간 감사인의 족적을 한 권의 책자에 압축하고 나니 옛날 감사인들의 죽음을 두려워하지 않던 기개에 고개가 절로 숙여진다.

감사인은 관리의 잘못뿐만 아니라 권력을 쥔 왕과 권신의 잘못도 들추어내기 때문에 정치를 잘한 시기에는 그들의 역할이 두드러지지 않게 되고, 국가사회의 질서가 확립되지 않았을 경우에는 역할이 커지는 반면 신분상 불이익을 받을 가능성이 높았다. 특히 고려시대와 같이 내우외환(內憂外患)이 심했던 시대에는 바른말을 하다가 미움을 받아 희생된 감사인이 적지 않았다.

삼국 중에서 중국과의 교류나 국가발전이 비교적 늦었던 신라에서 감사와 관련한 기록이 가장 많았음은 이채로운 일이다.

고구려에서는 모본왕과 봉상왕 등이, 백제에서는 동성왕과 의자왕 등이 폭정을 자행하면서 신하들의 간언을 봉쇄하거나 바른 말을 하는 신하를 벌주기도 하였던 반면 신라에서는 설총(薛聰), 김후직(金厚直), 녹진(祿眞) 등과 같이 충심으로 간하는 신하가 많았고, 왕도 신하들의 충언에 귀를 기울여 정사를 바로잡곤 하였다. 그 결과 고구려와 백제는 나라가 멸망하는 비운을 맛보게 되고, 신라는 국력이 계속 부강해져 마침내 삼국통일의 위업을 이루었음은 음미할 만한 일이라 하겠다.

고려는 광종 때부터 제도정립에 착수하여 성종 때에 이르러 관제가 확립되고 중앙집권화가 거의 완성되었으며 그때부터 약 190년간은 대관(臺官)들의 활동도 활발하였다. 이 시기에 김정준(金廷俊), 위계정(魏繼廷), 강증(康拯) 및 임유문(林有文) 등 강직한 사람이 대관에 많이 임명되었다.

그러나 오랜 태평성세를 지나면서 권신간의 권력투쟁이 심해지고 오만하거나 나태한 왕들이 나타났다. 특히 의종은 놀기를 좋아하고 대관의 건의를 받아들이지 않았다. 이때 이주연(李周衍), 고조기(高兆器), 양원준(梁元俊), 문공유(文公裕), 신숙(申淑)과 같은 대관들이 왕의 눈치를 아랑곳하지 않고 격렬하게 간쟁하였다. 그러나 왕은 스스로의 귀를 막고 대관을 귀양 보내곤 하였으며 무신을 지나치게 경멸한 결과 무신(武臣)의 난(亂)이 촉발되었다.

그 후 무신집권기와 몽고간섭기 약 180년은 헌대(憲臺)가 정권유지 수단으로 활용되고, 대관의 활동이 미미하였다. 이 시기에 박제검(朴齊儉), 최충헌(崔忠獻), 안석정(安碩貞), 송극현(宋克儇), 조인규(趙仁規), 윤현(尹賢), 최안도(崔安道) 등 권신이나 탐오한 관리 등이 대관에 임명되어 유명무실하게 활동하였다.

무신집권 말기에 김방경(金方慶), 송언기(宋彦奇), 왕해(王諧)가 감찰어사로 기용되고, 몽고간섭기에 설공검(薛公儉), 우탁(禹倬), 윤선좌(尹宣佐), 이공수(李公遂) 등이 대관에 기용되어 직언을 하곤 하였으나, 이미 어지러워진 정치, 사회 등을 바로잡지는 못했다.

특히, 충렬왕과 충숙왕 등은 대관들에게 기탄 없는 직언을 요청하고도 왕이나 왕후의 뜻에 거슬린다 하여 최유엄(崔有渰), 심양(沈양), 이승휴(李承休), 김개물(金開物), 송천봉(宋天逢) 등 대관을 국문하고 귀양 보냈는데, 이로써 바른말을 하는 길이 막히곤 하였다.

공민왕은 초기에는 국권(國權)을 회복하고 나라를 쇄신하기 위하여 대관들의 건의에 귀를 기울였으나, 말년에는 직무를 거의 돌보지 않았

고, 바른 말을 하였다는 이유로 허소유(許少游), 임태달(林台達) 등을 귀
양 보냈다. 그 후 무능한 군주가 계속 왕위를 잇고 홍건적과 왜구의
빈번한 침입으로 국력이 급속도로 쇠약해졌다.

그러나 이 시기에 과거시험의 문호가 넓어져 새로운 관료들이 많이
배출되었는데, 이들 신진 사대부들은 대간으로 많이 임명되어 각종 개
혁을 추진하였다. 그러나 개혁이 난관에 부딪치자 그 원인을 다른 관
리 또는 정적에게 돌리고 그들을 제거하곤 하였다. 그래서 대간들도
파당에 휩쓸리게 되어, 조준(趙浚) 일파를 제거하려던 정몽주(鄭夢周)를
살해한 후 정몽주가 대관을 사주한 죄인이라는 명분을 내세우기도 하
였다. 이 사건 이후 고려는 국운을 다하게 되었다.

과거 감사인(대관)의 족적과 감사활동의 특징은 다음과 같이 요약할
수 있다.

(1) 대부분의 옛날 관리들은 청렴결백을 가장 큰 미덕으로 삼았고,
부패한 관리는 가혹하게 처벌되었을 뿐만 아니라 그의 자손들이 벼슬
에 진출하는 데도 지장을 받았다. 특히 대관은 청요직(淸要職)으로 인정
되었고, 탐오한 전력이 있거나 가문에 흠이 있는 자는 이에 임명되지
못하였다. 대관들은 이러한 그들의 출신을 자랑으로 삼았을 뿐만 아니
라, 깨끗하고 성실하게 직무를 수행하여 가문을 더욱 빛내려 하였다.

그리하여 당시에는 가난을 미덕으로 생각하는 경향이 강했는데, 때
로는 지나친 감도 없지 않았다. 그러나 청렴하게 일생을 보낸 관리들
이 추앙을 받고 길이 기억되던 전통이, 경제규모가 커지고 물질만능이
라는 소리가 들리는 오늘날에 특히 아쉽게 느껴진다.

(2) 대부분의 고위 관리와 대간들은 투철한 사명감과 정의감을 가지
고 이를 생활화하였다. 물론 왕의 눈치나 살피고 시류에 편승하여 벼
슬만을 탐하던 간신배가 없었던 것은 아니나 불의를 보고는 죽음을 두
려워하지 않고 탄핵하거나 간쟁한 사례가 많았다.

그런데 오늘날은 어떤가? 사소한 제재가 두려워 사실을 고하지 못하거나 바른말을 하지 않는 공직자는 없는가? 정의감이 투철하고 충성스러웠던 관리들의 과거 전통을 계승 발전시키는 노력이 요청된다.

(3) 관리들은 자신의 업무처리에 잘못이 있는 경우 스스로 책임을 졌다. 고위 관리나 대관들이 인재를 천거하여 임명된 관리가 부적격자이거나 탐오죄 등 잘못을 저지른 경우에는 천거한 사람이 연대하여 문책을 당했다. 대관은 판단잘못 등으로 억울한 사람이 발생하는 일이 없도록 노력하는 한편, 만일 잘못 알고 탄핵하거나 간쟁한 경우에는 스스로 벌을 받기를 자원하기도 하였다.

오늘날 공직자들 가운데 잘못을 저지르고도 이를 시인치 않거나 은폐하려는 분위기가 있음을 볼 때 선조들의 전통이 아쉽게 느껴진다.

(4) 왕권이 강하고 사회가 안정된 시기에는 대관의 권한도 강해지고 소신 있게 임무를 수행할 수 있었다. 그러나 권신의 권한이 강하여 왕권을 능가할 때와 외국의 침입을 받거나 간섭이 심하던 시기에는 대관의 권위는 땅에 떨어지고, 바른말을 하고도 형벌을 받기 일쑤였다.

법령제도가 정비되어 있고 공무원 신분이 안정된 오늘날은 옛날에 비하여 감사의 독립성을 유지하는 것이 어렵지 않으므로 감사인은 외부의 간섭이나 압력에 굴하지 않고 소신을 피력하여야 하겠다.

(5) 고려시대에는 대관이 풍문(風聞)을 근거로 국문의 방법으로 죄를 가리는 일이 많았으므로 때로 권력을 쥔 사람이 정적을 선제공격하는 방편으로 이용한 경우도 있었다. 그 결과 억울하게 죄인으로 몰리는 경우가 있는가 하면, 자잘한 규문(糾問)의 일로 벌받는 경우도 많았다. 때로는 대관들이 정적을 제거하는 데 앞장서기도 했는데 이러한 현상은 후기로 갈수록 심해졌다.

오늘날 감사는 과학적인 방법으로 증거를 채집한 후에 그 증거에 의하여 감사인의 의견을 표시하도록 되어 있으므로 과거에 비해 감사의 부작용이 적을 것이다. 그러나 감사인이 큰일을 제쳐두고 지엽적인 일에 집착할 가능성은 항상 경계하여야 할 것이다.

(6) 고려시대에 무고한 자는 반좌(反坐)에 처하게 되어 있었는데, 반좌란 무고자를 그가 빠뜨리려던 죄목으로 처벌하는 것이다. 이는 유언비어와 허위사실로 비방을 일삼는 사람들을 제재하는 데는 매우 효과적인 방법이었다. 그러나 힘없는 백성으로서는 겁이 나서 고발하기 어려웠으리라 짐작된다.

(7) 고려시대에는 상평창 등 창고의 출납시에 대관이 직접 감시·감독하였다. 당시는 화폐제도가 발전하기 이전의 시대이므로 쌀이나 피복 등이 화폐이며 곧 재산이었다. 이때 물품출납체계가 나름대로 확립되었을 것이고, 문부와 기록 등을 감사하는 쇄권별감을 파견한 것을 볼 때 감사방법도 체계화하였을 것으로 추측된다. 그러나 그 구체적인 내용을 알지 못하여 이 책에서 소개하지 못하였으며, 이는 앞으로의 연구과제로 남긴다.

모든 시대의 사건 등을 현대의 시각에서 돌아볼 때 이해하기 어려운 부분이 많고, 따라서 찬사를 보내기보다는 안타까움과 어이없음을 느끼는 경우도 있다. 그러나 당시 사람들로는 나름대로 최선을 다한 행동이 아니었을까?

부정과 부패가 국정의 최우선 과제로 된 오늘날, 우리 자신(공직자와 일반 국민)이 청렴하고 공명정대하게 살고자 최선을 다하였다고 하더라도 후세 사람들에게는 우리의 모습이 아쉬운 삶으로 비추어지지나 않을까 우려된다. 모든 시기와 환경에 일관되게 적용될 수 있는 진선미(眞善美)와 정의(正義)의 기준은 과연 무엇인가?

필자는 사료(史料) 등을 두루 찾아 옛날 감사인의 애환을 소개하였으나, 자료의 부족으로 충분히 설명하지 못하고 의문을 남긴 곳이 많음을 안타깝게 생각한다. 다만 이 분야의 책을 처음으로 펴냄으로써 역사의 냉엄함과 훌륭한 조상들을 기억하게 하는 등 독자들에게 신선한 충격을 주게 된 사실에 자부심을 느낀다. 아울러 조선시대 감사인의 행적도 모아서 '조선의 사헌부(司憲府)편'과 '암행어사편'을 집필할 계획임을 밝힌다.

이 책을 펴냄으로써 이를 읽으신 독자들, 특히 공직자들이 스스로의 명예뿐만 아니라 서로의 명예를 존중하고 사회정의를 세워 후세에 훌륭한 선조로 기억되도록 노력하는 계기가 되기를 바란다. 아울러 많은 독자들이 전통문화에 관하여도 관심을 갖고 더욱 깊은 연구와 실천을 이루는 데 일조가 되길 바란다.

참 고 문 헌

가. 書 籍

監査院,『監査四十年史』, 1988.

敎育出版公社,『世界人名大事典』, 1981.

國史編纂委員會,『韓國史論』2, 1985.

金甲童,『羅末麗初의 貴族과 社會變動硏究』(高麗大學校 民族文化硏究所),
　　　　1990.

金富軾(李丙薰 譯註),『三國史記』上.下(乙酉文化社), 1987.

金雲泰,『朝鮮王朝行政史』(搏英社), 1987.

圖書出版 新書苑,『北譯』『高麗史』第1冊~第11冊, 1991.

『唐書』(中國)

睦貞均,『朝鮮前期制度言論硏究』(高麗大學校 民族文化硏究所), 1985.

민족문화추진회,『고려사절요』Ⅰ~Ⅳ, 1986.

민족문화추진회,『국역 고려도경』, 1977.

민족문화추진회,『국역 경세유표』Ⅰ~Ⅳ, 1977.

민족문화추진회,『국역 신증동국여지승람』Ⅰ~Ⅶ, 1982.

민족문화추진회,『국역 동문선』Ⅰ~Ⅹ, 1968.

민족문화추진회,『국역 동사강목』Ⅰ~Ⅹ, 1980.

민족문화추진회,『국역 성소부부고』Ⅰ~Ⅳ, 1981.

민족문화추진회,『삼봉집』Ⅰ~3, 1977.

朴龍雲,『高麗時代臺諫制度硏究』(一志社), 1987.

朴龍雲,『高麗時代 蔭敍制』와『科擧制 硏究』(一志社), 1987.

白相起, 朝鮮朝 監査制度 硏究(嶺南大學校 出版部), 1990

邊太燮,『高麗政治制度史硏究』(一潮閣), 1989.

邊太燮,『韓國史通論』(三英社), 1995.

서울대학교출판부,『한국사특강』, 1990.

成俔(韓國名著大全集 국역),『慵齋叢話』(大洋書籍), 1975.

세종대왕기념사업회,『삼강행실도』(충신편, 열녀편, 효자편), 1982.

세종대왕기념사업회,『세종장헌대왕실록』(1~30), 1972.

세종대왕기념사업회,『증보문헌비고』(직관고 1~3), 1995.

세종대왕기념사업회,『태조강헌대왕실록』(1~2), 1972.

세종대왕기념사업회,『태종공정대왕실록』(1~9), 1974.

尹乃鉉,『商周史』(民音社), 1985.

李奎報,『東國李相國集』(高麗)

李基白,『高麗貴族社會의 形成』(一潮閣), 1990.

李基白,『韓國史新論 新修版』(一潮閣), 1995.

李蘭暎,『韓國金石文追補』(亞細亞文化社), 1968.

李瑄根,『大韓國史 2~4』(韓國出版公社), 1984.

一然(李民樹 譯註),『三國遺事』(乙酉文化社), 1987.

張海翼,『職務監査論』(盛振社), 1992.

鄭道傳(민족문화추진회 국역),『三峯集』(1~2), 1982.

鄭英熹,『韓國史槪說』(螢雪出版社), 1983.

아세아문화사,『朝鮮金石總覽』상·하, 1976.

總務處,『大韓民國 政府組織變遷史』, 1980.

崔承熙,『朝鮮初期 言官·言論硏究』(서울大學校 出版部), 1984.

崔貞煥, 『高麗·朝鮮時代 祿俸制 研究』(慶北大學校出版部), 1991.

한국정신문화연구원, 『한국민족문화대백과사전』(1~2), 1990.

許興植, 『高麗社會史研究』(亞細亞文化社), 1981.

許興植, 『高麗科擧制度史研究』(一潮閣), 1984.

나. 論 文

金龍德, "高麗時代의 書經에 대하여"(李丙燾博士華甲紀念論叢), 1971

文炯萬, "高麗科擧制度에있어 赴擧資格의再檢討"(釜山史學제4집), 1980

朴龍雲, "高麗朝의 臺諫制度"(歷史學報 52), 1971

朴龍雲, "高麗時代 臺諫機能의 變遷"(史叢 17.18), 1973

朴龍雲, "臺諫制度의 成立"(韓國史論叢 1), 1976

朴龍雲, "高麗家産官僚制說과貴族制說에 대한 檢討"(史叢 21.22), 1971

宋春永, "高麗御史臺에 관한 一研究"(大丘史學 3), 1971

申東振, 우리나라 監査制度의 實態와 그 發展에 관한 研究, 1984

李基東, "羅末麗初 近侍機構와 文翰機構의 擴張"(歷史學報 77),歷史學會,
        1982

李孝元, "國政監査權과 國政調査權의 比較, 1990

張東翼, "高麗時代의 官僚進出(初任職)"(大丘史學 12.13), 1977

玄富, "自體監査의 實態分析과 改善方案에 관한 研究, 1995

許興植, "高麗 禮部試의 諸業別 出題와 及第者의 進出"(白山學報 20), 1976

인명색인

저자와의
협의 아래
인지 생략

역사 속의 감사인 이야기 1 [삼국시대·고려편]

지은이 / 임병준
펴낸이 / 양계봉
만든이 / 김진홍

펴낸곳/도서출판 전예원 · 주소/서울 서초구 우면동 476-2/
우편번호/137-140 · 대표전화/571-1929/팩시밀리/571-1928
· 등록/1977. 5. 7 제16-37호 · 은행지로번호/3006234

1997년 4월 18일 초판 발행
1997년 5월 18일 초판 2쇄 발행

ⓒ 임병준 1997.   값 9,000원

ISBN 89-7924-080-5 03900

* 잘못된 책은 바꾸어 드립니다.